"十二五"国家重点图书出版规划

法律科学文库
LAW SCIENCE LIBRARY

总主编　曾宪义

东亚合同法的协调研究

——以欧盟为比较对象

张彤　著

Study of the Harmonization of East Asian Contract Law:
A Comparison with EU Contract Law

中国人民大学出版社
·北京·

Funded by the
Erasmus＋Programme
of the European Union

　　本书的出版受"欧盟伊拉斯莫斯＋让·莫内项目"（合同号：2015—2285/001—001）和中国政法大学2014年校级人文社会科学研究项目的资助。

　　This book has been produced with the support of the Erasmus＋Jean Monnet Programme (Contract No. 2015 - 2285/001 - 001) of the European Union. The European Commission support for the production of this publication does not constitute endorsement of the contents which reflects the views only of the authors, and the Commission cannot be held responsible for any use which may be made of the information contained therein.

　　本书系2010年度教育部人文社会科学研究一般规划基金项目"东亚区域经济一体化中的东亚合同法协调问题研究-以欧盟合同法为比较对象"（项目批准号：10YJA820132）的研究成果。

总　　序

曾宪义

　　"健全的法律制度是现代社会文明的基石"，这一论断不仅已为人类社会的历史发展所证明，而且也越来越成为人们的共识。在人类历史上，建立一套完善的法律体制，依靠法治而促进社会发展、推动文明进步的例证，可以说俯拾即是。而翻开古今中外东西各民族的历史，完全摒弃法律制度而能够保持国家昌隆、社会繁荣进步的例子，却是绝难寻觅。盖因在摆脱了原始和蒙昧以后，人类社会开始以一种"重力加速度"飞速发展，人的心智日渐开放，人们的利益和追求也日益多元化。面对日益纷纭复杂的社会，"秩序"的建立和维持就成为一种必然的结果。而在建立和维持一定秩序的各种可选择方案（暴力的、伦理的、宗教的和制度的）中，制定一套法律制度，并以国家的名义予以实施、推行，无疑是一种最为简洁明快，也是最为有效的方式。随着历史的演进、社会的发展和文明的进步，作为人类重要精神成果的法律制度，也在不断嬗变演进，不断提升自身的境界，逐渐成为维持一定社会秩序、支撑社会架构的重要支柱。17 世纪以后，数次发生的工业革命和技术革命，特别是 20 世纪中叶发生的电子信息革命，给人类社会带来了天翻地覆的变化，不仅直接改变了信息交换的规模和速度，而且彻底改变了人们的生活方式和思维方式，使人类生活进入了更为复杂和多元的全新境界。在这种背景下，宗教、道德等维系社会人心的传统方式，在新的形势面前越来越显得力不从心。而理想和实际的选择，似乎是透过建立一套理性和完善的法律体制，给多元化社会中的人们提供一套合理而可行的共同的行为规则，在保障社会共同利益的前提下，给社会成员提供一定的发挥个性的自由空间。这样，既能维持社会整体的大原则、维持社会秩序的基本和谐和稳定，又能在此基础上充分保障个人的自由和个性，发挥每一个社会成员的创造力，促进社会文明的进步。唯有如此，方能达到稳定与发展、整体与个人、精神文明与物质进步皆能并行不悖的目的。正因为如此，近代以来的数百年间，在东西方各主要国家里，伴随着社会变革的大潮，法律改革的运动也一直呈方兴未艾之势。

中国是一个具有悠久历史和灿烂文化的国度。在数千年传承不辍的中国传统文化中，尚法、重法的精神也一直占有重要的位置。但由于古代社会法律文化的精神旨趣与现代社会有很大的不同，内容博大、义理精微的中国传统法律体系无法与近现代社会观念相融，故而在 19 世纪中叶，随着西方列强对中国的侵略，绵延了数千年的中国古代法律制度最终解体，中国的法制也由此开始了极其艰难的近现代化的过程。如果以 20 世纪初叶清代的变法修律为起点的话，中国近代以来的法制变革活动已经进行了近一个世纪。在这将近百年的时间里，中国社会一直充斥着各种矛盾和斗争，道路选择、主义争执、民族救亡以及路线斗争等等，使整个中国一直处于一种骚动和不安之中。从某种意义上说，社会变革在理论上会给法制的变革提供一定的机遇，但长期的社会骚动和过于频繁的政治剧变，在客观上确实曾给法制变革工作带来过很大的影响。所以，尽管曾经有过许多的机遇，无数的仁人志士也为此付出了无穷的心力，中国近百年的法制重建的历程仍是步履维艰。直至 20 世纪 70 年代末期，"文化大革命"的宣告结束，中国人开始用理性的目光重新审视自身和周围的世界，用更加冷静和理智的头脑去思考和选择自己的发展道路，中国由此进入了具有非凡历史意义的改革开放时期。这种由经济改革带动的全方位民族复兴运动，也给蹉跎了近一个世纪的中国法制变革带来了前所未有的机遇和无限的发展空间。

应该说，自1978年中国共产党第十一届三中全会以后的20年，是中国历史上社会变化最大、也最为深刻的20年。在过去20年中，中国人民高举邓小平理论伟大旗帜，摆脱了"左"的思想的束缚，在政治、经济、文化各个领域进行全方位的改革，并取得了令世人瞩目的成就，使中国成为世界上最有希望、最为生机勃勃的地区。中国新时期的民主法制建设，也在这一时期内取得了令人惊喜的成就。在改革开放的初期，长期以来给法制建设带来巨大危害的法律虚无主义即得到根除，"加强社会主义民主，健全社会主义法制"成为一个时期内国家政治生活的重要内容。经过近二十年的努力，到90年代中期，中国法制建设的总体面貌发生了根本性的变化。从立法上看，我们的立法意识、立法技术、立法水平和立法的规模都有了大幅度的提高。从司法上看，一套以保障公民基本权利、实现司法公正为中心的现代司法诉讼体制已经初步建立，并在不断完善之中。更为可喜的是，经过近二十年的潜移默化，中国民众的法律意识、法制观念已有了普遍的增强，党的十五大确定的"依法治国"、"建设社会主义法治国家"的治国方略，已经成为全民的普遍共识和共同要求。这种观念的转变，为中国当前法制建设进一步完善和依法治国目标的实现提供了最为有力的思想保证。

众所周知，法律的进步和法制的完善，一方面取决于社会的客观条件和客观需要，另一方面则取决于法学研究和法学教育的发展状况。法律是一门专业性、技术性很强，同时也极具复杂性的社会科学。法律整体水平的提升，有赖于法学研究水平的提高，有赖于一批法律专家，包括法学家、法律工作者的不断努力。而国家法制总体水平的提升，也有赖于法学教育和法学人才培养的规模和质量。总而言之，社会发展的客观需要、法学研究、法学教育等几个环节是相互关联、相互促进和相互影响的。在改革开放的20年中，随着国家和社会的进步，中国的法学研究和法学教育也有了巨大的发展。经过20年的努力，中国法学界基本上清除了"左"的思想的影响，迅速完成了法学学科的总体布局和各分支学科的学科基本建设，并适应国家建设和社会发展的需要，针对法制建设的具体问题进行深入的学术研究，为国家的立法和司法工作提供了许多理论支持和制度上的建议。同时，新时期的法学教育工作也成就斐然。通过不断深入的法学教育体制改革，当前我国法学人才培养的规模和质量都有了快速的提升。一大批用新思想、新体制培养出来的新型法学人才已经成为中国法制建设的中坚，这也为中国法制建设的进一步发展提供了充足和雄厚的人才准备。从某种意义上说，在过去 20 年中，法学界的努力，对于中国新时期法制建设的进步，贡献甚巨。其中，法学研究工作在全民法律观念的转变、立法水平和立法效率的提升、司法制度的进一步完善等方面所发挥的积极作用，也是非常明显的。

　　法律是建立在经济基础之上的上层建筑，以法律制度为研究对象的法学也就成为一个实践性和针对性极强的学科。社会的发展变化，势必要对法律提出新的要求，同时也将这种新的要求反映到法学研究中来。就中国而言，经过近二十年的奋斗，改革开放的第一阶段目标已顺利实现。但随着改革的逐步深入，国家和社会的一些深层次的问题也开始显现出来，如全民道德价值的更新和重建，市场经济秩序的真正建立，国有企业制度的改革，政治体制的完善等等。同以往改革中所遇到的问题相比，这些问题往往更为复杂，牵涉面更广，解决问题的难度也更大。而且，除了观念的更新和政策的确定外，这些复杂问题的解决，最终都归结到法律制度上来。因此，一些有识之士提出，当前中国面临的难题或是急务在于两个方面：其一，凝聚民族精神，建立符合新时代要求的民族道德价值，以为全社会提供一个基本价值标准和生活方向；其二，设计出一套符合中国国情和现代社会精神的"良法美制"，以为全社会提供一系列全面、具体、明确而且合理的行为规则，将各种社会行为纳入一个有序而且高效率的轨道。实际上，如果考虑到特殊的历史文化和现实情况，我们会认识到，在当前的中国，制度的建立，亦即一套"良法美制"的建立，更应该是当务之急。建立一套完善、合理的法律体制，当然是一项极为庞大的社会工程。而其中的基础性工作，即理论的论证、框架的设计和实施中的纠偏等，都有赖于法学研究的进一步深入。这就对我国法学研究、法学教育机构和广大法律理论工作者提出了更高的要求。

　　中国人民大学法学院建立于 1950 年，是新中国诞生以后创办的第一所正规高等法学教育机构。在其成立的近半个世纪的岁月里，中国人民大学法学院以其雄厚的学术力量、严谨求实的学风、高水平的教学质量以及极为丰硕的学术研究成果，在全国法学研究和法学教育领域中处于领先行列，并已跻身于世界著名法学院之林。长期以来，中国人民大学法学院的法学家们一直以国家法学的昌隆为己任，在自己的研究领域中辛勤耕耘，撰写出版了大量的法学论著，为各个时期的法学研究和法制建设作出了突出的贡献。

鉴于当前我国法学研究所面临的新的形势，为适应国家和社会发展对法学工作提出的新要求，中国人民大学法学院和中国人民大学出版社经过研究协商，决定由中国人民大学出版社出版这套"法律科学文库"，陆续出版一大批能全面反映和代表中国人民大学法学院乃至全国法学领域高品位、高水平的学术著作。此套"法律科学文库"是一个开放型的、长期的学术出版计划，以中国人民大学法学院一批声望卓著的资深教授和著名中青年法学家为主体，并聘请其他法学研究、教学机构的著名法学家参加，组成一个严格的评审机构，每年挑选若干部具有国内高水平和有较高出版价值的法学专著，由中国人民大学出版社精心组织出版，以达到集中地出版法学精品著作、产生规模效益和名著效果的目的。

"法律科学文库"的编辑出版，是一件长期的工作。我们设想，借出版"文库"这一机会，集中推出一批高质量、高水准的法学名著，以期为国家的法制建设、社会发展和法学研究工作提供直接的理论支持和帮助。同时，我们也希望通过这种形式，给有志于法学研究的专家学者特别是中青年学者提供一个发表优秀作品的园地，从而培养出中国新时期一流的法学家。我们期望并相信，通过各方面的共同努力，力争经过若干年，"法律科学文库"能不间断地推出一流法学著作，成为中国法学研究领域中的权威性论坛和法学著作精品库。

1999 年 9 月

序

　　在经济全球化和区域一体化的时代背景下，世界各国和地区在政治、经济、文化和法律上的交流与联系逐步加强，相互影响日益扩大。欧盟、北美自贸区等内部形成的具有特色的法律制度和文化对中国、日本、韩国等东亚国家法律制度的变化和发展产生了重要的影响。随着经济的发展和合作的深入，建立东亚经济共同体业已经成为东亚地区合作的追求目标。我以前在多个场合下讲过，随着欧共体/欧盟的建立，德国和法国这一对历史上的宿敌实现了大和解。但是，亚洲又如何？东亚又如何呢？由于经济、政治、历史、文化等错综复杂的问题和矛盾的存在，东亚共同体的建成可能还要经历一个较长的过程。

　　在东亚一体化的发展进程中，有些学者已经注意到东亚各国法律的多样化和可能存在的冲突对将来东亚共同体形成和建设的影响。东亚区域内的主要国家，如中国、日本和韩国，在地域和历史上一直是、将来也是山水相连的邻居。三国有着很多共同的文化属性，特别是在私法领域，存在大量共同的法律历史渊源，它们都是在该地区儒教和佛教的基础上演化、发展起来的。本地区的法律学者应通过东北亚法律史的比较研究找出其共同法。此外，学者们还应努力将源自儒教和佛教的共同法进行现代化改造。从近现代中、日、韩的法制建设和发展来看，三国是从西方国家共同继受了植根于西方基督教文明的现代民法，尽管中国采用了社会主义市场经济的经济形态，日本和韩国以资本主义市场经济为经济基础，但从根本上讲，东亚三国都采用了来自西方国家，特别是大陆法系国家的私法制度。因此，本地区各个国家的私法有着广泛的共性，这些私法有可能演化成本地区的共同法。特别值得注意的是，随着欧洲一体化的发展，欧洲的私法协调和统一已经取得了令人瞩目的成就。欧盟的经验很值得东亚学者比较研究和学习借鉴。中、日、韩的有些学者正是看到了东亚各国拥有共同的新、旧私法渊源，他们运用比较方法努力找到过去的"共同法"，并通过对现有各国私法的比较研究形成新的"共同法"。在借鉴欧洲学者起草《欧洲合同法原则》的基础上，来尝试起草《东亚合同法原则》，达成一个东亚合同共同法的草案。

　　本书的作者张彤是国内最早关注和跟踪研究欧洲私法统一化问题的学者，近些年来也取得了不少可喜可贺的研究成果。她是一位具有比较广阔的国际视野和比较深厚的比较法学功底的学者。近年来，她在已有研究成果的基础上，又将研究的领域扩展至东亚私法、特别是东亚合同法协调问题的研究上。她在借鉴当代欧洲合同法统一化的理论与实践最新研究成果的基础上，结合东亚区域经济一体化过程中合同法协调的需要，着重对中、日、韩三国的合同法进行比较研究，从中挖掘出可供形成东亚共同合同法借鉴的理念、方法和经验。这些研究成果对于促进东亚地区法律制度和协调机制的发展会有重要的启示作用。为此我很愿意作序，将这本书推荐给读者。

2015 年 7 月 10 日

前　言

　　经济全球化已成为世界经济发展不可逆转的趋势，而作为国际多边贸易体制的过渡和补充的区域经济一体化更呈现出强劲的发展势头。继欧盟、北美自由贸易区形成之后，建立东亚区域经济一体化组织近来也呼声高涨，但是东亚各国之间所特有的一些状况依然对东亚一体化进程造成了不小的阻碍。与世界上其他区域经济一体化组织相较，东亚各国之间无论在社会制度、宗教信仰还是在经济发展水平方面都存在巨大的差异。在这种巨大差异面前，即使是自由贸易区这种低层次的区域合作，也会由于一些国家担心本国市场受到外来的强大冲击等原因而变得举步维艰。东亚经济一体化可以借鉴欧洲一体化的经验，寻求东亚地区合作的新道路，即超越传统区域主义模式，以新区域主义路径来探索适合东亚地区特色的区域合作道路。用具有约束力的法律制度去巩固每一个一体化的成果。对东亚各国而言，重要的

是认识到一体化需要的是妥协，而不是对立。通过制度化促使各国经济的开放，整合强化内部生产要素的流动，从而成为东亚经济发展和增长的动力。

随着全球化和区域经济一体化，私法的趋同和统一已经成为私法发展的一种趋势。对于日益在国际经济舞台上发挥关键性作用的东亚国家而言，推动区域性经济一体化以及相关法律制度的建设，已经不仅仅是官方的共识了，也成为民间研究提供的路径之一。欧洲的法律区域化运动和欧盟私法统一化取得的成就给东亚私法协调带来了助推和经验，东亚私法统一化是目前东亚法学界的关注热点之一。东亚各国私法的协调，既与历史发展的逻辑相符合，也有其经济、政治、文化、思想的历史的与现实的基础。探讨东亚政治、经济、文化历史的和现实的联系性，阐释东亚各国之间相互冲突和融合的深层原因，以及如何克服这些既有的障碍，总结出既有的经验或寻找出可行的路径，是解决东亚私法统一化的必要性和可能性问题的重点和难点。

由于东亚各国国内的情况各不相同，其相应的法律制度在很多方面不可避免地与其本国特有情况相对应，因而独具特色，要想在区域层面上将东亚各国国内所有的民商事法律纳入协调的范围是不现实的。不过，将东亚各国之间差异较小的部分内容通过协调的形式达成一致是完全有可能的。欧洲私法协调和统一化的经验告诉我们，私法的协调首先是从合同法领域开始的。现代合同法的新发展将不仅是其自身具体制度的完善，更重要的是合同法整体功能上的进化，这种进化就是合同法的跨国适用性，即合同法的一体化，欧洲合同法的统一已经用事实向人们展示了合同法的发展趋势。因此，合同法的统一这个命题的意义绝不限于对遥远未来的想象，从理论研究的角度来讲，它已经是一个现实的命题。探究欧洲合同法统一对于合同法现代化在内容、形式和实现路径上的贡献，对东亚区域性经济合作中可能涉及的合同法规则的建构有着积极的借鉴作用。尤其是中、日、韩三国学者就这个课题已经提出了各种各样的理论和设想，也开展了一系列的活动和实践。通过学术交流和论坛研讨会的争锋，中、日、韩三国学者已经基本达成了首先在东亚合同法领域进行协调的共识，即以东亚的区域经济共同体为基础，以东亚共同的历史文化为纽带，以欧盟法为理想的典范，在东亚区域范围内建立起彼此协调、合作或统一的区域性法律制度。东亚学者首先是通过法律史的比较，努力找到东亚过去的"共同法"，并通过对现有东亚各国（主要是中、日、韩）合同法的比较研究形成新的"共同法"，最后在这些学术研究的基础上，尝试起草《东亚合同法原则》。

但总的来说，尤其是与欧盟私法统一化的成就相比，目前东亚合同法的协调研究工作仍处于起步阶段，也面临着很多问题：第一，虽然在基础理论和基本目标上达成了共识，但是对研究方法、路径、具体目标等方面的争议仍较多；第二，东亚内部缺少一个组织研究工作的主导力量，也没有固定的研究机构或组织，相关研究只能依靠各国学者和国际论坛，这使得学者的研究多停留在学术层面，导致影响小而进展慢；第三，东亚私法统一化研究尚在起步，各国研究较为浅显、中、日、韩学者的交流也是近年来才开始加强，这使得各国的研究对象较为分散，侧重也各有不同。

本书以东亚合同法的协调问题为研究范围，以欧洲合同法为比较对象，尝试从东亚合同法协调的经济基础、理论基础入手，对中、日、韩合同法协调的必要性和可能性进行分析，并对中、日、韩三国合同法制度进行比较研究，探讨欧洲合同法统一对于合同法现代化在内容、形式和实现路径上的贡献，总结其对东亚区域性经济合作中可能涉及的合同法规则建构的借鉴价值，探求使东亚合同法协调的新、旧共同私法渊源，并尝试建构《东亚合同法原则》的示范性规则的框架。

在"欧盟让·莫内项目"、教育部人文社会科学研究一般规划基金项目以及中国政法大学校级人文社会科学研究项目的资助下，笔者期望将几年研究积累的成果，整理成这本《东亚合同法的协调研究——以欧盟为比较对象》，求教于各界贤达，并寄希望于这本著作能够为东亚合同法的协调问题研究尽绵薄之力。

本书在写作中参考了大量国内外相关问题研究的专著和论文，在此真诚地对各位同仁表示衷心的感谢。在此还要特别感谢课题组成员、南开大学法学院秦瑞亭教授的慷慨支持，他授权作者将其对中、日、韩合同冲突法的研究成果在本书第五章中使用，感谢课题组其他成员的研究工作与辛勤付出。还要特别感谢韩国民法统一研究会名誉会长李英俊（LEE Young June）教授，他不间断地向笔者寄送了大量东亚合同法研究的最新资料。在书稿即将付梓之际，也衷心地感谢中国人民大学出版社的杜宇峰女士。由于作者学术水平有限，书中如有不妥之处，敬请读者批评指正，本书作者的邮箱是 RCEL2005@126.com。

张　彤

2015 年 8 月 16 日

目　录

第一章 东亚合同法协调的经济基础：东亚一体化

东亚国家间不断紧密的合作关系符合时代发展的潮流，体现了东亚国家联合自强、共谋发展的强烈愿望。在新区域主义理论的指导下，东亚的区域经济合作与一体化运动成为目前东亚的热门话题，新区域主义已经成为东亚地区一种重要的理论与社会建构。经过十数年的发展，东亚区域多种合作机制取得了一系列显著的成就，促进了东亚各国的共同发展，增强了东亚国家的整体意识，扩大了东亚国家间的共同利益，也为东亚法律的协调奠定了经济基础。

第一节 新区域主义理论下的东亚一体化

一、新区域主义理论的兴起

第二次世界大战以来，区域主义一直是西方解决区域冲突的重要方法与途径。特别是冷战结束至今，由于全球化步伐的进一步加快以及地区

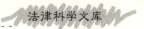

新安全问题的突现，区域主义在世界各地重新高涨。区域主义作为特定国际区域之间制度化的关系和国际关系中的一种新现象，已在区域、跨区域和全球治理中发挥着重要作用，并构成兴起中的多层次全球治理体系的重要组成部分。

新区域主义理论主要是针对全球化背景下"新区域主义"这一世界性现象提出来的，但其理论渊源可追溯到冷战时的欧洲一体化理论。区域主义是 20 世纪 50 至 70 年代国际政治学家、区域经济学家为了欧洲区域一体化的实践需要，逐步提炼出来的对欧洲一体化具有推动力量的一种理论化的意识形态思潮。当时，在实际的研究中，学者们习惯于将区域主义与区域一体化等同起来，并以欧洲一体化模式为基点将政治一体化和经济一体化分开研究，其经验研究的动力主要来自欧洲经济一体化的第一次浪潮。① 关于欧洲一体化的理论一方面来自经济学家，他们关注国家与政府驱动的经济一体化，并一直对区域性安排如何影响成员国和非成员国的福利感兴趣。在他们看来，区域一体化可以从成员国货物与要素市场一体化（如特惠贸易区、自由贸易区和关税同盟等形式）到贸易和要素一体化（即共同市场），再到市场和政策一体化（即经济与贸易联盟），最后到完全一体化的经济政治联盟。② 另一方面来自政治学家，他们关注国家与政府驱动的政治一体化，并致力于探索实现一体化的政治共同体的途径与进程。③

从 20 世纪 80 年代中后期开始，在《单一欧洲法令》实施所引发的欧洲一体化快速复兴的刺激下和冷战缓和直至结束的有利国际环境中，区域主义开始在全球范围内蓬勃发展。这股无论是深度还是广度都明显强于冷战背景下的区域主义的新区域主义浪潮，不但推动了区域主义研究的复兴，而且使之摆脱了原来局限于经济学和政治学领域的局面而最终"回到国际关系理论前沿"。区域主义和区域化作为一种实践进程，其目标就是通过区域意识与区域认同、共同的利益与责任、相互的信任和高度认知相

---

① 参见郑先武：《新区域主义理论：渊源、发展与综合化趋势》，载《欧洲研究》，2006（1），39 页。

② See Bela Balassa, *The Theory of Economic Integration*，Allen & Unwin，1961；Peter Robson, *The Economics of International Integration*，Allen & Unwin，1987.

③ See Shaun Breslin and Richard Higgott，"Studying Regions：Learning from the Old，Constructing the New"，*New Political Economy*，Vol. 5，No. 3，2000，p. 902.

互依存建设最终走上一个特定的区域共同体。全球化大变革和新区域主义发展的现实使区域主义理论出现一条基本的共识：区域主义是对全球化的一种现实性回应，也是对国家—民族主义需求的一种重要延伸，因而它可以在国家—民族主义与全球主义之间架起一座互通的桥梁。

20 世纪 90 年代以来，随着经济全球化的迅速发展，各国间区域经济合作不断加强，不同类型的区域经济一体化组织纷纷建立，区域经济一体化已成为不可逆转的趋势。与经济全球化并进的新区域主义成为当代世界经济的重要特征之一。但是，20 世纪 80 年代以后，区域主义逐渐表现出与政治、经济、社会、文化发展的不适应性。区域主义日渐式微的主要原因，是国家之间签订的贸易优惠安排产生了贸易转移的后果，区域一体化产生的利益成本在国家间分配产生了很大的争执，导致不少协定最后名存实亡。① 因而，探索适应全球化发展需要的、处理区域问题的新理论、新方法，就成为前沿性的问题。以地区认同为基础的新区域主义正成为地区内各种行为体（包括国家、国际组织、跨国公司、民间团体以及个人等）应对全球化挑战的优先选择途径。新区域主义正是在这样的社会背景条件下产生、形成的，并得到了越来越广泛的应用。②

20 世纪 90 年代以来，区域经济合作出现了一种新现象：在大国与小国签订的贸易协定中，小国对大国作出了更大的让步。这种情况的体现有：美国与加拿大、墨西哥在国内知识产权保护、能源政策等方面作出适应美国的调整。欧盟在吸收东欧成员之前，也要求它们在国内政策方面作出改革，并且根据这些国家改革的进度分批吸收成员。这种小国对大国作出单方面让步或额外支付的现象被称为新区域主义。新区域主义理论认为，在 WTO 及其前身 GATT 主持下，发达国家的关税已非常之低，非关税壁垒已大幅度减少，因此区域贸易协定倡导的"自由贸易"的意义已大为降低，这样一来，贸易创造和贸易转移的意义便下降，需要根据新环境提出新理论。③

"新区域主义"的称谓最早是由美国宾夕法尼亚大学政治系名誉教授

---

① 参见陈勇：《新区域主义评析》，载《财经论丛》，2005（6），53～55 页。

② 参见袁政：《新区域主义及其对我国的启示》，载《政治学研究》，2011（2），99 页。

③ 参见陈勇：《新区域主义与东亚经济一体化》，31 页，北京，社会科学文献出版社，2006。

诺曼·D·帕尔默在其名为《亚洲和太平洋地区的新区域主义》一书中提出的。① 目前学术界对于新区域主义这一概念的界定并不一致。奥斯陆大学海姆（Helge Hveem）教授认为："区域主义是一系列观念的载体，它促使认同的地缘或社会空间向地区计划转变，或是说它体现了一个特定地区认同的客观存在或有意识的构建。这通常和政策与战略相关，并导致制度的创建。"② 英国学者安德鲁·赫里尔（Andrew Hurrell）从五个不同的范畴对地区主义做出定义：地区化进程（regionalisation process）、地区认同的出现（emergence of regional identity）、地区国家间合作（regional interstate cooperation）、民族国家推动的地区一体化（state-promoted regional integration）和地区凝聚力（regional cohesion）。③

20世纪90年代以来，国外学者对新区域主义进行了大量的研究，如萨皮尔（Sapir）发表了《区域主义与国际贸易新理论》，派诺里和华尔利（Perroni & Whalley）发表了《新区域主义：贸易自由化或保险》等论文。90年代后期新区域主义在欧共体和北美得到了进一步的实践和发展。萨维奇（Savitch）的《新区域主义之路》以及威勒尔（Wheeler）的《新区域主义：新兴运动的主要特征》两篇论文的发表，标志着新区域主义研究逐步走向成熟。国内有学者把新区域主义定义为："同一地区内的各种行为体（包括政府、政府间组织、非政府组织、民间团体或个人等）基于共同利益而开展地区性合作的全部思想和实践活动的总称。"④ 有学者认为，与区域主义不同，新区域主义的核心不局限于"政府间主义"，而着眼于包括各种类型的国家、市场和公民社会在内的各种行为主体之间的互动推动，以形成一个有独立权力的区域—泛组织。新区域主义与区域一体

---

① See Norman D. Palmer, *The New Regionalism in Asia and the Pacific*, Lexington Books, 1991.

② Helge Hveem,"Explaining the Regional Phenomenon in an Era of Globalization", in: Richard Stubbs, Geoffrey R. D. Underhill, *Political Economy and the Changing Global Order*, Oxford University Press, 2000, pp. 70 - 81.

③ See Andrew Hurrell,"Regionalism in Theoretical Perspective", in: Louise Fawcett, Andrew Hurrell, eds., *Regionalism in World Politics*, Oxford University Press, 1995, pp. 38 - 24.

④ 耿协峰：《新地区主义与亚太地区结构变动》，37、95页，北京，北京大学出版社，2003。

化的思想大体一致，强调一个开放和多维度的系统，在该系统中多种参与者（政府和社会）能够参与区域项目（Regional Project）。①

因此，从理论源流上追溯，新区域主义（new regionalism）产生于20世纪90年代，是相对区域主义而言的一种思潮、理念和解决区域冲突的路径。新区域主义理论主要是指研究世界经济、国际关系、国际政治、经济地理、区域规划等领域的学者对新区域主义的内涵、特征、产生原因、利益和影响等问题从不同角度给出解释。②

二、传统理论对东亚经济一体化适用的缺失

区域经济一体化的传统理论是以成员体的"同质"性为基础的，通过区域内的核心力量来协调各成员利益，实现区域机制的共建。所谓"同质"，从经济上讲，是指各参加国的经济发展水平和发展规模的基本等同，因而各方加入区域组织的磨合程度较小，也有利于区域合作中各方相对收益的均衡分配，从而减少区域合作的实施成本和摩擦成本；从政治上讲，是指各成员国拥有相同的意识形态和社会制度，对彼此的行为有着可预测性，合作的一方相信对方不会轻易采取对他方有害的行动。欧盟即是较为典型的"同质"成员结构的一体化组织。但这种理论模式似乎并不符合东亚各国和地区现有的地缘政治和地缘经济条件，因而东亚一体化出现了理论适用上的缺失。反观东亚，在经济、政治和文化等领域都存在其他地区无可比拟的多样性。东亚地区是世界上差异最大的地区，区域内的国家具有不同的政治制度，经济发展水平不一，历史、文化、宗教、种族都有很大的差异。美国最著名的东亚问题学者之一斯卡拉皮诺曾说，东亚地区像一块绚丽多彩又令人迷惑的马赛克。"世界上很少有别的地区能比这一地区更鲜明地说明在千差万别之中求得一致所会遇到的各种问题。各个种族的代表性的特点、文化类型、经济制度和政治制度的纷繁杂陈，其种类之多、范围之广，几乎囊括人类所见识过的全部类型"③。东亚各国在经济

---

① 参见罗小龙、沈建法、陈雯：《新区域主义视角下的管治尺度构建：以南京都市圈建设为例》，载《长江流域资源与环境》，2009（7），603页。

② 参见路宇立：《APEC合作的理论基础：新区域主义视角的分析》，载《国际贸易问题》，2011（4），48页。

③ ［美］斯卡拉皮诺：《亚洲及其前途》，辛耀文译，18页，北京，新华出版社，1983。

规模和经济发展水平等方面存在巨大的差距，宏观经济政策也极为不一致，加之东亚发展中经济体经济结构的相似性，使得相互间的经济政策经常出现冲突。这些因素决定了东亚区域经济合作的成本无疑是较高的。从意识形态上看，东亚国家是世界上意识形态和具体政治制度上最为参差不齐的地区，为建立某种程度的共同体而让渡部分国家主权的难度相当大。因而，东亚不具备欧洲和北美一体化"同质"的前提条件，建立一体化制度的成本无疑是极为高昂的。

　　传统一体化模式以成员体的同质性作为重要初始条件。如果以此标准来衡量东亚，则势必陷入对东亚一体化的悲观论中。然而，冷战结束后，经济全球化的纵深发展推动着区域一体化以更快的速度进行制度变迁。世界经济的区域化和集团化的实践已经明显突破了其传统理论范畴，经济全球化的纵深发展也深刻影响着区域经济一体化的进程，突出地表现在对传统模式"同质性"前提条件的放松，即不同经济发展水平和不同社会政治制度与意识形态的国家也可以成立区域经济一体化组织。经济交往和经济合作的增强使大国之间经济利益发生大面积交叉或融合，导致国家相互依赖和共存共荣程度的实质性加深。"同质"与"异质"不再成为判断一体化能否成功的主要标尺，区域一体化逐渐突破了原来的理论框架。①

　　毫无疑问，正如众多学者所指出的那样，如今世界上建立和运行得比较顺利的跨国共同体，如欧盟和北美共同体，都是以成员国之间在经济、政治制度、文化传统、意识形态等方面具有高度同质性为前提的。但是，这并不意味着，任何跨国共同体的建立和顺利运行，都必然以成员国之间在经济制度、政治制度、文化传统、意识形态等方面的高度同质性为前提。虽然目前尚无法进行充分的说明，但我们认为，即使有证据显示，像欧盟和北美共同体这样一些跨国共同体的建立和顺利运行确实是以其成员国之间在经济、政治制度、文化传统、意识形态等方面的高度同质性为前提的，这一事实本身也并非像"太阳必然自东方升起至西方降落"那样是一种纯自然（非人为）的现象，它在很大程度上是人们在一些特定话语体系的引导和约束下所建构出来的一种现实。按照这样一些话语体系，任何一种社会共同体的形成和维持，都是建立在共同体成员在种族、信仰、文

---

①　参见范洪颖：《全球化背景下东亚一体化理论适用问题探讨》，载《东南亚研究》，2007（3），66～68页。

化等方面所具有的同质性基础之上的，而且这种同质性程度越高越好。我们相信，在另一类话语体系，例如多元文化主义等话语体系的引导下，我们完全有可能建立起一种新型的跨国共同体。在这种新型的跨国共同体中，各国人们既具有一定程度的同质性（例如，对于共同体基本原则、规范和制度的认同），以维护共同体的正常存在和运行，又在经济、社会、政治和文化等方面保留一定程度的异质性，以维护共同体成员国之间在经济、社会、政治和文化生活方面的多样性。换句话说，我们完全可能尝试在不改变共同体各成员国现有经济、社会、政治和文化形态的前提下来建立一个将这些国家紧密结合为一体的新型跨国共同体。这种新型共同体，作为一种能够在超越既有民族—国家的层面上将人类结合起来的更高层次的人类共同体，和欧盟等跨国共同体具有类似的地方；但就其将在成员国之间保留较高程度的经济、社会、政治和文化异质性或多样性这点而言，它又与欧盟等跨国共同体具有较大的差异。这种新型的共同体，如果能够真正地建立起来，将是东亚各国人民对人类生存和发展的重要贡献。正如一位中国作者在讨论"东亚共同体"构想时所指出的那样，在这方面，东亚文化（尤其儒家文化）也提供了一些必要的思想资源。儒家文化主张"和而不同"的思想，强调"和谐而又不千篇一律，不同而又不彼此冲突，和谐以共生共长，不同以相辅相成"；按照这种"和而不同"的思想，我们应该"承认各国文明的多样化和国际关系的民主化"，但认为西方价值观并不具有普适性，各种文化包括中国特色的社会主义文化、日本特色的资本主义文化、韩国特色的转型民主化文化等以及历史上的儒家文化、伊斯兰文化、基督教文化、佛教文化等是适合各国发展需要形成的人类文明精华，都有其生存、发展的理由和权利，各种文明应该和平共处，共同建设东亚的美好家园。鉴于东亚多文化、多制度的特殊情况，东亚各国在学习欧盟和北美共同体宝贵经验的同时，必须创造能够使东亚各种文明共存兼容的建设东亚共同体的新模式和新经验。①

三、新区域主义理论与东亚一体化

上世纪 80 年代以来，全球范围内区域合作和多边主义的迅猛发展，

---

① 参见谢立中：《走向东亚共同体：社会面临的困境与出路》，载《社会学评论》，2013（5），9～10 页。

给东亚地区各国带来了很大的压力和挑战，东亚区域的各国也在积极寻求加快实现区域合作的步伐。特别是冷战以后，东亚局势有了新的变化，主要表现在东亚各国多边合作不断加深，区域内经济规模扩大和经济依存度增强。东亚已成为世界上最重要的新兴市场，在世界政治、经济中所占比重呈大幅度上升趋势。

从全球层面看，面对冷战的结束和全球化进程所带来的挑战，区域化成了东亚地区的应对措施。各国可以借此寻求共同利益，促进它们的共同价值，解决共同的问题，特别是共同增强它们在全球化浪潮中的自重力；否则，它们分散、各自为政的话，很可能会被淹没在全球化的浪潮中，被全球化浪潮所挟卷漂流而无法自控。

从区域层面看，东亚区域意识的产生和新区域主义的兴起促进了东亚一体化的进程。"旧区域主义"强调经济、政治、历史、文化等的同质性是地区认同出现、地区一体化形成的基本因素，具有内向性。而"新区域主义"则弱化了地域意义，更强调开放性，它还包括内涵的深入和外延的扩大，即不但强调一体化的深入发展，还谋求将更多的国家纳入一体化的进程之中。因此，新区域主义是相对于旧区域主义而言的，简单地说，旧区域主义体现了内向性、政治和军事倾向、欧洲中心主义等；而新区域主义则具有开放性、外向性、经济倾向、多样性、亚洲性等特征。新区域主义的这些特点为东亚安全实践提供了新的思路与理论框架。[1]

第二节　多种合作机制并存下的东亚一体化进程

一、亚洲一体化的理想

国际经济学对于区域一体化形式的分析，主要集中于经济一体化，而且最初主要是基于欧洲经济一体化的实践，即将经济一体化按照程度高低划分为自由贸易区、关税同盟、共同市场、经济同盟和完全经济一体化。[2] 随着世界各地区域一体化实践的不断发展，各种形式的区域一体化

---

[1]　参见郭延军、王春梅：《新区域主义视角下的东亚安全共同体建设》，载《世界经济与政治论坛》，2006（6），79～80页。

[2]　参见张彤等：《欧盟经贸法》，9～10页，北京，中国政法大学出版社，2014。

所涵盖的内容已逐步拓宽。综合国际经济学和国际政治学的分析，我们可以将区域一体化界定为：一种包括经济、政治、社会和文化各个领域的制度安排，不仅包括经济、政治、社会和文化的一体化进程，也涵盖不同领域的区域合作。

亚洲一体化的理想由来已久。早在 1903 年，日本学者冈仓天心在其书中曾倡导亚洲一体。另一位日本学者植木枝盛提议，亚洲各国人民，应在自由平等原理基础上建立联合。在八十多年前，亚洲第一位诺贝尔奖获得者，印度诗人泰戈尔，曾经呼吁泛亚洲的团结以对抗西方的物质主义。1915 年与 1924 年，泰戈尔相继访问日本与中国，作为他寻求亚洲意识之旅。20 世纪初的中国思想界也出现亚洲联合的思想，比如孙中山坚持亚洲必须联合起来共同抗击西洋的侵略，章太炎和梁启超都曾撰文呼吁保卫亚洲文化精髓。李大钊在 1919 年的一篇文章中提出"新亚细亚主义"，其中包括亚洲各民族自决、平等联合、积极反对侵略等以求得民族独立与解放。而且，泰戈尔和孙中山都对日本所提出的"亚洲是亚洲人的亚洲"概念推崇备至。但是随着日本对亚洲国家发动了侵略战争，泛亚主义成为不堪回首的记忆，而接踵而至的冷战也使得亚洲各国陷入了深重的隔阂。直到冷战结束之后，马来西亚总理马哈蒂尔在 1990 年年底提议成立"东亚经济集团"，但是其因为遭到美国和日本的反对而被搁置。①

二、东亚一体化进程与成果

（一）东亚场域的界定

东亚首先是一个地理性概念，即所谓"地理东亚"。最初，相对于西方人来讲，东亚在地理上就相当于"远东"，而对于当代人的地理常识来讲，东亚显然是指亚洲的东部。但东亚在范围上究竟包括哪些国家和地区，人们的解释并不统一。广义的"东亚"地域覆盖较广，北起俄罗斯的远东地区和日本，中经朝鲜半岛的朝鲜和韩国、中国（包括台湾、香港、澳门地区），直至越南、泰国、新加坡、马来西亚、印尼等国。这一地区人口占世界人口的 1/3，经济总产值约占世界经济总产值的 1/5，面积约

---

① 参见来辉：《亚洲一体化的理想与现实》，载《商业文化》，2010 (1)，85～86 页。

占世界陆地总面积的 1/10。这一地区也大体上是汉字文化圈所及的范围。学者们在论及东亚的发展模式、发展原因和现代化道路等问题时，一般就是指这一区域。狭义的"东亚"则多指日本、中国、蒙古、朝鲜、韩国。本书是在狭义的意义上使用"东亚"一词。而且，由于朝鲜和蒙古尚未参与东亚合作，因而东亚新区域主义指的是中、日、韩、东盟之间及它们与区外其他国家的合作机制。

东亚还是一个文化性概念，即所谓"文化东亚"。随着世界范围文化学研究的深入及其影响力的扩大，东亚概念的使用已不再局限于它的地理含义，有时还更凸现了它的文化意义。比如中国较早研究东亚问题的专家罗荣渠先生就明确指出过，东亚从文化上讲，大体上是汉字文化圈影响所及的地区，这主要集中在中国（包括香港、澳门、台湾地区）、日本、朝鲜、韩国和东盟五国。① 另外，像"东亚文化圈"、"东亚意识"等提法，大体属于此类。

东亚又是一个区域经济社会发展的合作性概念，即所谓"经济东亚"。这种使用是随着亚洲经济的复兴，在世界经济全球化和区域经济一体化趋势日益增强的背景下，在拓展延伸意义上的一种使用。这种使用早在世界银行 1991—1993 年出版的研究报告《东亚奇迹——经济增长与公共政策》中，就对东亚的范围做了包括所有的东亚、东南亚和太平洋地区、中国和泰国以东的中低收入国家的界定。2000 年 11 月，中国当时的朱镕基总理访问东盟，参加 10＋3 领导人会晤，举行中日韩三国领导人会谈，在提到东亚国家的合作问题时，也第一次作为官方的表述使用"东亚"一词来指称东盟和中日韩三国。可见，在区域经济合作意义上使用的"东亚"概念，其涵盖的范围又有了新的拓展和扩大。

总之，东亚的概念应该是以地理位置为基础，同时以经济和文化上的相似性为重要纽带而形成的一个区域。该区域的具体范围应视研究论题的不同角度、重点和目的，根据需要来适当地加以确定。② 因本书将中、日、韩视为该地理区域的中心，故本书中的东亚多指中国、日本和韩国。

---

① 参见罗荣渠：《现代化新论续篇——东亚与中国的现代化进程》，59 页，北京，北京大学出版社，1997。

② 参见孙育玮：《关于东亚法治文化的几点思考》，载《法治论丛》，2007（1），63～64 页。

（二）东亚区域经济合作的进程

1. 东盟倡导的东亚一体化之路

在全球化的背景下，参与区域合作成为各国的必然选择，世界几乎每一个国家都参加了至少一个区域合作组织。特别是欧盟和北美自由贸易区的发展，已经取得了举世瞩目的成就。可相比之下，亚洲一体化的潜力远远没有发挥出来。

东亚合作的展开可以说是东盟积极促成的结果，东亚合作与东盟合作相辅相成。东亚一体化的首倡者东盟最初只有五个成员国，是一个以军事和安全合作为主要任务的防御性组织。冷战期间，东南亚是美苏长期争夺的地区。20 世纪 60 年代后期，东南亚形势发生了巨大的变化。1967 年 7 月，英国因国力衰弱，宣布从苏伊士以东地区撤军。美国也因直接参加越南战争而不能自拔。与此同时，苏联趁西方在东南亚的力量受到削弱而大举南下，推行与美在全球争霸的战略。在此情况下，东南亚国家为了保护自己的安全和切身利益，建立了东南亚国家联盟，即东盟。目前，东盟已发展成为囊括整个东南亚地区的、拥有十个成员国的具有综合性功能的组织，并与中、日、韩三国建立了密切的经济关系。东盟在国际事务特别是东南亚事务中已成为一支不可忽视的力量。[①] 可以说，东盟的发展及东盟与东北亚国家联合趋势的出现，与新区域主义思潮的影响是分不开的。

东盟是东亚地区最早进行一体化的次区域组织，也是东亚一体化的倡导者，而 1997 年的亚洲金融危机则是东亚一体化的契机。1997 年东南亚金融危机爆发之后，此前一直坚定走多边路线的东亚也加入新区域主义潮流中。因为在东盟、中国、日本和韩国之间难以严格区分"大"与"小"，以及东亚经济体在历史、文化、经济等方面的高度异质性，东亚的新区域主义呈现了与欧美不同的特征，经济学家称之为"亚洲方式（Asian Way）"。所谓"亚洲方式"，主要指的是东盟这个相对较小的组织引领区域大国走新区域主义之路。正是东盟的倡导和亚洲金融危机造就了今天的东亚合作机制——"10＋3"，开创了东亚一体化进程。

东亚一体化始于东盟的一项倡议。早在 1990 年 12 月，马来西亚总理马哈蒂尔就敏锐地看到东亚面临着欧洲和北美两大经济集团的挑战，从而呼吁建立由东盟和中、日、韩三国组成的"东亚经济集团"（EAEG）。马

---

① 参见蒋恺：《东盟的历史与现实》，载《和平与发展》，1995（1），16 页。

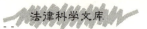

哈蒂尔建议该集团由马来西亚出面组织，日本起主导作用，中国则发挥重要作用。当时，只有中国明确表示支持。后来这个建议也得到了东盟其他各国的赞同。但由于美国的打压、澳大利亚的强烈不满和"集团"一词本身所具有的封闭性和排他性，EAEG 难被国际社会接受。为此，东盟于1992 年 10 月将其更名为"东亚经济核心论坛"（EAEC），试图淡化"经济集团"的封闭性和排他性。尽管 EAEC 最终也未成功，但东盟没有放弃推动东亚一体化的努力。①

1994 年，东盟倡议召开"亚欧会议"（ASEM），并得到欧盟的响应。而 ASEM 中的亚洲成员就是 EAEG 的预定成员。东盟巧妙地借助欧洲力量，排除美国的干扰，使东盟和中日韩作为一个集体，于 1996 年首次以地区的名义出席了首届亚欧会议，迂回地实现了"东亚集团"理想。这可视为东亚一体化的前奏曲。

2. 东亚的多边化区域主义

20 世纪 90 年代以来，由于多边贸易体制进展缓慢，新区域主义的深度发展使得双边自由贸易协定数量急剧增加，以区域贸易协定（regional trade agreement，RTA）为主要形式的新一轮区域主义浪潮再度掀起。全球几乎一半的贸易都产生于各种贸易协定的安排。新世纪以来，多边化区域主义迅速发展成为国际区域经济一体化的一个重要趋势。多边化区域主义（Multilateralising Regionalism）是双边及区域性 RTAs 突破自身排他性与封闭性，以更高的自由化水平进行对外开放整合的一种机制。多边化区域主义也是新区域主义在当前世界经济形势下的调整与发展，是可以实现要素跨国配置的有效途径，也是经济体追求自身利益的客观需要。②亚太地区是多边化区域主义的重要发起地，它的发展必将对亚太地区的政治经济环境产生重要影响。

1997 年是东亚区域合作历史上一个真正的转折点。虽然早在 20 世纪60 年代，日本民间就提出建立"泛太平洋组织"、"亚洲经济合作机构"和"太平洋自由贸易区"等设想，但直到 1997 年，东亚地区仅有东盟一

---

① 参见陆建人：《从东盟一体化进程看东亚一体化方向》，载《当代亚太》，2008（1），21～22 页。

② 参见胡渊、杨勇：《多边化区域主义背景下中韩自贸区前景分析》，载《亚太经济》，2014（2），147 页。

个区域一体化组织。同年，世界 GDP 排名前 30 位的经济体中，只有日本、中国、韩国、中国台湾、中国香港这五个经济体没有加入任何一体化组织，而它们都属于东亚。但是，自 1997 年年底起，以"东盟加中日韩"机制为开端，东亚一体化进程开始启动。此后，各类双边自由贸易协定（FTA）在东亚地区大量涌现，使东亚成为全球区域经济一体化第三次浪潮的主角。

3. 东亚共同体的曲折发展

区域共同体首先应当是经济共同体。对于任何区域共同体来说，经济都是其形成的根本基础和前提条件。从这个意义上说，区域内经济体之间相互的经济依存度和互补度越大，它们之间经济一体化的需求和潜力就越大，它们形成经济共同体乃至其他利益共同体的必然性和可行性就越高，而这一点恰恰是东亚近年来区域经济合作的最大特点和主要趋势。目前，"东亚共同体"既是东亚区域主义的发展趋向，也是学术探究的一个新领域。从理论角度探索，共同体是地区一体化的结果。共同体理论的内核来自地区主义理论中的新旧功能主义和政府间主义，共同体理论受到溢出自生逻辑和政府有效控制的双重控制，是政府间主义和功能主义结合起来解释的结果。[①]

"东亚共同体"从概念的提出到真正成为东亚各国的共识，大约经历了 10 年的发展时间。而这 10 年恰恰就是由于中国崛起和东亚区域生产网络形成而导致的区域内贸易迅猛发展，以及东亚各国之间经济依存度和互补度不断提高和加深的 10 年。"东亚共同体"经历了酝酿、提出和政策实施三个阶段。

"东亚共同体"的构想可以追溯到上世纪七八十年代日本提出的"东亚经济圈"、"太平洋共同体"等构想。1990 年马来西亚前总理马哈蒂尔提出"东亚经济集团"的倡议，他建议东盟和中、日、韩三国成立一个贸易集团，以应对欧洲和北美集团化的挑战。此举立即遭到美国的强烈反对，尽管东盟随即将其改名为"东亚经济核心论坛"，但这项重新包装的倡议仍因美国的反对和日本的退缩而被束之高阁。1997 年亚洲金融危机后，东亚地区的经济合作进程开始加快。同年 12 月，东盟十国与中日韩三国领导人在马来西亚会晤，正式开始了东亚"10＋3"的对话合作机制。

---

① 参见张彤等：《欧盟经贸法》，6～9 页，北京，中国政法大学出版社，2014。

2001 年 11 月，东亚展望小组向文莱的第五次"10＋3"领导人会议提交了其研究报告《走向东亚共同体：一个和平、繁荣和进步的地区》，明确建议把建立"东亚共同体"作为东亚合作的长期目标。至此，"东亚共同体"作为一个完整的概念得到了明确和清晰的阐述。2004 年 11 月第八次"10＋3"领导人会议，正式宣布建立"东亚共同体"是东亚合作的长期目标。我国学术界对"东亚共同体"的研究基本上与上述的现实发展相同步。尤其是 2003 年 12 月，日本与东盟特别首脑会议发表《东京宣言》以及"东亚论坛"在韩国成立以来，东亚国家包括中国学界，明确以"东亚共同体"为主题或对象的研究迅速升温。自 2004 年以来，"东亚共同体"的研究成为中国国际关系和地区研究的一个热点和重点的问题。[①]

东亚各国对"东亚共同体"这一概念争议很大。学者们将"东亚共同体"的建构看成是东亚各国之间协商一致，进行自愿合作的开放、透明、包容和前瞻性的进程。大部分学者对"东亚共同体"的概念界定持一种比较现实、谨慎的观点，也有部分学者持比较严格的学理意义上的界定。[②]

真正的转机是 1997 年的亚洲金融危机。亚洲金融危机的爆发，使东亚国家痛感缺乏地区合作机制所导致的抵御风险能力差和缺乏互动合作机制给每个国家（地区）所带来的巨大损失。这个地区的主要国家——中、日、韩对发展区域经济一体化的态度也发生了根本变化，开始重视和积极响应东盟国家长期以来建立区域经济共同体的努力，开始积极参与东亚地区双边和多边的经济合作。1997 年 12 月，首届东盟十国与中日韩三国领导人会议召开，正式开始了东亚"10＋3"的对话，形成了东亚合作机制。

1998 年，第二次"10＋3"领导人会议根据韩国前总统金大中的倡议，决定成立由东亚 13 个国家专家组成的"东亚展望小组"（EAVG），研究东亚合作的中长期规划。

1999 年 11 月第三次"10＋3"领导人会议的召开是东亚一体化历史

---

① 参见吕亚青：《我国"东亚共同体"研究的主要议题及其发展趋势》，载《西安社会科学》，2010（3），44 页。

② 参见郑先武：《"东亚共同体"愿景的虚幻性析论》，载《现代国际关系》，2007（4），53 页。

上的一个里程碑。会议就推动东亚地区合作的原则、方向、重点领域达成了共识，发表了《东亚合作联合声明》。韩国总统金大中在会上倡议成立"东亚合作展望小组"，旨在对东亚合作的进程与目标进行规划。

2000 年 11 月，当中国主动提出中国—东盟自由贸易区的建议时，东盟不仅欣然接受，而且还积极倡导其十多年来的一贯主张，希望在与中国自由贸易的基础上，进一步建立东亚自由贸易区。由此，同时召开的第四次"10＋3"领导人会议顺利地就未来建立东亚自由贸易区达成了共识。

2001 年 11 月，"东亚合作展望小组"向第五次"10＋3"领导人会议提交研究报告，建议由"10＋3"框架向东亚机制过渡，把"建立东亚共同体"作为东亚合作的长期目标，同时建议召开东亚领导人会议。这是"东亚共同体"目标在东亚各国领导人会议上的首次提出。2001 年会议上"东亚合作展望小组"提出了建立"东亚自由贸易区"和"东亚共同体"的长远目标，其中"东亚共同体"不仅仅包括经济领域，还包括安全和社会文化方面。

2002 年 11 月，于前一年成立并主要由政府官员组成的"东亚研究小组"（EASG）在"东亚合作展望小组"研究报告的基础上，提出了关于建立东亚共同体的最终研究报告，并建议实施 17 个短期措施和 9 个中长期措施。当月召开的第六次"10＋3"领导人会议通过了"东亚研究小组"的研究报告，确立了各国共同努力、实现东亚共同体的目标。这表明东亚各国就东亚一体化的目标达成共识。①

2003 年 12 月，日本与东盟国家在东京举行了特别首脑会晤。期间，日本不仅加入了东南亚友好合作条约，而且又一次提出了东亚共同体的目标。但小泉的计划是建立一个包括"10＋3"以及澳大利亚和新西兰的扩大的东亚共同体。

2004 年 11 月，第八次"10＋3"领导人会议正式宣布建立"东亚共同体"是东亚合作的长期目标，并决定 2005 年 12 月在第九次"10＋3"领导人会议期间同时召开东亚领导人会议（东亚峰会）。

2005 年 12 月，第九次"10＋3"领导人会议和首届东亚峰会同时在马来西亚首都吉隆坡召开。会议发表的《吉隆坡宣言》中说："10＋

---

① 参见陆建人：《从东盟一体化进程看东亚一体化方向》，载《当代亚太》，2008（1），22～23 页。

3"是实现东亚共同体的主要手段，而建立有利于地区和国际社会和平、安全、繁荣和进步的东亚共同体则是东亚各国的长期目标，各国要为实现这一长期目标而共同努力。这样，经过第九次"10＋3"领导人会议和首届东亚峰会，东亚共同体被正式提出来并成为东亚各国的长期目标。

从2007年1月14日和15日在菲律宾宿务举行的第十次"10＋3"领导人会议起，东亚共同体的建设迈入了更加务实和具体化的进程。本次会议在加强战略规划、深化经贸与财金合作、推进安全合作、拓展社会文化合作、加强公共卫生合作等方面所进行的深入具体的讨论，无疑把东亚共同体的建设推向了新的发展阶段。

2009年日本鸠山首相上台之后，分别在联合国大会等场合提出"东亚共同体"构想，东亚地区有必要创建类似欧盟的共同体及类似欧元的"亚洲共同货币"，且"亚洲共同货币"应该作为东亚共同体的支柱。事实上，作为共同体核心的认同感和价值观，如果不是本来就存在，那就可能需要在建立秩序的过程中逐渐自发建立起来。亚洲各方理应努力追求建立一种亚洲意识，为架构"共同体意识"努力。比如2009年10月在出席东亚峰会时，温家宝总理提出了建立东亚共同体的相关原则："尊重、互助、开放、包容、渐进、可持续"。

4. 中日韩合作是东亚区域一体化的关键

尽管我们在前面指出，推动东亚共同体进程的核心和主导力量是东盟国家，但是毫无疑问，就共同体能否建成并且能够建成什么样的共同体而言，起决定因素的还是这个地区经济实力最强大的三个国家——中、日、韩之间的合作关系。中日韩三国在地缘、历史、文化、经济上存在很强的依赖性和互补性，建立中日韩自由贸易区，将会取消关税和贸易限制，使要素流动加大，企业运营成本下降，三国都将获得更大的市场和收益，三国的整体经济福利都会有所增加，真正实现互利共赢。

目前，东北亚中日韩三国之间的区域经济合作大大晚于和落后于东盟自贸区。但三国相互之间的双边合作则已经迈出了步伐。2002年11月，时任中国国务院总理朱镕基在中日韩领导人会晤中提出建立中日韩自由贸易区的构想。2003年10月，中日韩领导人第五次会晤期间三国领导人共同签署了《中日韩推进三方合作联合宣言》，强调在贸易与投资、信息通信产业等领域拓展和深化合作。宣言表示三国政府是三方合作的主要力量，这标志着中日韩自由贸易区的建设走上了政府推动的轨道。

中日韩三方自 2005 年以来进行了多次工作磋商以减少贸易壁垒。2007 年 1 月 14 日在菲律宾宿务举行的第七次中日韩领导人会议上，三方领导人就增进政治互信与互利合作交换了意见，并达成五项共识：一是要加强三国领导人交往，保持现有"10＋3"框架下三国领导人会议机制，三国领导人可视需要轮流在三国举行不定期会晤。二是要建立三国外交高官定期磋商制度。三是促进贸易、投资和能源合作。四是加强经贸、信息产业、环保、人力资源开发和文化合作，将财金、科技、卫生、旅游、物流、青少年交流确定为新的合作领域。五是促进文化交流，确定 2007 年为"中日韩文化交流年"。三国领导人一致认为，此次会议坦诚、务实，富有成果，进一步确定了今后三方合作的方向。会议并发表了《第七次中日韩领导人会议联合新闻声明》，指出："三国领导人一致认为，中日韩合作是东亚合作的重要组成部分。三方合作使东亚合作内容更加丰富，机制更加完善，对三国各自与东盟（'10＋1'）合作、东盟与中日韩（'10＋3'）合作、东亚峰会乃至东亚共同体建设具有积极作用。三国领导人重申将加强与东盟的合作，继续致力于东亚合作，尊重东盟在东亚合作中的主导作用。三国领导人一致认为以东盟与中日韩（'10＋3'）合作为主渠道实现东亚共同体这一长远目标，重申东亚峰会可以在本地区共同体建设中发挥重要作用，承诺将继续致力于在亚太经合组织框架下建设一个充满活力、和谐的亚太大家庭。"中日韩自由贸易区的建设迎来了难得的发展机遇。

2007 年 3 月，中日韩三国成立联合研究委员会，负责探讨建立中日韩自由贸易区的可行性，并开始进行三边投资协定谈判。2009 年 10 月，第二次中日韩领导人会议达成三国要尽快启动中日韩自由贸易区政府/企业/学界联合研究。2010 年 5 月 30 日，中日韩自由贸易区政府/企业/学界联合研究第一轮会议在韩国首尔举行，三国领导人表示将努力在 2012 年前完成中日韩自由贸易区政府/企业/学界联合研究。

2011 年 11 月，三国领导人在印度尼西亚巴厘岛举行的中日韩领导人会议中取得共识，要在 2011 年 12 月底完成各国对中日韩自由贸易协定（FTA）的研究，并且尽快启动对此协议的正式谈判。

2012 年 5 月 12 日，第九次中日韩经贸部长会议于北京举行，会议期间正式签署了《中华人民共和国政府、日本国政府及大韩民国政府关于促进、便利和保护投资的协定》。该协定共包括 27 条和 1 个附加议定书，囊括了国际投资协定通常包含的所有重要内容，包括投资定义、适用范围、最惠国待遇、国民待遇、征收、转移、代位、税收、一般例外、争议解决等条款。中日韩投资协定的签署在中日韩三国经贸合作中具有里程碑式的重要意义。这是中日韩第一个促进和保护三国间投资行为的法律文件和制度安排，为中日韩自贸区建设提供了重要基础。协定将为三国投资者提供更为稳定和透明的投资环境，进一步激发三国投资者的投资热情，促进三国间经贸活动更趋活跃，推动三国经济的共同发展和繁荣。①

　　中日韩自由贸易区设想自 2002 年首次被提出，历时 11 年，已于 2013 年 3 月 26 日在韩国首尔进行了首轮谈判。这表明中日韩自由贸易区的建设已被中、日、韩政府列入议事日程。虽然中、日、韩三国的经济规模和对外贸易在世界上占有非常重要的位置，但该地区的经济一体化进程还没有取得实质性的进展。因此，对中、日、韩政府来说，尽快推进自由贸易区建设，对加强三国之间的经济一体化，促进三国之间的投资和贸易往来，促进本地区内的产业结构调整和分工与协作，提升本地区企业在全球市场的竞争力，促进本地区经济增长，均具有十分重要的意义。虽然已经进行了首轮中日韩自贸区谈判，但是仍然面临很多困难，各国之间存在的领土纠纷、历史问题的认同差异、低政治互信度以及区外大国如美国可能会有的干预等，都对自贸区的最终成立产生了种种消极影响。建立中日韩自贸区，既有很强的经济贸易基础和诱人的利益驱动，同时也面临很棘手的政治经济互信等问题。但是既然自贸区已于 2013 年 3 月 26 日开始了首轮谈判，那么我们就要寻找对中国有利的方式，来推动自贸区谈判。首先，中日韩自贸区建立可以采取渐进式的路线。一是可以在各方建立自由贸易试点区，在试点区内开展三国自由贸易和投资，然后逐步扩大。二是在各方首先都能接受的领域，开展合作，逐渐磨合，逐渐扩展。三是可以在多边谈判的同时进行双边谈判，双方也可以建立自贸区，如中韩自贸区、日韩自贸区等，然后扩展到中日韩自贸区。其次，在历史和领土问题的处理上，三国可以搁置目前的争议，争取促进经贸合作往来。毕竟领土

---

① 参见董洪梅：《中日韩自由贸易区建设的现状、问题与路径思考》，载《商业经济》，2013（11），3～4 页。

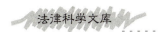

上的问题不是靠简单的谈判就能解决，而是要靠实力方能解决。①

事实上，中日韩三国所要构建的东北亚自贸区也许是难度最大的。尽管这三个国家在经济发展水平上已经越来越接近，而且相互之间的经济依赖度越来越强，应该说具备了相当有利的建立经济共同体的条件，但实际上由于各种敏感的历史、经济和政治的原因，这三国所要建立的经济共同体的复杂程度，远远超过欧盟和北美自贸区，更超过东盟自贸区的建立，甚至超过其中任何一国与东盟所建立的"10＋1"自贸区。从某种程度上说它能否实现，实际上是整个东亚自由贸易区能否实现的关键，而我们到目前为止还没有看到这种现实可能性。因为即使目前正在进行的中日韩三国之间的双边合作协定，也处于走走停停的状态。

中日韩三国不仅地理上临近、语言文化相近、经济上也存在很强的互补性，三国之间存在很强的相互依赖关系。中日韩三国作为东亚地区的三大经济强国，已经成为全球重要的经济体。同时，中日韩三国也是全球的贸易大国。如果中日韩自由贸易区能够成功建立并正式运作，将构成超过15亿人口的大市场，自由贸易区内关税和其他贸易限制将被取消，要素流动加大，运输需求提升，企业运营成本下降，三国都将获得更大的市场和收益，三国的消费者能够获得价格更低的商品，三国的整体经济福利都会有所增加，真正实现互利共赢。

5. 中韩自贸协定签订的示范效应

在亚太地区多边化区域主义不断发展的趋势下，中国政府正在加快实施"自由贸易区战略"，要"形成面向全球的高标准自由贸易区网络"。在亚太地区，中国参与了包括中日韩自贸区及 RCEP 自贸区建设并推进中国—东盟自由贸易区的升级谈判。作为这个网络上的重要节点，中韩自由贸易区得到中韩两国政府的积极支持。2013 年的中韩首脑会谈中双方已就签署高水平的自由贸易区协议达成共识，中韩自由贸易区谈判也在快速推进。由于中韩自由贸易区的谈判节奏明显快于同一地区的这三个自由贸易区，不难发现中国政府有将中韩高标准的自由贸易协定作为催化剂，去

---

　　① 参见冼国明：《中日韩自由贸易区与东北亚经贸合作前景》，载《延边大学学报（社会科学版）》，2013（5），25 页。

推动其他三个自由贸易区建设的目的。①

2015 年 6 月 1 日，中国商务部部长高虎城与韩国产业通商资源部长官尹相直分别代表中韩两国政府在《中华人民共和国政府和大韩民国政府自由贸易协定》上签字，中韩自贸协定由此正式签署，威海被定为中韩自贸区地方经济合作示范区。中韩自贸协定备受各方瞩目，原因除了经贸合作的应有之义外，恐怕还在于其昭示的国际经济法治意蕴和内生的地缘经济外交色彩。

中韩自贸协定促进双方更紧密经贸合作的作用是不言而喻的。据相关报道，中国已成为韩国最大的贸易伙伴国和最大的海外投资对象国，韩国也成为中国第三大贸易伙伴国和第五大海外投资来源地。根据中韩自贸协定，韩国 92％的产品将对我国实现零关税，覆盖自我国进口额的 91％；我国 91％的产品也将对韩国实现零关税，覆盖自韩国进口额的 85％。虽然汽车、电子、农水、纺织等敏感领域的开放程度仍不尽如人意，但双方通过过渡期、部分降税、关税配额、例外等方式妥善处理，实现了利益大体平衡的安排。因此总体来看，中韩自贸协定仍是一个互利的、开放与保护微妙平衡的高水平协定。两国间贸易投资壁垒的降低和取消将促进两国经济和产业链的全面融合，从而充分利用地域临近、经济结构互补的优势，促进经济活力进一步释放，共同提升在全球市场的竞争力，在互利共赢的基础上实现共同发展。

中韩自贸协定将大大提升两国经贸法治程度。第一，中韩自贸协定在内容上实现创新，涵盖多新议题：首次设立了金融服务和电信两个单独章节，并专门设立了独立的环境与贸易章节；首次纳入了地方经济合作相关内容；首次纳入电子商务等"21 世纪经贸议题"，设立电子商务专章。这些新议题均体现了中韩自贸协定"全面、高标准自贸协定"的定位。第二，中韩自贸协定奠定了双方后续谈判的制度框架。双方商定，在协定生效后两年内，启动负面清单模式的第二阶段服务贸易谈判和以准入前国民待遇加负面清单模式的投资议题后续谈判，争取实现更高的自由化水平。第三，中韩自贸协定奠定两国经济合作的规则导向模式，契合国际经济治理的"法治化"趋势，从长期和战略层面指明了两国未来的合作方向，有

---

① 参见胡渊、杨勇：《多边化区域主义背景下中韩自贸区前景分析》，载《亚太经济》，2014（2），150 页。

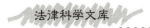

助于缓解地区紧张的政治局势，在规则框架的基础上促进东北亚经济整合。最为各方观察者称道的议题莫过于中韩自贸协定的经济外交色彩。在中韩自贸谈判过程中，两国领导人在不同场合多次表达了加速谈判的政治意愿，并在协定签署后互致贺信，充分体现了此次谈判在双方经济外交布局中的重要地位。

作为整个东北亚地区的第一个自贸区，中韩自贸区的示范和激励作用不容小觑。就东北亚而言，领跑的中韩自贸协定将促进处在直接竞争地位的中日韩自贸协定、海峡两岸服务贸易协议谈判的提速。就亚太区域而言，中韩自贸协定破冰成功，让人们看到了整合亚太区域层叠纠缠的自贸协定谈判的可能性，以此撬动区域全面经济伙伴关系协定（RCEP）和亚太自贸协定（FTAAP）的谈判。更为重要的是，中韩自贸区是中国"一带一路"战略和韩国"欧亚倡议"构想的重要连接点，可称之为"一带一路"区域国家自贸区战略的范例，是中国堂堂正正回应美国跨太平洋伙伴关系协议（TPP）制度竞争的"阳谋"之举。

此外，中韩自贸协定谈判经验具有可移植性。一方面，中韩自贸协定倡导自由贸易和互利共赢，在政治话语上具有正当性。另一方面，中韩自贸协定在政冷经热的东北亚地区开拓出一条建设性的务实合作道路，仅用两年半时间就完成了实质性谈判，在合作思路上具有示范性。在谈判过程中，中韩双方妥善照顾双方关切，耐心寻找互利共赢的政策契合点，以多种方式拓宽自由贸易的新空间。我们应当有意识地总结中韩自贸协定谈判所积累的这些制度性知识，并将之推广到"一带一路"建设中去。

在以规则和制度为主要竞争媒介的国际秩序下，中韩自贸协定的成功落地体现了中国注重规则外交和经济外交的外交新理念。在权力转移不可避免、国际经济治理体系转型之际，中国以参与而不是封闭、合作而不是对抗、改造而不是颠覆的姿态参与到大时代的国际竞争格局中，以各方能够理解、难以反驳的方式撬动国际经济治理的大棋局，争取自身正当利益，建立符合自身实力的规则秩序，展现了一个负责任大国的姿态。①

---

① 参见王鹏：《中韩自贸协定：提升两国经贸法治化程度》，载《法制日报》，2015-06-09。

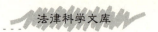

第三节　东亚新区域主义面临的挑战与思考

一、东亚一体化面临的困境

（一）对"东亚共同体"的实质内容尚未达成共识

"东亚共同体"的概念已经被东亚各国所接受，似乎可以认为，建立"东亚共同体"是东亚新区域主义发展的长期目标。但是目前东亚国家对"东亚共同体"的共识还只限于概念上，谈及具体内容，论者则分歧甚大。关于"东亚共同体"的定义、内容、涵盖领域、推进方式等问题，均没有形成广泛的共识和明确的表述，各方考虑也不尽相同。①

尽管东亚各国经济上相互依赖的加深给"东亚共同体"的构建提供了有利条件，但不可否认的是，东亚似乎正处于一个十字路口：一方面，是否要模仿欧洲一体化，超越民族国家的界限，通过社会化的国际治理形成一种联盟共同体？另一方面，能否避免重蹈欧洲国家旧日均势较量的覆辙，通过国家化的地缘政治经济合作融成另一种利益共同体？② 显而易见的是，东亚共同体的建立还要克服很多难以预料的困难。

目前不仅"东亚共同体"的范围不太明晰，东亚各国社会经济制度不完全一样，社会经济发展水平也比较悬殊，既包括中国和日本这样的经济大国，也包含像柬埔寨、老挝和缅甸等贫穷国家。要使差异如此之大的国家实现一体化，其难度将会非常之大。即便是在东盟内部，要如期成立东盟共同体，也是困难重重，因为东盟十国在社会制度、经济发展水平等方面也存在很大差异。相比之下，欧盟内部差异相对较小，各国有着基本相同的价值观，文化传统也比较相近；经济发展水平虽然有差异，但不像东亚国家间的那样悬殊。此外，在如何实现一体化的问题上，东亚国家也远未达成共识。日本首相鸠山曾表示，东亚国家应该像欧盟那样，首先建立一种共同货币。有学者提出，是否要在积极建立东亚自由贸易区的同时，

---

① 参见陈勇：《新区域主义与东亚经济一体化》，74 页，北京，社会科学文献出版社，2006。

② 参见汪丽萍：《东亚区域合作与欧洲一体化的发展模式比较》，载《南京师大学报（社会科学版）》，2007（5），40 页。

积极筹建一个亚元区。① 众所周知，建立共同货币，意味着一个主权国家将不得不让渡其货币政策的主导权，这在现阶段对许多东亚国家来说是很难接受的。

严格说来，目前东亚合作机制应包括：东盟、10＋1、10＋3、中日韩三国合作。2005 年启动的"东亚峰会"（10＋6）包括南亚的印度、大洋洲的澳大利亚和新西兰，其称谓仍使用"东亚"，这使"东亚"的概念泛化。若美国再加入，"东亚"概念将进一步扩大。鸠山的"东亚共同体"构想以"10＋6"国家为基础，应被称为"亚太共同体"。鸠山曾讲过在"东亚共同体"之后再构建"亚太共同体"，对同属亚太国家的澳、新、印和美国是区别对待的，这也是鸠山构想和陆克文"亚太共同体"构想的最大区别。"10＋6"是从"东亚合作"扩展到"亚太合作"的过渡形态，目前只能以"东亚"之名行"亚太"之实。

按照一体化的经济理论，区域化应该是循序渐进的，从优惠贸易协定、自由贸易区、关税同盟，再到共同市场、统一货币区，最后再到政治一体化。几十年来欧盟是这样走过来的。从全球来看，亚洲对区域经济一体化的反应显得比较迟缓，目前的自由贸易区还尚未完善。亚洲的自由贸易区，当前主要还是在次区域层面上进行，而且主要在东亚地区。1967年成立的东南亚国家联盟（ASEAN）虽然是亚洲一个重要的区域组织，但其真正的经济一体化进程直到 20 世纪 90 年代初才开始。1992 年组建的东盟自由贸易区（AFTA）最初只是对来自欧洲和北美经济一体化组织挑战的一种被动反应，不被人们所看好。东南亚金融危机之后，东盟自由贸易区才逐渐成为亚洲一个规范的次区域经济一体化组织，并推动了东亚的经济一体化进程。目前东亚已形成四种相互联系的区域一体化机制：东盟（AFTA）；"10＋1"（东盟—中国 FTA、东盟—日本 FTA、东盟—韩国 FTA）；中、日、韩 FTA；以及"10＋3"（东亚 FTA）。其中，"10＋3"已成为推动东亚经济一体化的主要渠道。

（二）"东亚共同体"是一个弱化的共同体

"共同体"（Community）本义是指一群人生活在某一区域内。凝结这群人的纽带可以是利益，也可以是观念；可以是松散的，也可以是有较强

---

① 参见吕萌：《亚元区，从梦想到现实还有多远？——对东亚一体化中金融合作的思考》，载《东南亚纵横》，2002（11），11～14 页。

约束性的。区域合作中的"共同体"概念含有更强的约束性。"共同体"是地区合作所能达到的最高形态。同时，"共同体"还意味着全面性，涉及各领域，欧洲一体化的成果是建立了欧盟，各国通过让渡主权，使合作高度制度化，形成一个具备某些单一国家特征的联合体。① 欧盟支柱之一的"欧洲共同体"就是由"经济、安全、社会文化"三个"子共同体"构成的。就"东亚共同体"的发展来看，也应包含三个"子共同体"。其中就"经济共同体"而言，根据美国经济学家巴拉萨（Balassa）"自由贸易区"、"关税同盟"、"共同市场"、"经济同盟"和"全面经济一体化"五个阶段的理论，东亚地区连第一阶段的"自由贸易区"都还未建成，可见"东亚经济共同体"的建设任重道远，再加上层次更高的"安全共同体"和"社会文化共同体"，"东亚共同体"建设的长期性可想而知。正如中国总理温家宝在 2009 年东亚首脑峰会上所指出的："东亚国家要形成一个共同体，必须是一个循序渐进的过程，不可能一蹴而就。"

有学者认为，"共同体"建设可分为"欧盟模式"和"东盟模式"，区别在于是功能性合作还是制度性合作，是"协商一致"原则还是"多数决定"原则，所达成的协议是否有约束力等。由于东亚地区的复杂性和多样性，目前为止的合作方式属于"东盟模式"——功能性合作、协商一致、不具有约束力。在提出建设"东盟共同体"后，东盟仍基本沿用"东盟模式"，而"东亚共同体"所面对的复杂性、差异性、多样性更大，采用"东盟模式"的可能性更大。不排除将来到了一定阶段，可形成具有较强约束力的制度性安排。和欧盟模式相比，不管是"东盟共同体"还是"东亚共同体"注定是被"弱化"了的概念，因为这个"共同体"中的"共同"因素远低于欧盟，况且"东亚的外延"被扩大，那么"共同体的内涵"被弱化就是很自然的了。②

（三）历史问题及其附带的纷争问题尚未解决

1. 对待历史的态度。中、日、韩三国之间，对各自及相互的历史认识差距甚大。日本在第二次世界大战时期对邻国发动侵略，给亚洲人民造成了极大伤害，但至今日本不仅没有承担战争责任，反而歪曲历史，修改

---

① 参见张彤主编：《欧盟法概论》，45 页，北京，中国人民大学出版社，2011。

② 参见宋均营：《鸠山"东亚共同体"构想评析》，载《理论月刊》，2010（6），139 页。

教科书美化战争，国家领导人也多次以官方身份参拜靖国神社，使日本形象遭到破坏，尤其是在中国和韩国，人们对日本产生排斥心理。日本与周边国家的民意忽冷忽热。民意对于国家法律和政府政策的制定日益形成重要的影响，政府从决策到实施已经难以离开民意的基础。国家民众间的相互不信任状态日益严重，最终导致"交往—摩擦—误解—不信任—敌视—交往"的恶性循环模式。①

2. 领土之争。东亚各国领土的纷争也是战后遗留的主要问题之一。韩国和日本在独岛、中国和南亚各国在南沙群岛、中国与日本在钓鱼岛的问题都悬而未决。与此同时，在美国重返亚洲政策的带动下，美国的势力强势回归介入诸如南海问题，被许多东南亚国家视为与中国解决领土争端谈判的有力筹码，这将进一步导致领土问题的复杂化。② 这些都是东亚各国无法建立真正信任、实现高度认同的障碍。

3. 价值观之差异。东亚合作区内并没有一致的价值观。中国和朝鲜是社会主义国家，而其他国家和地区则施行资本主义制度。尽管现在社会主义和资本主义的对立在冷战后已基本消除，但意识形态的差异难免会引起不可避免的分歧。特别是冷战对东北亚产生了深刻的影响，意识形态及冷战思维的分歧并未完全消除，意识形态及政治经济体制的差别，终究是阻碍各国合作的障碍。③

（四）各国经济发展差异巨大

我们知道各个合作国之间差异越大，一体化的难度就越大。在欧盟各成员国之间，除了发起六国外，其余成员国经济发展程度相当，即便是发起国，其经济发展程度差异也不大。这种经济地位的平等性，促进了欧盟各成员国之间的相互信任和合作。而东亚合作各国经济发展差异极大。东亚合作的推动力量——东盟，其成员国之间的经济地位相当，新加坡稍强，所以东盟各成员国积极推动的东盟一体化进程得到了各成员国的一致推崇。但是就东亚合作而言，由于中日韩三国的加入，导致了合作各方经济实力的对比差异悬殊，东亚合作成员国中不乏对中国的担心，担心被中

---

① 参见蔡建国：《东亚合作与交流》，136～140 页，上海，同济大学出版社，2010。

② 参见魏玲：《东亚地区化：困惑与前程》，载《外交评论》，2010（6），31 页。

③ 参见蔡建国：《东亚合作与交流》，94 页，上海，同济大学出版社，2010。

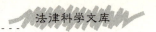

国强大的经济所蚕食。

1. 对中国崛起的认识。历史上中国曾是以自我为中心的中华大帝国，在朝贡体制下实现广域统治。①虽然经过鸦片战争，中国沦为半殖民地半封建社会，但在中国人民不屈不挠的反抗下，中国重新站立起来，并取得了世界瞩目的发展成就。对于中国的崛起，各国有不同解读。对东盟来说，他们认为中国崛起一方面提供了机遇；另一方面，由于中国在经济上具有竞争优势，与东南亚国家在南海问题上存有争议，又使东盟感到压力和担忧。为消除东盟国家的忧虑，中国采取了积极措施。例如，中国从2002年至2005年相继与东盟签署了《中国与东盟自由贸易区框架协议》《南海各方行为宣言》《东南亚友好条约》《早期收获计划》等等，建立了一系列信任机制，从而提高了中国与东盟之间的信任和认同。

中国崛起在日本眼中也是"威胁"。在东亚历史上，中日两国总是一方处于优势，一方处于劣势，中国衰落以后，日本通过西化和军事扩张道路实现崛起，占据了东亚的霸权地位。但随着中国的国力不断与日本接近，使日本逐渐失去在东亚地区的优越感而产生不平衡心理，将中国崛起解读为"中国威胁"。中日作为东亚地区两个重要大国，相互不信任会阻碍地区认同的提高。

2. 经济学上的思考。首先，东亚合作各方中，日本与其他各国在经济水平上的差距甚大，担心素质较低的劳工将会大量流入日本，造成日本国内的社会问题。由外来人口带来的社会问题有些是难以想象的，若处理不当，会招致国内民众对合作的质疑，至少日本国内现有不小的反对声音，认为日本应该加入北美自由贸易协定而非东亚共同体，与彼此价值观相近的美国形成共同体。②

其次，若导入共通货币亚元的话，各国将失去在金融政策及财政政策上的自主权。这样一来，各国将不能实行符合自身市场的金融及财政政策，因此反对者认为经济将会恶化。而事实上，没有加入欧元区的英国、

---

① 参见黄大慧：《变化中的东亚与美国——东亚的崛起及其秩序构建》，40 页，北京，社会科学文献出版社，2010；赵银亮：《聚焦东南亚：制度变迁与对外政策》，5～6 页，南昌，江西人民出版社，2008。

② 参见黄大慧：《变化中的东亚与美国——东亚的崛起及其秩序构建》，189 页，北京，社会科学文献出版社，2010。

瑞典及丹麦等地的经济相对良好，相比之下加入了欧元区的德国及法国的经济则陷入低迷。特别是持续的欧债危机使人们对欧元的前景表示担忧。相较于东亚一体化，欧盟一体化是高度的一体化，在这种程度的一体化下，统一的货币尚面临着如此巨大的考验，何况在东亚货币金融合作的程度还极其有限，若是进一步的合作则需要很高的地区政治合作构建，显然东亚地区的合作目前还缺乏这样的政治基础，因此对亚元的唱衰亦在意料之中。①

最后，成立共同体后，就会将中国最大贸易伙伴、日本最重要的贸易伙伴之一的美国排除在外，显得有点不自然。此外，东亚地区加入共同体后，预计将会被强势的中国经济圈所蚕食。日本也同样难逃被这个经济圈所蚕食的命运。

（五）合作机制问题尚待解决

1. 区域认同。根据欧洲的经验，没有区域认同，一体化难以推进，更难巩固。区域认同问题在欧洲与北美的一体化进程中都不存在。虽然这两大区域的一体化范围也在逐渐扩大，但新成员都来自本地区，有天然的区域认同感。而东亚则不然，自从"东亚峰会"出现后，原有的以"10＋3"为范围的"东亚"区域认同被打破。来自南亚的印度和来自大洋洲的澳大利亚、新西兰加入东亚一体化进程，2010年甚至加入了美国和俄罗斯，这使东亚的区域认同变得更加不确定了。以后东亚峰会还可能增加新成员，如果继续沿袭东盟提出的三条标准来办，那么东亚今后将变得无区域认同可言。区域认同的缺失，无疑会加大文化认同和价值观认同的难度。目前文化认同和价值观认同在"10＋3"范围内已经面临不小的困难，在"10＋6"、"10＋8"或更大范围内将更加困难。

即便从现在的东盟和中日韩三国来看，东南亚所指东亚与东北亚所指也有所不同，东南亚是否自觉自愿加入新的"东亚"仍是有疑问的。东南亚长久以来就是西方殖民化进程造就的一个独立地区，其长远目标是东盟经济共同体，甚至东盟共同体，并以这样的共同框架与中国、印度展开势均力敌的竞争，而不一定屈就为东亚的一个次地区。考虑到东盟在联合东北亚国家共同创造东亚中的复杂心态，在今后的东亚地区化进程中，东盟

---

① 参见张蕴岭：《对东亚合作发展的再认识》，载《当代亚太》，2008（1），8页。

是否会保持其近年的东亚倾向仍然是不确定的。[①]

2. 共同之程度。东亚共同体的共同程度究竟要多高，又能否做到？撇开政治、社会、文化方面不谈，仅就经济方面而言，未来的"东亚经济共同体"将是一个什么程度的一体化组织？是欧盟那样的高度一体化组织，还是东盟那样的低度一体化组织或者是介于二者之间的中度一体化组织？或其他创新模式？而共同体的"共同"程度又与成员国的经济成熟程度有关，无疑，成员国的经济发展水平差别越大，一体化的程度将越低。把来自不同区域、经济发展水平不同、文化和价值观不同的成员捆在一起，硬从不同中求"共同"，会大大增加一体化的难度，降低一体化的程度，加大一体化成本。从东亚的情况来看，高标准的经济共同体恐怕很难实现，但最低的经济共同体的标准和模式又在哪里呢？谁能为东亚共同体指路呢？

3. 路径分歧。东亚一体化的路径在哪里？按照东亚展望小组提出的目标，东亚一体化的第一步是建立"东亚自由贸易区"，然后过渡到东亚共同体。目前，东亚区域内双边自由贸易协定（FTA）已有不少，但还没有任何的多边自由贸易协定和相关的制度框架。究其原因，是东亚各国对于怎样建设东亚自由贸易区至今尚未达成共识。东盟认为最好将东盟与中、日、韩三个双边 FTA 融合在一起，组成未来的东亚自由贸易区，这种"轴心—轮辐"模式可以确保东盟在东亚一体化中的核心地位，而且能使东亚自由贸易区按照东盟的规则（如原产地等重要规则）来办。但自从主办东亚峰会后，东盟有关东亚一体化的立场发生了微妙的变化。韩国在金大中之后，目光主要放在东北亚，对东亚一体化的兴趣下降。目前韩国的 FTA 战略，首先考虑的是美国和欧洲，接下来才是亚洲，而且重点是与中国和日本商谈双边的 FTA。有关东亚自由贸易区问题，韩国官方很少有声音。

日本在东亚一体化问题上，态度发生了很大的转变。日本长期坐享东亚"雁行模式"带来的利益，这是一种不需支付成本的"没有协议的一体化"。但随着"雁行模式"的解体，日本不得不面对现实。[②] 日本初期的东亚 FTA 战略，是以韩国和东盟为主轴，排除中国，在东亚推动双边自由贸易协定，并以此促成东亚自由贸易区的建立。但随着"10＋3"进程

---

① 参见赵银亮：《聚焦东南亚：制度变迁与对外政策》，76 页，南昌，江西人民出版社，2008。

② 参见元坤：《中国别无选择》，43～44 页，北京，中央编译出版社，2010。

的发展，特别是中国影响的增强，日本改变了战略。2006 年，日本提出
"东亚经济伙伴关系协定"（东亚 EPA）战略，计划从 2008 年开始，用 10
年时间，建立包括日本、东盟 10 国、中国、韩国、澳大利亚、新西兰和
印度共 16 个国家的"东亚 EPA"，即所谓的"扩大版东亚共同体"。值得
注意的是，EPA 是高于 FTA 的一体化形式，不仅包括 FTA 取消关税的
全部内容，而且有投资、服务、人员自由流动、保护知识产权等许多新
内容。①

　　但是，"东亚 EPA"的战略目的，绝不仅仅在经济利益方面，是
"日本争夺地区主导权的核心战略"。而且，作为国家的重要战略，日本
在 2006 年 8 月的东亚经济部长会议上已将其正式提出。2007 年 11 月，
日本与东盟签署了双边 EPA 协定，实现了"东亚 EPA"所预定的一个
重要步骤。现在，日本对东亚一体化路径的立场已相当清楚而且坚定，
那就是建立东亚峰会 16 个成员的"东亚 EPA"，而不是东亚展望小组提
出的"10＋3FTA"。显然，"16EPA"与"10＋3FTA"在成员范围、一
体化程度、主导权等方面都有很大差别。"16EPA"是日本的倡议，自
然以日本为主导。"16EPA"彻底颠覆了东亚展望小组所设计的东亚一
体化路径。

　　中国坚定地认为，东亚合作和一体化应以"10＋3"为主渠道，始终
支持东盟发挥主导作用，主张循序渐进地推进东亚一体化进程。中国已经
实施了与东盟的自由贸易协定，并正在与韩国商谈 FTA，还积极推动建
立东北亚（中、日、韩）和东亚（10＋3）自由贸易区。中国认为，东亚
峰会是东亚合作的新平台，它不能取代"10＋3"，建立 16 国 FTA 的条件
并不成熟。

　　综上所述，东亚各国对区域一体化的认识差别很大，各国的战略取向
和利益都不同。东亚一体化，路在何方？这始终是一个令人困扰的问题。
处理好以上问题，无疑对东亚合作具有积极的推动作用，否则，东亚合作
将停留在表面上，深层次的合作很难进一步展开。在接下来的东亚合作
中，各方还需坚持平等互信、合作共赢的方针，相互尊重而不是彼此对
立，相互信任而不是彼此猜疑，相互合作而不是恶性竞争，立足共赢而不

----

　　① 参见黄大慧：《变化中的东亚与美国——东亚的崛起及其秩序构建》，63 页，
北京，社会科学文献出版社，2010。

是此兴彼衰。在全球区域化合作日益显著的今天，东亚合作必将成为全球区域合作的重要组成之一。

二、东亚一体化的异质发展及对欧盟经验的借鉴

欧盟作为公认的区域一体化的一个成功模式，成为全球各区域合作争相学习的榜样。东亚地区与欧盟地区在很多方面存在巨大差异，东亚合作能否从欧盟一体化中借鉴到有利经验？东亚的区域合作能否在可见的将来发展至类似欧盟的一体化程度？这些都是东亚区域合作在目前处于初步探索阶段上非常值得思考的问题。有学者认为，与欧盟相比，目标定位的模糊、社会制度的差异、主导力量的错位、政治关系的滞后以及美国因素的干扰是东亚共同体面临的政治难题。①

（一）东亚与欧洲的一体化的异质比较

20世纪90年代末以来随着东盟的活跃和东亚区域合作的发展，"东盟模式"在区域经济与安全合作中取得了突出成就，将欧洲一体化和东亚一体化二者放在一起进行比较研究的学者及其论著渐渐多了起来。亚洲学者所关心的是，"欧盟模式"能否在东亚复制，未来东亚地区适合何种形式的一体化？同样的，欧洲学者们也乐于向全世界宣传"欧盟模式"与欧洲一体化的成功经，将欧洲一体化创造的、促进了地区和平与合作的创新模式向世界其他地区加以推广。大体上说，我国学者对现有的东亚与欧洲的一体化进程的比较研究，在以下几个方面存在广泛共识：

1. 旧区域主义与新区域主义。欧美学者提出的新区域主义观点不能全部解释东亚新区域主义现象。由于东亚的特殊性，东亚新区域主义具有一定的实用主义倾向。可以这样归纳欧美和东亚新区域主义的差别：欧美新区域主义是规则引导，而东亚区域主义则以问题导向为主。问题导向指的是东亚新区域主义主要以解决区内经济体面临的问题和挑战为主，东亚经济体在区域认同上逊于其他地区。具体来说，东亚新区域主义的特点，主要表现在：第一，东盟是推动东亚新区域主义的主要力量。传统的区域合作都是由区内大国牵头和领导的，但由于中日韩之间有历史症结尚未解

---

① 参见江瑞平：《构建中的东亚共同体：经济基础与政治障碍》，载《世界经济与政治》，2004（9），60～63页。

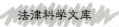

开，而东盟并非小国，加之东盟成员有丰富的谈判与合作经验，因此由东盟在东亚合作中发挥主要推动作用，作为"10＋3"会议的组织者和协调者，这既是东亚合作的特色，也是符合各方利益的稳妥安排。第二，合作领域多样化。东亚合作以务实和寻求共同利益为基础，不断丰富合作内容。内容覆盖经济合作、货币金融合作、社会和人力资源合作、科技发展领域合作、文化和信息领域合作、发展合作、政治和安全对话与合作等领域。第三，合作机制梯次分明。迄今为止，东亚合作是在东盟加中日韩的框架下进行的。经过几年的发展，一年一度的"10＋3"会议走向机制化，形成了"10＋3"、三个"10＋1"和中日韩等会议机制，建立了由领导人会议、部长会晤以及高官磋商等相互联系、梯次升级的立体对话与合作机制。除上述会议外，还成立了各种学术论坛，为东亚合作提供理论依据和智力支持。第四，四个"轮子"一起转动。第一个轮子"10＋3"，即整个东亚范围的对话与合作；第二个轮子"10＋1"，即东盟分别和中日韩之间的对话与合作；第三个轮子"10"，即东盟自身的发展与东盟成员的合作；第四个轮子"3"，即中日韩之间的对话与合作。这四个轮子一起转动，相互促进，共同推动东亚合作的发展。

2. 高度机制化与弱机制化。在决策机制上，欧盟注重体现"超国家"职能，而东亚则更强调政府间的协商一致。欧洲形成了社会化国际治理的超国家性合作理念，由此构成了欧洲走向联合的地区主义基石，国家的能力和条件越来越受到限制。传统上属于国家专有的那些权力开始转移，逐渐被具有超国家性的机构和成员国政府共同分享，国家主权在一些领域被让渡给了共同体组织，从而建立了一种新的国际治理制度，它既拥有一定的自主行动能力，又有通过集体的决策形成公共政策的合法性。而且伴随着欧洲一体化的深入发展，欧盟机构与其成员国此长彼消的权力平衡关系持续不断地转变着。因此，欧洲一体化的发展道路是一条制度建设的道路，欧盟已经建立了较为完备的超国家机构，欧盟理事会、欧洲议会、欧盟委员会分工合作，各司其职。此外，法治化的制度建设和有效的政策工具，保证了欧洲一体化的持续稳定发展。欧洲一体化的发展道路是一条制度建设道路，欧盟法律制度体系广泛而深刻地作用于成员国之间、成员国与欧盟之间。以超脱传统国际组织性质的国际条约作为地区共同体存续和发展的基础，使得欧盟的法律人格得以确认，凸显了欧盟的法治特征。与此同时，欧盟的发展离不开有效的政策的实施，如共同贸易政策、共同农业政策、地区结构政策等。因为各成员国经济状况和发展水平存在差异，在考虑到特殊利益的基础上实现总体利益的平衡绝非易事，所以一体化的成功推进必须兼顾各成员方的利益。欧盟的政策工具在兼顾地区间平衡发展并体现公平方面做出了卓有成效的创新，从而使各成员国实现了稳定的政策趋同和经济增长。

与欧盟的超国家性质相比，东盟更像一个松散的政府间组织，东盟成立二十多年之后，东盟首脑会议在 1996 年才开始固定化和经常化；"10＋3"实际上是三个"10＋1"。东盟作为各成员之间在政治、经济、安全上协调合作的区域性组织，是全球最早建立的同类组织之一，其成功之处可圈可点。最值得肯定的是，它基于东南亚国家高度多样性的实际，创造性地走出了一条与公认成功的地区组织"欧盟"迥然不同的道路。东盟的独特之处在于：第一，从性质来说，它不是一个超国家组织，也不是典型的政府间组织，而是一个松散的多国聚合体。入盟国家比较强调各国主权的独立，反对权力让渡；只承认一个中央协调联络机构，而反对建立中央权力机构。在东盟创立之初，创建者们并不想使它具有约束性，因此就没有制定任何组织章程，而只是签署了一个纲领性文件"东盟宣言"，宣示东盟的主要目标和基本原则。第二，从运作方式来说，东盟创造了独特的"东盟方式"。根据这一运作方式，首先，东盟坚持开放性和非排他性。自成立那天起，东盟的成员国地位就向所有东南亚国家开放，作为东盟基础性政治文件的"东南亚友好合作条约"向所有国家开放。其次，坚持非强制性和非约束性。在这方面，东盟创造了"N-X"原则，即允许个别国家暂时不参加集体决议和行动。再次，东盟主张协商一致，即通过协商讨论的方式达成一致，反对"多数票决"原则。又次，实行当事国利益优先原则。在一些重大国际问题、尤其是地区安全问题上，成员国之间难免会出现立场分歧，但为了保证整个东盟以一个声音说话，各成员国尽可能服从利害关系最大的成员国的立场。最后，坚持和平解决争端，反对使用武力和武力威胁，反对干涉成员国内政。第三，从功能上说，传统的东盟重视同区外大国的协调关系，以及自身在地区和世界舞台上的地位和作用，而自身一体化方面则相形见绌，没有成为一个有机的整体。著名国际关系学者卡赞斯坦 1996 年在《比较视野下的地区主义》一文中，强调了东盟与欧盟的最重要的不同点，即东盟迟迟没有、也没有必要实现机制化。东盟地区主义源于经济市场因素，而不是正式的机制。造成东盟地区主义的弱机制性的两大原因是，国际体系中的权力和规则因素，以及（区域）国家的国内结构特点的影响。他的结论是，亚洲的地区主义将是一种开放的地区主义，受多元中心、而不是单一国家的影响。亚洲的区域主义注重一种包容性的结构，而欧洲则注重具有排斥性的正式机制。亚洲和欧洲都寻求的是一种开放的、而不是闭塞的地区主义，且都推崇多元中心而不是单一地区霸权。①

3. 同质性（homogeneity）与异质性/多样性（heterogeneity）。在区域一体化的过程中，具有共同的文化认同是实现区域合作的重要前提和基础，这一论点已经被区域一体化的各参与国所普遍接受。可以说，任何区域合作体制乃至一体化的形成都要有共同的文化认同作支撑，文化认同又是成员国之间进行相互交流的良好平台。正如亨廷顿所说：欧盟就是建立在共同的欧洲文化和西方基督教基础上的。欧洲一体化正是脱胎于欧洲文明统一性，有着深远的文化思想根源。并且在一体化进程中，欧洲的区域认同感进一步加强，甚至催生出了共同的欧洲精神。欧洲除了作为一种地理存在之外，更多的是一种认同和一种观念，其核心包括共同的历史、价值观（民主、法治、人权）和以基督教为核心的文化。欧洲共同体的诞生和欧盟的进一步发展就是欧洲观念机制化的反映和具体的行为实践。大多数学者认为，欧盟覆盖的地理版图联结紧密，有一脉相承的共同文化积淀。因此，无论风土人情、政治制度还是文化传统都有极大的同质性，而且欧盟在不断扩大之前成员国的经济发展水平也较为相近。相比较而言，东盟及东亚的多样性非常突出，社会制度、经济发展、文化宗教等等都差异很大，异质性明显。东亚各国在文化同根性和社会政治制度上也存在巨大差异。虽然东亚十国都非常重视东亚地区的合作，并为实现真正的区域一体化积极地努力，但事实情况是，上至国家领导者下至普遍民众并没有对东亚区域合作形成认同感，欧盟一体化的文化认同基础在东亚地区并不存在。

4. 核心国家推动与轴心缺失。是在主导权定位问题，欧洲重视步调一致的"核心力量"，而东亚则更强调东盟的主导作用。核心大国的紧密协调与合作，构成了欧洲一体化的凝聚力，尤其是法德两国合作已成了欧洲一

---

① See Katzenstein，Peter J.，"Regionalism in Comparative Perspective"，Cooperation and Conflict，1996，No. 2，Vol. 31，pp. 123 - 159.

体化进程的基础和动力。法德和解是欧洲共同体形成的先决条件,关于这一点自第二次世界大战后的法德两国历届首脑的认识都是一致的。《法德合作条约》把法德联盟关系用条约形式固定下来,使法德联盟成为欧洲共同体的核心。法德合作既有经济上相互依赖的基础,也有政治上彼此借重的需要。如果法德两国在战后不能捐弃前嫌而一致向前看,就不会有两国的复兴和欧盟的建立。从长远的角度看,尽管法德间为争夺欧盟主导权也是摩擦不断,但基于历史和逻辑的利益合作信条,它们总是力图找到缓和矛盾并实现其国家利益的办法。正是其相互谅解、协调和合作,共同维护和推进着欧洲一体化,法德合作已被公认为欧洲一体化前进的发动机。

东亚区域合作最重要的缺陷是内部缺少一个核心力量来推动一体化进程。成功的一体化组织——无论是欧盟还是北美自由贸易区,都拥有自身的主导力量,而东亚国家或者因为实力不济或者因为不愿出头而无人担当主导力量,这就导致目前的合作只停留在论坛层面,而无法就更深层次的事项作出决策安排,使得一体化进程受挫。东亚更强调东盟的主导作用,也被称为"小马拉大车"。东亚地区缺乏一个强有力的、同时能兼顾国家间相关的利益协调的主导国家。主导国家在一个地区合作发展中要担负地区利益和自我利益的双重责任,对伙伴国提供相应的公共利益。而在东亚,目前所缺乏的正是这样一个国家。日本为区内经济最发达的国家,但其在政治方面被伙伴国的接受程度、国内尚不稳定的金融货币体系很难使其有所担当。而中国,尽管近些年的发展很快,已经成为东亚合作的积极推动力量,但其尚不具备处理冲击并帮助周边邻国将冲击的危害降至最小的能力。东盟是东亚合作的倡导者和主要实践者,在合作进程中发挥着重要的协调作用。坚持东盟主导地位,有利于东亚合作顺利发展;中国是东亚地区的一员,其和平发展离不开东亚各国的支持与帮助。中国坚定不移地支持和参与东亚合作,它无意谋求地区合作的主导权,支持东盟发挥主导作用,也主张中、日、韩加强协调,充分发挥各自的优势。中国主张开放的地区主义,反对东亚自我封闭或成为排他性集团;支持"10+3"与美国、欧盟及其他域外国家和组织加强沟通与对话,不断扩大共同利益,寻求共同发展。

5. 全面一体化与一体化初始阶段。经过 60 年的发展,欧盟已经基本实现了完全的经济一体化,建立了经济货币联盟,施行了共同的农业与社会政策,形成了自己的欧盟治理模式,并向着政治一体化迈进。而目前东

亚的一体化水平还远不能与欧盟相比。如果按照经济一体化理论中"自由贸易区—关税同盟—共同市场—经济货币联盟—完全的一体化"的循序渐进的一体化进程来看，东亚目前正在建设自由贸易区，所以一体化进程还处于起步阶段。东亚地区的区域一体化形势更为复杂，进程将更为艰难、漫长。①

（二）欧盟经验对东亚一体化的启示

东亚国家间不断紧密的合作关系符合了时代发展的潮流，体现了东亚国家联合自强、共谋发展的强烈愿望。其在十数年的发展过程中取得了一系列显著的成就，促进了东亚各国的共同发展，增强了东亚国家的整体意识，扩大了东亚国家间的共同利益。就在东亚一体化出现困扰、曲折和困难之时，欧盟一体化却取得了巨大成果。欧盟的一体化经验对东亚一体化颇有借鉴意义。当然，由于区域一体化是一个动态的进程，东亚与欧洲的一体化进程各自都受到诸多不同因素的影响，因而欧洲模式不可能简单套用到东亚地区。② 我国有学者从"地理与文化"、"经济和贸易"、"政治同安全"、"法律及社会"四个不同层面，透视了东亚共同体建设的复杂多样性；认为东亚各国某些共同文明基因折射了奠立东亚共同体的最初基石，政治同安全层面则代表东亚地区最难解的一面，而法律及社会层面提示着深层次的合作目标；并强调，东亚共同体的讨论与建言，不能只有单一层面指向，而应当统筹考虑、多方协作，量力而行、循序渐进。③

1. 政治目标与公众利益的契合。

正如欧洲一体化的发展历程所表明的，经济逻辑本身并不足以推动区域经济一体化的机制建设，一体化的每一步发展，都必须有强有力的政治推动才能够实现。即便对于欧洲一体化（特别是在其发展之初）而言，其发展的先决条件和主要推动力量仍是各成员国之间的共同利益，而非身份认同的形成。目前，欧洲政体仍是以多层次"治理"而非"政府"为特征

---

① 参见和春红：《东亚区域一体化与欧洲一体化比较研究综述》，载《中共济南市委党校学报》，2010（4），106～107 页。

② See Murray, Philomena（ed.）, Europe and Asia: Regions in Flux, Palgrave Macmillan, London, 2008, p. 207.

③ 参见王逸舟：《"东亚共同体"概念辨识》，载《现代国际关系》，2010 年庆典特刊，84 页。

的介于国家和国际组织之间的混合体。东亚一体化所面临的贸易自由化、消除内部壁垒乃至未来可能出现的共同外部关税和货币协调与欧共体/欧盟的市场管理职能有许多共通之处。从长远来看，当前的东亚合作如能不断取得进展，贸易、货币政策的协调也同样会在其他宏观经济政策、社会政策的协调方面产生溢出（spill over）压力，区域治理和国家治理间的界限将会越来越模糊，进而产生民众参与有关决策的需求。基于这一认识，首先，欧盟发展的一条基本经验是一体化首先从阻力较小的低度政治的功能领域开始，以渐进的方式，达到跬步千里的功效。其次，如果将欧洲一体化与其他地区一体化比较，可以发现在自由贸易区，甚至关税同盟建立后，新功能主义所说"溢出"效应并不会自动起作用。能否将一体化推向新的阶段，在很大程度上取决于各方的政治意愿和热情。只有各方采取切实行动，才能避免一体化半途而废。

东亚目前的区域合作正是缺乏这种政治上的推动力，虽然各国都把建立东亚共同体作为东亚合作的长远目标，但对于东亚共同体的内容、模式和实施计划缺乏明确和统一的认识。其原因主要就在于各国缺乏足够信任和相互依赖的需要。历史问题、领土问题、安全问题等一系列关键和敏感的问题，使各国的合作难以取得实质上的进步。在这种形势下，东亚区域一体化久久不能取得成果也就很好理解了。欧洲一体化的过程虽然是主要国家、精英阶层主导的，但这一过程的整合是欧洲人民通过民主程序表决通过的。如果一体化的目标不是全欧洲公众的利益和实现社会欧洲（为避免遭受全球市场冲击而提供保护的福利国家），其将会举步维艰。东亚合作也应以东亚人民大众的福祉为利益出发点和归宿，使民众享受到东亚一体化带来的便利及各种利益。

2. 发挥核心大国的重要作用。

虽然"东亚共同体"构想在现阶段受到一定质疑，但其在引领东亚合作进程中发挥了重要作用，仍具有强大的生命力。中国应坚定支持"东亚共同体"建设，并为其赋予新的内涵，探索新的路径。中国新领导集体的外交理念对"东亚共同体"建设具有重要启示作用。[①] 大国协调已成为构建东亚区域新型大国关系一种新的制度安排。从规范上看，大国协调所拥

---

① 参见宋均营、虞少华：《对"东亚共同体"建设的再思考》，载《国际问题研究》，2014（2），27 页。

有的一致性、合法性、责任性、包容性、自我克制等共有规范非常适合于东亚多边安全机制的"合作安全"理念、"东盟方式"决策和"开放的区域主义"取向。从现实条件看，东亚地缘政治生态中凸显的大国特性和热点问题的有效解决需要大国协调，而东亚区域大国权力相对均衡化有利于大国协调。① 今后需加强以下工作：

第一，强有力地推动地区合作。"大国是推动地区合作的关键，没有大国之间的联合推动，地区合作难以取得长足发展。"这主要是由于大国牵涉的利益非常广泛，为了维持和扩大利益，它们愿意建立地区性组织并为此承担更大的国际责任。反过来，它们也可以利用在地区性组织中的优势地位获取更大的控制权，为自己带去更多的综合和长远利益。这些都是小国所无法比拟的。

第二，更好地保障地区的稳定。"国家的不平等虽然不是和平与稳定的保证，但它至少使和平与稳定成为可能。"② 区域性组织中，核心大国往往可以凭借其强大的实力和绝对的优势地位发挥领导作用，也就更容易达成协议，从而实现地区稳定和秩序井然的目标。反之，则各个成员国必然会为争夺主导权你争我夺，从而造成局势的动荡不安。维持合作组织便也成为奢望，更不要说发挥作用了。因此，"虽然国家之间不可避免的不平等具有令人不快的特性，但人们不应因此而忽视不平等的优点"。欧洲一体化取得的显著成绩，与法国、德国遥遥领先的强大实力是分不开的。

第三，更有效地发挥地区组织功能。与世界其他地区合作组织相比，我们可以很容易地发现，法国和德国的核心领导是欧洲一体化成功的关键。在法德的核心领导下，成员国的力量更容易得到整合和调动，统一意志更容易达成，地区组织的各种决策和运行机制可以更加有效地运转，从而最大限度地发挥了整体优势。

第四，有利于维持和保障地区的公共利益。当今世界上，虽然小国的数量要远远多于大国，但是由于自身实力的欠缺，其利益极易遭到侵犯；

---

① 参见郑先武：《东亚"大国协调"：构建基础与路径选择》，载《世界经济与政治》，2013（5），88 页。

② ［美］肯尼思·沃尔：《国际政治理论》，160 页，上海，上海世纪出版集团，2008。

即使成立了地区性合作组织，它们往往也只能发挥很有限的作用。因此，要想更好地维持和保障地区公共利益，就只能依靠大国。当某一大国为追求特殊利益而试图控制地区组织时，其他大国往往会以集体的名义采取措施，限制该大国的行为。这样其他小国就可以享受到靠它们自己难以获得的地区公共利益，而不必花费太多的代价。

3. 重视集体认同的建构。

近年来，许多西方学者的研究表明，虽然欧洲人喜欢以古希腊、罗马和基督教文明作为其共同的精神家园，但是历经中世纪后欧洲五百多年的分裂和战乱，这一共同历史记忆作为欧洲身份认同的基础和欧洲特殊性的依据已经言过其实。① 作为认同的一种，集体认同是认同发展到高级阶段的产物。在建构主义看来，"集体认同是建立在自我与他者在各自过去身份（主要是类属身份和角色身份）的基础上，通过某种机制（如文化选择机制）而逐渐实现自我身份的社会化"② 。在这种社会化过程中，他者被看做是对自我的延伸，将被纳入自我的身份界定中，建立起更广泛的身份共同体，从而最终形成一种"群我"（we）的意识。集体认同的建构主要借助于行为体之间的共识、观念和话语。在区域层面上，积极的集体认同不仅能够增强合作的可行性和可靠性，而且可以扩大合作的广度和深度。由此，集体认同在区域经济合作中的作用也更加重要。

约瑟夫·奈（Joseph Nye）认为："对一体化持久性的认识越强，认同感的吸引力就越大，反对团体就越不愿意正面攻击某个一体化方案。"因此，对区域合作而言，集体认同的作用将是非常关键的。具体来讲，集体认同对一体化发展的重要作用主要有以下几点：

首先，集体认同可以促成集体身份和利益的形成，这是区域一体化生存与发展的先决条件。亚历山大·温特（Alexander Wendt）指出："没有利益，身份就失去了动机；而如果没有身份，利益就失去了方向"。"集体认同是国家通过社会学额外习得社会身份的过程。集体身份的形成会导致

---

① See Franz C. Mayer, J. Palmowski, "European Identities and the EU", Journal of Common Market Studies, Vol. 42, No. 3, 2004, pp. 573-598.

② ［美］亚历山大·温特：《国际政治的社会理论》，秦亚青译，220～228页，上海，上海人民出版社，2000。

集体利益的产生，集体利益可以导致集体行动的形成"①。在一体化发展初期，即便没有集体利益，国家也会在利己的动机的推动下采取合作的态度。通过不断重复的合作和博弈，集体认同最终产生，并反过来促进更加持久的合作。集体认同所界定的"自我"与"他者"的界限会对国家行为产生巨大的影响。认同的形成是一个渐进的过程，国家间的互动是产生集体认同的唯一途径，正是由于互动使行为体的观念、认同发生变化，才使国家身份和利益在交往中不断得到重塑。

其次，集体认同有利于增强民众的归属感，进而提高一体化的合法性。对于欧洲一体化来言，欧盟的合法性是建立在成员国的合法性基础上的，即欧盟的合法性来自成员国，而不是直接来自欧盟的公民；这是一种间接性的合法性模式。民众会希望通过超国家组织来满足其需求，从而成功地转移认同和效忠。依据这种逻辑，如果经济利益能够使行为体支持一体化，那么法国享受高额农业补贴的农民应该是一体化的积极支持者，但是20世纪90年代以来，《欧盟条约》的几次全民公决（如《马斯特里赫特条约》和《宪法条约》的批准）都曾经因为成员国公众的反对而引起危机。由此可见，成员国不断加深的经济相互依赖并不必然转化为民众的归属感。要解决"合法性赤字"，不仅应该提高公众在共同体决策中的参与度，还要建立集体认同，培养公众对一体化组织的归属感；在集体认同基础上建立起来的合法性能够使公众承受短期的利益损失而支持一体化政策，在这种情况下，即便是遇到短暂的危机，共同体也能承受。

再次，集体认同可以加强共同体在国际上的地位和影响力。集体认同形成后，各成员国会感到它们有着共同的命运和利益。当民众不断地意识到他们是"相同的"，他们将逐渐把自己和其他共同体区别开来，产生一致对外的意识。这有利于共同体以独立的角色出现在国际舞台上，提高共同体的地位和影响力。反过来，随着共同体集体认同的增强，国际社会也更倾向于承认共同体的独立性和特殊性，把它作为一个整体来对待。

最后，东亚区域合作中也要注意共同意识的培养，重建东亚价值观。东亚地区的政府应积极推行东方文化的教育，尤其是儒学教育，使东亚各国对彼此文化的渊源有更深刻的认识，在认识中升华思想；同时积极推进

---

① ［美］亚历山大·温特：《国际政治的社会理论》，秦亚青译，221页，上海，上海人民出版社，2008。

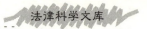

民间团体的交流和学者的互访交流，举行东方文化研讨会等，以此带动民众对共同文化的关注，增强文化凝聚力和共同意识。对东亚价值观不能仅存有回归的思想，而应当重建，东亚地区的人民对于现代化和西方文明都有积极容纳的共同意识，因此在重建东亚价值观的过程中，既要注重对东亚传统文化的吸收，又要注重共同现代意识的培养。

4. 注重一体化建设的循序渐进。

目前，在东亚地区，经济相互依赖已经发展到了比较高的程度，但是政治趋同仍远远滞后。尽管目前以东盟地区论坛为代表的多边安全对话合作机制很活跃，东亚峰会也致力于就政治和安全问题加强战略对话与合作，但是，相对于新功能主义在欧洲发挥的作用和力度而言，它在东亚起的作用是无法比拟的。考虑到东亚各国在经济和安全等方面的共同需求，应该强调国家间的协同与合作，以贸易、投资和金融等领域的合作为重点，逐步实现多层次、多渠道的全方位合作。

东亚一体化就其实质来讲，是以一体化经济合作促进共同繁荣，以共同经济利益推动政治安全领域合作，通过构建地区安全框架，一揽子解决地区争端，并反过来推动经济合作向更高一级形式发展，一体化发展由此进入良性循环。具体来说，就是从实际性的合作出发，寻找共同利益的合作点，从相对较小的、比较容易选择和形成的行业和领域（如在经济领域内），进一步加大区域内国家的经济联系，并联合比较容易达成一致意见的国家首先进行，比如在东盟内部或者"10＋1"的范围内发展，逐步向其他领域和国家外溢，实现范围和抱负的有机增长和变化。通过这种渐进的方式，使人们逐步地适应一体化的区域发展，并最终达成建立东亚共同体的目标。

5. 推动制度与机制化建设。

毫无疑问，欧盟的机制化和法治化程度已远远领先于世界其他地区。作为一体化发展的成功典范，欧洲一体化的发展道路是一条机制化道路，它存续和发展的重要基础是国际条约。尽管欧盟是在国家间条约机制的基础上建立的，但它已经具备了明显的"超国家"性质，而不仅仅是传统的国际组织。这突出表现在欧盟委员会和欧洲议会的建立以及权力的不断加大上。为了实现欧洲一体化的目标和任务，《马斯特里赫特条约》还为欧共体/欧盟一级构建了一整套三权分立、权力制衡、相互协调配合的带有超国家性的机构体制；在欧共体/欧盟一级五大权力机构中，欧洲理事会

和部长理事会是欧盟的政府间机构，主要代表成员国的利益，行使主要的决策权（立法权）；欧盟委员会是共同体的执行机构，主要行使执行权和立法创议权；欧洲议会作为共同体的监督机构，主要行使参与立法权和监督权；欧洲法院拥有司法权。后三个机构具有明显的超国家性，且其权力随着欧洲一体化的发展不断地扩大。欧共体/欧盟一级的共同集体决策对成员国直至每一个公民都具有法律约束力。在机构建设和规则的确定上，欧盟制度中规则的拘束力大、含义明确并由独立第三方负责规则执行。①这一特点对东亚地区一体化也有借鉴意义。事实上，在机制化程度较低的亚洲地区，自 20 世纪 90 年代中期以来，在中国和东盟各国的积极推动下，在东盟机制的基础上开启了东亚合作进程。东盟在 20 世纪 90 年代中期借鉴 WTO 的经验确立的争端解决机制已极大地提高了其运作的效率。此外，欧洲处理与美国这一重要外部因素关系的经验和欧盟不断扩大过程中的地理范围的界定问题，都是刚刚起步的东亚一体化值得思考的问题。②

　　东亚共同体建设也需要加强制度化建设，从实际意义上讲，制度化建设可以提高一个组织或群体的有效性，使其能够在处理危机时具有迅速的反应和应对能力，而目前的"10＋3"合作机制中的领导人峰会及其相关的部长会议机制还远未形成制度化的共同体组织。因此东亚迫切需要加快自由贸易区建设，具体由东盟十国和中日韩三国分别建成自由贸易区并加强内部经济融合，稳妥地开展政治安全对话与合作，通过制度化的全面合作和平等协商实现其短期和长期目标——建成东亚自由贸易区和东亚共同体。随着东亚一体化进程的推进，东亚各国也尝试着建立一些合作机制。"东盟＋3"的《清迈行动计划》引入了明确的双边备用协定。"10＋3"机制是东亚各国普遍认同并取得初步成效的多边会晤机制，为东亚一体化的发展奠定了一定的基础，已成为东亚合作的主要渠道。但是必须指出，"10＋3"合作机制还仅仅是一个适应于东亚地区特色的首脑论坛，而不是正规化的结构和规则，因此，东亚一体化的制度性建构才刚刚开始，还有

---

① See K. Alter, The European Unions Legal System and Domestic Policy：Spill-over or Backlash, International Organization，Vol. 54，No. 3，2000，pp. 401 - 518.

② 参见王展鹏：《战略、制度与伦理——欧洲经验的意义与启示》，载《教学与研究》，2006（8），59 页。

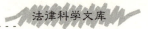

很长的路要走。

即使是东盟，与欧盟相比，它也不是一个制度化的组织，而东盟秘书处的功能与机构本身都非常有限。就连在现代外交中占据最重要位置的首脑会议，东盟也是在成立后的第 8 年才召开第一次会议，25 年间只召开了 4 次，从 1992 年起才决定每三年召开一次。此外，以"东盟方式"为模式的东盟地区论坛以及亚太经济合作组织也有一样的特点，前者还没有常设的机构，后者设在新加坡的秘书处规模也很小。此外，东盟地区合作中所强调的繁多与耐心的对话、不具备法律约束力的承诺、宣言以及各国领导人密切的私人关系都体现了这个特点。因此，要加快东亚一体化的发展进程，并逐步深化，逐渐建立起一套完整的为各成员国接受的合作运行机制，是一种必然的选择。

尽管世界各地的地区合作存在一定的共性，但是由于地理位置、历史、文化、政治经济和国际关系等因素的具体不同，各地的地区主义都会呈现出不同的表现形式。诸如被很多学者所罗列出的"共同的宗教信仰"，"共同的价值观念"和"共同的制度规范"等，都在很大程度上体现了欧洲地区合作的独特风格。因此在一体化的发展过程中，东亚必须立足东亚，将欧盟经验和东亚的客观现实结合起来，更加务实，趋于多元化、松动化、弹性化，以多层次、多领域、多形式、多速度的方式，寻求成员国间利益的平衡，逐步建立起适应新的形势和力量对比的平稳机制。

第二章　东亚合同法协调的理论基础：东亚共同法建构

　　在全球的区域化潮流和新区域主义话语的驱动下，东亚正在兴起一股越来越强烈的法律区域主义话语。"东亚共同法"概念的提出和理论建构，为东亚合同法的协调提供了理论基础和知识支持。东亚地区在历史上曾具有以儒家和佛教为思想基础、以唐律为核心的共同法；19世纪末叶以来，又共同继受了欧陆民法尤其是德国民法和法国民法。因此，东亚法律的协调，可以从历史性渊源方面找出充分的依据。这些依据可以概括为法律文化传统相同、民众价值观相近、儒家文化影响等方面。但是，由于东亚国家在经济体制、政治体制、意识形态等方面的差异，以及历史、文化等因素的影响，东亚经济一体化及其法律的协调仍具有相当大的难度。

第一节　东亚法律的区域化趋势

一、东亚法律区域主义的兴起

区域化是与全球化相对的另外一种世界政治、经济、法律发展的趋势，表现为特定区域内的若干国家为了追求共同的经济、政治、军事利益而建立起或松散或紧密的区域合作机制或组织的国际努力。而法律的区域化无疑是经济、政治区域化的制度保障。之所以要在法律区域化进程的大背景下讨论东亚法律区域化，原因一方面在于法律的区域化本来就是区域化进程的一个必要环节；另一方面在于将法律的区域化与经济、政治的区域化相结合，从而给法律区域化的路径选择提供正当性和可能性。

在全球的区域化潮流和新区域主义话语的驱动下，尽管东亚的法律区域化进程尚很缓慢，但东亚正在兴起一股越来越强烈的法律区域主义话语。如前所述，近年来东亚区域经济合作蓬勃发展，经济一体化进程明显加快，正在形成多层次和多元化的合作机制和格局。如果把经济区域化、全球化作为当今世界最重要的发展趋势之一的话，那么，法律对它的适应就是法律现代化的内在体现。所谓法律的区域化，以欧盟为例，其特征主要就表现为区域共同体法的形成，也就是区域内部法律的相互协调和统一，从而形成区域内部的共同法；另外一个特征与此特征相互呼应支撑，即区域共同体政治法律机构的建立，而法律机构的建立也是为了共同法的有效实施。

在本书中，法律的区域化进程其实指的就是在东亚区域内法律的相互协调、一体化的进程。在东亚区域内兴起的实现法律的协调、统一的探讨很大程度上受到欧洲一体化进程的影响。如前所述，东亚和欧洲大陆无论是在历史传统上还是在当今各国发展状况上都存在巨大的差异，欧洲一体化的发展和欧盟的建立无法简单复制。但是欧盟内部共同市场的建立和政治上政策的协调、共同对外的姿态无不受益于法律统一扫清了障碍。东亚区域力量的增强以及东亚各国经济的发展要求法律制度的弥合，法律统一的必要性不言而喻。对于东亚区域内实现法律的协调和统一必须从区域内寻找可能性的路径，并且将影响统一进程的各种因素通盘考虑，而不是在或浪漫主义或悲观主义的笼罩下笼统地分析。

二、东亚共同法的话语表达与解读

20 世纪下半叶的全球化，加快了法律从民族国家的概念、法系的概念走向地理性概念的步伐，法系的分类已不足以刻画全球法律的图景，新的分类成为必需。伦敦大学法学院威廉·退宁教授（William Twining）进行了一种有创意的尝试，对全球法律作出了新的划分：全球性的法律（如环境法、外层空间法）；国际性的法律（如人权法）；区域性的法律（如欧盟法）；跨国性的法律（如伊斯兰法、商事习惯）；小区间的法律（如教会法）；领土国家的法律（如某国法）；次国家的法律（如魁北克法）；非国家的法律（如吉普赛人法）。①

近些年，为效仿欧洲的法律区域化运动，东亚各国的法学者提出了各种各样的法律区域化理论和设想。特别是中、日、韩等国学者对东亚地区法律的区域化建设投入了广泛的兴趣，很多学者基于对东亚法整体性的认识提出了不同的东亚区域主义法律概念。在东亚国家召开的各种法学研讨会上，东亚法、东亚法系、东亚普通法、东亚法律文化、东亚法治社会等区域主义法律概念和话语不绝于耳，成为这些会议讨论的话题。②

其中最具有代表性的是韩国学者崔钟库，他近年来积极主张并强调使用"东亚普通法"的概念。他是最早提出"东亚普通法"主张的学者，并主张从法史学的观点构建东亚普通法，他的这一主张，还被称为"崔命题"③。由于他曾留学于德国弗莱堡大学，借鉴了德国法学的概念，创造了东亚普通法（Ostasiatisches Ius Commune）这一概念，认为应从此观念审视东亚法的历史。他认为，Ius Commune，即普通法（Gemeines Recht，Common Law）的事实表明：随着欧盟的发展，代代相传所进行的法制统一（legal unification）活动中以罗马法为基础的普通法（Ius Com-

---

① 参见郑永流：《中国法圈：跨文化的当代中国法及未来走向》，载《中国法学》，2012（4），12 页。

② 参见黄文艺：《全球结构与法律发展》，31 页，北京，法律出版社，2006。

③ ［韩］崔钟库：《东亚法哲学之路——以与铃木教授的密切交往为中心》，邱昌茂译，载《法治湖南与区域治理研究》，第 2 卷，22、26 页，北京，世界图书出版公司，2011；［韩］崔钟库：《东亚与历史法学》，崔米子译，载《历法学 第 1 卷/东亚与历史法学》，19 页，北京，法律出版社，2008。

mune）具有很重要作用这一事实。虽然东亚与欧洲的情况不同，法律观念也不同，但东亚为了未来的发展，不光要寻找传统上的不同之处，更要致力于寻找共同点的研究。① 中国具有代表性的学者，如华东政法大学何勤华教授根据东亚各国相似的中华法系传统与法律近代化过程，预测在该地区将会形成"东亚共同体法"；中国政法大学张中秋将中华法系的复兴与东亚地区法律实践结合考察，推测该地区将会出现一种求同存异的"东亚法"；上海大学倪正茂则通过分析东亚中日韩三国法律体系的特点与发展，以正在趋同中的"东亚法治"概括之；中国人民大学冯玉军教授基于全球化的背景和东亚现代化的进程，将上述诸国的法律称为"东亚共通法"②。上述这些研究成果可以为当前东亚共同法的构想提供丰富的理论依据和研究素材，以促使我们更加深入地研究本国及邻国的法律体系，为东亚区域经济、政治的发展提供良好的制度支持和法律保障。

　　笔者认为，如果追根溯源地了解"Ius Commune"一词的来源与含义，使用"东亚共同法"（East Asian Common Law）的概念更为恰当。比利时法史学家范·卡内冈指出，"共同法"（ius commune，common law，droit commun，gemeines Recht）一词是在如此众多的意义上和语境中得到适用。拉丁语的"共同法"（ius commune）之所以如此称呼，是因为它普遍使用于所有的学者。英语的"普通法"（common law）之所以如此称呼，是因为与地方习惯相比较而言它普遍使用于整个英格兰。德语的"共同法（普通法）"（gemeines Recht）是在德国"全盘接受"（Rezeption）之后在共同法的基础上赋予在德国普遍适用的学术化的法律的称呼。在法国，"共同法"（droit commun）有时用在与政治领域相对的场合（比如与叛国罪行相对的普通法上的犯罪 crimes de droit commun），但是也的确存在法兰西普通法，这种普通法是在古代学者们希望建立一套

---

　　① 参见［韩］崔钟库：《东亚与历史法学》，崔米子译，载《历法学 第1卷/东亚与历史法学》，19页，北京，法律出版社，2008。

　　② 上述论著和学术观点详见下列文章：崔钟库：《东亚普通法论》，载《法学研究》，2002（6）；何勤华、孔晶：《新中华法系的诞生？——从三大法系到东亚共同体法》，载《法学论坛》，2005（4）；张中秋：《从中华法系到东亚法——东亚的法律传统与变革及其走向》，载《法律文化研究》，2007（1）；倪正茂：《东亚法治趋同论》，载《社会科学》，2003（5）；冯玉军：《东亚共通法治的理论愿景》，载《哈尔滨工业大学学报（社会科学版）》，2015（1）。

对整个法兰西都普遍使用的法律制度，以消弭既存的地区多样性的努力下产生的。①

汉语中，人们往往把"common law"说成是"普通法""习惯法""不成文法""判例法"。严格来说，上述种种说法大多是人们对"common law"的一种诠释（interpretation），而不是翻译（translation）。其中可算作翻译的，唯"普通法"而已。将"common law"译为"普通法"，在我们的一些外国法研究者中间似已约定俗成了，但是是否确切呢？笔者认为或尚有深入探究的余地。查《新英汉词典》，形容词"common"具有"共同的""普通的""粗俗的""低劣的""（数）共通的""（语）通（性）的"与"通（俗）的"等七类释义。按此，则"common law"译作"普通法"，似并无不可。但是这样取义是否准确呢？能不能另取他义，比如说取第一种释义而译作"共同法"？如欧盟法中的"Common Market"译作"共同市场"，而不译作"普通市场"。明确"普通法"一词所蕴涵的法律的统一性（普适性），是我们正确理解普通法的应有之义，故汉语译之为"普通法"显然不如"共同法"切合原意。②

笔者认为，在14、15世纪的欧洲，以罗马法—教会法为核心的共同法（ius commune）为欧洲主要国家的法律渊源奠定了共同的基础。20世纪80年代初期，在欧洲一体化的背景下，欧洲致力于私法的协调和统一。学者们都在致力于寻求一条迈向"欧洲共同私法"的可行道路，而"共同法"又为此提供了思想来源和方法灵感。当前东亚法律协调的过程中，我们积极借鉴欧洲的经验，包括对其共同法思想和理念的借鉴，即在东亚的法制传统中寻找往昔东亚共同法的历史痕迹，并以此为灵感和方法源泉来寻找今日东亚各国法律中的共同点，形成当代的东亚共同法。

东亚是一个地理概念，同时东亚历史上又是一个文化共同体，谓之"儒家文化圈"或"汉字文化圈"。在法律文化方面，历史上的东亚法作为整体通常被称为"中华法系"，也有日本学者谓之"律令体系"或"律令法体系"。日本学者铃木贤则试图论证"东亚法系"在今天成立的可能性。

---

① 参见［比］R·C·范·卡内冈：《欧洲法：过去与未来——两千年来的统一性与多样性》，史大晓译，17页，北京，清华大学出版社，2005。

② 参见张彤：《欧洲私法的统一化研究》，66～70页，北京，中国政法大学出版社，2012。

他认为，日本、中国、中国台湾地区、韩国，因皆起源自中国之律令法为代表的传统法文化，在经由日本所引进的欧陆法（特别是德国法）之强烈影响下，意图往近代转型道路进行转变，而很有可能成为一个独立的法系。① 还有日本学者主张中国、日本、韩国各国以及中国台湾地区之间存在可以称之为东亚法的法系。如果按照达维德和茨威格特（尤其是后者）确立的法系分类标准，并从历史传统、民法典的重要性、地理位置的接近、儒教文化圈和汉字文化圈的影响等级别方面分析，主张东亚法系在若干国家和地区之间存在事实上是成立的。② 韩国学者崔钟库教授认为，东亚普通法是以古代中国法为质地，中、日、韩三国独特的交涉为背景而形成的概念。③ 东亚普通法由法典化、儒教法文化、乡约村落法和法学四种要素组成。④ 中国学者何勤华教授等也认为，所谓的东亚共同法是指东亚诸国在继承中华法系传统，模仿和借鉴大陆法系和英美法系的模式及经验的基础上形成的一种独特的"混合法"，它既反映西方法律传统又符合东亚诸国利益及历史文化传统，是一种全新的法律体系，不能将其简单地看作是中华法系的复兴，它是中华法系死亡之后，在更高层面上的一种再生，在某种意义上，我们可以将其称为新中华法系。⑤

尽管东亚区域主义法律话语在不同的学者那里有不同的概括和表达，但其核心观念是清晰的，那就是：以东亚的区域经济共同体为基础，以东亚共同的历史文化为纽带，以欧盟法为理想的典范，在东亚区域范围内建立起彼此协调、合作或统一的区域性法律制度。在这一话语讨论场域中，东亚各国学者达成了一些理性的共识。在区域化合作的现实途径上，许多学者都提出，东亚各国应当本着共同的文化背景，相互理解和尊重，通过对话与交流化解历史恩怨，达成历史共识。在区域化合作的目标模式上，东亚的区域化合作，既不是重建古代中华帝国那种"天朝"秩序，更不是

　　① 参见［日］铃木贤：《试论"东亚法系"成立的可能性》，载徐显明、刘翰主编：《法治社会之形成与发展》，314～325页，济南，山东人民出版社，2003。

　　② 参见［日］五十岚清：《为了建立东亚法系》，林青译，载《环球法律评论》，2001年秋季号，267～268页。

　　③ 参见［韩］崔钟库：《东亚法理学的基础》，载刘翰、公丕祥主编：《21世纪的亚洲与法律发展》，965页，南京，南京师范大学出版社，2001。

　　④ 参见崔钟库：《东亚普通法论》，载《法学研究》。2002（6），150～158页。

　　⑤ 参见何勤华、孔晶：《新中华法系的诞生》，载《法学论坛》，2005（4）。

回到日本右翼宣扬的"大东亚共荣圈"，而是在自愿、平等的基础上建构一种新的协作关系。大家都认识到法在东亚一体化进程中的前提性和基础性地位。①

不过，也有学者持不赞同近些年来中国、日本、韩国等国家的一些学者基于东亚各国、各地区在历史文化上的某些同构性，提出的建立"东亚普通法"的主张。其理由有三：东亚在历史上具有的同构性不等于具有当代的同构性；东亚当代的同构性与历史文化关联不大，而具有当代意义上的普适性，这一普适性既不源于且已超出了东亚地域；东亚各国的法律除了主体地理相邻，历史上文化一体，今天无论就其法律价值，还是司法方法和技术，并无特别之处。是故，"东亚普通法"不存在特立独行的根基。质言之，新的中国法圈不再是一种静态的文化意义上的分类，不再以文化传统为认同的主要标识，而是主要奠基于法律的现代价值及制度上。②

第二节　构建东亚共同法的基础性制度保障

一、构建东亚共同法的现实需求

（一）东亚的区域经济合作

东亚各国的区域合作和推动东亚区域经济一体化进程，是东亚共同法形成的经济基础。近年来，在经济全球化的大背景下，东亚区域经济一体化进程虽然起步较晚，但发展迅速、高潮迭起，金融、货币、贸易投资、技术、信息等领域的统一市场已初见端倪，并将在未来相当长的一段时期内成为这个地区发展的主要趋势。随着东亚区域统一大市场的逐渐形成，为了使国与国之间经济领域内的交易得以顺利发展，协调和解决各国在经济交往中的矛盾和冲突，东亚诸国迫切需要寻找一种共同的"法律基点"或"法律语言"，建立一套统一的法律规则对市场行为进行规制，因此，东亚的区域经济合作需要共同的法律规则来调整。

---

① 参见黄文艺：《全球结构与法律发展》，34～35 页，北京，法律出版社，2006。

② 参见郑永流：《中国法圈：跨文化的当代中国法及未来走向》，载《中国法学》，2012（4），13 页。

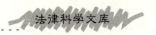

东亚国家中、日、韩建交以来，积极开展经贸合作，贸易形式从间接贸易转为直接贸易，贸易额迅速增加。随着区域经济一体化的蓬勃发展，国家间贸易突飞猛进，国家间越来越相互认同，相互依赖，共同利益增多，经济互补性渐强。中国是发展中国家，也是世界最大的贸易大国，日本是发达国家，韩国是新型工业国家，三国在过去十几年中在经济上相互合作和竞争，中、日、韩三国之间的贸易量无论在深度或广度上都与欧盟、北美自由贸易区的不相上下，甚至更高。经济交往的不断深入，势必要求国家宏观政策、相关法律规范的接轨和协调。中、日、韩三国都参加了《联合国国际货物销售合同公约》，在诸多国际贸易问题上均可直接适用该公约。事实上，在实际操作中，《联合国国际货物销售合同公约》在国际范围内已经成为适用最广的国际性法律规范，其在各国贸易中发挥的作用也绝不局限于某一个地区或者大洲。但是，仅仅根据公约的名字我们就可以发现，它所约束的范围只限于货物销售，也就是动产买卖合同的相关问题。因为动产买卖在国际贸易中具有最重要的地位和最大的比例，而公约的这一特点也直接体现了它在协调、调整各国法律冲突中的一个缺陷：无法深入协调合同法其他领域的矛盾和冲突。例如：租赁、承揽、建设工程合同等其他具体合同，就无法通过公约来规制和调整。统一的东亚各国的合同法，其意义不仅在于将来能够直接适用于裁判、仲裁，解决国际贸易、交往中的冲突和纠纷；回到国内法治建设和完善的层面来说，其具体内容对各国国内法也是重要的参考，必将在国内法的改进和修订过程中扮演重要的角色。

（二）东亚地域性国际合作

目前，东亚的国际合作以"法律手段的利用度低"和"按各领域、各事项的分散合作"作为其特征。亦即，在经济、通商领域，在世界贸易组织（WTO）的法律框架中，活跃地利用了以两国关系为中心的自由贸易协定、投资协定，其法律手段的利用也达到了一定程度。不过，在其他领域还没有形成法律框架。政府间按各个事项实施的事实上的合作又缺乏相互联合。不能否认根据这种国际合作的形式获得一定成果的事实。但是，为使地区合作更具实效性，"共同体的法律制度化"是不可欠缺的条件，东亚共同体除确立一个作为法律制度的共同体之外别无选择。由于各国存在政权交替、特定政治问题（如领土问题）的严重对立、经济困难等原因，东亚个别国家失去了构筑共同体的热情。在这些国家拒绝出席与其他

共同体会员国会晤的情况下，面向解决问题的谈判也就无从谈起。如果允许丢失共同体的政治推进力的国家自由脱离地域合作而不实行协议的话，合作就容易停滞，目的也就不能实现。为了长期解决地域性的诸课题，应在法律上确立推进合作的决策决定和实施机构设置，至少构筑使其参加谈判的法律强制制度。因此，离开法律的制度化，就无法确保东亚共同体实施稳定而连贯的地域合作，东亚地域性国际合作需要法律的制度化保障。

二、《东南亚友好合作条约》

（一）《东南亚友好合作条约》的出台

就区域主义来讲，形成区域合作的客观条件固然重要，但更本质、更重要的是该地域是否具有面向构筑共同体的政治意识。东亚共同体正经历由理想变为现实的历史进程。有多种因素共同决定着这一进程：既有积极推动因素，也有消极阻碍因素。从目前的总体态势看，积极推动因素主要来自经济层面，这意味着构建东亚共同体有其坚实的经济基础；而消极阻碍因素主要来自政治层面，这又意味着构建东亚共同体尚待跨越一道道政治障碍。在构建东亚共同体的过程中，尚需解决一个个历史难题、跨越一道道现实障碍，且这些难题与障碍又主要集中在政治层面，东亚各方必须为此付出艰苦的政治努力。

迄今为止，东亚首脑会议还没有正式探讨东亚共同体应有的形态。共同体这个用语，有时也作为没有实质意义的用语来使用。可是，各国都希望通过国际条约创设共同体——至少不排除这种可能。目前，《东南亚友好合作条约》（Treaty of Amity and Cooperation in Southeast Asia, TAC）在东亚地域合作发展中发挥了重要作用。

《东南亚友好合作条约》（以下简称《条约》）是由东南亚国家联盟发起国于 1976 年 2 月 24 日在印尼巴厘岛举行的东盟第一次首脑会议上签署的。所有东盟成员国随后成为签约国。1987 年 12 月 15 日，《第一修改议定书》在原《条约》基础上增加两款，内容分别为："东南亚以外的国家，经过东南亚所有缔约国及文莱达鲁萨兰国的同意，也可加入"该条约，"但是，加入本条约的东南亚以外任何国家只有直接涉及以及需要通过上述地区程序解决的争端时，才适用第 14 条第 1 款"。1998 年 7 月 25 日，东盟外长在马尼拉签署了《条约》的《第二修改议定书》，将《条约》第 18 条第 3 款中"东南亚以外的国家，经过东南亚所有缔约国及文莱达鲁萨兰国的同意，也可加入"修改为"经东南亚所有国家，即文莱达鲁萨兰国、柬埔寨王国、印度尼西亚共和国、老挝人民民主共和国、马来西亚、缅甸联邦、菲律宾共和国、新加坡共和国、泰王国和越南社会主义共和国的同意，东南亚以外的国家也可加入"该条约。从而使非东南亚地区的国家也可加入该《条约》。除了东盟成员国外，目前加入该《条约》的还有巴布亚新几内亚、中国、印度、日本、巴基斯坦、韩国、俄罗斯、新西兰、蒙古、澳大利亚、法国、东帝汶、孟加拉、斯里兰卡、朝鲜、美国、英国、挪威、欧盟等。

（二）《东南亚友好合作条约》的主旨

根据该《条约》的规定，各缔约国必须尊重主权和放弃使用武力、和平解决纠纷（第 2 条、第 13 条），同时也必须履行以经济协作为主的包括社会、政治、文化、技术等各领域积极合作的义务（第 2 条、第 4～9 条），并展望基于这些合作建立共同体（第 6 条、第 12 条）。该《条约》是东亚国际合作发展的基础，也是构筑共同体的法律出发点。之所以这么说，是因为该《条约》同样成为关于地域的合作、自由贸易协定（FTA）等两国间事实上的协定的法律基础。

三、《东盟宪章》

（一）《东盟宪章》出台的背景

立宪并确立法律实体地位是区域集团走向宪政之路的重要标志，其蕴含着双重意义：区域集团通过立宪来捍卫地区一体化的成果，通过立宪来完善区域集团的权力机制建设。《东盟宪章》（The Asean Charter）的出台正是东盟这一区域集团宪政之路的突出反映。《东盟宪章》为东盟的地区合作开启了一个新的时代，为东盟未来的发展方向确立了一个明确的目标，规定了共同体发展的宗旨和原则，"东盟共同体"建设从此步入正轨，东盟朝向其成立宣言中所倡导的"东南亚国家共同体"的目标又迈进了一步。

"东盟方式"是影响《东盟宪章》制定的重要因素。一方面，随着地区一体化进程的深入，"东盟方式"越来越限制东盟的发展，东盟日益显得效率低下，行动迟缓，无力应对地区问题，在民主、人权等国际社会关注的事项上也难以发挥积极作用，区域社会经济一体化的进程也是举步维艰。这些都要求东盟对其"东盟方式"进行变革。另一方面，东盟成员国之间存在巨大差异，任何激进的超国家机构建设都有可能招致成员国的抵

制，造成东盟的分裂，因此，为了维护东盟内部的政治团结，"东盟方式"仍将是东盟运作的基本模式。《东盟宪章》就是在对"东盟方式"变革的张力与延续的惯性下制订出来的。①

(二)《东盟宪章》的签订

东盟在其 2004 年的《万象行动计划》中首次提出制定宪章的设想。2005 年年底，东盟正式启动宪章的制定工作，组建东盟名人小组。该小组听取了多方面的意见，提出了《东盟宪章》(以下简称《宪章》)的建议稿，后经东盟高官工作组讨论修改，形成了《宪章》的最后文本。2007年在东盟成立 40 周年之际，东盟首脑会议签署了《宪章》，并发表了两个重要文件，即《关于加快在 2015 年前建立东盟共同体宣言》和《关于东盟宪章蓝图宿务宣言》。共同体宣言称，要加快建立东盟共同体，深化东盟一体化进程，加强东盟在不断变化的地区格局中的中心地位和主导性作用。承诺到 2015 年建成以安全、经济和社会文化等为支柱的东盟共同体，建立"更强大、更团结、更具凝聚力的东盟"，以便更好地应对不断变化的地区格局和经济环境带来的各种挑战。《宪章》共 8 章 55 条，构成了东盟具有法律约束力的组织章程。《东盟宪章》的诞生标志着东盟将结束松散的准国际组织的地位，以更机制化、更有凝聚力、更成熟的国际组织的面目展现在地区和世界面前。② 2008 年，东盟 10 个成员国的立法机构也先后通过《宪章》。《宪章》主要包括东盟的目标和原则、法律地位、成员国的责任和义务、组织机构设置和权利、决策机制和实施、争端解决机制、预算与财政以及对外关系等等内容。细读该《宪章》，就会发现其许多内容实际上是重申东盟原来已经确定的目标、原则和做法。其诸多条款尚有待具体化，将来的实施还需看细则的制定情况。值得注意的是，《宪章》对东盟原有的组织架构进行了一些调整，加强了部门之间的协调，比如设立由外长组成的东盟协调理事会，另外还设立了政治安全共同体理事会、经济共同体理事会和社会文化共同体理事会。这些机构分工明确，有助于使决策更有针对性和机构高效运作，从而保证东盟的战略目标得以按

---

① 参见谢碧霞、张祖兴：《从〈东盟宪章〉看"东盟方式"的变革与延续》，载《外交评论》，2008 (8)，37 页。

② 参见张锡镇：《〈东南亚国家联盟宪章〉解读》，载《亚非纵横》，2008 (1)，36 页。

时实现。此外，设立由各成员国常驻东盟秘书处的大使级代表组成的常驻代表委员会，有助于东盟秘书处与各成员国的及时沟通。东盟首脑会议仍然为东盟的最高决策机构，每年举行的会议次数增加为两次，其主要职责也得到了明确。东盟秘书处和秘书长（包括一个秘书长和四个副秘书长）的权力有所扩大，这些都将有利于加强东盟秘书处对地区事务协调管理的能力。①

(三)《东盟宪章》的价值

作为东盟成立 40 年来第一份具有普遍法律约束力的组织章程文件，《东盟宪章》确立了东盟的发展目标、原则、地位、架构以及其他相关内容，正式赋予东盟以国际法意义上的法律人格，优化了组织机构，加强了该组织与各成员国之间的协调，意在推动东盟不论是在思想上还是在实践上，实现从松散的地区组织向以宪章为指导的制度化的共同体的根本转变。《宪章》的诞生标志着酝酿已久的东盟共同体建设终于有了法律规范和制度保障，是东盟发展历史上的一个重要里程碑，对于推动未来东盟地区的和平、稳定、繁荣与发展将发挥重要作用。

宏观而论，欧盟和东盟的制宪努力是其捍卫联盟合法性的集中体现，而合法性正是联盟权力和行为能力的来源。因此，欧盟和东盟在实行宪政的目的上存在特定的相似性，具体而言，有以下四点：第一，确立联盟的法律实体地位，授予联盟在处理联盟内部和与外部关系时的法律人格。第二，确立联盟的宗旨、目标及价值观，增强成员国的认同。第三，对联盟与成员国之间的权限做出相应规定，从而维系联盟机制的存在和运转。第四，进行机构改革，提高联盟的决策和运转效率，从而增强联盟为成员国提供福祉的能力。但是欧盟和东盟在制定宪法上的前提和动力差异，决定了两大区域集团宪政之路的巨大差异性。两者的差异性突出体现在宪章体现的文化价值观、宪章制定的主体性以及核心内容三个方面。东盟和欧盟在建立共同体目标上具有一定的相似性，但是在具体目标层面存在很大的差异。欧盟重视人权，东盟则更注重主权；欧盟希望建立一种"欧盟政府"式的地区管理模式，而东盟希望维持国家间协调的治理模式。东盟宪章与欧盟宪法在制定过程上存在很大的差异。欧盟宪法起草人员具有相当

---

① 参见廖少廉：《〈东盟宪章〉评析》，载《中国与东盟》，2009（1），38～39页。

的广泛性，而且采用了比较充分的民主模式；东盟宪章起草人员的代表性则相对有限，缺乏广大东盟地区人民和市民团体的广泛参与，且宪章制定是在秘密中进行的。作为地区组织的宪法，欧盟宪法和东盟宪章在宪法的总体框架上具有一定的相似性，但是在核心内容的具体规定上则存在很大的差异，主要体现在机构和制度规定、权限分配、涉及范围和法律程序等几个方面。机构和制度规定是地区组织运行的结构基础，直接关系到组织运行的效率和质量；权限分配是维持超国家组织和国家健康关系的政治保障，直接关系到地区组织的政策制定和效力；涉及范围体现了宪法的统领特征，如果一部宪法统领的范围很小，就失去了作为统领大法的意义；法律程序是宪法效力的执行保证。《欧盟宪法条约》因为法国和荷兰的公投否决而引发了制宪危机，但对法荷两国公投失败的原因进行分析可以发现，法国和荷兰的反对并不是结构性的，经过两年左右时间的调整，《里斯本条约》的签订延续了欧洲的制宪历程，因为它基本上沿用了欧盟宪法的实质内容，如果获得通过其将对欧盟的民主机制、机构效率和一体化进程产生实质性的作用。而反观《东盟宪章》，其更多具有象征性的意义，因为它对东盟的机制和法制建设并没有做出实质性的改变，并没有充分考虑东盟人民和市民团体的呼声，其只是为东盟的一体化进程披上了一层宪政的外衣，这也体现了两个区域集团宪政之路的水平差异。①

四、《东亚共同体宪章方案》

(一)《东亚共同体宪章方案》的学术性质

在世界范围内的区域化发展中，毫无疑问，最成功的例子就是欧洲的一体化建设。从法律上讲，欧洲的一体化具有以成员国主权向共同体的部分转让为基础，依据共同体法/欧盟法这一独特的法秩序实现联盟的特征。

东亚的区域化，可以在很多方面借鉴欧洲的经验。当然，鉴于欧洲和东亚之间存在各种各样的差别，应摸索东亚特有的区域一体化形式。保障东亚的区域化建设顺利发展，最主要的就是在制度和机制建设上，借鉴了欧盟的经验，起草和签订了东亚的基础性法律文件，即《东亚共同体宪

---

① 参见周玉渊：《区域集团的宪政之路——东盟宪章与欧盟宪法的比较研究》，载《太平洋学报》，2008（10），9～13页。

章》。2007 年由日本早稻田大学中村民雄等教授牵头起草了《东亚共同体宪章方案》（以下简称《宪章方案》），这是研究者独立提出的实行方案，不代表任何政府的任何立场。① 日本早稻田大学须网隆夫教授在 2007 年举办的第七届东亚法哲学大会上所做的主题报告"东亚区域主义和法律制度化——东亚共同体宪章的建议"中，对《宪章方案》做了介绍。在他看来，东亚各国对构筑东亚共同体这一目标表现出了积极姿态。但是，为了实现共同体中地区合作的实效性，"共同体的法律制度化"是不可缺少的，东亚共同体的构筑必须是通过法律制度确立的。他认为，如果说共同体的构筑是东亚地区各国一致的政治目标，那么就不能回避共同体设立条约方案的讨论。他希望以该《宪章方案》的公开发表为契机，在东亚各国引起对该宪章方案的广泛讨论。②

（二）《东亚共同体宪章方案》的思想基础

《宪章方案》的起草是按照具有法律拘束力的国际条约的形式来进行的。其思想基础是：对国家主权的尊重；以构筑东南亚的"东盟"共同体的经验为基准；《宪章方案》从法律上确认东亚地区业已存在的多样化的政府间区域合作，在赋予这些合作明确根据的同时，调整这些活动，保持其一贯性；确认非国家主体参与到区域合作的进程中。

《宪章方案》虽然是根据国际条约创设的东亚共同体宪章方案，但它立足于与欧盟不同的"尊重会员国主权"的思想，尽量排除了像欧盟那样的超国家因素。在东亚地域的国家之间尽管存在一些不同的意见，但各国坚持主权的意识都很强烈。这是因为在东亚地区的各国成立共同体时，不存在接受主权的转让和主权受限制的情况。因此，《宪章方案》第 36 条明确规定，东亚共同体的决策决定是根据意见一致的原则进行（只有在对重大违反共同体基本原则的成员国做出措施决定时，是根据除违反国以外的成员国的一致意见做出决定）。意见一致方式意味着各国均具有否决权，为此只要参加到共同体，各国的主权被损害的可能性就很低。

---

① 参见［日］中村民雄等：《东亚共同体宪章方案》，邱昌茂译，载杜钢建主编：《法治湖南与区域治理研究》，第 2 卷，289～314 页，北京，中国出版集团世界图书出版公司，2011。

② 参见黄文艺、王奇才：《全球化时代的东亚区域主义法律叙事——第七届东亚法哲学大会综述》，载《法制与社会发展》，2008（6），153 页。

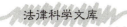

（三）《东亚共同体宪章方案》的内容

1. 构成

具体以条文形式起草的《宪章方案》，是明确作为国际组织的东亚共同体全貌的法律文件。《宪章方案》由前言、本文（第 1 条～第 45 条）和附属备忘录构成。

2. 共同体的活动

《宪章方案》规定的共同体活动主要有：维护区域和平、稳定；建立区域经济协作，建立覆盖区域内的"自由贸易区"，并构筑域内"物品、服务更加紧密的市场"作为目的，实现货物、服务、人员与资本的自由流动；加强基础设施的建设，包括关于能源、泛东亚圈通讯网、统计、环境、研究、科学、教育、司法等领域的合作。

3. 共同体的组织机构

共同体的主要机构有：作为国家间机构的"东亚首脑理事会"，是共同体的决策决定机关；"部长理事会"以及秘书长总管下的"共同体事务局"，是共同体的行政执行机构；作为咨询机构的"贤人委员会"和"各国议员委员会"。

（四）《东亚共同体宪章方案》的意义

《宪章方案》除体现共同体的基本原则和区域合作的基本框架外，主要是包含了有关组织和程序方面的规定。可以说，东亚共同体是一个成员国政府间合作的程序法制化的共同体。《宪章方案》所体现的法律制度，是一个尊重各国主权，但缺乏超国家因素、相当保守的制度。然而，即便是这样的共同体，作为一个法律制度确立的共同体，也将给东亚国家间的秩序带来积极的影响。

第三节　构建东亚共同法的历史和文化基础

一、构建东亚共同法的历史源泉

（一）东亚法在世界法系中的历史地位

东亚的法律区域主义话语有着很长的历史渊源，它首先渊源于近代西方人的"远东"概念。"远东"是 16 世纪欧洲人开始向东方扩张时提出的地理政治概念，被打下了欧洲中心主义地理观的深刻烙印。在欧洲人的眼中，远东首先是作为一个地理政治概念出现，然后随着欧洲人对远东各国文化的了解的增多，远东逐渐被视为一个以中国文明为中心的文明共同体。受"远东"这个地理政治概念的影响，比较法学家习惯于把东亚各国法称为"远东法"，把"远东法"视为非西方的一大法系。在西方享有盛誉的两部比较法著作中，即达维德的《当代主要法律体系》和茨威格特、克茨的《比较法总论》都是这样来理解东亚各国法的。① 比如，达维德认为，远东各国的人民和西方人不同，并不把维护社会秩序和公正的希望寄托于法律。他们固然也有法律，但法律只具有将要的意义，只起辅助作用。② 茨威格特和克茨则认为，非法律的纠纷解决机制是区别远东法系与西方法系的主要特征。在西方世界这类非正规的解决机制的运用范围和运作方式我们知之甚少，但是在远东法系中它们却具有异乎寻常的重要性，其重要程度甚至达到了经常使西方观察家吃惊的程度。③

　　中、日、韩三国不少法律史学家也把以中国古代法为中心的东亚传统法视为一种独特的法律类型，称为"中华法系"或"中国法系"等。他们认为，由于受中国传统法律文化的影响，中国、朝鲜、日本、蒙古等国的法表现出相似性，属于共同的一族。最早明确将东亚各国法视为一个家族的东亚学者是日本近代著名法学家穗积陈重。他在1884年提出"法律五大族之说"，分世界之法系为"印度法族、中国法族、回回法族、英国法族和罗马法族"五种。④ 他在其著作中所用的"中华（中国）法族"的概念即后来学者普遍使用的"中华法系"概念的同义语。在一定程度上，这一概念涵盖了中国传统的法律制度、法律思想和法律文化。穗积陈重的观点对东亚各国法律史学者的影响较大。中、日、韩三国的不少法律史学者均赞成中国法系或中华法系的说法，并认为中国法系是世界五大法系之一。据学者考察，中国学人首先接受并把这一概念运用于学术研究中的是

---

　　① 参见［德］K. 茨威格特、H. 克茨：《比较法总论》，潘汉典等译，505～506页，北京，法律出版社，2003。

　　② 参见［法］勒内·达维德：《当代主要法律体系》，漆竹生译，483页，上海，上海译文出版社，1984。

　　③ 参见［德］K. 茨威格特、H. 克茨：《比较法总论》，潘汉典等译，505～506页，北京，法律出版社，2003。

　　④ 参见杨鸿烈：《中国法律在东亚诸国之影响》，2页，北京，中国政法大学出版社，1999。

19 世纪末 20 世纪初在日本游学多年的梁启超先生。梁氏在其众多著作中初步确立了"中华法系"的概念，并进行了一些零星的相关研究。但真正实现"中华法系"由抽象的概念性叙事研究到具体的对象性叙事研究的是中国近代杰出的法史研究学者杨鸿烈先生，他认为中国法系盖指"数千年来支配全人类最大多数，与道德相混自成一独立系统且其影响于其他东亚诸国者，亦如其在本部之法律制度之谓也"①。杨鸿烈在数部著作中都专门论述了中华法系在世界法系中的重要地位。他对中华法系问题的研究更是影响深远，特别是《中国法律在东亚诸国之影响》一书，"已经成为中华法系研究进程中具有里程碑性质的著作"②。

（二）中华法系对东亚各国法律的影响

中华法系是由中国汉朝以后的中国封建制法和朝鲜、日本、越南的封建制法构筑的世界法系。在汉朝以前，中国就出现了相对发达的物质文明、先进的思想文化和法律制度，但汉朝时中国封建制法才基本定型，周边国家才开始移植中国封建制法，因此中华法系此时才问世。中华法系以中国奴隶制法和早期封建制法为历史渊源，其中奴隶制法主要是西周奴隶制法中的"礼"。早期封建制法主要是"律"——刑法，它们是中华法系历史渊源中的两大源流。作为中华法系的历史渊源或历史传统，它们构筑了中华法系的始基，为中华法系的形成发展提供了"遗传基因"。这种基因虽未决定后来中华法系形成发展的具体过程，却为其发展的可能性做了种种质的规定和限制，决定了中华法系的基本式样。③

中华法系的形成和发展是诸多因素综合作用的结果。它和其他法系一样，是在发源地国的法律基本成熟以后，通过法律传播和法律移植所形成的法律文化圈。这种传播和移植有着深厚的社会、历史、文化等背景。关于"中华法系"的构成，法学界还是有共识的，即：它是以传统中国法为母法的东亚法律体系，包括近代以前的中国法、封建时代的日本法、朝鲜

----

① 杨鸿烈：《中国法律在东亚诸国之影响》，11 页，北京，中国政法大学出版社，1999。

② 刘高勇：《杨鸿烈：力树中华法系的世界地位——以〈中国法律在东亚诸国之影响〉为中心》，载《社会纵横》，2006（10），66 页。

③ 参见杨振洪：《论中华法系的形成和发展条件》，载《法学研究》，1997（4），147 页。

法、琉球法、越南法以及周边其他一些少数民族地区的法。[①]

　　中国法系或中华法系独特的精神或特征一直是法律史专家们津津乐道的话题。自西周至唐代，是中华法系形成和最终确立的历史时期。中国古代社会的总体特征是土地私有制自然经济、宗法家族社会、中央集权专制政体的有机结合。这一特征从根本上决定了中华法系的总体精神和宏观样式。中国古代法律的价值基础是确立并维护社会阶级的等级性和宗法家族的伦理秩序，这也是中国古代法律一以贯之的总体精神和中华法系的最重要特征。儒家和法家在实质上都维护礼的精神，只不过侧重点和方法不同而已。西汉以降，儒学被提升为官方正式学术。儒家的法律理论宣布：第一，法律的价值标尺不是指向个人，而是指向人的特定集体——宗法家族；第二，法律不是神的意志，而是从现实社会生活中产生，又施之于社会的行为准则；第三，在道德规范与法律规范两者之间，强调前者是第一性的，后者是第二性的；第四，在君主与民众的关系上，认为两者相互依存并可以互相转化，故主张"德治"；第五，在君主与大臣的关系上，主张限制君主专横并给大臣以更多发言权，实行君臣共治；第六，在"法"与"人"的关系上，偏重"人"的作用，主张将"法"与"人"结合起来。孔孟儒家对古代法律传统做出新的理论诠释，标志着古代法律精神的首次"儒家化"。儒家所推崇的礼通过宗法家族的恢复与发展找到社会根基。立法领域"纳礼入律"，司法领域"引经注律"、"春秋决狱"。唐代"一准乎礼"的《唐律疏议》则标志着民间之礼的完全成文法化。此后，宋、元、明、清历朝皆沿用之。[②]

　　中国传统法律智慧在《唐律疏议》中达到高峰后，在接下来的历史演变过程中辐射到东亚的许多国家，在双向互动中发生着重大的影响，唐、宋、元、明、清历代历朝的法深深地影响着东亚各国。例如，日本天智天皇时期制定的《近江令》、天武天皇时期制定的《天武律令》、在日本法制史上具有划时代意义的《大宅律令》都以唐律为蓝本。[③] 朝鲜《高丽律》

---

　　① 参见张中秋：《回顾与思考：中华法系研究散论》，载《南京大学法律评论》，1999 年春季号，81 页。

　　② 参见武树臣：《论中华法系的社会成因和发展轨迹》，载《华东政法大学学报》，2012（1），88 页。

　　③ 参见张晋藩：《中国法制史》，4 页，北京，高等教育出版社，2003。

也是以唐律为蓝本制定，在此基础上出现的李氏朝鲜法，特别是公元1392—1910 年李氏王朝所用的《经国大典》，都受到了宋元以及明代法的影响，并且直接或间接地受到了唐代法的影响。

中华文化不断向四周辐射，形成了包括日本、朝鲜等国在内的汉文化圈。在这一过程中，中国传统法律文化与法律制度也得到广泛传播，逐渐被一些国家全面地吸收。其中尤以日本、朝鲜为代表。英国学者汤因比曾谈到中国古代文明对周边地区的影响："古代中国社会的策源地是在黄河流域，它从这里扩展到长江流域。远东社会的策源地把这两个流域都包括在内，然后一方面沿着中国海岸向西南方扩展，另一方面向东北扩展到了朝鲜和日本。"①

日本学者穗积陈重称："日本法律属于中国法系盖一千六百年矣。虽自大化改革以后经历极多巨大之变化，而日本法制之基础仍属于中国之道德哲学与崇拜祖宗之习惯及封建制度。"② 仁井田升也在其《唐令拾遗》的《序论》中谈道："耶林说过：'罗马曾经 3 次征服世界，第 1 次是用武力，第 2 次是用宗教，第 3 次是用法律'。然而大体上可以说，中国也是一以武力，二以儒教，三以法律支配东部亚细亚的（不过，其武力支配未达到日本）。"③ 池田温也曾指出："古代日本的法律制度是在学习唐朝律令制度的基础上制定出来的。"④ 由此可见，古代日本人对中国法律制度是非常推崇的。

韩国的法律在历史上也长期受到中国法律的影响。韩国学者朴秉壕教授曾说："韩国历史上，外国法的继受盖有几次。三国时代，有魏晋和唐律令的继受；高丽时代有唐律令及宋、元律令的继受；朝鲜王朝则有大明律的包括性继受；大韩帝国时代有西欧法大陆法的继受，解放后则有大陆法和英美法的双重继受。尤需注意的是，近代以前，继受中国法是其特色。一个无可否认的事实是，在悠远的历史进程中，从中国继受的儒家法

---

① ［英］汤因比：《历史研究》上册，曹未风译，28 页，上海，上海人民出版社，1966。

② ［日］穗积陈重：《日本新民法》，转引自杨鸿烈：《中国法律在东亚诸国之影响》，199 页，台北，"商务印书馆"，1971。

③ ［日］仁井田升：《唐令拾遗·序论》，801 页，长春，长春出版社，1989。

④ ［日］池田温：《隋唐律令与日本古代法律制度的关系》，载《武汉大学学报》，1989（3），95 页。

律文化对韩国的传统法律及社会发展产生了深远的影响。因此，将中国文化度外视之，就不可能真正了解前近代韩国法的特征。"① 也有韩国学者说："单个的、最伟大的汉化力量一直是儒教。正是通过这一载体，多数的中国方式被输入韩国。儒教是最为有效的汉化媒介，尤其是在李朝（1392—1910 年）时期，儒教被确立为官方的意识形态。确立儒教为国教是韩国历史上的一个重大事件。"② 韩国著名学者崔钟库教授也在其《韩国法思想史》中写道：韩国法进入开化时期（1894 年）以前，法的基本理念是儒教的政治哲学，法的制定与运行反映了儒教的思想，是儒教法化的过程。而儒教法思想的基础又是仁义，即重视礼的调整功能。礼具有双重性，一方面具有自然法的基本精神，另一方面具有社会规范的客观性质，与实定法保持内在的联系。

　　考察中国法律文明的演进历程，我们可以看出，中国在全球法律发展历史进程中的地位，经历了一个复杂的变化过程。而这种地位和角色的转换，往往与国力的兴衰息息相关。在 19 世纪之前，中国乃是世界上人口最多、最富饶、在许多方面文化最先进的国度。这种国力的兴盛，形成了文化传播和认同的单向性。这就是说，中国本土文化体系有着强大的同化功能，在外域文化的挑战面前，扮演着主动者的角色而非处于受动者的地位，因而能够把外来文化纳入本土化的系统之中。伴随着文化上的优势，在欧亚大陆的贸易往来中，中国在全球经济格局中基本上居于主导地位。国家的繁荣昌盛支持了文化上的优越感，从而使古代中华法系具有世界性意义。中国的中心地位，强化了中国法律文明对外域法律文明的影响力。唐朝时期，就在东亚和中亚建立了中国的宗主势力范围。帝国的法律制度，也控制了东亚诸国的法律文化走向，形成了一个以中国为核心的包括日本、朝鲜等东亚国家在内的中华法系，从而使东亚未能发展起西方自罗马帝国崩溃后所出现的法律文化多样性图式。③

---

　　① Pak Pyong-ho, Characteristics of Traditional Korean Law, in Chun Shin-yong, ed., Legal System of Korea, Korean Culture Series 5, Seoul, International Cultural Foundation，1999，pp. 13 - 14.

　　② Pyong-Choon Hahm, The Korean Political Tradition and Law：Essays in Korean Law and Legal History，Seoul：Hollym Corp.，1967，p. 8.

　　③ 参见公丕祥：《全球化与中国法制现代化》，载《法学研究》，2000（6），38 页。

（三）中华法系的现代性价值思考

19世纪中期以降，在内外诸多因素的共同作用下，延续了两千余年的中华法系开始解体。中华法系的解体，有着深刻的外部和内部原因。中华法系解体的外部原因，主要是西方列强的入侵。英、法、美等西方的殖民侵略，打破了东亚各国法律制度的原状，各国次第中断了自己的法律发展之路，开始了移植西方法系的进程。中华法系解体的内部原因有二：首先是东亚诸国社会经济结构的变化和民主革命运动的兴起。东亚诸国封闭式的自然经济结构在以武力为后盾的西方殖民地贸易和经济侵略的冲击下迅速瓦解，继续沿用旧律出现了许多弊端和困难，新的情况需要新的法律来调整新的社会关系，这就宣判了旧的立法宗旨和立法形式的死刑。而各国民主革命运动的蓬勃兴起则进一步加速了中华法系的解体。其次，中华法系自身的封闭性也是导致其解体的重要因素。中华法系的衰落，固然是一系列内在、外在因素综合作用的结果，但是，中华法系的封闭性所导致的中国传统法律文化的缺憾，以及它所起的作用，不能不说是十分重大的。① 中国传统法律文化有其致命缺陷，如"法治"意识淡漠，法学不发达。沈家本在《法学盛衰说》中总结中国古代法学兴衰与政治的关系，即：法学与政治息息相关，法学的兴盛虽不能导致政治的必然兴盛，但法学的衰败必然会引起政治的衰败。显然，沈家本等欲从变革传统法律制度和法律体系入手，进而深入变革法律观念及法学理论，创建一个完全不同于传统的法律文化体系。遗憾的是，西方法律模式在清末民初被移植到中国，而现实社会中人们的法律观念、法律意识依然停留在传统社会的记忆中，法学也依旧衰微。中国与西方在制度上虽只差毫厘，在观念上却失之千里。

自20世纪30～40年代乃至最近的三十年，法制史学界不断有学者提出复兴中华法系或者重建中华法系的建议和想法。② 有学者认为，由于一百多年移植西方法律的历史，社会受到了欧美文化一元论和西方法律中心主义的影响，中华法系及儒家法文化传统被集体遗忘。由于对传统文化及

---

① 参见何勤华、孔晶：《新中华法系的诞生？——从三大法系到东亚共同体法》，载《法学论坛》，2005（4），45～46页。

② 参见李力：《从另一角度审视中华法系：法家法律文化的传承及其评判》，载《法学杂志》，2012（6），88页。

其中华法系的集体遗忘和误解曲解，有必要正本清源，在此基础上折中融西，取精用宏，重建新的中华法系。当今世界，欧美中心主义的价值取向已经改变或正在改变，文化多元化成为地球村人的共同价值。随着中华民族伟大复兴事业的到来，亦将会有一场中华文化的伟大复兴，其中包括中华法系的复兴。① 从现今东亚法的空间范围来说，有学者认为，新中华法系和中华法系复兴论的范围，目前主要是指内地中国，有时包括"两岸四地"的大中国地区，即中国内地、香港、澳门和台湾地区，偶尔也涉及以汉人为主的大中华地区。东亚普通法论的范围似乎是中、日、韩三国。依日本铃木贤教授的观点，东亚法系的范围是指中国内地、中国台湾地区、日本和韩国。②

　　中华法系经历了漫长的形成与发展过程，它之所以被中国周边相邻国家和地区所接受不是偶然的，是由相类似的国情以及悠久的法文化交流的历史作为基础的。中华法系是中华民族智慧的结晶和民族精神的体现，其之所以成为古代日本、朝鲜、越南及琉球等东亚国家法律的母法，一度支配东方亚细亚，不仅因为它本身具有的法律共同性的一般规律、原理、原则的实践与理论根据，而且在于它包含了许多跨越时空、历久常新的价值和合理性因素。我国著名法制史学者张晋藩教授总结了中华法系的几个特点，如农本主义的法律体系；皇权至上的法制模式；儒家学说的深刻影响；法与道德相互支撑；家族法的重要地位；法、理、情三者的统一；多民族的法律意识和法律成果的融合；重教化、慎刑罚的人文关怀等。③ 他认为，中华法系的研究，从民国开始到现在，取得了丰硕的成果。其观点是：儒家学说是缔造中华法系的灵魂，中华法系是中华民族智慧的结晶和伟大创造力的体现，是唯一本土的法系，具有孤立性和保守性。中华法系体现了中国文化的博大精深，可以看作是中华文明的典型代表。它源远流长，具有强大的生命力，其中保存了许多跨越时空的民族性、民主性制度与思想的资源，对于完善我国法制建设具有重要的历史借鉴意义，可以成

　　① 　参见俞荣根：《正本清源折中融西——重建新的中华法系》，载《中国政法大学学报》，2010（2），5～8页。

　　② 　参见张中秋：《从中华法系到东亚法——东亚的法律传统与变革及其走向》，载《南京大学学报》，2007（1），119页。

　　③ 　参见张晋藩：《中华法系特点再议》，载《江西社会科学》，2005（8），47页。

为重建中华法系的一个基础。①

对于中华法系的现代性价值思考，张中秋教授提出："法的价值是主观和客观的统一，是在客体法与主体人相互关系中表现出来而为人们所认可的那种积极意义。论到中华法系，它的价值也有主观和客观之别，具体一点说，中华法系自身固有的对人和社会的积极性即是它价值的客观方面，而人们对这种积极性的认识和评判则是它价值的主观方面，两者的统一构成了中华法系价值的整体。"②

中华法系的价值的讨论，笔者认同大体上沿着两种思路或者维度进行：一是历史主义的角度，即回顾中华法系在其所延续的时间和覆盖空间内，对国家、社会、人类的发展所起到的影响；二是理性主义的角度，即中华法系下的法的精神、文化相比其他法系在调整社会关系、发挥法律的作用问题上的优越性。后一种思路的过程更受到主观价值判断的影响，因而从这一维度讨论中华法系的价值更为适宜。

从中华法系价值的宏观上讨论，重点在于认识到中华法系价值在未来东亚时空上的延续以重述其价值。张中秋教授认为，未来大中国法是在吸收西方法律文化的基础上，融入中华法系若干有生命力的要素而形成的新的法律体系。③ 他甚至从国际格局、地缘政治的角度提出了未来东亚法发展的几种可能。当然，张教授也认识到这种中华法系价值的发挥是有限的，认为未来的中国法和东亚法依法系理论，不是严格意义上的法系。何勤华教授的观点也有类似之处，他就未来的东亚法的发展前景作出展望：新世纪的东亚共同体法是一种全新的法律体系，不能将其简单地看作中华法系的复兴，它是中华法系死亡之后，在更高层面上的一种再生。在某种意义上，我们可以将其称为"新中华法系"。因此，所谓东亚共同体法，是指东亚诸国在承袭中华法系传统，模仿和借鉴大陆法系和英美法系的模式及经验的基础上形成的一种独特的"混合法"，它既反映西方法律传统，

---

① 参见张晋藩：《中华法系研究新论》，载《南京大学学报》，2007（1），111页。

② 张中秋：《回顾与思考：中华法系研究散论》，载《南京大学法律评论》，1999年春季号，1页。

③ 参见张中秋：《从中华法系到东亚法——东亚的法律传统与变革及其走向》，载《南京大学学报》，2007（1）。

又符合东亚诸国利益及其历史文化传统。①

中华法系曾以其独特性屹立于世界法系之林，虽然它在清末就基本解体了，但它数千年积淀下来的法律传统和观念，对东亚诸国的影响仍是深刻的。运用中华法系的概念来建构东亚共同体法，在笔者看来，不是为了重建中国本位新法系，也不是为了复兴旧的中华法系，而是为了应对全球化时代的到来，贡献中华法系有生命力的元素，贡献中华民族有特色的文化元素。同时，其促使人们思考，在未来世界的发展中，哪些是人类必须共同遵循的普适性的制度，应当在国际间统一；哪些是有特色又无损普适性原则的制度，应当尊重各民族的文化传统，以避免人类生活的单一化，保证人类在丰富多彩的文化形态中健康发展。②

二、构建东亚的共同法律文化

（一）构建东亚共同法律文化的必要性

东亚法律文化是世界法律文化体系不可缺少的组成部分，它的产生丰富了世界法文化的内容。东方法律文化与西方法律文化，是在不同文明条件下生长出来的两种法律精神的载体形态，它们之间无疑有着巨大的历史差异。战后西方国家法学家兴起了研究法律文化的学术热潮，其重要原因之一是这些学者们在对东方法律制度的研究中发现，探讨东方法律文化乃是寻求东方法律制度与基本精神的基本途径。如果只停留于法律制度表面层次而忽视其文化价值的话，将难以得到有关东方法律的完整的知识体系，即"要真正理解东方国家的法律制度，必须同时研究东方的传统法律文化，即光有法律的比较是不够的，还必须同时进行法律文化的比较"。为此，美国学者埃尔曼在其著作《比较法律文化》一书中特别强调法律制度运用过程中的文化背景的意义，并对中国、日本等东亚国家的法律文化进行了宏观的论述。此后，在西方法学者的论述中，东方法律文化、东亚法文化在不同程度上成为比较法律文化的一项重要内容，构成了比较法学的研究对象。

---

① 参见何勤华、孔晶：《新中华法系的诞生？——从三大法系到东亚共同体法》，载《法学论坛》，2005（4），44 页。

② 参见刘广安：《中华法系生命力的重新认识》，载《政法论坛》，2011（2），104 页。

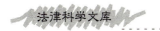

中国的比较法学者常常用"中华法系"来描述东亚儒家传统法文化的独特性和共通性。由于东亚的古代社会以农业自给自足的自然经济为基础，以家族为本位，以血缘关系为纽带的宗法等级制度和思想体系占据统治地位，所以，传统经济体制的共同历史经验与经济发展进程中的共同背景在客观上形成了法律体制结构上的相似性。无论是中国、日本、韩国，还是东亚其他国家，文化的共同体意识客观上形成了东亚作为一个整体发展共同法律体系的基础。

东亚法律文化的发展变迁大致经历了两个阶段：第一阶段是近代以前，以传统中国儒家法律文化为核心的法文化体系，这是东亚各国的传统法文化；第二阶段主要是指近代以后，东亚各国普遍经历了殖民浪潮的冲击，经济、社会、文化各方面均发生不同程度的变革，西方的法理念、法模式被大量移植，法观念也被不断更新，传统法文化与西方法文化互相冲突与渐次融合，虽然融合的程度与形态在东亚各国表现不一，但均可被称为变革型、混合型的法律文化。由于东亚各国法赖以生长的历史与文化环境不完全相同，近现代东亚各国法律文化的发展也因国而异。①

有学者认为，包括儒学在内的东亚传统文化是东亚文化发展大道上必不可少的层层阶梯和环节，它的一切积极成果是推动社会走向现代化的历史根据和动力。东亚传统文化是东亚人在长期的历史发展中积累下来的宝贵经验的体现，反映了东亚人特定的生活方式。在东亚文化与西方文化的冲突与矛盾中，东亚社会各民族理智、客观地比较了不同文化之间的价值，既吸收了西方文化中符合本国国情的因素，又保留了能够促进社会发展的传统文化因素，因而成功地协调了东西文化之间的价值。当然，东亚近几个世纪以来也一直是东西方文化的交汇点，尤其是最近一百多年来，西方文化对东亚有着越来越大的影响。同时，随着现代化的发展，传统文化正在发生现代性的转化。乃至有学者呼吁："现在是东亚考虑建构一种既具有自己独特内涵又不失现代性本质的东亚文化的时候了。"总观东亚各国法律与社会的发展，尽管各个国家法律发展的道路不同，法律改革的力度相异，法律体系的成熟程度不一样，法律制度中保存的封建残余也不

---

① 参见方旭：《东亚法律文化的历史发展及特性》，载《湘潭师范学院学报（社会科学版）》，2009（6），26～27页。

尽一致；但是，各国的法律文化大多经历了从传统到现代、从单一到多元、从人治到法治、从中华法系到混合法系的转变过程。东亚各国走过了一段不寻常的路程，东西方混合交织的法律文化初步形成。在东亚文化现代化变迁的大背景下，东亚各国也普遍认识到重新建立适应东亚社会发展需求的新的法律文化形态的必要性。

（二）构建东亚共同法律文化的可能性

1. 东亚各国具有共同的历史文化基础。

东亚诸国历史文化传统的相通性以及"儒教文化圈"的存在，是东亚共同体法形成的重要条件。一个法系往往是以发源地国为中心，中心国法律向周边地区和国家传播辐射，从而形成和扩展法律文化圈。在东亚，直到清初，中国的社会发展水平高于周边国家和地区，中国长期是东亚文化中心。其相对先进的社会制度和优秀的法律文化成了周边国家学习和移植的对象。而中国具有半封闭的温带大陆型地理环境，东濒茫茫沧海，北连大漠，西南耸立着世界最高的山脉喜马拉雅山，这种地理环境促使其法律文化传播的走向为向东、向东北、向东南，这为中华法系的形成提供了得天独厚的"地缘"。

日本学者五十岚清主张中国、日本、韩国各国以及中国台湾地区之间存在可以称为东亚法的法系。他主要是按照达维德和茨威格特（尤其是后者）确立的法系分类标准，主张东亚法系在若干国家和地区之间事实上是成立的。① 他从法制度和法文化两个层面上考察东亚法的存在。从制度上的东亚法层面来看，首先，上述各国和地区都有着以中国为中心的发展历史。公元 7 世纪以来，中国唐朝的律令制度被引进到韩国和日本，当时成为这两个国家法律制度的基本内容。但 19 世纪以来，这两个国家又都开始不同程度地继受西方法律，而最早引进西方法律的日本又成了亚洲其他国家效仿的对象。尤其在 19 世纪末至 20 世纪初，韩国和中国台湾地区曾经是日本的"殖民地"，因此日本法对这些国家和地区的法律制度都产生过很大的影响。及至第二次世界大战后，除中国以外，日本、韩国和中国台湾地区又同时在很大程度上接受了美国法的影响。其次，中日韩三国民法典的重要性。需要强调的是在法系分类中民法典的

---

① 参见［日］五十岚清：《为了建立东亚法系》，林青译，载《环球法律评论》，2001 年秋季号，267 页。

重要性。因为民法典在一国的法典中是否占据同宪法基本相同的重要地位，是判断不同国家的法系归属的一个标准。如果在这一点上有共通性，就可以认为它们属于同一法系。日、中、韩都先后受法国和德国的影响制定了民法典，因此中国、韩国同日本在民法领域有共同的基础。

　　关于法律文化传统的依据方面，韩国汉城国立大学法学院崔钟库在第三届亚洲法哲学研讨会上也曾作过较为全面的分析，他从东亚法律的历史基础与哲学基础两大方面展开论述。关于东亚法律的历史基础，他指出："东亚的法律史学家几乎一致赞同下列观点，即中国、韩国、越南和日本的法典都具有一定的延续性，中国的《大唐律法》（唐律）给后来东亚诸国的立法都树立了模范和标本。"东方也像西方一样，广泛地形成了法典化。权力者制订王朝的政权制度后，必须编法典。编法典是不断地将权力正当化，而且是对祖宗业绩的赞扬。法制史学家们认为从中国的唐律、宋律、明律到清律为止，法典化过程明显具有连续性。不仅如此，《唐律疏议》还发行了古典注释书，因此，临近国家如朝鲜、越南、日本也受到影响。"以中国律法为基础，东亚各国都在不同程度上建立了中央政府的集权统治"，"迟至18世纪末，东亚各国在立法过程中，都不约而同地参照了邻国的律法。立法的共同原则可以说都是儒家价值观念的体现"。乡规民约在各国发展形式不尽相同，但是"借助于这样一些公共契约，东亚各国人民能在'求同存异'的原则之下安享社会的稳定"。"由孔子、孟子和荀子所倡导的儒家学说随着历史的推移渐次演变为新儒学说，并深深地影响到东亚人民的宇宙观、世界观以及思维方式。作为中国正统的意识形态，这一学说甚至在东亚其他国家如朝鲜、越南和日本也有广泛的影响"。也就是说，在崔钟库看来，东亚法律的历史基础，建立在中国法律、儒家法理以及乡规民约的共同性上，即东亚普通法的组成要素是：法典化、儒教法文化、乡约村落法和法学四种。① 关于东亚法律的哲学基础，崔钟库先生从"法的概念"、"法的美学"与"人权和义务"等方面作了简略的分析，认为东亚各国在这几个方面有其共性。他强调指出："从一个更广泛的角度考虑，东亚三国显然又拥有以儒家精神为基础的'同源'文化"，"任何一个有良知的知识分子都应当从学术角度考虑，重新衡量东亚法学共同的传统文化遗产"，"我们可以采用东亚三国之间通用的法学语汇来进

----

① 参见［韩］崔钟库：《东亚普通法论》，载《法学研究》，2002（6），152 页。

行对话交流"①。儒家文化的影响，不仅及于法律文化传统与价值观的形成，而且几乎波及社会生活的一切方面。由于东亚各国历史上都深受源于中国的儒家文化的影响，因而也就比较全面地为法律之趋同创造了文化、习俗、心理和历史渊源上的前提性条件。

2. 东亚各国以儒学文化为纽带。

中国几千年古老文化孕育着中华民族的形成，而这一过程离不开儒家文化的滋养和支撑。儒家学说的广为传播又为中华法系的形成和发展奠定了思想基础。这为东亚各国法律的儒家化，形成共同的德主刑辅的立法和司法指导思想，为古代朝鲜、日本和越南大规模移植渗透着儒家思想的中国封建制法律，奠定了必要的思想基础。

东亚诸国，同属蒙古人种，文化上曾趋于同一。直到中西文化撞击的近代，这一区域的文化内聚力一直十分强大，并有其鲜明的特点。可以说，当时东亚形成了一个"以华夏文明为内核，以朝鲜为中层，以日本为外圈，并影响到东南亚等地的文化共同体"。在这一文化共同体内，"儒学受到各国的推崇和尊重，儒家伦理被确立为治国之道和国民的道德准则，华夏文明或者说汉文化是联结这一共同体的有机纽带"。在此基础上，东亚各国形成了共同的价值观取向：推崇和谐、集团主义、勤力节俭、重视教育、尊重权威等。这些价值观不仅影响了民众的行为和心理，也产生了具有东亚特色的法律文化，这是东亚共同法产生的历史文化渊源。虽然，19 世纪中叶以降，传统的东亚文化共同体由于西方列强的入侵而全面崩溃，但是，第二次世界大战以后，随着东亚诸国经济的迅速发展，当各国再次面对共同的文化传统与现代化问题之时，"儒教文化圈"被提了出来。正如法国巴黎大学威德梅修所说："以儒教为核心内容所形成的'汉字文化圈'的东亚各国具有一种共同的东亚精神，这种民族精神主要基于儒教传统的彻底的和平主义和以'仁'为原理的共同主义等。正是这种精神，为东亚各国取得前所未有的经济发展提供了一种独创的、富有活力的原动力。"②

---

① ［韩］崔钟库：《东亚法理学的基础》，载刘翰、公丕祥主编：《21 世纪的亚洲与法律发展》，965～976 页，南京，南京师范大学出版社，2001。

② 何勤华、孔晶：《新中华法系的诞生？——从三大法系到东亚共同体法》，载《法学论坛》，2005（4），46～47 页。

儒家文化包括政治、道德、法律等内容，而法律思想是其重要的组成部分。如果从哲学联系的角度对儒家法律思想进行分析，可以发现儒家的法律思想与现代法律思想（包括中、西不同文化土壤下的法律思想）间存在某种程度的契合与共鸣。中华法系以儒家思想为指导思想，重视家庭伦理价值，以天理—国法—民情三者的相辅相成为法制运作的基本框架。所以，从中华法系的思想体系上说，也可以说它是儒家的法系，是儒家之法。

儒学传统通常被东西方学者视为东亚各国在思想文化上的纽带。这主要是因为：第一，自古以来，儒教对这些国家产生过巨大影响，这一点已是不争的事实；第二，20世纪进入80年代以后，认为东亚各国经济发展的关键在于儒教的存在这种观点在全世界得到越来越广泛的承认；第三，从解决纠纷的角度看，认为"应该在法律之外寻求其他社会性规范；应该在裁判之外更多地利用和解、调停的手段"等观点都是受儒教影响的表现。

20世纪六七十年代以后，随着全球范围内对现代化的批评性反省，特别是随着日本和"亚洲四小龙"经济的腾飞，儒学和儒家文化再一次成为东西方学者关注的对象。一批东西方学者从文化的角度，用儒家文化来解释东亚的经济奇迹，确证一种不同于西方的东亚现代化模式。韩国釜山大学教授金日坤认为，东亚是依靠儒教的集体主义文化驱动资本主义体系，成功地实现了经济的发展。西方社会学家勃格提出"两型现代化"论，认为东亚发展出了与西方不同的具有特殊性格的现代化，而这种现代化模式与儒家文化存在紧密的必然联系。这些文化论者进一步用儒家文化标识东亚的特殊性，称东亚为"儒家文化圈"或"儒教文化圈"。在他们的眼中，东亚俨然成了一个文化共同体。[1]

3. 东亚各国具有共同的法律渊源。

我国台湾地区著名学者王泽鉴先生指出，东亚地区在历史上曾经具有以唐律为基础的共同法律体系；19世纪末叶以来，又共同继受了欧洲大陆民法尤其是德国民法和法国民法，这为东亚地区法律的协调提供了基

---

[1] 参见黄文艺：《全球结构与法律发展》，33页，北京，法律出版社，2006。

础。① 有韩国学者对此表示认同，认为在私法领域，东北亚（主要是中国、韩国和日本）存在大量共同的法律渊源，比如共同法，是在该地区儒教和佛教的基础上形成的。本地区的法律学者应通过东北亚法律史的比较研究找出其共同法。此外，学者们还应努力对源自儒教和佛教的共同法进行现代化改造。此外，东北亚三国还从西方国家共同继受了植根于西方基督教文明的现代民法，所有东北亚各国都采用了来自西方国家，特别是大陆法系国家的私法制度。因此，本地区各国家的私法有广泛共性，这些私法有可能演化成本地区的共同法。除此之外，中国、日本和韩国均加入《联合国货物买卖销售合同公约》。因此，东北亚各国拥有共同的新、旧私法渊源。为了达成一个东亚合同法原则的草案，各国应首先通过法律史的比较方法努力找到过去的"共同法"，并通过对现有各国私法的比较研究形成新的"共同法"。最后在这些学术活动之后，使得起草《东北亚合同法草案》变得合适。现在还不是起草《东北亚合同法草案》的时机，但是可以着手对各国旧的、新的私法进行比较研究。只有寻找到旧的"共同法"并通过比较研究创造新的"共同法"，一种东北亚私法原则，尤其是东北亚合同法原则才能够得以起草。②

4. 东亚各国同属汉字文化圈。

从法文化上的东亚法层面来看，中国不仅将儒教，而且将汉字传播到了周边各国。共通的语言是文化共有的一个佐证。尽管现在的中文与日文和韩文之间在文法上缺乏共通性，但中国、日本、韩国一直使用着共通的文字。在法律用语上，一方面，可以看到"法"以及与法相关的中文词至今仍在东亚各国以共通的意义使用；另一方面，日本制造的法律用语在中国和韩国得到使用的例子也不胜枚举。

汉语为中华法系的形成和发展提供了传播媒介和语言文化条件。朝鲜、日本和越南开始都没有自己的文字，使用的是汉字。后来以汉字为基础创制了本民族的文字，但在很长的历史时期内，汉字仍处主导地

---

① 该观点出自王泽鉴于 2009 年 10 月在北京清华大学举行的"欧洲私法的统一及对东亚的影响"国际研讨会上的报告。

② 该观点出自金相容（韩国延世大学法学院教授，韩国学术院院士，韩国民事法学会名誉会长）于 2009 年 10 月在北京清华大学举行的"欧洲私法的统一及对东亚的影响"国际研讨会上的报告。

位。在这种语言环境下，汉字作为中国法律文化的载体，在三大旁系国移植中国封建制法律的过程中功不可没：第一，汉字在中华法系国家内通用，消除了朝、日、越三国人士了解中国封建制法的语言障碍，便于三大旁系国的留学人员和上层统治人物直接学习研究中国封建制法律，也便于普通民众理解中国封建制法律。第二，在旁系国没有自己的文字的历史条件下，汉字的通用是中华法系以成文法为主要法律渊源这一特征形成的先决条件。没有文字就不可能有成文法。在中华法系里，各国开始均用汉字表述法律，记载司法判决。日本最早的一部成文法《十七条宪法》就是用汉文表述的。《弘仁格》《贞观格式》和《延喜格式》亦都是用汉字写成的。第三，汉语不仅加快了古代东亚地区法律文化交流的过程，而且防止了法律移植中的"走样"。如果接受国与母法国的文字不同，翻译过程中译者理解不准确，或接受国没有与之相对应的专有词汇，则往往会影响法律移植的效果。汉语作为传播媒介，如同后来英美法系形成过程中的传播媒介英语一样，为准确、快速推广母法国的法律文化提供了语言文化条件。[①]

但是汉字的使用和影响，在今天也面临着危机。在中国可以看到汉字的进一步简化现象，在韩国也可以看到以韩文字母完全代替汉字的倾向。这些都是值得中国和韩国考虑的问题。综上所述，将日本、韩国和中国作为东亚法系进行把握是可能的。中国不仅将儒教，而且还将汉字传播到了周边各国。尽管现在的中文与日文和韩文之间在文法上缺乏共通性，但中国、日本、韩国一直使用着共通的文字。在法律用语上，可以看到各主体间不尽相同，因此，仅以此进行论证仍不够全面，还需要从其他方面进行补充说明。[②] 当然，也有许多学者对建立东亚共同体以及进行东亚法律的协调持悲观态度，认为在东亚法律协调进程中，文化与语言上的差异是一大壁垒。为此我国台湾地区学者刘幸义提出，为了帮助东亚地区彼此沟通和相互理解，汉字法律术语应尽可能有共同的措辞。因此，应在东亚地区建立关于汉字法律术语的长期性的跨国合作研究机制，逐步建立能够保持

---

① 参见杨振洪：《论中华法系的形成和发展条件》，载《法学研究》，1997（4），151 页。

② 参见［日］五十岚清：《为了建立东亚法系》，林青译，载《环球法律评论》，2001 年秋季号，267～268 页。

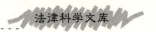

东亚文化特色的共同汉字法律术语。

三、构建东亚价值与东亚认同

（一）东亚价值与东亚区域合作

1. 东亚价值的基本内涵

东亚意识与东亚叙述最早出现于日本。日本人冈仓天心首先从文明论的角度确立了东亚概念，在其著作《东洋的理想》中，他从儒教与佛教的角度，将终极普遍意义的博爱作为亚洲精神的基础，提出了亚洲一体论。他以此为基础提出的"兴亚论"和福泽谕吉的"脱亚论"在对待亚洲文化的态度上可谓有天壤之别，但他们在确立日本在亚洲的统治地位并利用亚洲抵抗西方的目的上又如出一辙。正是这种共性使它们最终都成为日本军国主义构建大东亚共荣圈的思想工具。①

20世纪70、80年代，东亚经济迅速崛起，不少国家成为区域中龙腾虎跃的经济体。当时，许多研究者已经共同承认"东亚价值"对这个"奇迹"的重要作用。具体地说，中国、日本和韩国的儒家社会组织和道德基本原则对"奇迹"的发生起到了关键作用。一方面，"亚洲价值"的共识使各国在东亚共同体构建上消除了国与国之间的隔膜，缩短了国与国之间的距离；另一方面，在一定的程度上，东亚一些国家的发展对欧美的"权利"和"特权"造成影响，给欧美国家的"特权"造成了威胁和压力。超强国的反弹压力引起了欧美与亚洲之间有关人权、宗教、区域发展规划等方面的分歧。②

20世纪末期，特别是1997年亚洲金融危机前后，"东亚价值"引起了国际社会和学者的重新思考和广泛研究。起初，对"东亚价值"基本内容的研究萌芽于东亚各国经济的发展。后来，研究对象不再局限于东亚区域而扩展到整个亚洲。学者们围绕着早已被承认为"文化灿烂"的整个亚洲展开研究，以便探索、解读具有亚洲特质的价值对区域发展的影响和作用。该研究的扩展使"亚洲价值"学术术语取代了"东亚价值"学术术

---

① 参见季涛：《文明共融的理想——论重建东亚法哲学的文化前提》，载《浙江社会科学》，2014（9），65页。

② 参见［越］阮氏秋芳：《东亚价值与东亚共同体建立的构想》，载《东南亚纵横》，2010（2），82页。

语。国际社会有两位权威学者也提出了对"东亚价值"的见解。一位是
Davis Hitchock，他将"东亚价值"与美国价值进行比较之后得到的"东
亚价值"包括五大个人价值观和六大社会价值观：五大个人价值观就是好
学、勤劳、诚信、自强不息以及守纪律；六大社会价值观就是社会秩序，
社会和谐，官员尽职，思想开放、创新思路，言论自由，政府得到广泛敬
重。① 另一位是 Tommy Koh，他阐述了东亚潜力与成功奥秘的十大经验：
排斥个人极端主义；重家庭；重视教育；节俭和淡泊；勤奋；群体至上；
重视政府和公民之间的责任义务；不少政府乐意为公民享有股份所有权创
造有利条件；重社会道德；赞赏相对自由的言论。② 而根据中国学者倪正
茂的总结，东亚各国在共同价值观上不同于西方国家，具体表现在：（1）家
庭、家族的整体利益高于个人利益，因此，追求家庭、家族的利益被置于优
先；（2）长远利益高于切近利益，因此，追求长远利益被置于维护切近利益
的价值观之上；（3）以勤劳为道德价值的重要指标；（4）社会关系之和谐，人
际关系中的协作精神，是东亚各国民众的共同价值取向；（5）物质性权利重
于精神性权利与政治性权利。③

　　东亚（包括东北亚和东南亚）既具备区域性的地缘特征，又具有经历
岁月流转、保留着深刻烙印的特质价值。这些特质价值是经由区域各国、
各民族之间的互相影响而形成的，它对地理、历史环境特点、经济、社会
组织方式、文化风俗、心态及精神的风貌等起着潜移默化的作用。当然，
除此之外，本区域的发展与亚洲的西亚、南亚以及欧美等区域是分不开
的。东亚文化之所以五彩缤纷，是因为其对外来文化的融汇和扬弃，吸取
了十分丰富的思想营养。东亚丰富多彩的文化内涵在儒教、佛教、伊斯兰
教相互融合与冲突的熏陶下孕育了作为异质文化交融典范的"东亚价值"，
在悠久的历史发展过程中形成独特、浓郁的"东亚价值"。我们可以用下

---

　　① 　Davis Hitchock 是前任美国国务院新闻署东亚及太平洋事务办公室主任，现
任职于华盛顿的美国战略和国际问题研究中心，他的观点主要集中于其 1997 年出版
的著作 The United States and East Asia：New Commonalities and then，all those
Differences。

　　② 　Tommy Koh 是前任新加坡驻美国大使，现任新加坡政策研究院院长，他的
主要观点体现在其 1993 年出版的著作 The 10 Values Which Undergird East Asian
Strength and Success：The International Herald Tribune 中。

　　③ 　参见倪正茂：《东亚法治趋同论》，载《社会科学》，2003（5），55～56 页。

面几点来概括"东亚价值"：好学勤劳的生活信条、群体本位的价值取向、血缘关系的价值认同、自强不息的奋斗精神、和合的多元价值观。随着本区域逐步与国际接轨，在经济、社会、安全、国防等因素的影响下，东亚共同价值与本区域各国特有的价值正互相渗透并支配着东亚共同体构建的进程。[①]

2. 东亚价值在东亚区域合作中的作用

亚洲金融危机后，区域形势如往常一般风平浪静，东亚各国开始联手打造联盟、协会，与区域外的美国和欧洲各国展开激烈竞争。2003年，在"东盟＋日本"峰会上，双方已经签署《东京联合声明》，也再一次提出构建东亚共同体。2005年，在吉隆坡举行的第一届东亚高峰会议上，各国领导也阐述了建立东亚自由贸易区的构想。当时，东亚共同体未来模式或者定位为"东盟＋3"（东盟＋中国、日本、韩国），或者定为"东盟＋6"（东盟＋3＋印度、澳大利亚、新西兰），这两种模式的共同点就是美国和欧盟都不能加入共同体，高举"亚洲属于亚洲人"的旗帜。中国支持"东盟＋3"模式，但日本倡导"东盟＋6"模式。中日之间的分歧增大，东亚自由贸易区发展陷入僵局。直到2007年东亚首脑宿务峰会上才发生实质性、突破性的变化，各国代表陆续发表意见，提倡建立东亚共同体，打破僵局。依照提议，东亚共同体将占据世界总人口的大部分，包括东盟10国、东北亚3国、南亚的印度以及大洋洲的澳大利亚和新西兰。这不仅将是世界上最大的自由贸易区，而且将具有与欧盟经济共同体和北美自由贸易区相对称的政治、经济实力。

当然，未来东亚共同体不纯粹只是16个国家的总合，而是16个政治体、经济体、文化体和谐的融汇。为了建立一个实实在在的、具有区域特色的共同体，各方需要弥补差异、弥合分歧、缩短距离。表面上，这些差异、分歧和距离来源于政治体制、经济发展水平的不同；实际上，深层次结构性的差异来源于异国文化、风俗、信仰、心态及精神风貌的冲突和矛盾。信仰基督教的菲律宾、信仰伊斯兰教的印度尼西亚和信仰佛教的泰国可以真正地交融吗？崇尚现代西方民主、自由、开放文化的澳大利亚是否会欣然接受传统文化影响下的中国和韩国？因此，东亚各国需要与实践结

---

① 参见［越］阮氏秋芳：《东亚价值与东亚共同体建立的构想》，载《东南亚纵横》，2010（2），81～82页。

合，利用自我更新、自我改造"东亚价值"的优势，同时吸取其他区域共同体的宝贵经验。具体地说，日本、韩国和新加坡是靠群体和谐与民族团结来发展，以弘扬民族传统来推动经济、文化发展，与全球社会发展趋势同步兴起的典型。① 作为建立稳定繁荣发展的东亚共同体这一必然趋向的主导型因素，"东亚价值"的作用将逐渐呈现出来，再次肯定并弘扬本区域悠久历史灿烂文化的不朽价值。

（二）东亚认同与东亚一体化

1. 东亚认同的基础

认同的概念出自社会心理学，其定义可概括为：在某种情景下，行为体在与他者的比较中产生的一种自我认知和自我界定。所以，从某种意义上可以说认同是行为体的一种自我影像。认同有国内与国际之分，本书指的是国际认同，也称为集体认同。根据社会学的研究，社会团体通常建立在有利于其成员进行积极联系的一系列观念基础之上。这些观念的作用就在于使该团体区别于其他群体，从而能够使其成员感觉到他们是相同的。集体认同就是这些观念的总和，它包括两个因素：一是团体内属于该共同体的一种成员资格。这种成员资格往往是共同体成员间的精神纽带，成员通过这种纽带，形成一个想象的共同体。二是团体外与我们不同的"他者"的存在。任何共同体都是在和其他共同体的比较中认识自身的。因此，对内，集体认同能够产生认同感和归属感，是一共同体社会的凝聚力所在；对外，集体认同能够设立明确的边界，从而被外界认可为一个统一的整体。②

众所周知，在欧洲统一运动中就有所谓的"欧罗巴"或"欧洲观念"作为其历史基础。在第二次世界大战初期，一些新独立的亚洲国家领导人就提出了"泛亚洲主义"的思想。在什么基础上，东亚各国人民能够跨越国家认同的边界，发展出一个共享的自我影像——东亚认同呢？其实，东亚也存在"东亚文化圈"或"儒家文化圈"的历史事实，包括日本、朝鲜半岛和东南亚或多或少都受到中华文的影响，只是由于近代中国的衰落、

---

① 参见［越］阮氏秋芳：《东亚价值与东亚共同体建立的构想》，载《东南亚纵横》，2010（2），82～83页。

② 参见李明明：《试析一体化进程中的欧洲认同》，载《现代国际关系》，2003（7），19页。

日本的"脱亚入欧",使得这种影响逐渐减小。①

19 世纪中叶之前,华夏文明辐射到北至朝鲜半岛、日本列岛,南到越南、东南亚等的周边地区,形成以中华帝国为中心,以华夏文明为纽带,以朝贡贸易和册封体制为特征的东亚世界体系。这事实上是一个文化的东亚。当然,上述地区各民族有其固有的文化传统,在接受汉文化的过程中,也依据自己的传统和对汉文化的理解而加以改造,形成具有本民族、本地域特色的文化。例如,公元 7、8 世纪,日本在学习、模仿、移植中国文化时,以日本固有的文化精神,活学活用中国的文化,形成独具一格的"和魂汉才"的日本文化,可以将日本文化视为中国文化的远东分支。可以说,当时东亚形成了一个以华夏文明为内核,以朝鲜为中层,以日本为外圈,并影响到东南亚等地的文化共同体。② 在这一文化共同体内,儒学受到各国的推崇和尊重,儒家伦理被确立为治国之道和国民的道德准则,华夏文明或者说汉文化是联结这一共同体的有机纽带。在此基础上,东亚各国形成了共同的价值观偏向:推崇和谐、集团主义、勤力节俭、重视教育、尊重权威等。这些价值观不仅影响民众的心理和行为,也产生了东亚特色的政治文化,这是东亚认同的历史文化渊源。

然而,到了 19 世纪中叶,西方列强入侵东亚和随后日本帝国主义对东亚其他国家的侵略,使得传统的东亚文化共同体系全面崩溃。虽然在这一时期,中国、朝鲜、日本还存在文化上的交流,但这种交流实难维系一个文化的东亚,可以说这是文化东亚的解体时期,东亚作为一个文化整体被割裂、打破,取代文化东亚的是一个战争的不幸的东亚。20 世纪中期之后,随着东亚各国经济的次第发展,当东亚各国再次面对共同的文化传统与现代化问题之时,"儒教文化圈"被提了出来,表明人们看到东亚不仅是地理的、经济的东亚,也是文化的东亚——文化共同体。这种基于文化共同体事实基础上的文化共同体意识深厚而悠久。正如法国巴黎大学威德梅修教授所说:以儒教为核心内容所形成的"汉字文化圈"的东亚各国具有一种共同的东亚精神,这种精神主要基于儒教传统的彻底的和平主义

---

① 参见胡亚丽:《试析东亚一体化进程中的东亚认同》,载《贵州师范大学学报(社会科学版)》,2004 (3),38 页。

② 参见陆玉林、张立文:《东亚的转生》,2~5 页,上海,华东师范大学出版社,2001。

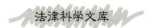

和以"仁"为原理的共同体主义等。正是这种精神，为东亚各国取得前所未有的经济发展提供了一种独创的、富有活力的原动力。①

2. 东亚认同的形成及存在的障碍

东亚认同不是一种自然的存在，东亚认同的产生也并非一个自然的过程。东亚认同是对东亚的历史、文化与现实认真思考的产物，东亚认同的产生是东亚各国意识到东亚的发展需要东亚认同。20 世纪七八十年代，随着东亚经济的腾飞，"四小龙"的出现，东南亚某些国家和地区的领导人，提出了"亚洲价值观"。按照提出者的解释，所谓"亚洲价值观"并不是指整个亚洲所认可的价值，而是东亚受儒家文化影响的价值体现，"亚洲价值观"是亚洲传统性与现代性的视界融合中所发展出来的价值态度与原则。事实上，"亚洲价值观"的具体所指并不清楚，不少批评者已指出其中的前后不一致及论据的缺乏。不过，这种提倡本身就是历史性的标志，说明"东亚意识"的觉醒，明确了东亚 21 世纪的发展必须将东亚文化传统收入眼底，作为重要的理解基础。同时，东亚的发展必须有自身的价值系统作为支撑。②

东亚认同是对当今世界全球化、区域化发展趋势的反映。经济全球化和现代化的发展促进了人的自我意识上升和对本土文化的回归。不仅在全球化和现代化中受挫的国家和人民转而求助于本土文化，而且在现代化成功的国家中也出现了重新寻找文化定位的现象，许多人在接触了更多的外部世界后反而对本土文化产生了更大的期待。创造过"东亚奇迹"的东亚国家更是如此。东亚拥有世界上最古老、最丰富的文明，只是由于近代以来东西方物质文明和制度所形成的巨大落差，东亚各国都有不同程度的苦难经历，使东亚认同面对落伍的困惑与强大的心理压力而被暂时掩盖了。现在东亚人从历史与现实中醒悟，一度受到压抑的文化心理和历史上的向心力凝聚起来，形成东亚区域意识的浪潮。③

---

① 参见崔月琴、李文焕：《儒家文化对东亚经济发展的双重影响》，载《东北亚论坛》，2000 (4)，62 页。

② 参见陆玉林、张立文：《东亚的转生》，143 页，上海，华东师范大学出版社，2001。

③ 参见胡亚丽：《试析东亚一体化进程中的东亚认同》，载《贵州师范大学学报（社会科学版）》，2004 (3)，39 页。

然而，我们也看到东亚认同形成的道路上有着重重障碍。首先，东亚整合的难度很大，模式还不清晰。东亚各国的经济、政治、社会的差距极大，安全互信程度低，历史遗留问题多，这些都决定了东亚的一体化不能照搬欧洲和北美的模式。一体化不仅取决于东亚进一步的发展与合作，也取决于东亚文化认同的深度与特点。其次，东亚国家民族主义的强大直接影响了东亚地区认同的生成。从目前来看，东亚各国仍处于民族主义时代，民族主义情绪还在高涨，尽管它具有积极的效应，但也必须警惕其负面影响。最后，东亚文化认同需要思考文化的多样性和统一性的整合。儒家文化作为东亚各国共同的传统文化因素得到认同，为东亚国家共谋发展提供了一个牢固的基础。然而，东亚各国、各民族文化的多样性也是实实在在地存在的，因此，东亚文化认同需要承认、尊重、包容和吸收各民族的文化，成为多样文化的集合体。"人类需要多样性，也需要统一性，统一性不是同一性，不是基于消灭各种差别，而是基于使差别在一个和谐的整体中整合。没有整合就不可能有最深远意义上的生长、进化和发展。"①

当然，东亚文化认同也不会是提倡排斥世界其他文化的独断主义。在现代化的过程中，东亚各国要努力学习和借鉴西方文化的成果，兼容并包人类各种思想文化的精华。如果过多强调东亚文化认同，过多追求固有文化的共同点，并以此排斥其他文化而达到东亚自固，就可能造成区域性封闭，阻碍本地区经济和社会的发展。

当前，经济全球化、区域化的发展是推动国际社会加强合作彼此认同的根源，这是历史发展的趋势，东亚认同的建构正是这种趋势的反映。目前，东亚认同刚刚起步，基础还很脆弱。在一个充满多样性、差异性的东亚寻求统一性，把不同民族、国家的人们通过某种纽带联合为一个统一的共同体，这确实需要东亚人用更大的勇气和智慧去精心培育、创造。如果能够以"东亚认同"为精神支柱建立东亚一体化，将使一个崭新的东亚出现在世人面前，并将证明一个极具多样性、历史厚重、文化多元、曾是一盘散沙的地区最终能超越历史、抛开恩怨而走到一起，塑造一个光明的未来，其意义将是深远的。②

---

① ［匈］欧文·拉兹洛：《多种文化的星球——联合国教科文组织国际专家小组的报告》，230～231 页，北京，社会科学文献出版社，2001。

② 参见胡亚丽：《试析东亚一体化进程中的东亚认同》，载《贵州师范大学学报（社会科学版）》，2004（3），41 页。

　　以上述重构东亚认同的理论意义为出发点，可以对东亚法律实践中的未来发展作一个简单的远景展望。第一，有助于东亚共同体法的形成，保障地区和平与繁荣。这种东亚共同体法，有些学者称之为东亚普通法或东亚法系，并且认为在一定程度上已是既成事实。也有学者认为目前并不存在法系意义上的东亚法，但如果条件适当将来有可能发展出东亚法系来。第二，具有"以和为贵"文化传统的东亚法，其发展与成熟，有助于基督教传统的西方法秩序和伊斯兰法秩序的平衡，降低可能爆发的最危险的文化冲突。第三，有助于东亚法秩序向世界法秩序的和谐融入，促进世界的和平与繁荣。[①]

_____

　　① 参见季涛：《文明共融的理想——论重建东亚法哲学的文化前提》，载《浙江社会科学》，2014（9），67 页。

第三章　东亚合同法协调的
比较法考察：以欧
盟为视角

　　现代合同法的新发展将不仅是其自身具体制度的完善，更重要的是合同法整体功能上的进化，这种进化就是合同法的跨国适用性，即合同法的一体化。欧盟内部市场的建立及欧洲一体化的进程对欧洲合同法的协调和统一无疑起了决定性的作用。合同法作为私法最重要的组成部分，成为欧洲私法协调的起点和核心。2010 年欧盟委员会《绿皮书》中提出的七种选择路径再次引起了广泛的对于欧洲私法统一化的讨论，制定一部可选择的欧洲合同法已成为比较后的最佳选择。2011 年《欧洲共同买卖法》条例建议的出台即是这一政策抉择的立法成果。《欧洲共同买卖法》是适用于消费者与经营者间以及经营者与经营者间合同的一套独立完整的合同法规则，可视为欧盟成员国国内合同法之外的第二套合同法规则。欧洲合同法的协调和统一已经用事实向人们展示了合同法的发展趋势。探究欧洲合同法统一对于合同法现代化在内容、形式、理念和实现

路径上的贡献，对在东亚区域性经济合作中可能涉及的合同法协调及其规则建构有着积极的借鉴作用。

第一节　欧洲合同法协调的最新成果

一、碎片化欧洲合同法的完全协调

（一）合同法作为欧洲私法协调的开端和核心

在欧洲经济一体化的过程中，为在欧盟各成员国之间形成一个没有贸易壁垒和法律障碍的统一大市场，欧盟率先在合同法领域进行了协调和统一。20世纪90年代末欧洲私法学者借鉴美国法"重述"的形式完成了《欧盟合同法原则》。随后，欧洲私法的协调和统一进一步扩大至私法的其他领域，2007年12月底，欧洲私法研究网络公布了包括欧盟合同法在内的《欧盟私法共同参考框架草案》，这一框架草案不仅代表着国际合同立法的潮流，而且在欧盟范围内具有示范法的作用，已经影响到了欧盟成员国的立法、司法实践和法学教育，对促进欧盟市场内要素自由流动，降低交易成本，提高经济效率起到了重要作用。《欧盟合同法原则》和《欧盟私法共同参考框架草案》中有关欧盟合同法的部分是欧洲合同法的当代重述，也是欧洲私法领域中法律的传统和经验在当代的核心体现。①

（二）对碎片化的消费者法的完全协调

迄今为止推动欧洲私法统一的主要手段是欧盟理事会发布的指令，而这些指令通常只限于特别的对象或者挑选出来的各个散碎问题，诸如包价旅游、消费信贷合同、消费者合同中的不公平条款等。这样的统一方法，结果是增生了大量零碎不全的单个规则，而忽视了这些规则背后的共同基础。因此，规则的碎片化问题不但没有简化法律的适用，反而使原来的问题更难解决。②

这种情况发展到21世纪已经大大改变。如何才能将各自独立的分散

---

① 关于欧洲私法、特别是在合同法领域的统一化进程，请参见张彤：《欧洲私法的统一化研究》，北京，中国政法大学出版社，2012。

② 参见张彤：《欧洲一体化进程中的欧洲民法趋同和法典化研究》，载《比较法研究》，2008（1），15页。

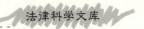

的"消费者法"发展成一个真正"具有内在紧密联系的欧洲合同法（A coherent European Contract Law）"是欧盟机构最为关注的问题。许多欧洲学者认为，欧盟所需要做的就是在不断完善已有法律协调手段的同时，开始选择尝试制定统一合同法的方式。

强制的消费者保护法是消费者法完全统一的核心。欧盟内部的法律分裂的状态被欧盟委员会视为内部市场的一大障碍。因此就有人提出为法律选择设计出一部可选择的法律文件的想法，而且这项可选择的法律文件具有排除强制性的国内法律适用的特点。现在订立消费者合同的合同双方已经可以选择适用另一个国家的国内法。根据《罗马条例Ⅰ》，不得因消费者合同适用另外一个成员国的法律而降低其对消费者的保护水平。其结果就是在国内的强制性的法律限制了法律选择的可能性。

2004 年 10 月，欧盟委员会在其发布的《欧洲合同法及对现有法的修正：下一步的道路》中已经声明①，与制定欧洲私法的《共同参考框架》（CFR）的准备相平行的一个计划是对欧盟已有的 8 项消费者指令②进行重新审查。2007 年欧盟委员会出台了一个《关于复审消费者保护的绿皮书》。③ 它从不同层面提出了一些问题，例如，欧盟消费者保护法的全面协调是否必要，是否应该有一项横向的指令以及是否应该将各种附加的事项都由该消费者权利指令调整。

2008 年欧盟委员会发布了一项《消费者权利指令的建议》④，拟将消费者权益保护领域的四个最重要的现行指令"合并"为一个"单一的保护水平的规范"，这对欧洲合同法的成形有着潜在的重大政治意义。在欧盟《消费者权利指令》出台之前，欧盟消费者保护法的不足主要集中表现在以下三点：第一，不同的消费者指令无论在内容还是术语上都不统一，这些立法具有分散化和碎片化的缺点；第二，没有形成一般的欧洲合同法，这意味着，消费者保护的中心问题可由各国国内法来决定，而各国国内法

---

① See European Contract Law and the revision of the acquis: the way forword, COM（2004）651 final.

② Directives 85/577，90/314，93/13，94/47，97/7，98/6，98/27，99/44.

③ Green Paper on the Review of the Consumer Acquis，COM（2006）744 final.

④ See Proposal for a Directive of the European Parliament and of the Council on Consumer Right，COM（2008）614.

由于历史原因本身就存在巨大差异；第三，欧洲消费者法领域之前追求实现最低限度的法律统一，即通过若干指令确定了最低的保护标准，成员国可以自己决定是否引进更为严苛的保护消费者的规定或是维持成员国法律的原状。拥有选择权的众多成员国可以以不同力度来转化指令，这也造成了各个成员国消费者保护力度的差异。因此，欧盟立足于全面协调化这一原则，通过指令意欲构建统一的法律框架来促进内部市场的正常运行，并且保持欧盟消费者保护的一贯的高水平。① 欧盟委员会制定这一指令草案时的原意是实现完全统一，也就是说，成员国的规定将被排除适用，即使它是有利于消费者的。该建议背离了现行指令所采用的"最低限度协调化"的方法，而是运用一种"完全协调化（Vollharmonisierung）"的概念。②

　　为在内部市场统一和简化有关消费者保护的法律并提高消费者保护的水平，欧盟委员会与欧洲议会于 2011 年 10 月 25 日正式发布了《消费者权利指令》③，该指令首要考虑的是追求消费者法的完全协调化战略，旨在从一种更高的水平上对欧盟消费者进行保护。该指令主要是对以前的《消费者合同中的不公平条款指令》和《消费品销售及其相应担保的指令》进行了修改，并废除了《上门销售（推销）指令》和《远程销售合同指令》。至此，欧盟范围内对消费者进行高水平保护的法律得到了统一。④

（三）制定一部可选择的《欧洲共同买卖法》

　　为了考虑将来欧洲合同法的统一，并保证欧盟高水平的消费者保护标

---

① Andreas Schwab，Amelie Giesemann，Die Verbraucherrechte-Richtlinie：Ein wichtiger Schrittzur Vollharmonisierung im Binnenmarkt，Europäische Zeitschrift für Wirtschaftsrecht，2012，Heft 7，S. 253.

② See Reinhard Zimmermann，The Present State of European Private Law，The American Journal of Comparative Law，Vol. 57，2009，pp. 486 - 489.

③ See Directive 2011/83/EU of the European Parliament and of the Council of 25 October 2011 on consumer rights，amending Council Directive 93/13/EEC and Directive 1999/44/EC of the European Parliament and of the Council and repealing Council Directive 85/577/EEC and Directive 97/7/EC of the European Parliament and of the Council Text with EEA relevance，OJ L 304，22. 11. 2011，pp. 64 - 88.

④ Oliver Unger，Die Richtlinie über die Rechte der Verbraucher-Eine systematische Einführung，ZEuP2012，S. 270 - 272.

准，2010 年 7 月，欧盟委员会发布了一份《走向一部为消费者和经营者的欧洲合同法的政策选择绿皮书》（以下简称《2010 年绿皮书》）。① 这份《2010 年绿皮书》中指出了未来在合同法领域的七个可选择的行动方案：保持现有政策不变（不采取任何措施）；将成果作为立法者的"工具箱"；发布制定一部欧洲共同买卖法的建议；发布制定一部可选择适用的欧洲合同法的条例；发布关于一部强制适用的欧洲共同买卖法的指令（高度或最低限度协调化）；发布制定一部欧洲共同买卖法的条例；发布制定一部欧洲民法典的条例。

欧盟委员会通过该《2010 年绿皮书》表明了要迅速推进欧洲私法统一的意愿。这一点明显地表现在它针对各个方案简短的介绍上，不能在短期内立即见效的方案将得不到欧盟委员会的青睐。该《2010 年绿皮书》的发布是为了征询公众以及利益相关者对于未来在欧洲合同法领域采取行动的几种选择方案的意见和建议，这一征询期从 2010 年 7 月 1 日到 2011 年 12 月 31 日。② 其最主要的想法就是在欧洲制定一部可选择的合同法。合同各方当事人可以在这部合同法和国内合同法中进行选择。这部合同法或许将第一次使得所有欧盟成员国拥有一部共同的法典化的合同法。③

欧盟委员会收到了各种意见，尤其是各个成员国官方的意见，欧盟委员会于 2011 年 5 月 3 日发布了专家组工作成果《〈欧洲合同法〉专家组草案》，也称为《可行性研究》（feasibility study），这些成果构成了 DCESL 的基础。它是适用于消费者与经营者间合同（Business-to-Consumer Contracts）以及经营者与经营者间合同（Business-to-Business Contracts）的独立完整的规则体系。④ 在随后的反馈程序中，委员会收到了官方或民间许多有价值的意见，草案也进行了几次修改，最新的版本为 2011 年 8 月

---

① See Green Paper from the Commission on policy options for progress towards a European Contract Law for consumers and businesses，COM（2010）348 final.

② See Green Paper from the Commission on policy options for progress towards a European Contract Law for consumers and businesses，COM（2010）348 final，p. 13.

③ Walter Doralt，Rote Karte oder grünes Licht für den Blue Button? Zur Frage eines optionalen europäischen Vertragsrechts，Archiv für die civilistische Praxis，Bd. 211，2011，S. 4.

④ 参见专家组 2010 年 5 月 1 日第一次会议纪要，1 页。该文件的官方下载地址：http://ec. europa. eu/justice/contract/files/first-meeting _ en. pdf.

19 日发布的版本。①

2011 年 9 月 11 日，欧盟委员会发布了针对一部《欧洲共同买卖法》（Common European Sales Law）（以下简称 CESL）条例的建议。②这是欧洲合同法发展史上的一座里程碑，也是欧盟合同法协调和统一化的最新成果。

CESL 除在条例的标题中提到的买卖法外，一般合同法（das allgemeine Vertragsrecht）、有关提供的数字内容合同（Verträge über die Bereitstellung digitaler Inhalte）、与买卖合同和数字内容供应合同紧密相关的（装配、安装、修复、维护）服务合同也被纳入其中。CESL 并不直接适用于在欧盟范围内缔结的上述类型的合同，相反合同当事人以确定的方式达成一致才能对其援引适用（即"选择性"模式）。按照委员会的设想，当事人的选择限于依据相关冲突规范可适用的一个具体国家法的范围内。

这个条例的建议的主要目的是通过促进跨境贸易来改善内部市场的运作。因为合同当事人可以将他们的合同置于一个统一的法律制度下，这样企业降低大宗交易成本就成为可能。同时，如果依照 CESL 来订立合同要对消费者来说也具有吸引力的话，CESL 就应当着眼于一个特别高的消费者保护水平，而这个水平"在总量上超过每一个单个成员国的保护水平"。

现在所呈现出的 CESL 草案是一个历时较长的各种文本延续到当前的最新版本。如兰多委员会的《欧洲合同法原则》（PECL）和 UNIDROIT 的《国际商业合同通则》（PICC）。所谓 Acquics 小组的既有原则（Acquics Principles，ACQP）、欧洲民法典研究团体的欧洲法原则（Principles of European Law）、与一般合同法邻接的财产法领域以及《欧洲私法共同参考框架草案》（DCFR）。DCFR 曾是"除名称外完全的欧洲民法典"的草案。它修订了 PECL 的合同法，并在法律行为和一般债法的视角下重新进行了编撰。

CESL 条例建议是一个具有重大意义的文件，因此它受到了特别的关

---

① Contract Law，Work in Progress（CLWP），Version of 19 August 2011，该文件的官方下载地址：http：//ec. europa. eu/justice/contract/files/feasibility-study _ en. pdf。

② Proposal for a Regulation of the European Parliament and of the Council on a Common European Sales Law，COM/2011/0635 final-2011/0284.

注，也引起了一场最大范围的批判性讨论。因为现在摆在眼前的这个文件不仅仅被看作是专家组制定的规则模式意义下的"学术法"，而更多的涉及私法传统核心之一的法典草案，还可能是向着《欧洲民法典》之路迈出的第一步。① 引起关注的主要问题有国际私法（IPR）、CESL 的适用条件、消费者既有权利的修订和扩张、依据 CESL 的合同责任及其选择权的特征和由此产生的规则性竞争等。这些挑选出来的问题的探讨，一部分是一般性的，一部分是内容上问题的探讨，它们应当作为一个总括性文件的评价基础。②

二、《欧洲共同买卖法》的架构和评价

（一）《欧洲共同买卖法》的出台背景与目标

《欧洲共同买卖法》的出台背景主要是欧盟成员国间形态各异的合同法规定对欧盟内市场的跨国交易造成阻碍。特别是对中小企业来说，这种法律的差异阻碍了跨国间交易，也对扩大在新成员国之间的市场造成干扰。而对消费者来说，法律的差异影响了其选择国外商品和服务的积极性。

2010 年 7 月，欧盟委员会发布《绿皮书》，就通过欧盟合同法来强化欧盟内部市场交易的几种政策选择方案向公众征询意见。欧洲议会于2011 年 6 月 8 日对《绿皮书》做出回应并达成决议，对强化欧盟内部市场并促进其运行的，且有利于经营者、消费者、成员国法律体系的手段表示坚决支持。

另外，从欧盟委员会的"欧洲 2020"③ 中可以看出，通过一部可选择适用的合同法来简化不同欧盟国家间的经营者之间或其与消费者之间的合

---

① Horst Eidenmüller，Nils Jansen，Eva-Maria Kieninger，Gerhard Wagner，Reinhard Zimmermann，Der Vorschlag für eine Verordnung über ein Gemeinsames Europäisches Kaufrecht，Juristen Zeitung 6/2012，S. 269.

② Horst Eidenmüller，Nils Jansen，Eva-Maria Kieninger，Gerhard Wagner，Reinhard Zimmermann，Der Vorschlag für eine Verordnung über ein Gemeinsames Europäisches Kaufrecht，Juristen Zeitung 6/2012，S. 273.

③ The Single Market Act，COM（2011）206 final，13. 4. 2011，p. 19，and the Annual Growth Survey，Annex 1，progress report on Europe 2020，COM（2011）11-A1/2，12. 1. 2010，p. 5.

同缔结程序是十分必要的。欧洲数据议程①中也考虑在欧洲合同法中采用可选择适用的手段，以克服欧盟范围内合同法不统一的问题，并强化消费者对电子商务的信任。

为尽量减小法律差异对跨国交易发展造成的阻碍，减轻法律的协商适用造成额外的成本负担，欧盟在 2011 年欧盟《绿皮书》中提出了制定一个可选择性的欧洲合同法法律文件的路径。《欧洲共同买卖法》就是这样的一次尝试，希望能通过其来加强欧盟内部市场的进一步发展。

合同法的不同对跨国交易所造成的障碍还影响了企业在欧盟内部市场的竞争力，在每年的跨国交易中，单单合同法不统一这一因素所造成的成本就高达上百亿欧元。同时，这对于消费者也不是一件好事。企业间跨国交易成本过高，必然导致商品进口数量减少，那么消费者可选择的商品类别也就减少了，而且进口商品由于其稀缺性，其价格也会有所提高。

在另外一方面，虽然国外市场为消费者提供了更多的选择，并以更低的价格提供更好的商品质量，但消费者还是倾向于在国内消费。很重要的一个原因是各国的合同法规定不同，消费者会由此产生不信任感。还有一个很直接的问题是，如果他们在其他欧盟国家购买的商品不符合他们合同的约定，那么他们应该怎么办呢？所以，欧盟制定的该条例建议稿的目标就是，通过促进企业间的跨国交易以及消费者的境外消费来巩固以及加强欧盟的内部市场。这个目标可以通过一个独立的、统一的法律规定，也即《欧洲共同买卖法》来实现。②

本建议的法律基础为《欧洲联盟运行条约》第 114 条。经 2009 年 12 月 1 日生效的《里斯本条约》修改，现行的《欧盟运行条约》第 12 条（原《欧共体条约》第 153 条第 2 款）特别强调：在确定和实施其他联盟政策及行动时，应重视消费者保护要求。这一条款成为欧盟的一项普遍适用条款，为欧盟的消费者保护提出了一般要求。欧盟内部市场的目标是实现成员国之间的人员、货物、服务和资本的自由流动。为了在整个欧盟内促进经济活动的和谐及均衡发展，确保内部市场的竞争不被扭曲，就必须进行协调与合作，以使各成员国对内部市场的建立和运转具有直接影响的

---

① The Digital Agenda for Europe，COM（2010）245 final，26.8.2010，p.13.

② Europäische Kommission，Vorschlag für eine Verordnung des europäischen Parlaments und des Rates über ein Gemeisames Europäisches Kaufrecht，2011.10.11.

法律、法规和行政规章趋于一致。对于消费者保护领域的立法也是如此。该条约第 114 条对成员国法律进行协调进行了一般性规定，其中第 114 条第 3 款特别规定："委员会在根据本条第 1 款的规定提交的关于健康、安全、环境保护和消费者保护的提议中，应以高水平保护为基础，特别要根据科学事实考虑任何新的发展情况。欧洲议会和理事会也应在各自权力范围内尽力实现这些目标。"第 169 条规定："为促进消费者的利益，确保对消费者的高水平保护，联盟应致力于保护消费者的健康、安全和经济利益，促进其知情权、受教育权及为维护其权益而成立消费者组织。"根据上述规定，欧盟在制定其他各项政策时必须充分考虑消费者的利益。

依本建议将推行一部《欧洲共同买卖法》，即一部囊括高度协调化的合同法规范和消费者保护规范的独立的、统一的法律规范，并在各成员国作为第二套合同法规范被适用。在跨境交易中，若交易双方对《欧洲共同买卖法》的适用达成一致，对于其规定范围内所有事项，其将成为唯一可适用的法律。在这种情况下将不能再适用另一个国家的合同法。对适用《欧洲共同买卖法》的合意是建立在对同一个成员国法律体系内的两套买卖法规范的选择上的，其与国际私法意义上的法律选择并不相同，也不可将二者相混淆。① 这种法律选择适用协议不同于国际私法意义上的准据法选用，也因此不得依国际私法进行变更。相反，这种法律选择更应被理解为在依照国际私法规则确定的可适用的国内法中对法律进行选择适用。

这个措施将能够强化欧盟内部市场，并使其运行更加顺畅。它将消除由各国不同的法律规范引起的行使基本自由的障碍，特别是额外的交易成本、经营者在跨境贸易中面临的复杂的法律环境，以及消费者在境外购买商品时对自身权利的不确信。这些障碍都会阻碍欧盟内部市场的建设与运行，并限制竞争。

(二)《欧洲共同买卖法》条例建议的内容结构

2011 年 9 月欧盟委员会向欧洲议会和欧盟理事会提交了制定《欧洲共同买卖法》条例的建议。② 2014 年 2 月 26 日，欧洲议会做出决议通过

---

① 参见 Proposal for a Regulation of the European Parliament and of the Council on a Common European Sales Law（COM（2011）635 final）的解释性备忘录部分。

② See Proposal for a Regulation of the European Parliament and of the Council on a Common European Sales Law，COM/2011/0635 final-2011/0284.

了该条例建议的一读程序。①

该条例建议由三大部分组成：条例、附录一《欧洲共同买卖法》、附录二标准信息表。② 其中，《欧洲共同买卖法》条例建议稿的附录一，即《欧洲共同买卖法》文本③，这是整个条例的核心内容。《欧洲共同买卖法》采取了《德国民法典》式的总一分结构，共分为八个部分。该法还在传统合同法的基础上，增加了关于数字产品买卖的交易规定，为电子商务经营者确立了交易规范。除此之外，该法律文件还体现出了对消费者的较高保护水平。改条例建议的内容结构分为：

A. 条例

第一条规定条例的目的及规范对象。

第二条包含概念定义的列表，其中部分概念是现有法中已有的，还有一部分概念在本条例首次被定义。

第三条阐明了适用于跨境货物买卖合同、数字内容供应合同以及其引起的相关服务合同的合同法规范的可选择适用性。

第四条确定本条例仅适用于跨境合同。

第五条陈述了其内容适用范围为货物买卖合同、数字内容供应合同及其引起的相关服务合同，如安装和修理。

第六条将混合合同及分期付款合同排除在条例适用范围之外。

第七条确认本条例可适用于经营者与消费者之间的合同，以及其中至少有一方是中小型企业的经营者之间的合同。

第八条规定对《欧洲共同买卖法》的适用需要合同双方对此达成合意。在经营者与消费者之间的合同中，只有当消费者做出与其他意思表示区分开的、明确的同意时，适用《欧洲共同买卖法》的合意才有效。

第九条确定在消费者合同中，经营者有义务使消费者得到关于《欧洲共同买卖法》的明确的信息，尤其是附录二中的信息表应被转达至消

---

① See European Parliament legislative resolution of 26 February 2014 on the proposal for a regulation of the European Parliament and of the Council on a Common European Sales Law.

② Europäische Kommission，Vorschlag für eine Verordnung des europäischen Parlaments und des Rates über ein Gemeisames Europäisches Kaufrecht，2011.10.11.

③ 2014 年 2 月 26 日欧洲议会通过的版本译文，请参见张彤、戎璐译：《欧洲共同买卖》，载梁慧星主编：《民商法论丛》，第 58 卷，北京，法律出版社，2015。

费者。

第十条明确成员国有义务规定，对于经营者不遵守第八条和第九条规定的义务时的强制措施。

第十一条确定在对《欧洲共同买卖法》进行了有效的选择适用后，《欧洲共同买卖法》成为对其规定范围内事项唯一可适用的法律，并排除其他成员国法对这些事项的适用性。对《欧洲共同买卖法》的选择适用具有溯及力，可涵盖对先合同信息告知义务的遵守及救济。

第十二条明确本条例不触及《欧共体关于欧盟内部市场的服务业的2006/123 号指令》① 规定的信息告知义务。

第十三条规定成员国可以规定，《欧洲共同买卖法》也可适用于国内贸易合同，以及大型企业之间缔结的合同。

第十四条要求成员国将其国内法院对《欧洲共同买卖法》或本条例的规定做出了解释的终审判决告知欧盟委员会。欧盟委员会将以此为基础建立一个相关判决的数据库。

第十五条包含一个复核条款。

第十六条规定本条例于其公布于欧盟官方公报之日起 20 日后生效。

B. 附录一：《欧洲共同买卖法》

第一编"引言条款"，包含了合同双方在合同缔结过程中必须遵守的基本原则，如合同自由原则、诚实信用与公平交易原则。合同自由原则还确定，合同双方可以偏离《欧洲共同买卖法》的规定，除非其条文中有明确的禁止违背的强制性规定，如消费者保护条款。

第二编"有约束力的合同的缔结"，包括合同双方在缔结合同之前享有的获得必要信息的权利，以及合同双方如何达成合意的规则。本编也包含特别规定，赋予消费者在远程交易和异地交易中以撤回权。最后，本编还规定，因误解、欺诈、胁迫和乘人之危而缔结的合同可撤销。

第三编"合同内容的确定"，包含了在合同内容存在争议时如何进行解释的基本条款。本编也包括合同内容与效力的条款，以及当合同包含不公平条款时，该条款无效的规定。

第四编"买卖合同或数字内容供应合同中合同双方的义务和救济"，主要规定了买卖合同和数字内容供应合同及出卖人和买受人的义务的条

---

① 参见欧盟官方公报 L 376，2006 年 12 月 27 日，36 页。

款。本编也包含当出卖人或买受人未履行合同时的救济措施。

第五编"相关服务合同中合同双方的义务和救济"，主要涉及出卖人提供与货物买卖合同或数字内容供应合同紧密相关的特定服务的情况，如安装、设置、修理和维护。本编阐明在这些情况下应适用的特别条款，尤其是合同双方在这种合同中享有的权利和义务。

第六编"损害赔偿和利息"，本编包含损害赔偿和迟延付款的利息的附加一般条款。

第七编"恢复原状"，规定了合同被撤销或解除后应归还的财物。

第八编"诉讼时效"，规定了时效经过对合同权利造成的影响。

附件一包含一份在远程或异地交易合同中经营者必须向消费者出示的撤销指导的模板。附件二则包含一份撤销可使用的标准表格。

C. 附录二

附录二包含了《欧洲共同买卖法》的一份标准信息表，本信息表必须由经营者在合同双方达成适用《欧洲共同买卖法》的合意前出示给消费者。

(三)《欧洲共同买卖法》的解读

许多学者认为，《欧洲共同买卖法》条例建议稿的出台是通向一个统一的欧洲私法的重要里程碑。对《欧洲共同买卖法》的内容进行深入了解和思考，不仅有助于更好地理解该法的内容，也有助于该法未来的实践。

1.《欧洲共同买卖法》作为一部"选择性的法律文件"

《欧洲共同买卖法》是调整企业之间、企业与消费者之间跨境交易的法律。它是一个"可选择性"的法律文件。只有当买卖双方分别明确地声明要选择适用《欧洲共同买卖法》时，它才能得到适用。

通过对欧盟委员会《绿皮书》七个可选方案的分析，欧盟委员会得出结论，将要追求的政策目标确定为一部可选择适用的统一合同法条例、一部高度协调化的指令、或发布制定强制适用的统一合同法的条例。虽然后两个可选方案可以大大降低经营者跨境贸易的交易成本，并显著简化其跨境交易的法律环境，然而也会使经营者，尤其是只进行国内贸易的经营者承担一个巨大的负担——其不得不去适应新的法律体系。相比于一部可选择适用的统一的合同法体系，接受一套全新的强制适用的法律规定的负担尤其巨大，因为这个负担是所有经营者都要承担的。而若推行一部可选择适用的统一的合同法体系，这个负担则仅需要由那些希望在跨境交易中使用这套法律体系的经营者们承担。因此，推行一部可选择适用的统一的合同法体系被视为几种方案中相较来讲最合适的一种，因为它降低了对其他成员国进行出口的经营者的交易成本，同时保障了消费者有种类更多、价格更便宜的商品可供选择。这样一套法律规范也将提高对消费者在境外购买商品时的保护水平，并使消费者可以确信，他们在整个欧盟范围内都将享有同样的权利。①

欧盟委员会所提出的《欧洲共同买卖法》条例的建议不会使欧盟成员国的国内法无法适用，也不能直接适用于所有的在欧盟成员国内缔结的合同，它的适用需要合同双方当事人的共同约定，因而这部共同买卖法被看作是一种"选择性的法律文件"。根据欧盟委员会的设想，合同双方当事人的选择权可以根据成员国法律的相关适用条款来行使。②

所谓"选择性的法律文件"，是指只有在利害相关人选择适用该法律文件时才会发生法律效果的法律文件。由欧盟委员会起草的《欧洲共同买卖法》在一定程度上能与 1980 年在维也纳签署的《联合国国际货物销售合同公约》（CISG）相比较。CISG 在某个买卖合同中的适用也要依赖于合同双方当事人的约定，也即属于选择性的法律文件。然而它与《欧洲共同买卖法》有一个很重要的区别：CISG 可以由当事人约定不予适用，否则该法律文件在符合其他条件的情况下会自动适用。而《欧洲共同买卖法》则只有在双方当事人约定适用的情况下才能适用。对于 CISG 来说，当事人是可以选择不适用（opt-out），而对于《欧洲共同买卖法》来说，当事人可以选择适用（opt-in）。

2.《欧洲共同买卖法》的具体适用范围及其限制原因

《欧洲共同买卖法》条例的建议中还包括了该法的具体适用范围。客观上来说，首先，该法适用于商品买卖合同、数字化内容合同以及配套的服务合同（如所销售的商品组装和安装等）。其次，该买卖合同还必须是跨国交易合同，这就要求合同双方当事人在不同的国家有办公地点或者分

---

① See Proposal for a Regulation of the European Parliament and of the Council on a Common European Sales Law，COM（2011）635 final.

② Thomas Rüfner，Sieben Fragen zum EU-Kaufrecht. Oder：Was man heute schon über den Verordnungsvorschlag für ein Gemeinsames Kaufrecht wissen sollte，Zeitschrift für das Juristische Studium（ZJS）04/2012，S. 476.

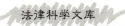

支机构，而这些国家中必须至少有一个国家是欧盟成员国。再次，消费者与经营者为合同一方当事人的，他们所属企业必须符合原《欧洲共同买卖法》第7条第2款中"中小型企业"的规定。根据该条规定，这个"选择性的法律文件"主要适用于经营者为卖家（不管是中小型企业还是大型企业）与消费者作为买家之间的买卖合同。除此之外，还适用于两个中小型企业之间缔结的买卖合同，或者一个中小型企业与一个大型企业订立的买卖合同。而对于两个大型企业之间、消费者之间，以及消费者作为卖家而企业作为买家所订立的买卖合同，皆不适用《欧洲共同买卖法》。

《欧洲共同买卖法》将其适用范围限制在跨边界合同的原因在于，不同国家的合同法对交易造成的障碍只在跨国合同中存在。而把合同类型限制在买卖合同以及以数字化内容为标的的合同也是具有现实意义的。而对合同缔结方方面的限制主要原因在于，欧洲各国的合同法，其不同之处最大的在于企业家与消费者订立的合同，以及中小企业参与订立的合同。[①]

原《欧洲共同买卖法》第7条规定，本法适用于消费者与经营者之间，以及一方为中小企业的经营者之间的商品买卖合同、数字产品提供合同和相关的服务合同。但在2014年，欧洲议会对其适用范围进行了修改，将其限定在电子商务领域，且合同双方中的一方必须是提供电子商务的经营者。此外，《欧洲共同买卖法》的适用领域有扩张的可能性。根据该法建议稿第13条，欧盟成员国可以自行决定是否将该法的适用领域扩张到非跨境合同以及没有中小企业参与的企业之间缔结的合同中。欧盟成员国是否会利用这一条款目前还没有迹象。但在德国，人们希望《欧洲共同买卖法》也能适用于大型企业间的合同。

（四）对《欧洲共同买卖法》适用的批判性分析

对于《欧洲共同买卖法》能否施行，首先被提出的一个问题是，欧盟是否有权制定和实施这样一个欧盟成员国共同适用的共同买卖法。欧盟立法权的基本原则是有限性的个别授权，只有《欧盟条约》的立法权限条款可以授予欧盟以制定法律文件的权利。尽管经过了长时间的讨论，然而有关通过"选择性的法律文件"统一欧洲私法的立法权限的来源争论，目前

---

① Marina Tamm，Das Gemeinsame Europäische Kaufrecht als optionales Instrument-eine kritische Analyse，Verbraucher und Recht（VuR）2012（1），S.1.

还未得出结论。根据条例建议的草案，欧盟制定该建议的立法权限来自《欧盟运行条约》第114条。该条款规定，为了实现欧盟内部市场的功能，欧盟议会以及理事会可以制定协调各成员国的法律规定以及行政规章的相关措施。① 如果使用该条款作为授权条款的话，那么根据该条约第294条和第16条第3款，制定的法律需在理事会以绝对多数通过，也即无须经过所有成员国的同意。

　　而另一种比较具有代表性的反对观点是，该制定建议稿的立法权限并不是来自《欧盟运行条约》第114条，而是来自第352条。该条款为一般条款，适用于在《欧盟条约》中没有其他特别的授予权限条款的情况。根据该条款而制定的法律文件则必须经过理事会的一致同意才能生效。

　　由于这种差别，适用哪个条款的争议就变得很重要：如果只是根据第352条，那么《欧洲共同买卖法》的通过就必须经过所有欧盟成员国的一致同意，这样一来，要克服的政治藩篱也就明显更高了。

　　紧接着人们考虑的一个问题是，《欧洲共同买卖法》能够在欧盟境内生效吗？根据前文的分析，只能得到一个对共同买卖法所面临的问题的初步印象，而还不能对它做一个全面的评价。然而不可否认的是，这样一个试图统一买卖合同法并为欧洲各国不同的法律传统寻找折中方案的尝试是值得肯定的。然而对欧盟委员会的立法权限来源是否来自《欧盟运行条约》第114条的争论，也减少了《欧洲共同买卖法》条例建议稿实现的可能性。即使撇开这点不谈，也还存在许多其他因素，会导致《欧洲共同买卖法》的实现具有不确定性。首先，每部法律在刚出台时都会面临法律解释的困难，如果《欧洲共同买卖法》以现在的草案颁布，那么里面包含的许多不确定的法律概念将极大地加深法律解释的困难。当然，这些不确定的概念将在司法解释的不断补充中被消除。然而在实践中存在这样的危险，合同当事人由于对法律的不确定性具有一定的忧虑，于是就放弃约定适用《欧洲共同买卖法》。如果法律的目标群体并未准备好去适用这部法律，那么这部所谓的"选择性的法律文件"也就毫无用武之地了，即便它在最后通过了立法程序。

　　以上是从具体操作层面讨论《欧洲共同买卖法》的可能性，而从欧洲私法统一化的角度考虑，《欧洲共同买卖法》的施行在欧洲也存在广泛的

---

① 参见张彤主编：《欧盟法概论》，310页，北京，中国人民大学出版社，2011。

争议。固然它对于降低交易成本，促进欧盟成员国间的贸易，消除合同法多元化对市场活动的消极影响有好处。① 然而，欧盟各成员国的合同法间的巨大差异使得一体化进程困难重重，因为法律趋同并不只是简单的制定一部统一的法典就能解决的，它还涉及不同历史、文化、法律文化以及发展的融合，需要谨慎行事。首先，欧洲是普通法系和大陆法系的发源地，两大法系的法律传统深深根植于此。而普通法系与大陆法系的差异迥然，普通法法系的法律渊源主要是判例，而大陆法系的则多是成文法典，如何平衡这两种法律传统是一个大难题。而从欧盟委员会的建议稿来看，《欧洲共同买卖法》是采取了大陆法系的法律传统，制定了成文法典，而且其结构与大陆法系最具代表性之一的德国法相似。那么现在问题在于如何将该法典在普通法系国家，如英国推行，因为普通法的学问，其起源是属于法庭的。② 其次，法律会随着社会的发展而发展，各国由于本国情况不同，其法律的发展路径各异，这样更加加重了法律趋同乃至统一化的难度。

三、《欧洲共同买卖法》的前景

如今，欧洲私法统一化进程正处于争议的焦点。很多学者认为，如果不对目前这个建议稿作较大的修改和改善而直接施行的话，那么《欧洲共同买卖法》的未来是令人担忧的。如果这种选择性的法律文件被实践所拒绝，这对于欧洲合同法统一化进程来说无疑是一个重大的打击。然而如果实践接受了这样一部共同买卖法，那么在未来几年，欧洲的公民、企业家以及法学家们就必须生活在这样一种法律背景之下：《欧洲共同买卖法》的缺点和其所带来的成本费用将对欧洲内部市场造成极大负担。首先欧盟委员会制定该法之时，想要以此减少跨国交易的成本的目标似乎是不太实际的。因为企业还是需要与不同的法律规定中的格式条款打交道，同时为了给消费者提供一个"更高层面的"消费者保护条款，企业方面的保证责任明显增加，却没有为消费者带来更多的好处。这些都会提高交易的成

---

① 参见李永军：《合同法发展趋势的前瞻性探索》，载《人民私法·应用》，2010（17）。

② 参见李鑫淇、张树：《欧盟合同法一体化障碍分析及展望》，载《湖北广播电视大学学报》，2013（4）。

本。此外,《欧洲共同买卖法》文本的法律漏洞以及技术性缺陷也会继续加深这种法律的不确定性,如合同条款控制、损害附随义务的法律后果以及时效法方面的缺陷。

然而这些困难和缺点并不是不可克服的,目前所需要的是尽可能多地对《欧洲共同买卖法》文本进行政治以及法律方面的讨论,并给予一定的时间用于思考。在法律方面,应当填补法律文本漏洞并进行修订。在政治方面,应当使大家意识到一部选择性的买卖法是值得期待的,并可以使欧盟的公民无须通过国内法就可使用。如果这部建议稿在正式颁布之前能够组织起这样的讨论,那起码是成功的一小步。

综上所述,《欧洲共同买卖法》的正式施行还有待一定的时日。尽管欧洲合同法统一化的进程困难重重,但我们还是可以看到一丝曙光。首先,欧盟共同市场的形成对于各成员国的经济贸易发展具有重要意义,而法律一体化与内部统一大市场的建立密切相关,其核心任务是清除成员国间的商业贸易障碍。对于人员、服务、货物以及资本无障碍流动的需求,是《欧洲共同买卖法》的前景所在。实现经济一体化需要有相应的法律保障,否则,跨国交易便难以有序、有效率地进行。其次,欧盟内部还存在大量的非关税贸易壁垒,它们无法通过成员国各自立法解决,而《欧洲共同买卖法》的出台对于解决这些壁垒可以起到关键作用。可以说共同市场的建立催生了共同法的产生。

2014 年 2 月 26 日,欧洲议会投票通过《欧盟共同买卖法》条例建议提案的同时,对此做出了 264 项修订,将该法的适用对象限定于远程销售合同尤其是电子商务合同。不过在接下来的欧盟理事会和各成员国通过和接受的过程中,它还面临很大的阻力。2015 年年底对于这项法案的建议又有了最新的变化,欧盟委员会 2015 年工作计划中又撤回了该项建议①,表明要对该提案进行重新修订,把优先重点放在电子商务中的数字产品版权和消费者权益的保护上。另外,《欧洲共同买卖法》这个名字没有体现出其"可选择性"的性质,成员国可能在接受该法律文件的过程中产生国内法会被替代的担忧。所以在再次修订时应该将其名称加以

---

① Arbeitsprogramm der Kommission für 2015,Ein neuer Start,Straßburg,den 16. 12. 2014,COM (2014) 910 final.

修改，体现出其"可选择性"的特点，以消除成员国顾虑。

第二节　欧洲合同法发展的新趋势

一、强化对消费者的保护

欧盟消费者保护法的发展在于对当代私法体系架构的影响和传统私法理念的变革。在过去的几十年中，欧共体/欧盟通过颁布一系列消费者保护指令，催生了具有统一性（至少具有协调性）的欧洲民法。就合同法而言，上述这些关于消费者保护的指令已经覆盖了合同法的核心部分，并已经在各成员国中得到转化和实施，由此深刻地影响了成员国的私法体系，例如 2001 年以转化《消费者买卖合同指令》为契机而进行的德国债法的现代化，其修改的内容不仅超出了指令本身要求的范围，而且几乎改变了德国整个债法实体法的基础体系。从中我们不难发现，当代欧盟债法的趋势就是强化对消费者的保护。由于现代社会中产品或服务的专业化、销售方式的多元化和电子商务的应用在给消费者带来便利的同时，也带来了更多的风险。民事法以及其他法律强化对处于弱者的消费者保护，必然要限制合同自由，强化生产者和经营者的合同附随义务，特殊情况下甚至赋予消费者反悔的权利，从而突破了从罗马法开始就有的信守合同的原则。[①]与《欧洲联盟运行条约》第 114 条第 3 款相一致，《欧洲共同买卖法》将保障一个较高的消费者保护水平。这是由于其包含相应的条款，这些条款将等同于或高于现有欧盟消费者保护法已达到的消费者保护水平。[②]

《欧洲共同买卖法》的内容涉及合同法相关的方方面面，其中重点对经营者对消费者的告知义务、消费者的撤回权、买卖双方权利义务和针对买受人的补救措施有关规定，显示了对消费者权利保护的重视。[③]

---

① 参见吴越等译：《欧盟债法条例与指令全集》，1～5 页，北京，法律出版社，2004。

② 参见 Proposal for a Regulation of the European Parliament and of the Council on a Common European Sales Law，（COM（2011）635 final）的解释性备忘录部分。

③ Thomas Grädler，Der Kommuissionsentwurf eines Gemeinsamen Europäishen Kaufrechts，Fokus，2012，S. 109 - 114.

1. 经营者对消费者的告知义务

由于经营者与消费者地位不平等，在消费者法中通过相应规则的制定来保护消费者的弱势地位就显得非常重要。这种弱势地位首先表现在消费者和经营者之间交易信息的不对称。往往是经营者一方掌握大量关于商品或服务的确切信息，消费者并不掌握这些信息，经营者反而利用信息优势，侵害消费者利益。这一现象根本违背了合同法中的交易平等和公平原则。扭转这种实质的不平等和不公平，必要时要通过形式上的不平等，来加重优势地位一方，即经营者的提供信息的负担。

从欧盟建设内部市场的角度观察，一个完美的市场重要的先决条件就是，所有的参与者都充分掌握了关于自己的喜好，及实现最大化的实用性所必备的商品和服务的特性与价值等信息。欧盟对消费者知情权的理解，已不仅仅限于弥补消费者市场弱势地位的考虑，而是希望消费者成为"信息充足的、谨慎的消费者"（well-informed and circumspect consumer）[1]。欧盟绘制了一个成熟的理智的消费者形象，其通过充分程度的信息受到保护。[2] 在消费者保护法中，经营者向消费者提供必要的信息，这是经营者的一项法定义务，要求经营者提供必要信息也已经成为消费者的一项法定权利。

在合同缔结一章，《欧洲共同买卖法》规定了经营者对消费者的先合同信息告知义务。如该法第 13 条规定：经营者与消费者缔结合同时，在合同成立或消费者受任何要约拘束前，经营者有义务以清晰易懂的方式告知消费者以下信息：在与所采用的通信手段及所提供的货物、数字内容或相关服务相适应的范围内，告知将提供的货物、数字内容或相关服务的主要特征；第 14 条规定的价款总额和附加费用；第 15 条规定的经营者的身份和地址；第 16 条规定的合同条款；第 17 条规定的撤回权；等等。该法第 21 条还规定，经营者对其已提供本节要求的信息承担举证责任。第 22 条规定了经营者对消费者的告知义务具有强制性，即，当事人不得为损害消费者的利益而排除本节规定的适用，也不得减损或变更其效力。

---

① Lain Ramsay, Consumer Law and Policy, Hart Publishing, 2012, p. 33.

② Mirja Sauerland, Die Harmonisierung des kollektiven Verbraucherrechtsschutzes in der EU, Peter Lang, Band 10, Internationaler Verlag der Wissenschaften, S. 18.

2. 消费者的撤回权

在一些新兴的营销方式中，消费者往往无法及时地了解商品的品质或者由于时间急迫仓促地缔结了合同，因此赋予消费者知情权及反悔权是保护消费者权益的重要手段。欧盟许多消费者保护指令都规定了冷却期限及信息披露义务，这些措施均可以被归纳为在缔约前和缔约后运用法律手段来保护消费者的努力，目的均为使消费者更加充分地意识到即将进行的交易的性质，并在交易达成后为消费者提供一个撤销（withdrawal）交易的机会。

《欧洲共同买卖法》专设第四章规定了消费者的撤销权。该法第 40 条第 1 款规定了消费者的撤回权：在 14 天内，消费者享有对以下合同的撤回权，除非发生第 45 条规定的情形，否则消费者在行使撤回权时不必说明理由，也不必支付费用：（a）远程交易合同；（b）在异地缔结，且价格（若同时缔结多个合同，则为多个合同的总价格）超过 50 欧元（或以合同价款规定的货币计算的同等价值）。

上述条款不适用于以下情形：（a）借助于自动售货机或在其他自动化经营场所订立的合同；（b）涉及食品、饮品和其他家庭日常消费品的供应，且经营者经常并以一定周期向消费者的家庭、住所或工作地点送货的；（c）提供货物或相关服务的合同，其中，货物或相关服务的价格受金融市场波动的影响且不受经营者的控制，而这一波动可能会发生在撤回期间内；（d）提供货物或数字内容，这些货物或数字内容是根据消费者的指令而生产的，或具有明显的个性化特征；（e）提供易于腐烂或迅速过期的货物的合同；（f）提供酒类饮料的合同，其中，酒类饮料的价格在买卖合同订立时已经进行了约定，但在合同成立 30 日后才能进行交付，同时其实际价值受市场波动的影响，而这一波动不受经营者的控制；（g）涉及购买报纸、期刊或杂志的合同，但不包括对以上出版物的长期订阅合同；（h）通过公开拍卖缔结的合同；以及（i）在特定日期或特定期间内为休闲活动承办饮食和相关服务的合同；（ia）依据成员国国内法、由具有法定独立公正义务的公职人员成立的合同，该公职人员必须提供全面的法律信息，以确保消费者是以进行了法律层面的周密考虑为基础，并知晓合同涉及的法律范围后才缔结的合同。

本条规定的撤回权也不适用于以下情况：（a）消费者已将原本密封的货物开封，开封后，出于保护健康或卫生的原因，该商品不再适于退还；

（b）依据其性质，递送的货物已和其他物质发生了不可分离的混合。（c）货物原本是密封包装的录音、录像制品或计算机软件，而在交付后已被拆封的。（d）不使用实体数据载体供应的数字内容，在消费者事先的同意下，数字内容已开始供应，且消费者明确认可其将因此丧失撤回权；（e）消费者明确请求经营者上门进行紧急的修理或维护，在此情况下，经营者在消费者特定的要求之外又提供了其他相关服务，或提供了修理或维护所必须替换的零部件以外的物品，则消费者对这些额外的相关服务和物品也享有撤回权。

在行使撤回权时，该法第 41 条规定：（a）消费者可以在第 42 条规定的撤回期间届满之前的任何时间中行使撤回权。（b）消费者以通知经营者的方式行使撤回权。为此目的，消费者可以使用附件二列出的撤回的标准表格，也可使用其他无歧义的方式，表明其撤回意图。（c）若经营者给予消费者在其用于电子商务的网站上以电子方式行使撤回权的可能，则消费者以这种方式行使撤回权时，经营者有义务无不当迟延地使用耐久介质向消费者发送经营者对已收到撤回的信息的确认书。若经营者未履行此项义务，其将有义务承担对方当事人因此遭受的一切损失。（d）若撤回的通知在撤回期间届满前寄出，则撤回是及时的。（e）消费者对其已依照本条规定行使了撤回权承担举证责任。

撤回将消灭合同双方的以下义务：（a）履行合同的义务；或（b）在消费者做出要约的情况下，缔结合同的义务。

撤回中经营者的义务主要有：（a）经营者有义务无不当迟延地返还他从消费者处收到的所有价款，必要时还需返还运费，最迟不得晚于经营者收到消费者依照第 41 条发出的撤回的通知之日后的 14 日。经营者必须使用消费者在最初交易时所使用的支付方式返还价款，除非消费者明确同意使用其他的、消费者不必为其支付费用的支付方式。（b）若消费者明确请求采用一种其他的交付方式，而非由经营者提供的、最便宜的标准交付方式，则经营者无义务返还为此额外开销的费用，此处不适用本条第（a）款的规定。（c）在销售货物的合同中，在经营者收到退回的货物或消费者提供的其已将货物寄回的证据之前（以二者中先到者为准），经营者可以拒绝退还货款，除非经营者提出，其将自行取回货物。（d）对于异地交易中缔结的、且货物在合同成立时被运送至消费者家中的合同，若依其性质，货物无法使用通常的邮递方式寄回，则经营者应自行取回货物，并承

担相应的费用。①

3. 买卖双方的义务

（1）出卖人的义务

出卖人义务主要规定在《欧洲共同买卖法》第 10 章。第 91 条规定了出卖人的主要义务，第 92 条规定了第三人的给付，第 93 条则是对履行地的规定。与《德国民法典》相同，《欧洲共同买卖法》中也规定了出卖人的主要义务为提供与合同相符的物。物的瑕疵规定在《欧洲共同买卖法》第 99 条。当货物符合买卖双方缔结的合同要求时，它就不存在瑕疵。《欧洲共同买卖法》第 100 条、第 101 和第 102 条则规定了，如果合同双方没有在合同中约定对货物的要求，货物应该满足怎样的条件才不存在瑕疵。

《欧洲共同买卖法》第 99 条第 3 款体现了对消费者的特别保护：在一个企业与消费者订立的买卖合同中，只有当消费者在合同订立时就已经知悉货物或数字产品的特殊状况，并且接受这种特殊状况时，才能依据第 100 条、第 101 条和第 102 条对消费者产生不利的后果。《欧洲共同买卖法》第 100 条规定，货物必须符合出卖人在订立合同时所知悉的状况，即出卖人所认定的货物的使用目标是评价货物是否符合合同要求的基础。但这一规定也有例外：当买受人不信任出卖人的判断力或者理性能力的时候，这条规定则不再适用。证明买受人是否存在对出卖人判断能力信任的缺失，也就是买受人的主观想法的举证责任，按一般规则应由出卖人承担。

在《欧洲共同买卖法》第 100 条 b 中规定，当货物和数字产品适合于惯常的使用目的，则该物是无瑕疵的，而《欧洲共同买卖法》第 100 条 g 中规定，数字产品应具有同种的物通常具有的，买受人能够按物的种类而期待的性质，此种性质包括物的外观和无缺陷。它们两者之间的区别何在？当物不符合惯常的使用时，它也几乎不可能符合买受人按照物的种类而所期待的性质。但第 100 条 g 规定了何谓买受人对数字产品能够期待的性质：即，数字产品所包含的内容是否符合其价款以及数字产品能否提供通常的功能。

---

① 参见张彤、戎璐译：《欧洲共同买卖法》，载梁慧星主编：《民商法论丛》，第 58 卷，638～640 页，北京，法律出版社，2015。

《欧洲共同买卖法》第 100 条 c 到 e 款规定：物必须与出卖人提供给买受人的试用品或模版的性质相一致，物必须依照按其种类普遍适用的保存和保护方式加以包装，而且，如果买受人可以期待收到物的附属物、装备说明和其他说明书，出卖人必须提供该类物件。

《欧洲共同买卖法》第 101 条第 1 款规定了关于在消费者买卖合同中出现的不当的装配或安装。第 2 款则规定了买卖双方不能运用该条款对消费者造成不利的后果的原则。

《欧洲共同买卖法》第 105 条是对瑕疵出现时间的确定的规则，关于风险转移给买受人的时间规定在第 140 条。在消费者买卖合同中，推定在风险转移后 6 个月内，出现的瑕疵在风险转移时已经存在。当这一推定与物和瑕疵的种类相抵触时，该推定被排除。

（2）买受人的义务

依据《欧洲共同买卖法》第 123 条第 1 款，买受人的主要义务为支付价款，受领买受物和相关文件。值得强调的是，依据第 126 条第 1 款，支付价款的时间应该为交货时，当买受人没有得到应得的利益时，他可以拒绝支付到期的价款。这与《德国民法典》第 271 条第 1 款的规定有所区别。《德国民法典》第 271 条规定：当给付时间不能确定，也不能由情势推知时，债权人可以立即要求给付，债务人也可以限期履行给付。除此之外，《欧洲共同买卖法》第 130 条第 2 款与《德国民法典》第 266 条的规定也有不同——后者不允许债务人履行部分给付；而《欧洲共同买卖法》规定：当出卖人交付了少于合同约定数量的货物时，买受人也应该接受，除非他有合法的利益拒绝接受该履行。

关于交货方式和地点的规则与风险转移有着直接的联系。《欧洲共同买卖法》第 104 条规定了风险转移的基本规则：在风险转移后货物发生毁损或灭失，买受人仍然有支付价款的义务。除非这种情况的出现可归责于出卖人的作为或不作为。决定买受人是否需要履行支付价款的义务的关键是风险转移的时间，而不是货物的毁损或灭失。消费者买卖合同风险转移的时间规定在《欧洲共同买卖法》第 142 条：当物或存贮着电子产品的介质的所有权转移给买受人或被授权的第三人时，风险转移给买受方。如果电子产品没有介质，则风险在买受人或被授权的第三人得到该电子产品时转移。企业间的买卖合同风险转移的时间则与消费者不同，规定在第 143 条第 1 款：买受人受领买受物和相关文件时，风险即转移给买受人。若买

受人依据第 113 条有权利暂时不接受已到交货期的物，则自买受人知道物
和数字产品已经可以供其使用时开始，风险转移给买受人。如果物或数字
产品的交货地点与买方的经营地不同，那么自买受人知道已到交货期的物
在交货地点已经可以供其使用开始，风险转移。

（3）针对买受人的补救措施

当买卖双方不履行其义务时，履行义务的一方可以要求对方实施补救
措施。不履行义务的情形在《欧洲共同买卖法》第 87 条做出了具体的列
举，不履行买卖合同的义务包括以下几种情况：不发货或延迟发货，提供
的物与合同不相符，不支付价款和延迟支付价款，以及其他与合同约定不
相符的履行。对于买受人和出卖人的补救措施，则分别规定在第 11 章和
第 14 章。与消费品买卖指令和德国民法典中规定的补救措施不同，《欧洲
共同买卖法》中规定的补救措施没有适用上的先后等级顺序上的要求。

针对买受人的补救措施规定在《欧洲共同买卖法》第 106 条第 1 款，
其措施与《德国民法典》第 437 条的规定相似，包括事后补充履行、中止
履行义务、减少价款、解除合同并请求偿还徒然支出的费用、提出损害赔
偿。这些措施可以并列、叠加使用。但《德国民法典》中的补救措施，在
适用过程中有先后顺序的限制，在其第 323 条第 1 款和第 281 条第 1 款中
规定，买受人必须向出卖人提起事后补充履行，并给他一个适当的期间让
他进行补充履行，补充履行的方式包括修理和替代交付。在该期间内出卖
人拒绝履行补充履行或补充履行的结果仍不符合合同约定时，买受人才可
以解除合同，同时要求损害赔偿等补救措施。而《欧洲共同买卖法》与其
不同，买受人可以直接对出卖人提出解除合同并要求偿还支出的费用，并
损害赔偿，不必要先要求出卖人事后补充履行。这一规定有利于跨境远程
交易，因为跨境交易货物运送距离远时间长，货物在运输过程中出现问题
的可能性大，补充履行的成本较高，如果一定要先请求出卖人补充履行才
能解除合同，就增加了买卖双方解决问题的时间和成本。相比之下买受人
可能更倾向于解除合同，因为这样更加方便快捷。

与消费者买卖合同不同，企业间的买卖合同中发生履行瑕疵时，如果
买受方想要中止履行自身的义务，则必须给出卖方一个依据第 109 条补救
履行的机会，即出卖方获得了一个"二次履行"的权利，履行中产生的费
用由出卖方自己承担。如果补救履行不能完成，或者补救履行会给买受方
造成巨大的不便，则买受方有权拒绝出卖方要求进行补救。因为在这两种

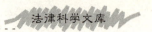

情况下，买受方不可能从出卖方处获得履行，或者迟来的履行已经相当于不履行了。第 109 条第 5 款已经清楚地表明，买受方的义务在出卖方补救履行的期间中止，虽然其中止与履行期间不一致，但当这个期间结束时，买受方还是要继续履行其义务。

（a）事后补充履行

事后补充履行的相关规则规定在《欧洲共同买卖法》第 11 章第 3 节，事后补充履行不只意味着履行，更意味着瑕疵物的修理和替代交付。在企业与消费者的买卖合同中，消费者可以选择要求企业对瑕疵物进行修理或者替代交付，除非消费者选择的履行方式违法，没有实施的可能性，或者与其他补救措施相比，补充履行的成本过高。如果消费者选择了替代交付，则因生产替代物产生的费用由出卖人自己承担。

如果事后补充履行违法、不可能履行或者履行成本过高，买受人也不能要求出卖人事后补充履行。正如前文所说，《欧洲共同买卖法》与《德国民法典》不同——在《德国民法典》中，事后补充履行是第一位的履行方式，债权人必须先要求债务人补充履行，并给他一个适当的期间让他进行补充履行。只有在该期间内出卖人拒绝履行补充履行或补充履行的结果仍不符合合同约定，买受人才可以选择适用解除合同，同时要求损害赔偿等补救措施。《欧洲共同买卖法》中的事后补充履行与其他补救措施的地位一致，可以由债权人任意选择。

如果买受人选择了事后补充履行，出卖人必须在《欧洲共同买卖法》第 111 条第 2 款规定的 30 天期限内完成履行，如果在该期限内出卖人没有完成补充履行，那么买受人就只能选择补救措施中的其他措施来对自己的损失进行救济。

（b）中止履行义务

买受人还可以依据第 106 条第 1 款 b 中止履行义务。这种义务不能是先履行义务。依据《欧洲共同买卖法》第 113 条第 1 款，当出卖人完成了他应履行的义务后，买受人才继续履行其义务。这一规定与《德国民法典》第 320 条不履行合同义务的抗辩权中第 1 款的规定相似。

当买受人负有先履行义务时，则要适用《欧洲共同买卖法》第 113 条第 2 款的规定。负有先履行义务的买受人如果有理由推断出卖人不会按期履行义务，则在该推断理由存在的期间内，他可以不履行应先履行的义务。这一规定与《德国民法典》第 321 条的不安抗辩权相类似。

与德国法有明显区别的是，买受人中止履行义务的权利在《欧洲共同买卖法》中是算作补救措施的一种，而在《德国民法典》中，不安抗辩权和不履行合同义务抗辩权不属于补救措施的范畴内。还有一点与《德国民法典》第 321 条第 1 款第 2 句之规定不同的是，《欧洲共同买卖法》中不存在因提供担保，而使得买受人继续履行已中止的义务的情况。买受人也没有义务通知出卖人自己已经行使中止履行义务的权利。

（c）解除合同

另一项补救措施是解除合同，《欧洲共同买卖法》中关于该措施的规定在第 11 章第 5 节。当出卖人出现本法第 87 条第 2 款所规定的严重不履行行为时，买受人可以依据本法第 114 条第 1 款解除合同，并依据本法第 118 条通知出卖人合同已解除。当合同双方有一方是消费者时，只要物出现不符合合同约定的情况，消费者就可以解除合同，除非物与合同约定的不相符程度极小。

当出卖人出现延迟交货的情况时，则依据本法第 115 条第 1 款，如果这种延迟并不是非常严重（符合本法第 87 条第 2 款规定），那么买受人要给出卖人一个适当的延期，如果延期后出卖人仍没有履行交货的义务，买受人就可以解除合同。依据本法第 115 条第 2 款规定，如果出卖人没有立即对买受人给出的期限提出异议，那么这个期限就是适当的。这种已指定给付或补充履行的适当期间但没效果而造成的合同解除，在《德国民法典》中规定在第 323 条第 1 款中。

除此之外，当出卖人声明或者通过其他方式表明不会履行义务，或者不履行义务行为使得解除合同为正当的情况下，买受人可依据《欧洲共同买卖法》第 116 条因可推测的不履行义务，在履行期届满前解除合同。这与《德国民法典》第 323 条第 4 款中规定的债权人在给付到期前解除合同的情形相一致。

依据《欧洲共同买卖法》第 119 条第 1 款，当买受人解除合同的权利产生，或者在其知道出卖人不履行义务的时间点后 2 个月内没有行使该权利时，买受人就失去了解除合同的权利。在买受人是经营者的状况下，如果买受人已被通知到将会出现何种结果，则其失去解除合同的权利。

《欧洲共同买卖法》第 117 条规定了买受人在出卖人已部分履行合同义务时，只能对存在解除合同事由的部分合同进行解除。该条第 2 款规定了，当不能期待买受人接受出卖人剩余部分的义务的履行，或者当部分不履行使得解除合同为正当时，第 1 款不能适用。该条第 3 款规定当买受人对出卖人的部分履行无利益时，且不履行使得解除合同为正当的情况下，可对整个合同进行解除。这一规定与《德国民法典》第 323 条第 5 款第 1 句的规定相近似。

（d）降低价款

《欧洲共同买卖法》第 106 条规定的另一项救济措施是降低价款。《欧洲共同买卖法》第 120 条第 1 款有关降低价款的规定与《德国民法典》第 441 条的规定相类似，在降低价款时，必须按合同订立时约定的无瑕疵状态的物所具有的价值与瑕疵物的实际价值的比例来进行。在《德国民法典》中，第 411 条第 1 款第 2 句声明了义务违反不显著并不属于降低价款的例外情形；在《欧洲共同买卖法》中，第 106 条没有对义务违反的严重程度做出规定，达到了与《德国民法典》第 411 条第 1 款第 2 句同样的效果。

如果买受人已支付的价款高于降低价款后的价格，那么他依据《欧洲共同买卖法》第 120 条第 2 款享有要求出卖人偿还多余部分价款的权利。《德国民法典》中与其相似的规定出现在第 411 条第 4 款。

《欧洲共同买卖法》第 120 条第 3 款规定，当买受人要求降低价款后，他就不能再对已由降低价款填平的损失请求依据本法第 16 章要求损害赔偿。降低价款的这种排他性体现在《德国民法典》第 441 条第 1 款第 1 句：……可以通过降低价款来代替合同的解除。

（e）损害赔偿

最后一种补救措施是损害赔偿。损害赔偿的有关规定在《欧洲共同买卖法》第 16 章。与其他补救措施不同，损害赔偿没有被规定在第 11 章，而是单独放到了第 16 章，对出卖人的损害赔偿规则也规定在本章中。本章中的法律主体也不再是"出卖人"和"买受人"，而是与德国民法中相同的"债权人"和"债务人"。本章分为三节，第 1 节是关于损害赔偿的规则（从第 159 条到第 165 条），第 2 节是关于因拖延而加付的利息（从第 166 条到第 167 条），第 3 节是关于经营者延迟付款的规则（从第 168 条到第 171 条）。

依据《欧洲共同买卖法》第 159 条的定义，损害赔偿中的债权人是因债务人没有履行其应向债权人履行的义务而遭受损失的人。但也存在例外：如果不履行义务的行为是无责任的，那么就不存在损害赔偿，所以在

损害赔偿中也就不存在无过错责任。

依据《欧洲共同买卖法》第 88 条第 1 款，合同双方中的一方不履行义务的行为在下列情况下是无责任的：当不履行行为是由于不受当事人控制的阻碍导致的，或者这种阻碍在当事人签订合同时不可能预见到，或者当事人无法消除或者避免这种阻碍的发生。

与《欧洲共同买卖法》第 159 条中规定的无责任的不履行义务相对应的规定出现在《德国民法典》第 280 条第 1 款第 2 句：当债务人对违反义务不负责任时，不承担损害赔偿责任。而《德国民法典》中规定的债务人为第三人而负的责任（第 278 条），在《欧洲共同买卖法》中没有相关规定。

《欧洲共同买卖法》第 159 条第 3 款赋予了无责任的不履行义务人一项义务——将无责任的不履行义务的情况以及可能出现的结果毫不延迟地告知合同相对方，如果其没有履行该项义务，则需要进行损害赔偿。

《欧洲共同买卖法》第 160 条是关于损害赔偿的估算依据的规则。估算损害赔偿的起点是当义务得到履行时，债权人所应得的积极利益。损害赔偿既包括债权人所遭受的损失，也包括他没能得到的利益。

《欧洲共同买卖法》第 161 条是关于损害赔偿范围的规则。债务人仅在合同成立后，对因其不履行行为造成的或者可能造成的损失负责。

《欧洲共同买卖法》第 162 条规定了若是不履行义务造成的损失由债务人和债权人共同引起的情况下该如何处理：债务人不对由因债权人不履行义务或其造成的后果负责。

二、适应数字化时代的需求

（一）新型数字内容合同的出现

现代信息技术的出现对当下的法律制度提出了新的任务和挑战，法律制度迫切需要与时俱进，以便为技术在不断革新和日新月异的发展过程中出现的种种问题提供适宜的法律解决方案。长期以来，欧洲大陆法系中的合同之债法律规范主要以传统的合同类型为调整对象，因此，亟待解决的问题之一便是如何将新出现的以软件等数字内容为对象的债权合同纳入传统的合同类型之中。随着各不同层次和阶段的欧洲私法法律文件的涌现，这一问题现今也逐渐演变为欧洲层面的问题。①

针对上述情况，欧盟委员会的考虑是，首先在电子商务领域实现法律的完全统一，并以此为之后在电子商务以外的领域实现法律的完全统一铺平道路。但是欧盟委员会也同时强调，应当首先寻求制定一部可选择的法律文件，并以此为整个欧洲统一的合同法做准备。这部法律文件应当是可以被合同各方选择适用的，并且是优先于具有强制性的国内法的，只有这样才有可能消除消费合同法领域实际存在的法律分裂的状态。

《欧洲共同买卖法》（CESL）条例建议草案是首个明确适用于数字内容合同的买卖合同法律文件。内部数字市场是欧盟委员会确立的 2015 年十项优先事项之一，而且欧盟委员会在其工作计划中也明确，其修订原来《欧洲共同买卖法》条例建议草案的原因是欲完整地发挥电子商务在内部市场的潜力。②

（二）《欧洲共同买卖法》中关于数字内容合同的规定

《欧洲共同买卖法》条例（PR CESL）的第 2 条包括了为数字内容的定义："'数字内容'：数据——可能按照客户标准——以数字形式制造和提供，包括视频、音像、图片或文字内容、数字游戏、软件或者使现有的硬件或者软件私人化的数字内容，但是下列除外：a. 电子形式的金融服务，包括网上银行，b. 以电子形式提供的法律或者金融咨询服务，c. 电子形式的健康服务，d. 电子形式的通讯服务和通讯网络以及与此相关联的设施和服务，e. 赌博，f. 新的数字内容的制造或者消费者对已有数字内容的变更，或者任何其他的由其他使用者的创造进行的干涉……"

PR CESL 第 5 条 b 项将数字内容合同纳入《欧洲共同买卖法》的适用范围："《欧洲共同买卖法》可适用于：b）提供数字内容的合同，不论其是否负载于物质载体，使用者可以存储、加工或者再次使用或者可以获取该数字内容，且与是否需要为提供该数字内容支付价款无关……"

只有将以上两个条文放在一起分析，才可以确定《欧洲共同买卖法》适用于何种数字内容合同。PR CESL 第 2 条 j 项关于数字内容的定义中

---

① Bastian Zahn, Die Anwendbarkeit des Gemeinsamen Europäischen Kaufrechts auf Verträge über digitale Inhalte, ZeuP, Heft 1. 2014, S. 81.

② See http://ec. europa. eu/transparency/regdoc/rep/1/2014/DE/1-2014-910-DE-F1-1-ANNEX-4. Pdf.

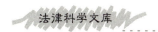

的重要标准是以数字形式制造和提供的数据。作为实例，该条仅列举了视频、音像、图片或文字内容、数字游戏、软件和使现有的硬件或者软件私人化的数字内容。该条中所指的数据必须是包含一定内容的数据。而数字基础设施仅仅是为数字内容提供了技术性支持，比如网络上的存储空间，并不包含在此定义之内。

PR CESL 第 2 条 j 项后半句将一系列对象从数字内容的概念中排除：金融服务、法律和金融咨询、健康服务、通信服务、赌博、新数字内容的制作和所谓的用户创造的内容。[①] 该项所涉及的内容似乎都是对特定种类服务的部分排除。这条规定似乎也在暗示，《欧洲共同买卖法》中关于数字内容的规定基本上也适用于服务，因此也才会将这些同特定种类的服务相关的数字内容排除。[②]

若是《欧洲共同买卖法》也适用于数字内容合同，须首先解决如何将这一全新的合同形式纳入欧洲私法传统的合同类型中的问题。立法者的意图，因此也可以称为检测他们所制定的法律规定的标准，就是将这一具有经济意义的合同纳入《欧洲共同买卖法》中，以此来创造欧盟的法律安全性并由此推动内部市场的经济增长。[③]

诸如软件、视频和音像，以及云计算是否可以适用《欧洲共同买卖法》，也是争议的焦点。要确定《欧洲共同买卖法》的适用范围包括哪些数字内容的合同，只有经过详细的分析才可以找到答案。相应的法律规定分布在两个法律条文（条例和 CESL）中，且条文的规定也并不容易洞察其具体含义。若对已有的法律文本不加修订，则只有通过法院的判例才可以实现此范围的明晰界定，而这对重视法律安全性的法律交易来说，《欧洲共同买卖法》将会失去其吸引力。从《欧洲共同买卖法》规定的字面含义来看其可以适用于数字内容的使用权转让，但是并不包含对此类合同的法律后果的规定，鉴于这类合同在实践中经常出现，这是一项非常严重的

---

① 用户创造的内容，指用户独自或与其他用户一起自行创造或变更的内容，如网店中的用户评论，论坛中的评论或者网络百科辞典，如维基百科中条目的词条的加入。

② Bastian Zahn, Die Anwendbarkeit des Gemeinsamen Europäischen Kaufrechts auf Verträge über digitale Inhalte，ZeuP，Heft 1. 2014，S. 78.

③ See Proposal for a Regulation of the European Parliament and of the Council on a Common European Sales Law，COM（2011）635 final，p. 4.

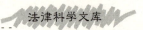

疏忽。因此《欧洲共同买卖法》需要解决其所处的两难境地：一方面需将尽可能多的数字内容合同纳入其适用范围之内，另一方面又仍需保留其作为买卖合同法的法律性质不变。但是这两个目标不能同时实现，两者的妥协也必将会对法律的安全性造成影响。[①]

第三节　欧洲合同法的经验与启示

一、《欧洲共同买卖法》的新理念

尽管社会各界，尤其是法律界对《欧洲共同买卖法》褒贬不一，但不能否认其重要性。尽管不知道《欧洲共同买卖法》是否能以现在建议稿的文本实施，甚至不知道是否应该对此有所期待，然而对此进行深刻讨论和分析仍然是有必要的。由于欧盟成员国间的法律文化历史以及法律发展差异较大，因而欧盟对于法律一体化的进程还是采取较为谨慎的态度。尽管经济一体化的发展趋势迅猛，但立法者以及各界人士并没有沉浸在对欧盟合同法统一化的想象之中，在分析了可能的发展趋势之后，他们清醒地看到了合同法统一化的困难以及障碍。总而言之，欧盟合同法统一化的进程以及《欧洲共同买卖法》的实施还需要一步一步来。至少目前《欧洲共同买卖法》作为欧洲私法一体化和民法法典化进程中一个非常重要的里程碑，体现了一些先进的立法理念：

首先，它具有"可选择性的法律文件"的性质，为欧洲私法统一化提供了新的战略选择。以往欧盟私法统一，主要依靠的手段是颁布指令，并由成员国对指令转化，来完成欧盟的协调统一。但由于指令本身的特点，转化指令会造成欧盟法律的碎片化，转化指令还需要消耗法律成本。另外，如果成员国法律的保护程度高于指令，"完全协调"会对该成员国造成不利影响。而"可选择性的法律文件"不需要转化，在成员国有必要且想要适用时，可以直接适用，由此解决了转化指令带来的国内法与欧盟法的冲突，可以降低转化成本，适用起来更加灵活。

---

① Bastian Zahn, Die Anwendbarkeit des Gemeinsamen Europäischen Kaufrechts auf Verträge über digitale Inhalte, ZeuP, Heft 1. 2014, S. 94 - 96.

　　其次，将消费者保护作为合同法的核心目标。如前所述，通过几十年的统一立法，欧盟给予了成员国所有消费者以同等水平的保护。欧盟发布的诸如误导广告指令、上门销售（推销）指令、包价（一揽子）旅游指令、消费者合同中的不公平条款指令、分时度假（不动产分时段使用权）合同指令、远程销售合同指令、价格提示指令、不作为诉讼的指令、消费品销售及其相应担保的指令、消费者信贷指令、电子商务指令等指令适应了社会、经济生活的发展和技术的进步给消费者保护带来的挑战。近二十年欧盟消费者保护法有了许多新的发展变化，主要体现在消费者权益保护内涵的丰富、保护范围的拓展以及保护手段的多样化。尤其是在广告、格式合同、担保责任、网络消费等方面，加强了对消费者权益的保护力度，由此突破了对传统消费者保护的方式和手段。这在一定程度上维护了欧盟一体化内部市场的发展，协调了欧盟内部消费者组织的活动，促进了商人信用的增强，进一步提高了欧盟消费者的健康与安全水平，全面保护一体化市场中消费者的合法权益。[①] 欧洲私法的所有发展都应当在消费者合同法完全统一这一背景下来解读。为此，欧盟委员会首先在《消费者权利指令》上迈出了第一步。此外，《欧洲共同买卖法》既包含了合同法方面的条款，也包含了消费者保护条款，被看作是除了国内合同法之外的第二个合同法。如果合同双方约定适用《欧洲共同买卖法》，那么企业就无须适用合同相对方国家的合同法，因为《欧洲共同买卖法》的规定囊括了合同订立整个周期所涉及的所有法律问题。因而，企业只需就极个别并不重要的问题根据国内法进行磋商。对于企业和消费者订立的合同来说，也无须首先适用消费者所在国的消费者保护条款，因为《欧洲共同买卖法》中所规定的消费者保护条款在整个欧盟来说已经是保护力度很高的条款了。《欧洲共同买卖法》的适用所带来的一个很直接的效果就是，企业用于了解和适用其他国家合同法的额外交易费用可以节省下来。由此，企业家们可以更好地利用欧盟内部市场并将其业务扩展到国外，同时也能增加他们在内部市场的竞争力。消费者方面也有了更多的选择，而且在消费时对所

[①] 参见刘益灯：《欧盟消费者保护法的最新发展及其启示》，载《政治与法律》，2009（5），21 页。

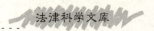

适用的法律也有了更多的了解和信任。①

　　最后，反映了合同法对新型消费方式的及时应对与规制。从《欧洲共同买卖法》的内容来看，它对数字内容的合同作出了比较详细的规定。这些规定涵盖了合同缔结前的信息披露、合同缔结、成立以及成立后因各种给付障碍而产生的双方的权利义务关系，以及时效等规定，基本上已经覆盖了整个合同的过程。这对电子商务中的经营者来说已经确立了其经营的基本标准，电子商务的经营者可以直接适用《欧洲共同买卖法》来发展境外贸易，无须再考虑各个国家的相关规定，因为《欧洲共同买卖法》给跨国电子商务提供了较为简便和适宜的规则。

二、欧洲合同法协调的经验

（一）"共同法"是欧洲合同法协调的基本理念

　　正如历史法学派代表人物萨维尼提出的，由于人类的自主存在不能完全脱离过去，我们不能自由地创造自我的存在，包括我们的法律。因而，我们总是而且必须在与历史不可分离的社会中行事。除非希望不自觉地被过去掌控，否则我们应该探究过去从而了解我们如何前行、置身何处。因此，历史法学派（其必须放弃着眼于单一民族的法律历史）将使我们能够观察当今的法律现状。对历史的理解，是解决当今问题的首要和基础的先决条件。这对已成型的民族法律制度和欧盟法律的建构而言，都是如此。对私法体制的过去演进方式的认识可以唤起对实现欧洲私法道路的觉醒。无论未来共同法会以何面目出现，它必将极大地改变国内法律体制。那时，对这种变化的动力的认识或许会对实现欧洲私法的最佳方式有所裨益。

　　历史上的"共同法"形成得益于两方面的因素：一方面，政治传统的统一性促进了一种统一欧洲各种法律体系的倾向的形成。另一方面，在一定程度上，法的统一感是由培养法律专业人才的知识教育的统一性所引起的。正是这些专业人才，即法学家肩负着创造中世纪法律知识的责任。如果我们以这两个因素为标准对欧洲私法的协调和统一化做一检讨的话，可

---

① Europäische Kommission，Vorschlag für eine Verordnung des europäischen Parlaments und des Rates über ein Gemeisames Europäisches Kaufrecht，2011 - 10 - 11.

以发现，今日的欧洲简直就是"共同法"形成时代的再现。① 1993 年 1 月
1 日成立的欧盟极大地促进了欧洲政治一体化，更为重要的是欧盟的宪法
性文件《欧盟条约》明确奠定了欧盟各成员国推动法律一体化的决心。就
推动法律一体化的法学家阶层而言，最近二十几年来已经有越来越多的法
学家加入这一行列中来。法学家们也对自己肩负的责任有清醒的认识，德
国著名私法和比较法学家齐默尔曼（Reinhard Zimmermann）教授曾经说
过，欧洲法律一体化是法学家的任务，我们不应把它留给布鲁塞尔。由
冯·巴尔教授领导的欧洲民法典研究团体②由来自欧洲各国最著名的私法
学家或比较法学家组成，分散于全欧洲，因此，欧洲民法统一化具备了成
为第二个"共同法"的成长环境。今日"共同法"对于欧洲私法的研究意
义不在于"共同法"本身，而在于"共同法"对于欧洲私法统一化的启示
意义。③ 在"共同法"时代，法律突破了政治的或地理的边界，成为欧洲
大陆"大一统"的法律，今天的欧洲私法的协调和统一正是这种法律一体
化思想的产物，也可以说是某种程度上的"共同法"的回归。今日的欧洲
私法的协调就是要在不同的国内法中寻找"共同法"的痕迹，试图来构建
欧洲共同私法的理论框架，制定共同的私法，再次实现欧洲私法的统一。
对此，德国著名私法学者齐默尔曼教授指出，我们生活在后实证主义时代
（age of post-positivism）。民族国家法典编撰（或普通法）的狭隘性（同
时也意味着安全性）正被逐渐抛弃，反之正走向新共同法的时代。④ 新共
同法将以共同的价值标准、被普遍承认的法律方法、一般法律原则、导向

---

① 参见［葡］叶士朋：《欧洲法学史导论》，吕平义、苏健译，59～60 页，北
京，中国政法大学出版社，1998。

② 其中 Hamburg 工作组负责保险合同、个人保证和涉及动产的抵押合同；
Osnabrück 工作组负责侵权法、不当得利和无因管理；Utrecht 和 Tilburg 工作组负责
销售合同、租赁合同和服务合同；Salzburg 工作组负责动产所有权转移；Luxembourg
工作组负责金融合同。此外还在英国建立了一个负责信托法的工作组。

③ 参见张斐：《〈欧洲民法典〉讼案》，载何勤华主编：《法律文化史研究》，第 1
卷，464～465 页，北京，商务印书馆，2004。

④ See Reinhard Zimmermann, "Roman Law and Harmonisation of Private Law in
Europa", Authur Hartkamp/Martijn Hesselink/Ewoud Hondius（Edited）, *Towards a
European Civil Code*, Third Fully Revised and Expanded Edition, Ars Aequi Libri,
Nijmegen, Kluwer Law International, 2004, pp. 21 - 42.

性规则为基础，同时由法官、立法者和法学教授来共同构建。

（二）立法者主导和学术界推动的有力结合

达维德认为，从现实的角度出发，法律的统一是不可避免的。但问题的关键在于我们该怎样做。① 达维德主张法律在某些领域的逐步协调化（Harmonization）。他认为，法律的协调化主要取决于两方面的作用：一个是立法的，一个是学理上的。但他更重视后者，"我认为，法律学者起着主要作用。欧洲内部的法律协调化靠的是……我们……而只有当我们普遍地感受到欧洲法的存在时，它才有可能会出现……"② 欧洲学者范·卡内冈将欧洲私法统一化的契机归纳为三个方面：首先，政治成为统一化的首要因素。历史表明，在过去的岁月里，崭新而复杂的政治结构已经逐渐演化为他们自己的一套法律制度。整个罗马帝国共享一部罗马法，整个拉丁教会共享一部教会法。很早就达成政治统一并维持下来的中世纪英格兰产生了一种全国性的"普通法"。很晚才取得政治统一的法国，在现代才朝着共同的法国法迈开了大步，并最终在拿破仑于 1804 年颁布民法典之时实现了这一目标。在 19 世纪，德国结束了它过去小国林立的状态，发展成为一个强大的帝国，并适时地制定了它自己的全国性民法典。其次，就一般而言，法律科学在统一的道路上发挥了一种准备性的、开创性的作用。最后，从过去的经验教训来看，只有科学是不够的：政治意志和政治权力是使学者们的工作瓜熟蒂落不可或缺的因素。③ 法典化的特征也表明，法典化就是由法律科学和立法共同起作用。法律科学在这一关系中的贡献在于精神准备和此后的指导，而立法者在法典化方面的贡献在于，法典按照一定的框架将各种法律制度构筑成一个体系。④

---

① René David, Le Droit Comparé Droits D'Hier Droits de Demain, Economica 1982，pp. 304 - 318.

② Jorge L. Esquirol, René David, "At the Head of the Legal Family", in Annelise Riles（ed.），*Rethinking the Masters of the Comparative Law*，Northwestern University School of Law Hart Publishing，2001，p. 233.

③ 参见［法］范·卡内冈：《欧洲法：过去与未来——两千年来的统一性与多样性》，史大晓译，41～45 页，北京，清华大学出版社，2005。

④ 参见［德］奥科·贝伦次：《市民社会和欧洲民法法典化》，田士永译，载张礼洪、高富平主编：《民法法典化、解法典化和反法典化》，192 页，北京，中国政法大学出版社，2008。

比起欧洲私法统一化的法律政策制定进程来，欧洲学界对于欧洲私法的理论研究已先迈出了一大步。欧盟各机构也对这些努力给予了很多关注和支持，以便寻找出可以将专家知识和政治合法性联系在一起的方式。从以上欧洲私法的统一在政治层面和科学研究的发展层面上来看，欧洲私法统一化是靠权威的影响力，还是要靠理性的推动力，两者似乎都不能独领风骚。学术研究团体已经展现了形式多样的统一化进程。然而，这些研究和法律规范草案仅代表专家们对于欧洲法律将是怎样、或者应当是怎样的观点。由于所有研究团体均无立法权，没有人能够提出一部真正的《欧洲合同法》或《欧洲民法典》。欧盟可能动用权力来通过欧洲民法规范，即便是仅限于合同法领域。但这并不意味着欧洲私法将会像《法国民法典》那样在权威的影响下问世，欧盟并未走上完全由权威通过法典之路。原因之一在于，欧盟委员会似乎更倾向于任意法，由当事人决定是否选择欧盟法律来调整他们之间的关系。原因之二在于，欧盟委员会并不自行或在一小批专家的协助下，准备法典的起草。相反，它在整个欧盟内部展开了一场广泛的争论，并邀请公众参与评论和提出建议。当然，委员会必定会借鉴各个欧洲私法研究团体的初步研究成果，在此意义上，欧洲法律的统一化进程有力地证明了权威和理性并非泾渭分明，而是在私法的统一化过程中水乳交融。因此正如范·卡内冈指出的，结论一清二楚，没有不可逾越的障碍，绝大多数未能预见到的发展的的确确正在发生。换言之，如果政治一直足够有力并且法律人准备好路径，那么欧洲的法律统一仍有可能实现。①

（三）比较法方法和现有法方法的有效使用

从法律史上来看，法律比较实际上从一开始就与立法活动紧密联系在一起。在某种程度上甚至可以说，法律比较的最初起因或动力就是立法和改进立法的需要。古代如此，近现代更是如此。耶林在 1852 年总结道，现代法学已经蜕化为一个局限在一个国家内部的学科。"科学和政治的界限于法学中坍塌"，他认为这是一个可悲的现象。但是他也指出比较法重新成为各国的通用（universal）法学。早在 1900 年第一次巴黎国际比较法大会上，大会的两位发起人法国学者朗贝尔和萨莱伊就曾提出，比较法

———————

① 参见［比］范·卡内冈：《欧洲法：过去与未来——两千年来的统一性与多样性》，史大晓译，21 页，北京，清华大学出版社，2005。

的目的就是要减少那些并非由于各国政治、道德或者社会性质，而是由于历史上的偶然性或者由于暂时的情况而形成的法律上的分歧，揭示出各种法律制度中所潜藏的"共同基础"，由此制定出一种"普遍的自然法"、"文明人类的共同法"①。

自第二次世界大战结束之后的七十年来，纵观世界各国，无论是不同社会制度的国家之间，还是相同法系或不同法系的国家之间，抑或是发达国家之间或发展中国家之间，他们都各自从自身法律形成和发展的需要出发，都自觉地、有目标方向地、有选择地进行相应的比较法学研究，以便汲取他方对己有益的法律精髓。正如德国比较法学家茨威格特指出的："（德国自第二次世界大战以来）没有一部伟大的立法计划不是或多或少地带着广泛的比较法研究的。这种情况不仅见诸德国刑法改革和家庭法改革，而且见诸为数甚多的其他立法规定，如商事代理人法、公司法、反垄断法等。"② 可以说，差不多整个 20 世纪期间，世界各国立法无不以法律比较为其立法改进的重要途径。几乎所有重要的法律草案的制订都推动了法律比较的进一步纵深。在所谓第二代欧洲国家私法典（主要是《瑞士民法典》《德国民法典》）的准备阶段，法学家们进行了深入的立法比较，并在保持各国立法独立性的前提下采取了大量的部分继受。而新近的欧洲国家的法典，如 1942 年的《意大利民法典》、1992 年完全生效的《荷兰民法典》，人们已可将其称为第三代欧洲国家民法典。在这些法典中，比较法上的考虑被提到了更为重要的地位。

在欧盟法律发展过程中，比较法学也起了非常重要的作用，所以在有些西方法学作品中将欧盟法律列为一种"混合法"（指西方两大法系结合而成的法律）③。欧盟成员国试图从国内民法法典化过渡到跨国民法法典化的过程中，必须考虑可比较的材料。对于任何有意义的跨国法典化而言，有一个主要的障碍是需要收集、安排、评估和综合分析的材料或资料的多样性和复杂性。法国著名比较法学家达维德在法律统一化方面的工作

---

① 李双元、徐国建：《国际民商新秩序的理论建构——国际私法的重新定位与功能转换》，161 页，武汉，武汉大学出版社，1998。

② ［德］K. 茨威格特、H. 克茨：《比较法总论》，潘汉典等译，28 页，贵阳，贵州人民出版社，1992。

③ 沈宗灵：《比较法研究》，252 页，北京，北京大学出版社，2006。

是与其比较法思想（法系划分理论）密切相关的。由于西方法系引导着统一商法的进程，统一私法实际上是一个法系内部比较的结果。但它又不是某一国法律所能支配的，而是一个跨国私法的建构。可以这样认为，在法律理论的基础上，通过比较研究，人们将会看到一个"共同法"的出现。而这正是达维德的宿愿："1900 年的'法律统一主义'（universalism）被两次惨烈的世界大战所引发的悲观情绪带入了谷底。但如果我们还对一个和谐发展的世界心存渴望，就该义不容辞地承担起人们在 20 世纪初的那份未竟的事业。"①

这种比较法方法的运用在欧洲合同法委员会、欧洲民法典研究团体以及其他研究团体中被广泛使用。虽然不总是同样的程度，但总是遵循同样的比较法方法。其中，欧洲合同法委员会是作为欧洲民法统一化进行法律比较工作的一个典范。它的工作方法是，首先选择合同法领域进行统一化的研究工作。工作的起点显然确定了应该解决的问题，例如，合同履行的时间、地点和方式，债务人的过错，根本违约和非根本违约，赔偿的程度和计算，等等。对于每一个重要问题，任命委员会的一个成员为报告委员，负责起草和传送初始报告，详细地确定争议点，并提出特定问题。要求所有的委员会成员都从自身所处的法律体系的立场出发，递交有关确立的争议点以及所提问题的国度报告及相关文件，主要提交法院采取的措施，特别是各自的最高法院的处理办法。在如此广阔而丰富的资料以及各个法律体系所有有用的参考资料的基础上，报告委员将着手起草相应的规则。全体委员会委员参加的深入讨论紧随其后，集中关注所起草规范的内容。报告委员将在每一个规则下加上评论，并且提供实例，这些实例主要从所考虑的体系中发展出来的判例法中选取。初稿和规则的采纳是在二读、有时是三读之后。起草组通常还涉及术语，讨论语言的准确性、一致性的问题。最后，委员会的规则草案的内部结构由负责整个稿件出版准备的编辑组来完成。

这样的机制其运作结果是令人满意的。当然，这主要是依赖报告委员提出初始背景和确立相关问题的勤奋以及国度报告所提供的答案的准确性和全面性。在这方面，也难以排除某些报告在精确性和质量上会有所偏离，但这是任何集体工作固有的弱点和缺陷。除此之外，委员会的内部工

---

① 李秀清：《20 世纪比较法学》，83 页，北京，商务印书馆，2006。

作体系提供了足够的制衡。在委员会为期一周的会议期间，每一个成员都要受到其同事的质询和审查。此过程甚至会更好地引导他理解自己所处的法律体系的规则。每篇报告都充分地反映了所审查的法律体系的潮流和趋势。最后产生的可能是与现代世界，特别是现代商业世界的实际需求相一致的法律协调和融合地反映。但是该种综合性工作并没有彻底打破欧盟现存体系中任何真正重要的法律传统。工作的重点仍然是强调并寻找民法法系和普通法系的关联点。① 随着欧洲合同法委员会的《欧洲合同法原则》的出台，欧洲合同法作为一个学术概念与成员国可适用的合同法一同出现。该原则实质上由成员国的法律决定，即它作为一个成员国"共同原则"或者"最佳解决方案"的汇编而存在。决定这个本质的方法就是比较法，并且比较研究的成果被描述为遵循北美模式的法律"重述"（restatements）。

近 30 年来，在欧洲私法统一运动中，在世界贸易组织的建立发展过程中，比较法学更是发挥着不可或缺的重要作用。没有法律比较，就不可能想象有支持欧盟和世界贸易组织等类似国际组织存在的法律秩序，从而也就不可能有欧盟和国际贸易组织等国际组织的真正存在。而且，以比较法学促进和实际承担的欧洲私法统一和国际贸易规则的统一工作，势必将迅速地发展。它已经构成当代法律发展的一个重要特征。在当今世界，差不多所有的立法者都自然而然地采用法律比较的方法来寻求提高其立法质量。法律比较已经成为现代立法者们必然采用的一个手段。亚洲范围内最突出的范例是 19 世纪的《日本民法典》和 20 世纪的《泰国民法》以及中国当前广泛的法律改革。立法上的法律比较填补了立法领域所欠缺的进行试验的可能性，并使经证明尤为妥当且优越的司法解决方式广为流传。

然而，自从 20 世纪 90 年代以来，在合同法领域已经出现了一个正在日益显现的欧共体实在法（"共同私法 Common Private Law"），它与成员国中可适用的法律一起存在。这样，欧洲合同法就不再仅仅被理解为国内法律比较研究的一项成果，它也是与实在法有关的相关现有共同体法研究的一项成果。不同于二三十年前欧洲合同法委员会开始工作的时候，2002年成立的 Acquis 学会开始使用一种"现有法的研究方法（acquis ap-

① See K. D. Kerameus, "Problems of Drafting a European Civil Code", *European Review of Private Law* 5 （1997），pp. 476 - 478.

proach)"，这种方法即使对欧洲法学界而言也是一个较新的事物。它所表达的是，这项工作的初始基础是现行欧盟法，即"共同体现有的法律（acquis communautaire)"，而对于不同国家法律的比较之上的工作，我们可以称之为"比较法的研究路径"，例如兰多委员会的工作。2002 年成立的 Acquis 学会是采用"现有法的研究路径"的典型代表，它着重研究欧盟法律长期以来形成的术语以及法律规则，其成果是学会拟订的《欧盟现行合同法原则》。和兰多委员会的《欧洲合同法原则》比较，它可能会凸现欧盟法律与成员国法律传统的差异，而这正是详述欧洲合同法典制定之可能性及其精确样态的必要条件。现行法研究路径最重要的研究渊源是现行欧盟法律①，目的是识别出现行法中已经出现了哪些共同原则，进而以这些共同原则为前提，使立法和实践更容易避免法律发展中出现的裂痕或者冲突。这些共同原则显然并不是现行法条中现成的，而需要通过学术研究来发现。

　　无论如何，在欧洲私法统一化的研究中，"现有法的研究方法"应当与"比较法研究方法"相互补充。② 比较法的研究路径对构筑欧洲私法来说仍是非常必要的。因为此时的现行法仍由分散的私法规范组成，并且从中抽象出普遍适用的原则并非易事。在现行法没有调整的领域，比较法研究为发展未来的欧洲合同法提供了宝贵的学术支持。自此可以观察到，现在欧洲合同法的研究主要有两种路径：比较法的研究路径和现有法的研究路径。

三、欧洲和东亚合同法协调的比较

（一）非法律技术层面的比较

　　欧洲一体化进程为各区域的一体化提供了很好的范本，但是欧洲的区域特殊性无法复制。目前对东亚法律一体化进行研究的学者往往在浪漫主义和悲观主义情绪之间各执一端。虽然目前东亚，尤其是中日韩三国的政治争端、领土纠纷无法忽略，但是和平与发展仍然是时代的主旋律，而和谐共进对于东亚各国的发展也是唯一的出路。进一步而言，如果在东亚法

---

　　① 这里的现行法包括所有欧共体的法律，具体来说有：欧共体/欧盟的所有条约、全部指令以及欧洲法院和欧洲初审法院所有的案例法。

　　② See Reiner Schulze, "European Private Law and Existing EC Law", *European Review of Private Law* 2005/ 1，pp. 3 – 19.

律协调的研究中区分矛盾产生的根源，针对不同的矛盾选择不同的解决路径，或许能够找寻到一体化的光明大道。

　　1. 欧洲合同法统一和东亚合同法协调的经济基础和政治愿望差异明显。

　　相对于法律技术层面的推动来说，东亚经济一体化的推动对东亚法律的协调意义更为重大，甚至可以说是起决定性的作用。目前困扰东亚各国合作的因素既包括历史上的因素，也包括现实发展程度上的差异；既包括政治上的因素，也包括经济文化上的因素，因此，东亚一体化目前来说还存在非常多的问题和阻碍。

　　通过欧盟法的发展我们可以看到，经济与政治的一体化对法律的一体化起到了至关重要甚至是决定的作用。欧洲合同法的统一作为欧洲私法统一的重要组成部分，是发生在欧洲一体化大背景之下的法律的一体化。欧盟法律的协调除了适应经济全球化的趋势外，还有其自身的一系列因素。总体上来说是因为：经济上，为建立一个共同市场和一个经济和货币联盟，实施共同的商业政策，实现货物、人员、服务、资本的四大自由流通。法律规则的统一会使得成员国之间的交易风险降低，从而使得交易成本降低，进而促进经济效率的提高。政治上，则是成员国国家间讨价还价，确定利益界限和范围，实现利益协调的结果。一体化的过程还体现在欧盟各成员国公民对其作为欧洲人的一种高度认同。这种所谓的欧洲认同，首先需要唤起人们对于"欧洲"这个表述的一种强烈的归属意识，这种"共同欧洲"观念的认同应当是全方位的，即不仅是一种政治上对作为欧洲公民的认同，也包括一种在法律上对所有欧洲公民实现平等保护，同等问题同等处理的诉求。法律的统一客观上能够保障这种认同的实现。更为重要的是，统一的欧洲法律在政治上具有标志欧洲真正形成统一的象征性意义。[①]

　　欧洲合同法协调和统一的启动和发展，多由学者的民间学术活动推动，通过各国学者的共同探讨，建立起一个相对可行有效的模范法，作为原则性的指引，然后再结合具体各国差异进行调和操作。但是，欧盟的官方机构的引导和协助作用也不可忽视。欧洲私法协调的前期学术性工作实

_____

　　① 参见张彤：《欧洲私法的统一化研究》，49～53页，北京，中国政法大学出版社，2012。

际上得到了欧盟机构的鼓励，因为这些研究促进了对欧洲现有多元化法律传统的共同理解和对立法的理论准备。欧盟委员会在欧洲私法化进程中也一直都表现得很积极，它已经在私法领域制定了许多指令。① 虽然对欧盟私法的统一与协调方式存在诸多争议，但是欧盟立法者的决心还是很大。欧盟私法的统一与协调今后的发展方向如何，不仅取决于必要性问题，还取决于各国的政治意愿，取决于欧盟的立法权能。有学者认为，欧盟机构过去的行为已经表明，只要政府对一项计划支持得力，它们就能将权力扩展至极限。制定《欧洲民法典》一事可能也同样如此。但是欧盟权力的获得是渐进性的。随着欧洲一体化程度的加深，欧盟将会获得越来越大的权力。在时机成熟的时候，欧盟一定会具有制定《欧洲民法典》的职权。②

相对欧盟来说，东亚的情况有很大不同。同欧洲相比，东亚的私法一体化进程进展得相对比较缓慢。其中一个重要的原因自然就是东亚地区还不存在一个像欧盟那样的超国家的联盟，各国间的经贸交流和来往并没有带来加快推进政治领域一体化的愿望，并没有一个官方主导的合同法协调的计划，这也是东亚法律的一体化进程中的主要问题。相较于欧盟来说，东亚的私法一体化还主要存在于学者之间，更多的是通过学术研究进行推动。当然，欧洲合同法委员会早期的工作经验也启示我们，合同法或私法的协调之路可以从学者开始，从民间开始，从制定模范法开始，这也不失为一种"曲线救国"的方式。

东亚各国之间之所以缺乏有效的政治互信，相互之间难以建立有效的合作机制，主要有以下几个方面的原因：第一，历史问题。众所周知，东亚是第二次世界大战亚洲的主战场，日本法西斯的侵略给东亚各国都带来了深重的苦难。但至今日本不仅并没有对战争进行深刻的反思，不愿承担战争责任，反而歪曲历史，甚至美化战争，使日本形象遭到破坏，尤其在中国和韩国，人们对日本产生排斥心理。日本与周边国家的民意忽冷忽热，民意对于国家法律和政府政策的制定日益形成重要的影响，政府从决策到实施已经难以离开民意的基础。国家民众间的相互不信任状态日益严

---

① 参见张彤：《欧洲私法的统一化研究》，237～241 页，北京，中国政法大学出版社，2012。

② 参见张斐：《〈欧洲民法典〉诉案》，载何勤华主编：《法律文化史研究》，第 1 卷，488 页，北京，商务印书馆，2004。

重，最终导致"交往—摩擦—误解—不信任—敌视—交往"的恶性循环模式。① 正是由于日本缺乏德国一样对战后的彻底反思，使得战后中、日、韩三国之间，对各自及相互的历史认识差距甚大，使得战后七十年来，东亚的政治互信依然难以建立。而反观欧洲，第二次世界大战之后，德国对战争进行了深刻反思，法德取得和解，德国对战争受害国及其国民进行道歉和赔偿，增强了整个欧洲乃至世界对德国的信任感，这就为欧洲范围内更加深入的合作和一体化奠定了基础。同欧洲的一体化进程类似，推动东亚历史问题解决的钥匙，就是日本能够像战后德国一样正视自己的历史，积极反省战争对他国国民造成的伤害。只有这样，东亚各国才能绕过历史的鸿沟，驶向彼此交流和合作的未来。第二，领土纠纷。东亚各国领土的纷争也是东亚各国之间面临的主要问题之一。当然领土问题也同历史问题密切相关，战后东亚各国的领土纠纷大部分是由于日本当年的侵略所遗留下来的。韩国和日本之间的独岛问题、中国和日本之间的钓鱼岛问题等都悬而未决。与此同时，在美国重返亚洲政策的带动下，美国的势力强势回归介入诸如南海问题上，被许多东南亚国家视为与中国解决领土争端谈判的有力筹码，这将进一步导致领土问题的复杂化。② 这些都是东亚各国无法建立真正信任、实现高度认同的障碍。相比东亚来说，欧洲国家虽然在战后的领土变化比较大，彼此之间也存在一定的领土纠纷。但欧洲各国在领土问题上能够面向未来，正视并肯定了战后新的政治格局。一个重要的因素就是德国对领土的态度问题，它影响到了整个欧洲的团结和稳定。在两德统一前夕，德国总理科尔针对波兰当时的忧虑，宣布德国的统一不会对其他国家带来不利的影响，不会要求收回战后德国失去的领土，这也树立了德国在欧盟的负责任的形象，进一步推动了整个欧洲的团结和合作。而东亚各国的领土问题更为复杂，它与东亚各国的民族情绪相结合，使得东亚的领土纠纷至今依然得不到有效的解决，甚至摩擦愈发严重，再加上美国的插手干预，使得东亚各国在领土问题上冲突不断。因此，东亚各国的领土问题的解决还有待于各国政治互信和合作的增强以及国家领导人的智慧和艺术。第三，发展水平上的差异。法律的一体化归根到底是经济发展的产物，伴随着各国经济的发展和全球化趋势，法律的一体化也会被提

---

① 参见蔡建国：《东亚合作与交流》，139 页，上海，同济大学出版社，2010。
② 参见魏玲：《东亚地区化：困惑与前程》，载《外交评论》，2010（6），31 页。

上日程。中国大陆改革开放之后经济得到了飞速的发展，但与日本、韩国相比，经济发展水平依然比较落后，国民的生活水平依然与日韩差距比较大。中日韩之间建立自由贸易区的前景仍然暗淡。可以说，在东亚各国经济发展水平差距比较大的情况下，法律的一体化也难以得到实质意义上的推动。而反观欧盟的发展，其成立之初的西欧六国都是发达的工业化国家，有着雄厚的经济基础，并且都经历了战后经济上的腾飞。直到欧盟东扩以前，欧盟各国的发展水平差距并不算大。战后，由西欧国家倡导的欧洲经济一体化的建设催生了政治、法律的一体化。

2. 从历史传统和文化认同方面来看也存在明显的差异。

欧洲私法统一过程中，并没有在文化价值领域遇到过较大阻碍，因为欧洲各国都是以基督教文明为思想基础，这为共同法规范创造了较好的思想基础。经过近六十年的发展，欧洲一体化进程逐渐塑造出了一种新的欧洲经济、社会和政治秩序，创造出了一种新型的联盟共同体，并在此框架下改变了传统的力量结构与国家利益，形成了一个新的模式——"欧盟模式"。可以形成共识的是：欧洲一体化的成功实践有两大关键要素——欧洲精神与欧盟制度，两者互为依托，共同着力，使欧盟朝着欧洲认同基础上的多极治理组织迈进。[①] 欧洲精神以自由、民主、法治、兼容为核心内涵。自由与民主是价值观念与取向，法治是行为准则，而兼容既是处事方式也是价值观念。相对来说，整个欧洲的价值观念和宗教信仰是高度一致的。从整个欧洲地区来说，虽然也存在天主教、基督新教和东正教教义上的差异，但是其有着共同的来源，并且差别也比较小。欧洲精神根植于有着悠久历史的欧洲文明，是欧洲文明长期积淀的精华，是欧洲人的价值准则、道德规范和行为方式的综合体。它体现为一种独特的欧洲认同。欧盟制度表现在基础性条约、条例、指令、机构设置、决策程序、表决机制、议事规则、运作规范、裁决判例等诸多层面。欧洲精神体现于欧盟制度的建设之中，发挥着引领、指导、推动、调适等多种功能，使一体化的动力源于缓冲器；欧盟制度是欧洲精神的产物与载体，起着架构、规范、监控等多种作用，是一体化的工作母机和监控系统。制度是具有共同目标和共同利益的共同体内的行为者与他们认可的行为规则的总和，就是行为者加

---

① 参见蔡玉辉、杨豫：《欧洲精神与欧盟制度析论》，载《欧洲研究》，2006（1），89 页。

游戏规则，而其中的要素是"要求成员共同遵守的、按一定程序办事的规程或选定准则，是一种社会性的公共规则，具有权威性与强制性"。可以说，欧盟的发展得益于完善的制度建设。

但是反观东亚三国，中、日、韩三国都曾属于中华法系，在长久的文明进化史中都深受中国传统文化熏陶。在中华法系的传统思想中，礼和理往往是法的重要来源，具有重要意义。但是在东亚法制的西法东渐之后，东亚传统法律和伦理道德相分离的理论占据了统治地位。法学向德国的概念法学或法实证主义转化，走向专门化和技术化，明显脱离了民众的法生活和法思想。随着法在社会控制系统中居于中心地位，法律的非伦理性愈益明显。此外，东亚各国在价值观上差异也非常大。中、日、韩在意识形态方面的差异难免会引起不可避免的分歧。特别是冷战对东亚产生了深刻的影响，意识形态及冷战思维的分歧并未完全消除，意识形态及政治经济体制的差别，终究是阻碍各国合作的巨大障碍。[①] 而作为曾经支配着整个东亚地区意识形态的儒家思想，如今已经相当衰落，已不能说是该地区共同的信仰和价值观了。可见，共同的价值观是一个地区至今相互认同的重要标志，不同的价值观会阻碍各国之间的信任和合作，一体化进程也会受到很大的影响。而想要在一个地区建立共同的价值观并非易事，它涉及政治、经济、文化、科学、民族等非常多的问题，也不是某个领袖就可以瞬间完成的，而是需要一个非常漫长、非常复杂的演变过程。

(二) 法律技术层面的比较

尽管东亚私法一体化在向着实质层面不断推进，但是我们必须同时看到，东亚各国之间同时存在各自独立的差异，这些明显的差异的确有可能阻碍法的统一。但是，这种结论与抽象地将历史文化上的共同性看作容易促成法的统一的结论一样，都有草率定论之嫌。[②] 在这个问题上，正确态度应该是，对可能造成法律协调困难的问题分别从两个方面进行分析：一个是非技术层面的问题，另一个就是法律技术层面的问题。

说到区域法律的一体化，必然是以该区域内法律发展程度上的均衡作为前提和基础的。如果该区域内各国法律发展差距太大，则法律的协调和

---

① 参见蔡建国：《东亚合作与交流》，94 页，上海，同济大学出版社，2010。

② 参见［日］星野英一：《日中韩民法制度同一化的诸问题》，渠涛译，载渠涛主编：《中日民商法研究》，第 4 卷，13 页，北京，法律出版社，2006。

统一就无从谈起。

在法律渊源和法律技术方面，虽然欧洲同时存在大陆法系和英美法系两大法系，它们相互之间存在一定的差异，但是它们拥有共同的源头——罗马法。罗马法作为古罗马的法律，其私法规范已经发展到了相当完备的程度，无论是《法国民法典》《德国民法典》还是英国的私法规范，其核心理念和主要制度莫不是来源于罗马法，正因如此，欧洲将罗马法作为当今欧洲私法协调和统一的共同法来源。随着欧盟的建立，欧盟各成员国是在具有共同的法律理念和司法传统的基础上，创设欧盟法，在共同体内创设共同的法律权威。对于欧洲私法协调和统一的原因，最主要的不外乎是降低商业贸易的成本，使得法律更具可预测性，加强欧盟成员国公民间法律和文化的联系和交流。可以说，欧盟内部市场的建立及欧洲一体化的进程对欧洲合同法的产生和发展无疑发挥了巨大的推动作用。合同法在私法协调中占据领先地位，因为它在跨国关系中最为频繁地被使用。因此，合同法也作为私法中最重要的组成部分，成为欧洲私法各种学术研究项目中的起点。

对东亚来说，东亚的私法协调在共同的法源方面还较为欠缺，东亚私法的协调相较于欧洲来说要艰难得多。东亚地区历史上影响深远的唐律等律例，已经不能适应现代经济和社会发展的需求，其基本理念与现代社会的法治观念也相去甚远，是否还能作为东亚共同法的参考仍存有疑问。东亚各国近代的法律规范主要是移植和借鉴西方的法律，特别是德国的法律，但是各国之间的差异仍然非常大。日本和韩国的私法规范已经达到了相当完善的程度，民法典也有了几十年甚至上百年的历史。日本在第二次世界大战之后也学习和移植了很多美国法的制度和内容。而反观中国，在新中国成立后，中国很长时间都在学习和借鉴苏联模式。具体到私法领域，中国虽然已经制定了《民法通则》《合同法》《物权法》和《侵权责任法》等私法规范，但这些在不同时期和不同条件下制定的法律还存在体系不健全、甚至规则冲突的问题。因此，虽然东亚各国大多都是移植西方的法律理念和法律制度，但由于各国之间在学习借鉴的内容和深度方面差别比较大，东亚各国现行私法制度存在较大的差异。现在东亚范围内的私法趋同的研究，大多针对的是中国如何向日、韩私法借鉴和学习，特别是如何建立中国的统一的民法典的问题。因此，东亚私法协调的当务之急还是应当首先完善中国国内的私法规范，使之逐步缩小和韩日私法的差距，这样东亚的

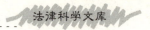

私法一体化才能得到切实有效的推动。

当然在私法领域，合同法与家庭法、继承法不同，它具有较强的技术性，很少受民族传统和社会信仰的影响，一般不会唤起或者伤害国家感情，因此，合同法领域协调和统一的难度就小，私法的协调往往首先是从合同法开始的。单从中、日、韩三国现行合同法的特征上考查，三者存在协调的可能性。首先，东亚三国合同法领域均大量继受大陆法系的理论和内容，另外，东亚三国均加入了《联合国国际货物销售公约》，在诸多问题上已经达成了共识和统一。中国《合同法》遵循德国民法的体系构建，符合大陆法系的一系列共性特征，同时由于它参考了《联合国国际货物销售公约》，还吸收了诸多本质上属于英美法的要素。例如，在债务不履行中放弃了原始不能无效的理论，放弃了对履行不能类型化，赋予统一的法律效果，即无论其为何种履行不能，均不影响合同的效力，债务人应负违约责任；在债务不履行体系中也放弃了履行不能、履行迟延、不完全履行的三分法；在法定解除中放弃了归责事由要件等。①

四、欧洲合同法协调对东亚的启示

（一）政治经济一体化是法律一体化的前提

经济全球化已成为世界经济发展不可逆转的趋势，而作为国际多边贸易体制的过渡和补充的区域经济一体化更呈现出强劲的发展势头。继欧盟、北美自由贸易区形成之后，建立东亚区域经济一体化组织近来也呼声高涨，但是东亚各国之间所特有的一些状况依然对一体化进程造成了不小的阻碍。区域经济一体化按层次高低分为：优惠贸易安排、自由贸易区、关税同盟、共同市场、经济联盟和完全的经济一体化。不同的形式会给成员国带来不同收益，但也需要其让渡不同程度的国家主权，因此，各成员国会谨慎权衡自己的利弊得失，相互协调以做出抉择。如果各方能摒弃嫌隙，拿出合作的诚心共同协商解决困难以实现东亚区域经济一体化构想，那么共赢局面的到来也是指日可待的。探讨东亚政治、经济、文化历史和现实的联系性，阐释东亚各国之间相互冲突和融合的深层原因，如何克服

---

① 参见李英俊、赵晓舒：《亚洲契约法原则的基本方向》，载《亚细亚民商法学》，第 3 号，2009（12）。

这些既有的障碍，总结出既有的经验或寻找出可行的办法，是解决东亚私法统一化的必要性和可能性问题的重点和难点。

与世界上其他区域经济一体化组织相较，东亚各国之间无论在社会制度、宗教信仰还是在经济发展水平方面都存在巨大的差异，在这种巨大差异面前，即使是自由贸易区这种低层次的区域合作，也会由于一些国家担心本国市场受到外来的强大冲击等而变得举步维艰。此外，东亚区域合作最重要的缺陷是内部缺少一个核心力量来推动一体化进程。成功的一体化组织无论是欧盟还是北美自由贸易区都拥有自身的主导力量，而东亚国家或者因为实力不济或者因为不愿出头而无人担当主导力量，这就导致目前的合作只停留在论坛层面而无法就更深层次的事项作出决策安排，使得一体化进程受挫。

有学者认为，东亚共同体正经历着由理想变为现实的历史进程。有多种因素共同决定着这一进程：既有积极推动因素，也有消极阻碍因素。从目前的总体态势看，积极推动因素主要来自经济层面，这意味着构建东亚共同体有其坚实的经济基础；而消极阻碍因素主要来自政治层面，这又意味着构建东亚共同体尚待跨越一道道政治障碍。因为在构建东亚共同体的过程中，尚需解决一个个历史难题、跨越一道道现实障碍，且这些难题与障碍又主要集中在政治层面，东亚各方必须为此付出艰苦的政治努力。目标定位的模糊、社会制度的差异、主导力量的错位、政治关系的滞后以及美国因素的干扰是东亚共同体面临的政治难题。[1]

通过与欧盟法的比较，我们可以看到，东亚私法的一体化无论在法律技术层面还是政治层面都面临更大的问题和挑战。东亚复杂的地缘政治格局以及历史和现实的因素，都使得东亚私法一体化的过程充满未知和艰辛。而主要政治力量的推动在区域交流和合作过程中往往起着重要的甚至决定性的作用，欧洲的团结和统一首先来自法德的和解，而中日两国的团结和合作也将会对东亚的一体化产生巨大影响，成为推动东亚私法统一的重要力量。加强东亚法学界之间的交流，促进东亚各国政治互信的建立，都将成为东亚私法一体化的重要的推动力量。

在东亚经济一体化进程不断深，政治一体化业已提上议事日程。东亚

---

① 参见江瑞平：《构建中的东亚共同体：经济基础与政治障碍》，载《世界经济与政治》，2004（9），60～63页。

特性、东亚意识正在逐步形成的背景下，东亚共同法的形成尽管困难重重，但是由于其符合东亚国家的根本利益，再加上近年来出现的诸多有利因素，东亚共同法必将在不远的将来取得突飞猛进的发展。在新世纪里，东亚共同法将以自己独特的方式去回应人类所面临的普遍问题，而以人类一部分之独一无二的经验贡献于人类的全体，东亚共同法的历史意义，应当由这里去寻觅，其伟大卓绝之处，也应当从这里去体认。①

　　虽然东亚的私法一体化进程目前进展还相对缓慢，还面临许多问题和困境，但我们依然可以在现有的条件下逐步加以推动。首先就是从法律技术层面的推动。相比较其他方面来说，法律技术层面的合作比较容易，遇到的困难和阻碍也相对较小，并且可以推动其他领域的问题的解决。针对东亚各国私法发展水平上的差异，当务之急就是推动中国大陆私法立法上的完善和司法水平的提高。因此，中国大陆的私法学者需要继续学习其他国家先进的法律技术和法律观念，推动其私法研究和私法实践的进步和发展。当然，"法律的生命并不在逻辑，而在于经验"。只有理论与实践相结合，才能有效地发挥出法律的作用，推动法学和法治的不断前进。我们也应当看到，中国大陆私法的发展和完善并不只是法律学者的任务，而是应当包括所有法律工作者、政府甚至整个社会的共同推动。在这个过程中，东亚各国的交流和合作也应当得到继续发展和深化，特别是法学领域的交流尤为重要。通过交流来学习彼此之间的优点和长处，弥补本国私法领域的不足，并可以在此基础上成立东亚私法协调化委员会②，制定出东亚范围内统一的私法规范，这无疑会对东亚的私法统一进程产生积极的推动作用。当然理想的实现并不一定非要一步到位，可以采用渐进式的推进方法，最终制定出统一的私法规范。③

（二）研究和借鉴国际和区域私法发展的最新成果

　　19 世纪中期以降，东亚诸国被西方列强拉进了世界性的现代化进程，

---

　　① 参见何勤华、孔晶：《新中华法系的诞生？——从三大法系到东亚共同体法》，载《法学论坛》，2005（4），51 页。

　　② 参见韩世远：《从 PECL 看东亚合同法协调化之路》，载渠涛主编：《中日民商法研究》，第 4 卷，208 页，北京，法律出版社，2006。

　　③ 参见［日］星野英一：《日中韩民法制度同一化的诸问题》，渠涛译，载渠涛主编：《中日民商法研究》，第 4 卷，17 页，北京，法律出版社，2006。

普遍经历了或正在经历着巨大的社会变革。这一过程在法律上的表现就是亚洲各国法制的百年实践，学者们通常称之为"外发型"或"追赶型"的法制现代化进程。而东亚国家法的近现代化，与欧美法密不可分，这也是一个不争的事实。当前东亚地区，特别是中、日、韩三国法律体系中的各项制度、原则和用语，许多都是从欧美，特别是从大陆法系国家移植或借鉴而来，只是又考虑到本国的国情和文化传统而有所变化。原本来自外域的法律已然成为现代东亚法不可分离的重要的主体部分。①

　　法律全球化已经成为不以人们意志为转移的客观存在，它不仅是经济全球化的必然产物，而且是现代社会科技越来越发展、信息越来越发达、人类交往越来越密切、国家间交往越来越紧密的必然产物。在这个过程中，法律生活世界正在出现"全球性重构"的趋势。由于西欧国家的现代化具有原创性的特征，它们成为诸多晚生的现代化国家实现现代化的样板。作为后发式的法律发展国家，我们是在全球化的巨大压力和示范下不断进行现代化改造的。广大的非西方国家和地区只有把自己纳入国际社会的轨道之中，才能获得现代化进程生长的动力性因素和条件。

　　很早以前，东亚地区的有识之士便已意识到有必要追求区际合同法规则的统一或者趋同，比如，日本的北川善太郎教授很早便提出过模范合同法构想。②在韩国民事法学会名誉会长李英俊教授的领导下，韩国已经建立了韩中日民商法统一研究所。李英俊教授提出，要为东亚地区特别是中日韩三国之间的买卖合同制定合同范本，并指出东亚统一买卖法，应朝着民商法统一、与国际买卖规范相调和，以及逐步摆脱潘德克吞体系而偏向实用主义的三大努力方向。③韩国金相容教授指出，可将《联合国国际货物销售合同公约》作为东北亚地区共同合同法原则的立法的可能性参考，达成起草一部《东亚共同合同法原则》的最终目标。《东亚共同合同法原则》的起草，应当首先开展两个方面的工作：一方面，应对东北亚地区在

---

　　①　参见冯玉军：《全球化背景下东亚共通法治的建构》，载《研究生法学》，2010（4），58页。

　　②　参见［日］北川善太郎：《中国的合同法与模范合同法》，王晨译，载《国外法学》，1987（3）。

　　③　See Lee Young June，"Basic Guideline for Principle of East Asia Contract Law"，*Asia Private Law Review*，No. 3，Dec. 2009，pp. 340 - 341.

历史上曾具有的以儒家和佛教为基础的共同法进行研究，并发掘其对当代所具有的价值；另一方面，应对近代以来以欧陆民法为基础形成的东北亚各国私法进行比较研究，寻找共同的原理和规则。① 因此，可以说，将来东亚共同法的形成和发展具有自己鲜明的特征，这主要体现在以下几个方面：第一，东亚共同法是在模仿和借鉴大陆法系和英美法系的模式及经验的基础上形成的，因此，它符合西方法律传统。第二，东亚共同法反映了东亚诸国的历史文化传，符合东亚诸国的利益，适应东亚诸国的具体社会状况。第三，东亚共同法是在提炼和总结了东亚诸国百余年来法制近代化进程成功和失败的经验、教训的基础上形成的。第四，东亚共同法的形成不像欧盟法那样由一个统一机构加以推动，它的产生是一个自发的和殊途同归的过程，这一点与欧盟法的形成明显不同。第五，东亚共同法的理念与模式具有多样性以及建设进程的开放性。②

（三）重视东亚文化与法文化传统中的价值性资源

我们从欧洲私法协调和统一化的路径上可以看出，欧洲私法协调的路径在于寻求"共同点"，而这一共同点的历史渊源在于欧洲大陆历史上的"共同法"，即以罗马法、教会法为核心的共同法对大陆法和普通法的影响。在"共同法"时代，法律突破了政治的或地理的边界，成为欧洲大陆"大一统"的法律，今天欧洲私法的统一正是这种法律一体化思想的产物，也可以说是某种程度上的"共同法"的回归。今日欧洲私法的统一就是要在不同的国内法中寻找"共同法"的痕迹，试图来构建欧洲共同私法的理论框架，制定共同的私法，再次实现欧洲私法的统一。欧洲对共同私法的建构进路对东亚来讲具有重要的启示和借鉴意义。从文化上看，如今的东亚三国已经深受儒教、佛教、基督教多种思想和价值的影响，在法律协调的过程中，可能会遇到一些文化上认同的问题。但从根源上来讲，东亚三国均属东亚文化圈，诚如日本学者金山直树所说，为了在东亚区域建立一个共同体，法律学者应当通过对旧的东亚法的研究找到旧的"共同法"，

---

① See Kim Sang Yong, "The Possibility of Restoration and Creation of ius commune in the North East Asian Region", Collection of Essays for the Forum "*Harmonization of European Private Law and Its Impact in East Asia*", Oct. 2009，pp. 8 - 17.

② 参见何勤华、孔晶：《新中华法系的诞生？——从三大法系到东亚共同体法》，载《法学论坛》，2005（4），47～48 页。

这些法律从儒教和佛教中得到诠释，并从本地区所有国家现有的法律渊源的比较研究中创造出新的"共同法"。法律是追求和平、和谐的重要手段。"共同法"是一种自然法。因此，法律学者应寻找并创造本地区和平的自然法。有了这些自然法，可以促进和确立和平和地区繁荣。只有当寻找到旧的"共同法"，并通过比较研究创造新的"共同法"，一种东亚私法原则，尤其是东亚合同法原则才能够得以起草。①

　　由于法制现代化是由传统社会法制向现代社会法制的跃进和转型，因而传统与现代性之间作为一对难解难分的矛盾纽结，始终贯穿于法制现代化的过程，对于东亚国家来说这种矛盾就表现得更加突出和深刻。从哲理层面上讲，传统与现代性之间的矛盾实际是反映着事物发展过程中历史联系与时代超越的辩证关系。一方面，事物的发展离不开原有事物的基础和影响，隔断不了新旧事物间许多天然联系的纽带；另一方面，新事物又总是因为适应新条件获得新质的规定性而构成对原有事物的某种超越或飞跃，如果没有这种超越或飞跃也就无所谓新的事物。因此，要构建东亚共同法，必须解决好两个问题：一是要客观辩证地看待东亚的法文化传统，二是要清醒正确地建构东亚共同法的现代性。关于清醒正确地建构东亚共同法的现代性，笔者的基本看法是：第一，应站在全球发展的时代高度和广阔视野，认真吸取人类法治文明和法制取得的普世性优秀成果和基本经验，同时有能体现自主综合创新的东方特色。第二，应以物质文明的市场经济为基础推动，以政治文明的民主政治为核心保证，以精神文明的先进文化为价值导向，以和谐社会的综合实效为理想目标。第三，应贯彻一切以人为本的价值理念，体现人文精神和对人的终极关怀，用法哲学语言说就是要确立人的自由全面发展观、人权保障的权利本位观和社会正义至上的法治秩序观。关于客观辩证地看待东亚的法文化传统，特别是关于应当充分重视东亚文化与法文化传统中的价值性资源，是笔者在此想要特别强调的。因为在笔者看来，在以往一个时期的法学研究中（起码中国大陆是如此），有一种偏颇的倾向，就是自觉不自觉地陷入一种以"西方现代性"为标尺的研究范式，从而完全按照西方的样式来剪裁中国和东方社会的现

---

　　① Naoki Kanavama, Challenge to PACL, Collection of Essays for the Forum "Harmonization of European Private Law and Its Impact in East Asia", Oct. 2009, pp. 1-3.

实，因此导致忽视或否定东亚文化与法文化传统中价值性资源的存在，也必然极大地削弱了对这种价值性资源的充分研究、挖掘和利用。从理论上讲，要客观辩证地看待法文化传统，就要如实地看到传统的两重性：一方面，传统是在过去的时代中形成的，因其主要适应了以往的历史条件，故而难免因其历史的局限和惰性带有与现时代新条件新情况的不相适应性，甚至带有对现代性取向的某种排拒性，也就是说传统中可能有保守、过时、与现代事物新质要求不相一致的东西，因而对于传统中的这部分保守落后性内容应予改革或剔除。但是另一方面，传统之所以能够成为传统而在历史上长久地延续和传承，这本身就表明它不但有其存在于当时的历史合理性，而且由于人类社会历史条件本身的历史连续性，传统本身也必然包含符合人类文明成长和传承的基因和因素，有可以适应新时代发展要求和构成事物新质的必要成分，这一部分就是我们通常所提倡要不断发扬和光大的优良传统。正是在这种意义上，我们说传统虽然产生于过去，但传统绝不仅仅属于过去，传统同时也属于现在和未来。用这样一种辩证的观点来分析中国和东亚的法文化传统，我们就会发现：它不但有法律伦理主义，即礼治主义、泛道德主义和人治主义等具有某些负面影响的成分存在，因此需要向现代法治创造性转型；但与此同时，中国和东亚的法文化传统也并非毫无可取之处，事实上中国和东亚的法文化传统中有许多有待我们去开掘的价值性资源，例如浓郁的法律人文精神、重视法律的伦理价值和道义基础、合理的社会平衡意识、解决纠纷的自治方式。①

　　总之，欧洲合同法统一的经验和成果，对我们目前进行东亚合同法制度的协调和统一，无疑具有重要的参考价值，主要体现在以下几个方面：第一，法制理念方面的积极影响。促进货物、人员、服务和资本的自由流动、保证欧洲统一大市场的有效运行是欧洲合同法的核心任务，欧洲合同法所确立的这种自由开放的法制理念，对东亚共同体形成开放自由的市场经济法制具有启示作用。从欧洲一体化的历程看东亚经济一体化，更应该注重确立合作的理念，捐弃前嫌。针对东亚经济合作目前所呈现出来的多元化模式，我们不难看出东亚经济一体化的发展瓶颈在于中日韩的合作和地区利益分配中竞争和互补关系的有效协调。第二，民法理论和立法方面

----

　　① 参见孙育玮：《关于东亚法治文化的几点思考》，载《法治论丛》，2007（1），65～66 页。

的积极影响。东亚各国民法从诞生之日起就借鉴和移植欧盟主要国家民法，例如德国、法国、意大利等国的民法。欧洲法学家对欧盟成员国的合同法的比较性研究成果对于东亚统一合同法的发展无疑仍然具有重要的参考价值。东亚地区目前还不存在像欧盟那样的超国家联盟，这对于东亚私法的统一来说似乎是一个不利的地方，但欧洲合同法委员会的工作经验给我们一个启发：私法的协调化之路可以从学者开始，从民间开始，从示范法开始。第三，研究方法方面的积极影响。在欧洲私法统一化过程中，实际上正是由各国具有比较法学造诣的法律专家们首先提出"统一法"的草案，然后再一次经过比较研究和论证，以求在各种不同的规则中选择最好的、最广泛适用的规则范例，必要时还需在综合考察论证的基础上制定新的更好的规则，最终形成欧盟的法律。欧洲比较法学家和私法学者大多是从"共同欧洲"的角度去理解私法这一整体领域。他们组成的各种形式的研究团体，采用比较法和现有法的研究方法，不仅将欧洲私法协调和统一化一步一步推到21世纪欧洲法制史的前台，而且为世界各国民法学者们研究欧洲当代私法的发展提供了宝贵的前沿资料。他们推进欧洲私法协调和统一化的理念、路径、方法及其基本内容构架，为当前东亚私法的协调和统一提供了有益的经验。

第四章　东亚合同法协调的
法源：中、日、韩
合同法的比较

　　在东亚区域经济合作过程中，东亚各国合同法上的差异和冲突会阻碍企业间的商业交往，外国法的寻找和确定需要花费大量附加的商业成本，因此，有必要在法律制度设计上消除交易的障碍和降低交易的成本，促进东亚地区合同法的协调和统一。东亚合同法的协调具有现实必要性和可行性，但也具有相当程度的困难性。在借鉴欧盟合同法经验的基础上，对东亚中、日、韩三国的合同法理论和法律规范进行比较研究，不但努力找到过去的"共同法"，而且也能在现有三国合同法的比较研究中形成新的"共同法"。

第一节　中、日、韩民法的修缮以及发展趋势

一、中、日、韩民法修缮的动因

自上世纪 90 年代以来，中、日、韩三国都在不同程度上修缮了自己的民法。目前，中国正在准备制定民法典，韩国、日本也正在计划修改民法。我们这里主要比较分析的是三国在债法领域尤其是合同法领域的修改及完善。

中、日、韩三国有着非常相近的历史、文化和法制背景，由于内部原因和外部原因，中、日、韩三国各自进行了民法的立法与修缮工作。从外部原因来说，世界范围内私法的趋同以及共同示范法的大规模制定与适用，深刻地影响了中、日、韩三国民法的修改和发展。现在日、韩民法进行修改以及中国酝酿制定民法典存在下述一些共同的外部缘由。

1. 如今是一个大生产、大消费的时代，经济发展也步入了软件化、信息化的时代。在这个时代，大部分交易为非特定物的买卖以及劳务提供型合同。[①] 在各种领域纷纷出现了新类型的合同和新的结算支付手段，即使在传统的合同类型中，也发展出了高度专业化的复杂法律技术，仅靠古典民法的规定，是难以充分应对的。

2. 与之相伴便产生了下述情况，"特别法"或是"判例法"繁复的状况，或者说是在条文以外出现了庞大规范群的现象。这样就使得处于基础地位的民法典在实际适用中被架空了，这一现象反过来使得民法的全貌很难被认识和把握。不仅使人们在适用民法时变得复杂，而且也破坏了一国民法的体系性。

3. 国际贸易的发展不仅需要进行国际间的协调，而且国际交易和国内交易二元处理的非妥当性也日益显现，经济全球化要求民法尤其是合同法领域的国际化。在此特别需要注意的就是与国际贸易相关的条约及示范法

---

① 参见［日］道垣内弘人：《日本民法修改的现状（1）——以民法（债权法）修改研讨委员会草案为中心》，周江洪译，载《中日民商法研究》，第 9 卷，6 页，北京，法律出版社，2010。

的发展。国际层面上，中、日、韩三国均签署了《联合国国际货物销售合同公约》（以下简称 CISG）。例如中国《合同法》第 10 条参照 CISG 规定，合同的订立形式不再拘泥于书面形式，明确承认了口头形式的合同效力。中国对合同法后续的司法解释也都参照了 CISG 的规定。区域层面上，欧盟模式也对东亚私法的协调产生了巨大的推进与启示作用。此外，2002 年德国轰轰烈烈的债法改革，也进一步影响了地处东亚的继受国中、日、韩三国的民法。因此，从外因上来讲，中、日、韩三国的动因大致相同。

4. 以消费者法为中心形成了新的法律规则，各国在私法领域内越来越重视对于消费者的特殊保护，因此在特定范围内对民法基本原理做出修正十分必要。以欧盟为例，欧盟法中对于消费者保护的立法由来已久。在 1957 年签署的《罗马条约》中就有关于消费者保护的相关条文，并于 1973 年由欧洲理事会制定了《消费者保护宪章》。随着欧洲一体化的不断进步，欧盟立法也在不断完善，在消费者领域的立法也更为完备。欧盟消费者法相关指令的制定也促使加强对消费者的保护成为现在世界范围内一项通识的法律原则。

5. 现今许多国家都开始了民法的修订。除了荷兰、法国等欧洲国家，在亚洲各国当中，越南以及柬埔寨都制定了民法典，中国正在准备制定民法典，日、韩也在计划修改民法。这已成为一个全球趋势。

上述国际、区域以及欧洲国家民法的立法与修法以及中、日、韩三个国家之间相互的影响都促成了三国修缮本国民法的外部动因。与外部原因相结合，中、日、韩三国各国内部也有促使其修缮法律的内部动因。总体上来说，这些内部原因都是由于现有的法律规范已经不足以解决当今社会所出现的问题。

韩国自 1997 年至 2000 年遭受了严重的金融危机，以此为导火索，在韩国亲属法及债法领域出现了离婚增加和债权人撤销权增加的负面现象。[①] 这种现象引发了诸多社会问题，迫使韩国立法者不得不尽快修改民法典来解决社会矛盾。另外，《韩国民法典》之前的修改都集中在亲属领域，而很少涉及财产领域，财产领域多以单行法来规制。虽然单行法规制具有其灵活性的优势，但也有散乱性的劣势，这种散乱性无法为纷繁的财

---

① 参见［韩］韩雄吉：《韩国民法的挑战和展望》，许寿童译，载《太平洋学报》，2009（4），68 页。

产行为提供一个统一性、原则性的指导规范，这也是促成《韩国民法典》修改的一个重要原因。

《日本民法典》继受于德国，自 2004 年起就已经有学者着手准备《日本民法典》的修改。直到 2006 年日本法务省开始正式启动债权法的修改。对于债权法修改的原因，日本的镰田薰教授以及道垣内弘人都做过详尽地整理和概括①，这里做一个进一步的概括。从具体内容上来说，《日本民法典》所规定的传统民商事交易行为已经无法规范全球化以及经济发展所产生的新型交易行为。从法律技术上来说，由于日本签署了 CISG 并且希望在《东亚合同法原则》（PACL）框架下与东亚各国在合同法领域达到统一，这种国内法的国际法化要求《日本民法典》必须做出相应的修改。从法律理念上来说，以消费者保护带来的保护弱者的民法立法理念也促使《日本民法典》需要尽快做出相应的转变。

中国与日韩不同，中国本身并不存在民法典，也就谈不上修改民法典，但是另一方面中国也和日韩存在相似的问题。比如与韩国相似，中国的单行性民法诸多，也具有散乱性和碎片化的特点，这些散乱的单行性民事法律，例如《物权法》甚至抛弃了一些我国传统的民事法律制度，如典权，而这些法律制度却依然在现今民商事领域有非常重要的作用。② 同时中国也面临着和日本相同的民法理念的新型化问题，这主要是因为消费者保护理念的影响，例如中国目前出现了大量的预付费消费合同，由此出现的纠纷也多样纷繁，然而中国却没有以保护消费者为理念的民事法律。这些原因促使中国需要尽快制定出一部形式上体系完备、内容上与时俱进的民法典。

二、《日本民法典》的修缮以及发展趋势

（一）《日本民法典》的制定背景

日本可以算是亚洲地区最早主动进行现代民法立法的国家。在东亚三国民商法现代化的进程中，日本扮演了先驱者和导师的角色，对之后东亚

---

① 参见［日］道垣内弘人：《日本民法修改的现状（1）——以民法（债权法）修改研讨委员会草案为中心》，周江洪译，载《中日民商法研究》，第 9 卷，6 页，北京，法律出版社，2010。

② 参见杨立新：《实践呼唤制定完善的中国民法典》，载《中国社会科学报》，2013 - 07，第 A07 版。

地区民法的编纂带来了深远的影响。①

1870 年日本着手组织编纂以人权、物权、债权为中心的民法典。1876 年和 1878 年，日本先后两次提出民法草案，草案基本上照搬了《法国民法典》的内容。1880 年，日本民法编纂局设立并邀请法国法学家保阿索那特对草案进行修订，重新完成了民法草案。1889 年，这部经翻译整理的民法草案提交内阁，经元老院审议于 1890 年（明治 23 年）公布，并决定于 1893 年开始实施。1892 年 4 月，在议会即将审议应否延期实施民法典的前夕，穗积八束等十余人又发表了《延期实施法典意见》，继续攻击新民法典权利本位的个人主义精神，文中甚至罗列了民法典的七大罪状。5 月 28 日，议会以压倒性多数通过了延期至 1896 年再实施民法典的议案，同时决定与民法关系密切的商法也延期至 1896 年实施。其实，延期实施的承诺并未兑现，编订近 20 年的日本第一部民法典终于胎死腹中。②

1894 年，明治政府设立了法典调查会，由内阁首相伊藤博文任总裁，帝国大学教授穗积陈重、富井政章和梅谦次郎被任命为起草委员，重新起草民法典。法典调查会的修改方针是：（1）充分考虑旧有习惯；（2）参考最新立法学说特别是《德国民法典》的第 1、2 草案修改民法。同时决定民法典由总则、物权、人权、亲族、继承五编组成。1896 年公布了前三编：总则、物权、债权，1898 年又公布了后两编，均自 1898 年施行，这就是所谓的明治民法，亦即新民法典。《日本民法典》整个体例采用潘德克顿体系，包括总则、物权、债权、亲族、继承，当时前三编财产法基本都以西方法律为模板，后两编完全来源于日本文化，一些封建的东西都规定在里面。例如女性没有行为能力、日本的家族继承制度等，这些家族和继承方面的内容在二战之后进行了大量的修改。因此，可以说明治民法一方面反映了日本近代市民阶层诸如契约自由、所有权绝对原则等新要求，另一方面又为东方式的家族主义保留了生存空间，是个人本位思想与家族本位原则的奇特结合，这种"内在不平衡性"既是东西方文明冲突和融合的特殊表现形式，也是日本民族实用主义精神所赋予的多元价值观影响社

---

① 参见苏亦工：《无奈的法典：中日韩三国民法现代化道路之比较》，载《当代韩国》，2002 年冬季号，14 页。

② 参见马作武、何邦武：《传统与变革——从日本民法典的修订看日本近代法文化的冲突》，载《比较法研究》，1999（2），247 页。

会政治及法律领域的结果。

《日本民法典》属于大陆法系，日本在制定民法典时大量借鉴了当时的《德国民法典》与《法国民法典》。因此，《日本民法典》在制定过程中是以移植摄取、注重实效与兼收并蓄为基本指导思想的。由于日本缺乏民事法律的传统，面对西方列强的要求，日本只有向西方国家特别是拥有相对完备的资本主义法律体系和成熟的立法技术的英、法、德等国家学习经验，借鉴成果，移植摄取，兼收并蓄。① 日本学者指出，"日本民法具备法国法的体质，穿着德国法的衣裳"②。这形象地说明《日本民法典》在制定过程中混合继受了法国法和德国法的要素，民法典本身是一部"混合继受型法典"。

（二）《日本民法典》修改的必要性

《日本民法典》编纂工作的核心人物之一穗积陈重在 1884 年就指出：世界上的五大法系（印度法系、中华法系、伊斯兰法系、英国法系和罗马法系）互相竞争，彼此消长，内中的规则是优胜劣汰，这方面最典型的例子是中华法系的解体。他认为，处于劣势地位的法族如果不思进取，不进行改革或改良，就必然会被历史所淘汰。他指出，日本作为中华法系的一个成员，也面临着这一威胁。穗积陈重提出的法律进化论和法律改良主义论成为日本法制改革以及民法典制订的理论基础。强调法律进化论就是要加深危机意识，法律制度同样也有个和自然界一样的"优胜劣汰"规律，不进行改革或改良就必然会被历史所淘汰。③《日本民法典》自 1898 年实施以来历经了百年的沧桑。在此期间，日本的政治、经济、社会都发生了显著的变化，但是民法典中除了亲属法、继承法以外基本上没有经过大的修改，尤其是债法可以说是原封不动。尽管判例创设了一些新的民法解释论以适应社会中出现的新问题，但基本没有经过修改的实定法仍能适应不断变化的社会，其中自然有着各种各样的原因。《日本民法典》的制定并不是为了针对当时社会经济的状况的适用，而是要实现"脱亚入欧"。立

---

① 参见焦富民：《论日本民法典的基本特点——兼及对中国民法典制定的启示》，载《扬州大学学报（人文社会科学版）》，2007（4），74 页。

② ［日］大久保泰甫：《民法典编纂史研究范式的转换与今后的课题》，载《法律时报》，70 卷第 9 号（1998 年）。

③ 参见江平：《日本民法典 100 年的启示》，载《环球法律评论》，2001 年秋季号，265 页。

法所想象的服务对象不是普通民众，而是想要通过民法典的制定来取消治外法权。① 因此这种匆忙之下的继受使得许多西方法律概念并没有很好地与日本本土社会情况相结合。同时因为《日本民法典》财产法方面几乎一直未作改动，已经无法适应不断变化的现实状况，因此民事特别法对民法便起到了修正作用。近些年的判例法和特别法都在日本得到了快速发展，这也是日本民法过了一百多年还能保持原貌的原因。例如《消费者契约法》《关于电子消费者契约及电子承诺通知的民法特例法》是在 2001 年颁布《中间法人法》后进一步完善的。② 日本自 2006 年民法典债权人撤销权之后，于 2009 年又着手准备进行债权法的修改。主要涉及债权让与、债权人代位权、抵销、债权时效等具体内容。整体上，还对民法的形态引入了新的债权法观点，即包含有关消费者交易、经营者交易之私法上特别规定中的基本规范。具体而言，有关消费者交易的规定，将《消费者契约法》中"消费者契约"之章中的规定纳入民法典。③ 由此可见消费者保护理念对日本民法的影响相当重大。

根据上述《日本民法典》制定的社会历史背景，我们可以看出，现行《日本民法典》存在下述几个问题：

第一，民法典具有粗陋性的问题。《日本民法典》立法具有匆忙性，相比《德国民法典》有 2 385 条，《法国民法典》有 2 281 条，《日本民法典》虽有总则、物权、债权、亲族和继承五编，但条文太少，一共只有 1 044 条。由于继受的匆忙性，学习借鉴西方法律与本土社会结合并不密切，《日本民法典》中缺少前提性的、原则性的、概念性的规定，例如"清偿"的概念。这都需要补充条文使得法条更加明确化、细致化。

第二，民法典存在空洞化的问题。日本现有的特别法、判例法的盛行，导致很多民法领域的规则都是通过判例来具体化的，民法典中的条文

---

① 参见焦富民：《论日本民法典的基本特点——兼及对中国民法典制定的启示》，载《扬州大学学报（人文社会科学版）》，2007（4），73 页。

② 参见渠涛：《日本民法修改的价值取向、方法和进程》，见中国私法网：http://private11.bjsx23.host.35.com/Web_P/N_Show/? PID＝8843，浏览时间：2013 年 1 月 12 日。

③ 参见［日］大村敦志：《日本民法修改的现状（2）——以民法（债权法）修改研讨委员会草案为中心》，解亘译，载《中日民商法研究》，第 9 卷，23 页，北京，法律出版社，2010。

是不能解决实际法律问题的。① 诚然，判例对民法典进行了有力的补充，特别法也弥补了民法典无法迅速而机动地修改的立法机制，但是这会出现民法典本身能够适用的内容越来越少的问题，反而是大量特别法和判例起着重要作用，这种空洞化现象亟须解决。在现在民法修订过程中，对于法典与特别法的关系如何处理以及应采用怎样的编纂方式来吸收现有的特别法也存在不同的意见。是仅收纳一般规定还是要将现有特别法令收入；是否还需要保持潘德克顿体系；是制定长期稳定的民法典还是随时修改民法典等问题都还存有争议。

第三，民法典忽视亲民性的问题。《日本民法典》实施业已百年，当初制定过程中，大量翻译来自英、法、德等西方国家的法律术语，而导致很多术语词汇翻译得并不十分准确，加之当时使用了大量古文，使得法典中的语言生僻难懂。② 由于高度抽象，普通民众很难看懂法典所规定的内容。

第四，民法典缺乏时代性的问题。日本的变法维新，包括制定各种近代的法律，都是在外力的推动下进行的。日本民法中的财产法部分绝大部分是仿照西方国家的民法制定的，当然也适合本国资本主义发展的需要。日本民法和德国民法一样，经历了百年以上的社会变化和发展，可是日本民法除了亲属继承部分被外力强制大加修改外，其他部分的修改比起德国民法来要少得多。就在财产法方面，一些落后于时代的规定也没有变动。这表示日本民法没有与时代同时前进，这一点与其他一些历史长久的民法比起来是明显落后了。③《日本民法典》尽管是制定于 19 世纪末，但它的内容仍然是 19 世纪初的民法典。为此，《日本民法典》制定后不久，就要面对已经发展了的市场经济和自身存在的局限性以及弊端。④ 民法典实施

---

① 参见渠涛：《日本民法修改的价值取向、方法和进程》，见中国私法网：http://private11.bjsx23.host.35.com/Web_P/N_Show/？PID＝8843，浏览时间：2013 年 1 月 12 日。

② 参见渠涛：《日本民法修改的价值取向、方法和进程》，见中国私法网：http://private11.bjsx23.host.35.com/Web_P/N_Show/？PID＝8843，浏览时间：2013 年 1 月 12 日。

③ 参见谢怀栻：《关于日本民法的思考》，载《环球法律评论》，2001 年秋季号，269 页。

④ 参见［日］星野英一：《日本民法的 100 年》，渠涛译，载《环球法律评论》，2001 年秋季号，263 页。

百年间的经济和社会变化，经济全球化要求交易法国际化，欧盟合同法统一化的发展体现了民法立法的新趋势，民法典修改是在迎合世界立法的潮流。这使得《日本民法典》的修改要考虑是否应当遵从这种趋势或者应当怎样遵从这种趋势，从而实现与国际的接轨。

（三）《日本民法典》的修改趋势

现行《日本民法典》自 1898 年 7 月 16 日开始施行，至今已有一百多年的历史。自其颁布至今并未做过大的修改，尤其是前三编的规定，而后两编于第二次世界大战后的 1947 年进行了全面修改。因此，可以说一百多年来《日本民法典》虽然有修改、有补充，但都不是系统性的修订。其中包括 1971 年根抵押（最高额抵押）的创设，2003 年关于担保物权的修改，2004 年现代语化的修改，2006 年法人制度的大幅修改。直到 2006 年，日本法务省提出有必要对民法典进行全面修改，具体计划之一就是 2009 年确定的债法修改先行。①

在《日本民法典》百年之际，日本私法学会于 1998 年以"日本民法 100 年及债权法改正之课题与方向"召开学术研讨会，抛出债权法改正之议题后②，债权法改正之大时代来临。③ 随后日本私法学会召开了以"债法修改"为题的全国性年会，学者们就民法典中存在的问题以及如何加以修改提出了各种建议，并就如何修改的指导理念和构思进行了探讨。在日本，对于民法体系的修改多见于以特别法的方式来加以补充和完善，为何这次将焦点集中于民法典本身的修改，其理由有这样一些：其一，民法典制订当初没有存在的问题现在出现了，例如，电子商务等。其二，以往民法典设想的解决方法随着社会构造性的变化，已经不能适应现实社会生活的需要。其三，经济全球化所带来的国际性规范的调整需要。在这次研讨会上，日本学者们探讨的已经不再是制订什么特别法的问题，而是直接提出了修改民法典自身的大胆构想。根据能见善久先生的提议来看，民法虚

---

① 参见渠涛：《日本民法修改的价值取向、方法和进程》，见中国私法网：ht-tp://private11.bjsx23.host.35.com/Web_P/N_Show/? PID＝8843，浏览时间：2013 年 1 月 12 日。

② 参见日本私法学会［日］水少夕ム：《民法 100 年上债权法改正①课题上方向》，能见善久（责任者），别册 NBL51 号。

③ 参见陈自强：《侵权法之现代化》，182 页，北京，北京大学出版社，2013。

拟的自由、平等的市民社会秩序是针对设想的抽象化市民，但是，历来市民就有各种各样的属性，而今社会发生了根本的变化，于是就有了以多样化作为民法典前提的必要，也就是说将全面修改民法典的问题提了出来。同时，将民法典外部展开的制度、理论与民法典内部展开的制度、理论结合起来，显示出学者编纂民法典的方向。①

　　日本于2009年11月设置了以修改债权法为目的的法制审议会民法（债权关系）分会，开始审议以契约为中心的债权关系的法律条文，其目的就是通过修改实现相关条文的现代化。本次修改的范围为：《日本民法典》第1编（总则）第90条至第174条之2和第3编（债权）第399条至第696条。其中，前者具体包括总则中有关法律行为、期间和消灭时效部分，后者则是债权编中除法定债权以外的部分，即无因管理、不当得利和侵权行为之外的债权法部分。此后，该分会于2011年公布《关于民法（债权关系）修改的中间论点整理》②，并继续进行审议，于2014年3月又公布了《关于民法（债权关系）修改的中间试案》（以下简称为《中间试案》）③，同时向公众征求意见。2014年7月起，审议进入最后阶段。如进展顺利，将于2014年7月制定《修改要纲既定案》。之后，经法务省对其他相关法律需要配合修改之处进行调研，于2015年1月～2月对《修改要纲》最后定稿，并有望在当年的通常国会得到通过。④日本修改民法的意义在于：

　　第一，顺应民法典实施以来的社会变化。在民法修改中确定了民法的新原则并增加了很多新内容。作为在《中间试案》中的核心原则，合意原则体现在格式条款、自始不能的合同效力、基于债务不履行的损害赔偿请求权的免责事由等领域中。此外以格式合同为例，格式合同在交易中大量的适用，但实际上在日本没有很好地进行规范。在民法典里并没有针对格式合同的特殊规定，最低限度合理性的限制只有通过《日本民法典》

---

① 参见段匡：《日本民法百年中的债法总论和契约法》，载《环球法律评论》，2001年秋季号，309页。

②③ 全文见法制审议会民法（债权关系）分会网页：http://www.moj.go.jp/content/000074989.pdf，访问时间：2014年2月4日。

④ 参见［日］潮见佳男：《日本债权法的修改与合意原则》，徐慧译，载《交大法学》，2014（3），63～64页。

第90条公序良俗来规制，可是真正的大量的格式合同是无法通过公序良俗来规定的。因此界定什么样的条款是格式条款，具体什么样的条款是不当条款，都是要求法律做出非常明确的规定。

第二，将判例确定的法理明文规定。因为《日本民法典》的空洞化情况非常严重，所以现今日本存在大量的特别法和判例法。现存的两个草案，一个是民法（债权法），即只限于债权法；另一个是由民法改正委员制定的，将整体的民法都纳入修改的内容里。尽管两个草案对于是否让民法典保留潘德克顿体系存在争议，但是对于判例法和特别法的规定，两个草案都是一致的，即尽可能地将这些内容都包含到民法典中，将"有关契约的规范群"作为一个整体放置在债权编中。①

第三，增加民法典的亲民性，使民法能够成为一般国民容易理解的法律。这就促使《日本民法典》需要进一步现代语话，同时也要将民法中缺失的一些重要的基础性、概念性的问题加以补充和完善，将不明确的规则进一步清晰化。如日本2004年民法口语化之修正，目的应该也是让人民易于阅读与理解，此次债权法修正如欲使法律更透明，势必不能局限在用字遣词，或许执简御繁，形成清楚的法律规则或法律原则更有帮助。②

第四，在修改民法时要实现民法特别是合同制度与国际的接轨。日本因为自身国内市场狭小，所以它跟国际交往的事务将会越来越多，对国际市场的依赖性也会越来越大，这就要求日本必须在修订民法典时做到与国际接轨。一方面在制定草案时，注重比较法的研究方法，大量的参考国外的法律，法务省也到国外去做过调研。③ 另外一个突出的例证便是民法典对于市民理念的落实。此次日本民法之改正虽不像刚出炉的《欧洲私法共同参考架构草案》（DCFR）包山包海④，但也与《欧洲合同法原则》

---

① 参见［日］大村敦志：《日本民法修改的现状（2）——以民法（债权法）修改研讨委员会草案为中心》，解亘译，载《中日民商法研究》，第9卷，24页，北京，法律出版社，2010。

② 参见陈自强：《侵权法之现代化》，191页，北京，北京大学出版社，2013。

③ 参见渠涛：《日本民法修改的价值取向、方法和进程》，见中国私法网：http://private11.bjsx23.host.35.com/Web_P/N_Show/? PID＝8843，浏览时间：2013年1月12日。

④ 参见陈自强：《欧洲契约法发展之最新动向》，载《月旦法学杂志》，2010年7月号，126～132页。

（Principles of European Contract Law，以下简称 PECL）① 及联合国《国际商事契约通则》（UNIDROIT Principles of International Commercial Contracts，以下简称 PICC）不同，并不局限于契约法一般法律原则，尚包括有名契约类型，即包括契约法总论及契约法各论。相较之下，此次债权法改正之范围与德国 2002 年债法修正最为接近。《德国债法现代化法》有两大议题：其一，欧盟指令之转化及其与民法典之整合；其二，给付障碍（Leistungsstörung）法之现代化。因欧盟契约法领域之指令多针对各种契约类型，特别是与消费者保护有关之议题。② 在欧盟法的推动下，各国加强消费者保护已经成为世界上通识的立法潮流。虽然对于是否将消费者方面的规则纳入民法典尚存在争议，但是要想将民法作为调整社会关系的基础型法律，最理想的就是将一般市民共同关心的问题规定到民法典中来。正因如此，应该将商业交易与消费者交易也作为其调整的对象。③ 这也算是民法典亲民化的体现。民法典修改草案将消费者契约法等内容纳入新债权法，并对消费者、经营者的概念进行了界定，还将电子消费者契约中的有关规定也纳入到了民法典中。④

三、《韩国民法典》的修缮以及发展趋势

（一）《韩国民法典》的制定背景与特色

　　韩国继受近代民法是以 1912 年日本占领时期颁布的《朝鲜民事令》沿用的日本民法为开端⑤，在解放之后因韩国内战又导致持续施行《日本民法典》15 年。这就导致之后韩国在立法时不可避免地受到《日本民法典》的影响，想要真正摆脱日本民法的束缚绝非易事。1948 年 12 月，韩

---

　　① 参见陈自强：《整合中之欧盟契约法》，载《月旦法学杂志》，2010 年 6 月号，123～131 页。

　　② 参见陈自强：《侵权法之现代化》，185 页，北京，北京大学出版社，2013。

　　③ 参见［日］大村敦志：《近 30 年来日本的民法研究》，渠涛译，载《清华法学》，2012（3），151 页。

　　④ 参见［日］大村敦志：《日本民法修改的现状（2）——以民法（债权法）修改研讨委员会草案为中心》，解亘译，载《中日民商法研究》，第 9 卷，23 页，北京，法律出版社，2010。

　　⑤ 参见《韩国民法典 朝鲜民法典》，金玉珍译，1 页，北京，北京大学出版社，2009。

国政府着手准备制定新的民法典，以代替当时所沿用的《日本民法典》。现行《韩国民法典》于 1958 年 2 月 22 日公布，并于 1960 年 1 月 1 日起实施。《韩国民法典》由 5 编 1 118 条构成，包括总则、物权、债权、亲属、继承，没有民法和家族法之分，并采用民商分立的体系。

　　由于日本的殖民占领，韩国的法律一直处于消极被动接受的状态，因此造成之后的韩国法律界始终处于一种难以摆脱的矛盾状态之中。在制定《韩国民法典》的过程中，基于《日本民法典》并参考《德国民法典》，树立了淡化个人主义、强化团体主义的民法基本思想。另外，还参考了很多其他国家的民法典，有《法国民法典》《瑞士民法典》《意大利民法典》《中华民国民法典》《苏联民法典》以及英美法。韩国虽然参考了很多外国的近代民法典，但基本的参考资料还是《日本民法典》。基于上述原因，现行《韩国民法典》未能完全摆脱所谓的"依用（日本）民法"，并在整体上存在日本民法的痕迹。

　　不同于《日本民法典》对于西方立法的主动继受，韩国民法是通过日本民法对西方立法的间接继受。由于《日本民法典》继受自德国民法和法国民法，韩国民法中也不可避免的有这两国法律的影子，于是立法者就在依用民法中删除源于法国民法的不服水土的条款，更多吸收德国民法。

　　除此之外，由于历史原因，从中国继受的儒家法律文化对韩国的传统法律及社会发展产生了深远的影响，在制定民法典时亦受到《中华民国民法典》的影响。① 基于要制定一部与《日本民法典》内容不同的民法典的历史意识，韩国民法制定者将韩国传统的固有法作为民法的内容。② 所以1960 年开始施行的《韩国民法典》是以《日本民法典》为基础，但在传统家族法领域又保持着自身特色。

（二）《韩国民法典》修改的必要性

　　《韩国民法典》实施之后数十年，韩国的经济发展实现腾飞，但与其巨大的经济成就形成对比的就是民法典现代化进程的停滞。《韩国民法典》并没有对韩国人民社会生活的现代化产生直接的良性推动，没有起到有效的保障私

---

　　① 参见苏亦工：《无奈的法典：中日韩三国民法现代化道路之比较》，载《当代韩国》，2002 年冬季号，14 页。

　　② 参见［韩］金相容：《韩国民法的历史与基本原则》，载《山东大学法律评论》，2006（6），142 页。

权的作用。进入 20 世纪 90 年代，韩国实现了民主政治的转变，政府支配型的经济结构也已演变为私人支配、自我规范的经济体制。① 20 世纪末的亚洲经济危机，造成了韩国的政治和经济动荡，司法和法学研究严重脱节，现实生活中民法领域出现各种各样的负面作用。尤其是在交易法领域，韩国还保持着传统民法的内容，并没有根据现在国际上的立法趋势进行修订，这就导致了民法适用与现实生活的脱节。于是 2009 年 2 月韩国法务部重新组织民法修改委员会，选定 37 名民法修改委员，对财产法领域进行修改。② 根据《韩国民法典》的发展历史，我们可以看出，现行《韩国民法典》存在下述几个特有的问题，也是其修改中需要重点予以关注的：

第一，立法技术欠缺。如上文所述，《韩国民法典》的制定存在法律继承的混乱性，导致了严重的立法技术缺陷。《韩国民法典》主要参照《日本民法典》制定，又要刻意表现出不同于日本法的特征，因此就难免留下许多穿凿的痕迹。③ 譬如，以意思主义为基础的依用民法条文在形式主义的新民法典中被原封未动地保留下来。虽然诺成契约并非要物契约，但却保留了旧民法中的表示"占有合意"的"派生占有"的术语。再如旧民法中的过于个人主义倾向也被有意无意地保留下来，如多方债权、债务被规定为可分割债权、债务（第 408 条），不能充分响应团体精神的需要。④

第二，与社会生活脱节。《韩国民法典》作为标准法应当成为指导人民日常生活的基本规范，但其内容却与人民的一般法律生活相脱节。许多民众日常生活中常用的法律事项，如担保债和短期大额按揭制度，《韩国民法典》中并没有详细的规定。虽然民法典的一些瑕疵通过一些特别立法做了弥补，但民法典本身的不协调性依旧存在，而且还产生了许多特别法和民法典的冲突问题。由于特别立法已经被普遍认可为民法典的例外，大量制定特别法的结果事实上造成了特别法成了一般规范而民法典成为例

---

① 参见苏亦工：《韩国民法的现代化道路》，载《中国社会科学院院报》，2003 - 04 - 09，第 3 版。

② 参见《韩国民法典-朝鲜民法典》，金玉珍译，4 页，北京，北京大学出版社，2009。

③ 参见苏亦工：《无奈的法典：中日韩三国民法现代化道路之比较》，载《当代韩国》，2002 年冬季号，17 页。

④ 参见苏亦工：《韩国民法的现代化道路》，载《中国社会科学院院报》，2003 - 04 - 09，第 3 版。

外，这就进一步造成民法典与社会生活的疏离。

第三，与国际潮流相悖。面对国内外的巨大变化，韩国人的民主意识增强，其在立法中愈加注重本国国情和社会的发展状况，韩国开始逐步走上内发型的法治现代化道路。韩国历史上一直走的外源性的法律现代化道路带来了很多负面影响，因此，韩国希望通过民法典的修改来实现修正。同时中国借鉴国际上通行的法律规范不断进行民法立法的成功经验也对韩国产生了影响。韩国最重要的成果就是努力摆脱依用（日本）民法的束缚，导入了德国和美国的优秀法理并与韩国的实际情况相结合，由法律实务界和法学家合作提出了民法典修订案。近年来，韩国民法学者以国际化为目标，努力将韩国民法与国内法规统一到一起，进而建立韩、中、日三国民法统一研究小组。[①]

第四，比较法研究成果不足。在 2001 年民法修订案的制定过程中，比较法的成果没有得到充分体现。主要表现在：其一，德国债权法修订案的最新研究成果没有在民法修订案中得以体现。其二，作为解除合同的要因，以要求归责事由的方式解除，这与解除规定的国际上的契约法趋势相违背。其三，无论是 2001 年联合国大会公布的关于债权出让的条约案，还是几年后的 CISG 的相关研究成果都没有充分体现出来。其四，没有对外国法的基本概念进行研究比较，只是以小篇幅引用了对应关系中的条文。其五，参照文仅仅局限于欧美法，而将东亚民法特别是最近才制定的中国《合同法》排除在外。其六，从消费者法以及特别法的包容力不足的层面考虑，民法现代化的努力不足，从而总体可以认为这部民法修订案的确有很大不足。尤其是德国债权法修订案的最新内容没有充分进行研究，多少有些让人感到可惜。德国民法修订的主要内容是按照欧盟指令，通过对买卖法和与之相对应的债务法体系的修正，完善了德国固有的二元体系，使之与以义务违反为中心的一元的支付障碍法相统一，最终与欧洲整体的法律体系相匹配。又如，对于瑕疵担保责任，令人瞩目的是法院对于韩国民法的瑕疵担保责任相关规定的解释，大部分借用了美国法上的 Warranty 分类方法和用语。例如明示、默示的保证责任的用语，在美国法上与 express and implied warranty 是一样的概念。另外美国法上的明示

---

① 参见［韩］朱芝弘：《韩国民法的继承与创造》，载《甘肃社会科学》，2008（3），131 页。

担保责任、适合商品的默示担保责任、特征目的适合的担保责任这三种类型相关的内容，也在判决书中间接地引用说明。目前可以大致确定的是，韩国正在直接或间接地接受美国法的制度。特别是商法中，美国法的作用最大。另外，通过分析欧盟在 1999 年 5 月 25 日"消费品买卖及担保指令"的内容，从大的方面可以将其分为两部分：前半部分包括"瑕疵担保责任"，后半部分规定了依照制造者、销售者随即赋予保证。关于瑕疵担保，从实践角度对购买了有瑕疵物品的消费者实施保护。①

（三）《韩国民法典》的发展趋势

截至 2009 年 8 月 15 日，《韩国民法典》已经历经 17 次修改。其中大都是对家庭、继承制度的修改，而财产法领域的修改只有一次，并且只对其中一部分进行了修改。② 对于总则、物权、债权三编的修改，基本上是通过制定特别法或者修改特别法的形式实现，而几乎没有直接对民法典进行修改。在债权法领域，这些特别法主要有：《约款规制之法律》（1983年）和《电子交易基本法》（1999 年）。③

与几乎每年都进行修改的《德国民法典》相比，《韩国民法典》似乎并没有针对飞速发展的社会做出快速的反应。为了解决这一问题，韩国法务部开始进行民法的修订工作，并明确要求在确保顺应《国际商事合同原则》《联合国国际货物销售合同公约》等国际私法统一的趋势下进行民法修订工作，即要努力在民法修正案中体现出这一趋势。这其中值得关注的是韩国 2004 年被迫失败的民法典修改，在 2004 年修改民法典之前，《韩国民法典》的修改多集中在亲属法领域而很少涉及财产法领域。如上文所提及，韩国财产法领域主要通过单行性立法来补充，而 2004 年的民法典修改正是为了弥补多部单行性立法所带来的局限，但最终由于政治原因导致此次民法典修改失败。④ 2009 年 2 月韩国法务部组织了由 37 名修改委员

① 参见［韩］朱芝弘：《韩国民法的继承与创造》，载《甘肃社会科学》，2008（3），132～133 页。

② 参见崔吉子：《韩国民法典的发展历程简介》，载《韩国最新民法典》，崔吉子译，5 页，北京，北京大学出版社，2010。

③ 参见［韩］梁彰洙：《关于韩国民法典的最近修改》，载《韩国最新民法典》，崔吉子译，48 页，北京，北京大学出版社，2010。

④ 参见［韩］韩雄吉：《韩国民法的挑战和展望》，许寿童译，载《太平洋学报》，2009（4），71 页。

构成的民法修改委员会，这一修改委员会分为 6 个分组，其中 5 个分组直接负责修改工作，内容涉及合同以及法律行为、担保物权和保证制度、法人制度等方面的修改。这次民法典修改最终通过并得以适用，使得《韩国民法典》不断适应时代的发展和社会的变化。根据最后一次民法修改的讨论意见，我们可以看出，《韩国民法典》尤其是在债法领域致力于实现下述目标：

第一，韩国民法的发展方向，就是指向人类普遍的理念和价值，同时体现本国的传统和传统法，要制定一部具有独自性和固有性的本国民法。① 韩国民法的基本思想，是基于自由主义和个人主义，自由主义和个人主义又是与团体主义和集团主义相反的近代资本主义社会最基本的社会思想。因韩国民法接受西洋近代民法，其基本思想也是接受西洋近代民法的基本思想。民法尊重个人的人格和创意性，追求个人主义，认定个人的自由，保障个人的自由。因此，自由主义是韩国民法的思想基础。为了实现自由主义和个人主义，其基本原则如下：其一，财产权绝对原则及所有权绝对原则；其二，个人意思自治原则和法律行为自由原则；其三，过失责任原则。韩国民法不是单纯维持近代民法的基本原理，而是把"财产权绝对原则"发展成为了公共福利限制财产权的"财产权相对原则"，把"契约自由原则"发展成要求契约内容公正的"契约公正原则"，把"过失责任原则"发展成无过失而承担责任的"无过失责任原则"。由此可见，虽然韩国民法基于近代民法的基本原则而修改，但民法的基本原则是大原则，其修改是属于例外，只有在基本原则产生社会问题时才修改基本原则。《韩国民法典》系以西方近代民法的基本原则为理论基础，为适应现代工业化社会的需要，同时也注入了现代民法的修正原则。因此，《韩国民法典》也可以说是以近代民法为基准，以现代民法为变通和补充，抑或说是以近代民法原则为常，以现代民法原则为变。②

第二，民法典更加顺应现在国际立法趋势以及本国的具体国情和社会经济发展状况来进行修改。例如修改委员会第一分组的负责领域是"合同以及法律行为"，其内容就包括是否要把有关电子交易的规定编入民法，是否要新设关于说明义务或提供信息义务的一般规定，是否新设法院的合

---

① 参见［韩］金相容：《韩国民法的历史与基本原则》，载《山东大学法律评论》，2006（6），143～145 页。

② 参见苏亦工：《韩国民法典的修正及其背景》，载《私法》，第 3 辑第 2 卷，106 页，北京，北京大学出版社，2004。

同修改权限，是否要完善撤销权的相关规定，是否新设要式行为的相关规定等。同时还要对《韩国民法典》第 114 条的代理权的滥用（新设）、第 531 条的远距离合同成立（原本是以发信主义为原则，现预定修改为承诺到达之时为效力的发生）等准备进行修改。这些都是在民法修改中针对现在社会经济关系变化所做出的应对。①

第三，在 2009 年进行民法典修订时更加注重比较性研究方法，更加客观地在比较研究的基础上实现民法典的现代化并与国际接轨。《韩国民法典》在一直处于试图摆脱他国影响并不断适应时代发展和社会变化的过程中多次进行修改。但是其中只有 4 次大修改，而 4 次当中的 3 次为亲属继承法领域的修改，另外一次是 1984 年进行的韩国财产法的修改。其他修改只是随着其他法律的修改而进行的用词整理或者是一两个法律条文的修改，而唯一一次针对全部领域的修改也由于政治原因于 2004 年搁浅，可见韩国并没有对民法典进行系统地修改。而现正在进行的修改工作与 2002 年德国债权法的修改、与 2003 年法国民法的修改以及日本的民法修改工作作比较，与比较研究并行进行的。这相对于 2004 年搁浅的修正案来看是一个进步，因为在上一个草案中比较法的成果在民法修订案中没有得到充分体现。一方面德国债权法修订案的最新研究成果没有在民法修订案中得以体现；另一方面，亦没有体现 CISG 等国际示范法的研究成果。在比较研究时仅仅将视角局限于欧美法，而将东亚民法，特别是当时才制定的中国《合同法》排除在外。② 这些均在新的修改草案中有所改进。

四、中国民法的现代化以及发展趋势

（一）中国民法立法进程

相对于日、韩，中国并没有现行的民法典。中国接受现代化文明，首先是在科学技术方面学习西方，洋务运动是其体现，之后逐渐走上了制度变迁的道路，先是维新变法，后来发生以"西法东渐"为特点的法制改革等。晚清大约在 1907 年开始启动民法制定工作，《大清民律草案》转道日本、师法德

---

① 参见［韩］尹喆洪：《韩国民法典的修改现状与今后的课题》，载 2009 年第四届"罗马法、中国法与民法法典化国际研讨会"论文集，981～983 页。

② 参见朱芝弘：《韩国民法的继承与创造》，载《甘肃社会科学》，2008（3），133 页。

国，但未及颁行。1929 年中华民国制定正式民法典，师法德国、瑞士。作为民法后发国家，其民法发展始终有一个重大命题，就是配合国家法律文明转型，或者说进行法律近代化、现代化。因此可以说，中国历史上发展民法或制定民法典的动因，是与"被动式"的现代化进程联系在一起的，旨在"师夷长技以制夷"以及通过建立西方式法治收回"治外法权"①。

　　在近代我国亦同日、韩一样，在继受西方法律的基础上制定了现代意义上的民法典。清末变法以来，我国借鉴近代大陆法系国家的法典化经验，开始编纂一系列的法典，民法典就是其中之一。其中《大清民律草案》《民国民律草案》和《民国民法典》在中华法系民法的基础上实现了一个华丽转身，走向了继受欧陆民法的不归路，适应了当时中国社会政治、经济、文化生活的需要，实现了中国民法的现代化。其中最具有代表性意义的是《民国民法典》。自 1929 年至 1931 年，国民党政府先后颁布了民法典各编，最终完成了近代意义上的民法典的编纂。② 它历时 3 年，其中五编相继完成立法程序：总则编于 1929 年 5 月 23 日公布，10 月 10 日施行；债编于 1929 年 11 月 22 日公布，1930 年 5 月 5 日施行；物权编于 1929 年 11 月 30 日公布，1930 年 5 月 5 日施行；亲属编和继承编同于 1930 年 12 月 26 日公布，于 1931 年 5 月 5 日施行。《民国民法典》共有条文 1 225 条，各编都有施行法，与各编同时公布施行。《民国民法典》各编的起草，以大陆法系各国民法为主要参考，主要参照德国民法、瑞士民法中的多项制度和条文，也参考了法国、日本及苏俄的民法规定。另外，还吸收了南京临时政府、北洋政府法制建设的成果和经验，其中包括对中国固有法律中美俗传统的保留，形成了完整的民法典体系和内容。在当时世界各国民法典中，《民国民法典》撷取各国民法精华，注重中国民事习惯，独树一帜。③

　　1949 年之后，当代中国民法经历了艰难曲折的发展道路。由于废除了民国时期的"六法全书"，制定一部中华人民共和国的民法典成了民法

---

　　① 龙卫球：《中国民法"典"的制定基础——以现代化转型为视角》，载《中国政法大学学报》，2013（1），86 页。

　　② 参见王利明：《中国民法典制定的回顾与展望》，载《法学论坛》，2008（5），5 页。

　　③ 参见杨立新：《百年中的中国民法华丽转身与曲折发展——中国民法一百年历史的回顾与展望》，载《河南省政法管理干部学院学报》，2011（3），1、8 页。

学者一直以来的夙愿，也是立法机关始终追求的法制目标。从 20 世纪 50 年代中期开始，历经 60 年代中期、70 年代末 80 年代初，直至 20 世纪末 21 世纪初，立法机关先后四次组织起草民法，均未能实现这一目标，留给民法学者诸多的遗憾。①

　　相对于目前日、韩存在的民法典修改的问题，中国更重要的是如何进一步完善民法领域立法，并在此基础上进行民法典的制定。在新中国成立之后，我国逐步开始民法制定的规划。1986 年的《民法通则》是我国第一部调整民事关系的基本法律，它是我国民事立法发展史的一个里程碑。其颁布实施，是完善市场经济法制、建立正常的社会经济秩序的重大步骤。近 30 年来，我国先后制定了《民法通则》《合同法》《担保法》《著作权法》《商标法》《专利法》《婚姻法》《收养法》《继承法》《物权法》《侵权责任法》等民事法律。同时，在一大批其他法律中作了有关民事关系的法律规定，这些法律共同形成我国的民事法律制度，也标志着我国民事法律体系基本形成。我国著名民法学家王利明教授认为，法律体系形成的标志突出表现为起着支架性作用的法律已经制定，但这并不意味着我们的法治建设就功德圆满、万事大吉，因为法律体系是动态的，需要不断发展完善、与时俱进。而且，在民事立法领域，尽管我国已经制定了《民法通则》《合同法》《物权法》《侵权责任法》等基本民事法律，各项法律之间基本上也保持了一致，但在形式上却因为没有民法典而体系化程度不高，这既与民法作为市场经济基本法的地位不符，也与刑法、诉讼法等其他基本法律的法典化形态不匹配。由此可知，在我国法律体系形成后，立法层面上，一项首要的任务就是制定一部民法典。② 我国另一位著名民法学家孙宪忠教授更是指出，我国最高立法机关宣布已经建成了社会主义市场经济法律体系，但是从"体系"的角度看，民法立法还存在体系化和科学化方面的重大缺陷，这些问题十分明显并亟待改正。立法机关在 1986 年制定《民法通则》时曾经宣布，等条件成熟时应该制定民法典，借以整合民法资源，实现民法规则体系化和科学化。但是，现行建成的所谓"体系"并没有表现民法典整合的趋势，也不符合民法科学体系化的内在逻辑。为

---

① 参见柳经纬：《渐行渐远的民法典》，载《比较法研究》，2012（1），140 页。

② 参见王利明：《法律体系形成后的民法典制定》，载《广东社会科学》，2012（1），5 页。

保障市场经济发展和人民权利，民法立法体系化、科学化的任务必须旗帜鲜明地提出来，必须借助潘德克顿法学的科学防止立法碎片化，尽快实现民法现行立法的整合，并且尽快出台中国民法典。①

我国民法近年来唯一的一次体系化的努力，是全国人民代表大会常务委员会法律工作委员会于 2002 年向社会发布的一个《中国民法典草案》。2002 年 12 月 23 日，《中国民法典草案》被提请第九届全国人大常委会第三十一次会议初次审议。它共有 9 编：第一编总则；第二编物权法；第三编合同法；第四编人格权法；第五编婚姻法；第六编收养法；第七编继承法；第八编侵权责任法；第九编涉外民事法律关系的法律适用法，共1209 条。虽然该草案大体上遵循了潘德克顿的法学体系，但其取消了债法总则，增加了人格权法和侵权责任法这两编。它的民法总则部分对《民法通则》进行了一定程度的修改，删除了一些已经过时的规定，比如"个体工商户"，将已在单行法中规定的内容直接省略（合伙企业），并对一些内容予以修补。该《中国民法典草案》的体系化展现的思路是"现有法律汇编"，而不是法学上所说的"具有立法价值的编纂"，因为"编纂"意味着对现有法律从内容到体裁格式的统一协调，可是该法典草案只是将当时已经生效的《民法通则》《合同法》《继承法》《婚姻法》《收养法》以及当时已经公布但是尚未制定的《物权法》草案《侵权责任法》草案等原封不动地照搬到《中国民法典草案》之中。立法者对民法典所做的工作，在立法的内容与体系上没有任何积极的创新。②

（二）中国民法立法趋势

如前文提及，我国不像日韩拥有自己的民法典，我国自 2002 年就开始将民法典的制定提上了日程，然而不久民法又转入了各项单行法的制定模式。③ 立法机关决定对民法典采取分阶段、分步骤制定的方式。④ 近十

---

① 参见孙宪忠：《我国民法立法的体系化与科学化问题》，载《清华法学》，2012（6），46 页。

② 参见孙宪忠：《我国民法立法的体系化与科学化问题》，载《清华法学》，2012（6），57 页。

③ 参见龙卫球：《中国民法"典"的制定基础——以现代化转型为视角》，载《中国政法大学学报》，2013（1），83 页。

④ 参见王利明：《中国民法典制定的回顾与展望》，载《法学论坛》，2008（5），7 页。

几年来，中国的民事立法和关于民法典编纂的理论研究均取得了长足进步。在民事立法方面，全国人大及其常委会先后制定了《物权法》《侵权责任法》和《涉外民事关系法律适用法》，加上之前已经施行的《合同法》《婚姻法》《收养法》和《继承法》，重要的民法部门基本上已有了单行法律。在理论研究方面，学者们所争论的主要问题已不再是要不要对中国民法进行法典编纂的问题，而是更多地集中在制定什么样的民法典以及如何制定民法典的问题上。

　　党的十八届四中全会通过的《中共中央关于全面推进依法治国若干重大问题的决定》指出，"加强市场法律制度建设，编纂民法典"。党的十八届四中全会提出要编纂民法典，这为我国未来民事立法工作进一步指明了方向和道路。编纂民法典不仅是全面推进依法治国、全面深化改革的需要，更是民法自身实现科学化、体系化的需要。通过对中、日、韩三国民法发展和修改的比较，可以看出国际上的私法趋同对于各国民法的修改已经形成了巨大的影响。我国正处在制定民法典的过程中，因此应通过比较法研究的方法，吸收借鉴日、韩在制定和修改民法典时的经验。要在关注民法典国际化发展趋势的同时，使民法典更加体现中国特色，适用于中国特殊的国情。具体来说，我国制定民法典，应做好以下几个方面的工作：

　　第一，应尽快完成我国民法典的制定。经过近三十年的努力，基于后发优势，中国民法学研究获得长足进步，为民法典编纂积累了相对充分的知识储备。以《民法通则》的颁布为起点，随着《合同法》《物权法》和《侵权责任法》的相继生效，社会主义民事法律体系的基本形成，制定民法典成为所有工作的重中之重。我国已经制定了一系列民事法律，有了社会主义市场经济基本形成的客观基础，加之民事立法的资料、经验的积累，对民法理论与实践的研究，起草民法典的条件已经完全成熟。虽然在目前学界对于"法典化"和"解法典化"还存在争议，但是中国实际上处在前法典化时代。作为大陆法系国家，一部处于基础地位的民法典还是十分必要的，因为民法典既是实现法典化的最佳途径，也是法官依法公正裁判的保障。

　　第二，我国应制定一部具有体系性和科学性的民法典。中国自 1992 年明确宣布建立社会主义市场经济体制之后，就开始了大规模的制定民法的工作，现在有必要对于民法立法技术层面的问题予以认真的思考。目前我国已经建成中国特色社会主义法制体系，为了在形式上使得我国拥有一套完备的民法典体系，学者及立法者正在努力将我国现行的单行民法整合成一套完整的民法典。从传统民法的潘德克顿体系来看，一部完整的民法典应该拥有总则、物权、债权、亲属与继承。目前我国的单行性法律已经齐备，只是需要进一步加以整合进而形成一部形式上完备的民法典。但是一部成型的民法典不仅是要在形式和内容上齐备，以《法国民法典》和《德国民法典》为例，一部民法典还承载着一种民族精神以及民法理念。从这一点上来看，在整合现有单行民事法律的同时，学者和立法者还应当特别重视对新时代民法理念的再认识。我们可以看到，我国现行的民事法律"体系"还远不是一个科学的民法体系。这一点和我国民法作为市场经济体制基本法的地位非常不适应，也和我国当前民法学术发展的水平很不适应。制定一部面向21世纪的科学的民法典，既能够有效实现中国大陆民事法律的体系化并构建中国特色社会主义法律体系，也将代表着大陆民事立法水平达到一个新的高度，还将充分表明我国法律文化达到了更高的层次。通过民法法典化的方式实现民法的体系化，不仅符合我国成文法典化的法律传统，而且是中国大陆实行依法治国、完善社会主义市场经济法律体系的重要标志，还将表明我国法律文化的高度发达水平，更是中国法治现代化的具体表现。① 我国著名民法学家孙宪忠教授指出，我国立法机关在改革开放初期以来，曾经两次启动民法典编纂工程。但后来因为客观形势立法采取渐进模式而不是民法典整体推进模式，民法立法逐一制定成为单行法，以至于近年来形成了不顾民法体系化和科学性的立法碎片化趋势。最高立法机关在2011年宣布我国市场经济的法律体系已经建成，但是这一"体系"其实是建立在立法碎片化基础上的单行法的集合体，并不符合法律科学意义上的体系的本意。现行民法立法的集合体内还残留着计划经济体制的因素，而法律基本规则的混乱、繁简失当、轻重失衡、制度缺失与制度重复这些问题还都存在。新近出现的一些立法和立法动议，只是追求单一立法的自圆其说，而不追求立法整体的衔接，其结果是民法体系性问题愈来愈显严重。民法立法应该及时防止这种情形继续发生，并且及时推进民法典立法编纂工作，对现行民法立法予以整合，实现立法真正

---

① 参见谢怀栻：《大陆法国家民法典研究》，3页，北京，中国法制出版社，2005。

的体系化和科学化。① 我们应该制定一部具有逻辑性和体系性的民法典，而不是"松散式、汇编式"的民法典。② 编纂民法典，须处理好形式理性与实用性、现实性与前瞻性、本土化与国际化、任意性规范与强制性规范的关系。③

第三，我国民法典应当彰显时代精神。民法典应依据时代精神和本国国情进行创新，参考市场经济的共同规律、共同社会经济生活条件，使民法在内容上和法律技术上具有相当程度的国际性，具有为世界或地区共同认可、一体遵循的通行性。民法典的制定，也必须反映 21 世纪的时代特征，对互联网时代、信息社会和大数据时代、高科技时代、知识经济时代、经济全球化趋势、资源环境逐渐恶化趋势及风险社会的时代特征做出回应。④

第四，我国应当制定一部开放型的民法典，而不是封闭型的民法典。民法典如果成为一个封闭体系就充满着危险，因为社会经济生活是非常活跃的，它不应当受到法律的束缚和阻碍，法律应当给它更大的未来空间和余地。一部开放型的民法典应当有四个方面的特点：主体地位和资格的开放应是整个民法典成为开放型的基础；民事权利的开放应是一部开放型民法典的灵魂；民法典中行为的开放自由应是开放型民法典的主线；有关民事责任方面法律规定的开放，实质上是给予权利人多样化权利救济手段的问题。⑤

第五，我国应制定符合经济全球化趋势的民法典。随着我国改革开放的不断深入和融入国际社会的脚步不断加快，我国的法制建设工作越来越注重采用国际通行的做法或普遍实践。一位美国法学家说过："在某些时候，不同国家间的法律文化会呈现愈来愈大的差异，而在另一些时候，它

---

① 参见孙宪忠：《防止立法碎片化、尽快出台民法典》，载《中国政法大学学报》，2013 (1)，76 页。

② 参见梁慧星：《中国民事立法评说·民法典、物权法、侵权责任法》，15 页，北京，法律出版社，2010。

③ 参见郭明瑞：《关于编纂民法典须处理的几种关系的思考》，载《清华法学》，2014 (6)，34 页。

④ 参见王利明：《民法典的时代特征和编纂步骤》，载《清华法学》，2014 (6)，6 页。

⑤ 参见江平：《制订一部开放型的民法典》，载《政法论坛》，2003 (1)，3 页。

们之间的趋同性又会十分明显。"①　如何使我国法律制度特别是民商法律制度在全球化背景下进一步与国际社会更趋协调、接近或一致,以减少对外经济交往中的法律障碍,已经成为国家立法工作注意的焦点。在法律趋同的背景下,一方面我国要做到的是对现行的民法单行法根据国际规则进行清理和修改。我国自改革开放以来,尤其是进入 20 世纪 90 年代以来,一直致力于加入经济全球化的进程。在这一时代进程中,我国原有的法律体系必然会发生重大变化,固有的法律价值准则要应对新的挑战,现行的法律机制必须予以调整与革新,只有这样,才能适应全球经济与社会环境。特别是在中国加入 WTO 之后,作为负责任的大国,中国已将内国法与世界贸易组织规则相适应、相一致,对民事法律做了进一步的完善。②另一方面要求我们在制定民法典时要注意与国际的接轨,注重采用国际通行的做法或普遍实践。就如江平先生在 2004 年中德日法学研讨会的开幕式发言中所指出,中国法学界对于法律全球化和共同性还缺乏充分的准备。一是在思想上准备不足,对法律全球化这个命题是否科学存在争议,虽然对冲突法的全球化有一定的准备,但对共同法则的研究还不够;二是在政治上准备不足,我国"一国两制"的国情在某种程度上使共同法不便得到主张。③ 这也促使中国在之后的民法法律规范制定时更加注意与国际规定的融合和统一,使中国民法成为更好地反映全球大市场经济规律要求的现代化民法,最终达到对外我国民商法律制度能在全球化背景下进一步与国际社会更趋协调、接近或一致,减少对外经济交往中的法律摩擦的目标。

第二节　中、日、韩合同法一般规则的比较

一、中、日、韩合同法的体系

合同法体系是指按照一定的标准,将现行的和需要制定的合同法法律

---

① ［美］埃尔曼:《比较法律文化》,贺卫方译,3 页,中文序言,北京,三联书店,1990。

② 参见王家福:《21 世纪与中国民法的发展》,载《法学家》,2003 (4),8 页。

③ 参见邓建中:《法律全球化与共同法发现——中德日法学研讨会会议综述》,载《比较法学研究》,2004 (6),153 页。

规范体系分类组合，形成内容和谐、结构严密、形式完整的统一体。因此，合同法体系的功能主要是将现行调整合同关系的各项法律原则、制度和规范作为基本要素，以这些原则、制度、规范的有机结合为主要形式，使所有的原则、制度和规范都能充分发挥功能而构成一个动态的统一整体。中、日、韩三国合同法都受德国潘德克顿体系的深刻影响，它们都保留了大陆法系合同法的特点。但由于历史原因和发展道路不同，日本和韩国的合同法又都在一定程度上移植了美国法的某些制度，因此，中、日、韩三国在合同法体系上既存在相同点，又存在不少差异。

（一）中国合同法的体系

中国由于特殊的国情和历史原因，在新中国成立后的很长一段时间里，我们抛弃了传统民法中的契约理念，将合同看作是计划经济的一个工具，自然也没能建立起完整的合同法体系。直到改革开放之后，国家陆续开始制定相关的法律来调整合同法律关系。1981 年颁布了《经济合同法》，此后又陆续颁布了《涉外经济合同法》《技术合同法》等。除此之外，1986 年颁布的《民法通则》作出了一些原则性规定，在债法当中有对合同的规定。1999 年《合同法》的颁布，消除了在其之前合同法领域三足鼎立的局面。目前《民法通则》和《合同法》是中国调整合同法律关系的两部法律，但《民法通则》中的许多部分同《合同法》有重复甚或矛盾的地方。《民法通则》在民法体系中起着统领作用，与《合同法》是一般法和特别法的关系，发生冲突时，《合同法》作为特别法应当优先适用。对于仅在《民法通则》中规定而《合同法》未规定的问题，适用《民法通则》。但《合同法》第 123 条规定："其他法律对合同另有规定的，依照其规定。"此处，"其他法律"若包含《民法通则》，则同两者之间的一般法和特别法的关系有矛盾之处。此规定不明确，若将"其他法律"解释为除《民法通则》以外的其他特别法可能更为合适。[①]

《合同法》于 1999 年 10 月 1 日生效，由总则、分则和附则构成，共428 条。由于中国民法继受自大陆法系，反映在《合同法》的体系中是由总则和分则构成的，体现了一种"由一般到特殊"的立法结构。总则主要是对合同的定义、合同法的适用范围、合同的基本原则等作出一般规定，

[①] 参见［韩］高翔龙：《韩、中、日统一买卖法草案》，载崔吉子：《韩国法专题研究》，86 页，北京，法律出版社，2013。

并按照"合同的成立过程——生效——履行和履行的保障——合同权利义务的转让——合同关系的终止——违约责任"这样一种从合同成立到生效，再到履行的时间线条，构建起其体系。因此，中国《合同法》的总则部分包括了合同的一般规定、合同的订立、合同的效力、合同的履行、合同的变更转让、合同权利义务的终止、违约责任和其他规定几个部分。《合同法》分则包括了 15 种典型的合同类型。

（二）日本合同法的体系

汉语中中国近现代"民法"一语，究其渊源，可追溯到日本民法。"民法一语，典籍无所本，清季变法，抄自东瀛。"① 而日本现行民法在体例上依照《德国民法典》，成五编结构，即总则、物权、债权、亲属、继承。合同法的内容包含在债权编，债编又分为总则、契约、无因管理与不当得利、侵权行为四部分，所以日本合同法的内容是位于《日本民法典》第 3 编第 2 章的"契约法"之中。合同法这一章的内容，分成总则和分则两部分。总则的规定结构非常简单，包括契约的成立、契约的效力以及契约的解除。分则的部分规定的则是买卖合同、赠与合同、租赁合同等 13 种不同类型的具体合同。

日本现在的合同法学的基本框架是在第二次世界大战之后形成的。② 战前日本的法律完全照搬德国法，第二次世界大战后虽受到美国法的深远影响，但总体上仍属于大陆法系。从日本合同法的结构上看来，日本的合同法体系是比较简单的，这和日本的契约意识是有着密切关系的。从总体上看，日本的合同与其说是严格的权利义务关系，还不如说是基于友好、信赖基础上的系统关系。因此在合同实务中，日本合同的内容极其简单，并且有许多不确定的部分。③ 但是随着现代合同的发展，日本合同法也吸收了国际贸易法中的相应规则，所以在日本近代也就出现了现代合同法理论的重建，它更好地结合了私法自治、合同自由与法律规制的相关内容，也不断完善了日本的合同法体系。

（三）韩国合同法的体系

韩、日民法典在就个别法律关系进行规定的同时，为避免同一规定的

---

① 梅仲协：《民法要义》，14 页，北京，中国政法大学出版社，1998。

② 参见［日］山本敬三：《日本契约法学的展开》，李凌燕译，载《名家评说》，2000（5）。

③ 参见王晨：《日本契约法的现状与课题》，载《外国法评议》，1995（2）。

重复设立了总则。这种规定是个别合同关系规定的抽象，因此成为"契约总则"。"民法典将合同以外的，债权发生原因的规定与合同的规定作出并行规定，并将这些共同规定置于其整体前，设债权总则，物权、亲属、继承等亦用相同方法由这种体系组成。"① 事实上，仔细研究后不难看出，《韩国民法典》是参照日本民法制定的。"债"这个汉字在日语中并不常用，之所以采用"债"一字，是因为"受到了中国古典的影响，可以追溯到司马迁的《史记》中存在的'收债于薛'的语句"②。这也可以看出中、日、韩在契约法乃至债法上从古至今的密切关联。

韩国合同法的体系结构和日本较为相似。《韩国民法典》第 3 编第 2 章规定了依当事人的合意发生的债权关系。其中第 1 节总则部分第 527 条到第 553 条规定了有关合同的一般原则，之后的第 2 节到第 15 节规定了交易中经常使用的合同类型。根据合同自由原则，当事人亦可缔结除民法典规定的合同类型以外的其他合同。总则部分分别由合同的成立、效力、终止和解除三部分组成。

近年来为了适应社会结构的深刻变化，有关私法秩序的理论引起了韩国学者们的广泛关注，有的学者在民法学的研究中强调契约正义在韩国社会中的意义，并试图将契约原则进一步理论化。韩国法学家认为韩国合同法最重要的成果就是努力摆脱日本民法的束缚，并导入了德国和美国的优秀法理与韩国的实际情况相结合。特别是从 2000 年至今，韩国民法开始关注现代合同法特性的研究，一个非常重要的问题就是如何通过民法典修订反映现代合同法的特性。学者们对现代合同法的特性有如下见解：立足公共福利保证自由签约的原则，随着交易量的增加同时增加合同条款，增加消费者权益保护，以及技术转让时应有充分避免危险的方案等。③ 近年来，韩国为保护消费者和促进公平交易，通过了诸多特别法律。

---

① ［韩］高翔龙：《韩中日契约法比较》，载渠涛主编：《中日民商法研究》，第 4 卷，189 页，北京，法律出版社，2006。

② ［日］中西又三、华夏主编：《21 世纪日本法的展望》，江利红译，21 页，北京，中国政法大学出版社，2012。

③ 参见 ［韩］朱芝弘：《韩国民法的继承与创造》，载《甘肃社会科学》，2008（5）。

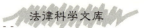

二、中、日、韩合同法的基本原则

(一)合同自由原则及其限制

中、日、韩三国的民法均是以基本原则为基石而进行建构。由于基本原则在韩国民法条文中规定得并不明确,因此对于存在何种基本原则学者观点不一。一般认为,基本原则包括:平等原则、所有权绝对原则、意思自治原则(合同自由原则)、过失责任原则。日本民法亦是由上述原则作为其民法之基本原则,而中国民法更是明文规定了基本原则。[1]

1. 中国

在中国的民事立法中,无论是 1986 年的《民法通则》,还是 1999 年的《合同法》,都具有一个不同于韩、日的特征,即明文规定了基本原则。作为近代私法三大原则之一的合同自由原则,指的是合同应基于当事人的自由意思订立,任何人不得介入和强制。"基于自由意思订立合同",包含了在不与强制性规定抵触的前提下,享有缔结合同的自由、选择相对人的自由、决定合同内容的自由和选择订立合同方式的自由。中国《合同法》第 4 条规定:"当事人依法享有自愿订立合同的权利,任何单位和个人不得非法干预。"这条规则即体现合同自由原则。

2. 日本

在 20 世纪 80 年代至 90 年代期间,日本开始出现试图重新构筑合同法框架的动向,其基础是合同思想、合同原理论的新发展。它的背景是,因为当事人之间存在力量的不均衡,所以有必要承认对私的自治和合同自由等进行"介入"的情况越来越多。于是,如何说明对合同进行"介入"的根据,尤其是这种根据与私的自治、合同自由之间的关系便成为研究的热点。[2]《日本民法典》第 91 条规定:"法律行为的当事人表示的意思与法令中与公共秩序无关的规定相异时,从其意思。"这条规定的内容体现了法律行为的自由原则。但是,第 90 条以下的规定和债权编中有关合同

---

① 参见〔日〕西村幸次郎、周剑龙:《现代中国法讲义》,82 页,东京,法律文化社,2001。

② 参见〔日〕山本敬三:《日本契约法学的展开》,李凌燕译,载《环球法律评论》,2001 年秋季号,272 页。

的规定，也被解释为以合同自由为前提。[①] 从现行民法第 91 条规定的与任意规定相悖的意思表示为有效以及第 90 条规定的违反公序良俗的法律行为无效等规定看，现行民法典采用的是间接合同自由原则。[②]

3. 韩国

《韩国民法典》与《日本民法典》的规定大致相同，《韩国民法典》第 105 条通常被看作是合同自由原则的对应规定，法律行为当事人实施不与法律规定的有关善良风俗及其他社会秩序不同的意思表示时，从其意思。这一规定明确了合同等法律行为只要不违反"公序良俗"就可以自由行为。

合同之所以产生法律效力，关键在于当事人的合意符合法律规定。法律只对合法的合意进行肯定的评价，不合法的合意不能受到法律的保护。各国民法均把"不违反法律"作为合同生效的当然要件。中国《民法通则》第 58 条、《合同法》第 52 条也作了这样的规定。中、日、韩民法关于违反法律的合同无效的规定在总体上是一致的，但在具体规定上还是有差异的。有的既列举了合同违反法律的具体形态，又作了概括性规定；有的则只是笼统规定违反法律的合同无效。另外，在不违法之外，合同也不得违反社会公共利益。这也是各国民事立法的一般原则，大陆法系对此一般表述为公共秩序和善良风俗。中国民事立法中未直接使用这种提法，如《民法通则》中称之为"社会公共利益"及"社会公德"，但与日、韩的"善良风俗"和"公共秩序"的含义基本一致。

（二）诚实信用原则

1. 中国

诚实信用原则，在当下已经不是债权法所特有的原则，而是支配所有私法关系的理念。对契约自由的限制，从某种意义上说就是诚信原则的具体表现。所有义务的履行以及所有权利的行使均须遵照诚信原则，禁止权利滥用。诚实信用原则是中、日、韩民法共同的基本原则。

中国《合同法》第 6 条规定了诚实信用原则，当事人在行使权利、履行义务时必须遵守诚实信用原则。这条规定则是道德色彩浓厚的非常抽象

[①] 参见［日］我妻荣：《债权各论》上卷，徐慧译，16 页，北京，中国法制出版社，2008。

[②] 参见渠涛：《日本民法编纂及学说继受的历史回顾》，载《环球法律评论》，2001 年秋季号，284 页。

的原则。一方面，它是在订立、履行、终止合同及解释合同时，对双方利益的平衡及当事人利益与社会利益的平衡必须给予足够注意之要求的体现。另一方面，成文法本身的局限性决定了这种抽象性原则条文存在以及赋予法官一定自由裁量权的必要性。

2. 日本

《日本民法典》总则第 1 条第 1 款、第 2 款中对诚实信用作了规定。该法第 1 条规定："私权应服从公共福利。行使权益及履行义务时，应恪守信义，诚实实行。禁止权利滥用"。

3. 韩国

《韩国民法典》在总则编第 2 条中明确规定了诚实信用原则及禁止权利滥用。值得注意的是，在《韩国民法典》最新修改进程中，曾有"在可能的范围列举诚实信用原则的具体内容的建议"①。这也体现了诚实信用原则在适用上的强大功用，此举是为了给适用提供一个易操作的标准。不过不能忽视的是，这本身就是一条弹性原则，用以弥补合同法条文所不能概括不能预见的行为并将其纳入调整范围。现在诚实信用原则作为法律的既有裁判标准，作为适应社会发展变化的手段，发挥着巨大的作用。这才是这一原则的最大功效。

（三）公序良俗原则

1. 中国

公序良俗原则存在的目的是使私法自治不至蔓延为权利滥用而最终损害法律的基本宗旨。尽管近现代民法强调个人主义与自由主义，但法律存在的根本宗旨始终是为了保证社会共同体的维系，因此法律不可能也不能承认那些"在法治社会中严重违反被大家公认的社会公德的法律行为，或那些严重违反现行法律制度下特别在宪法层面上法律伦理学内在的原则的法律行为"②，即使这些法律行为本身具备所有法定有效要件。但也正因为这些法律行为可能具备了所有法定的有效要件，为避免这些行为具备法律上的强制力，适用公序良俗原则成为了处理此类法律行为的唯一选择。在这个视角下，对于适应社会发展变化的柔韧性弱于判例法

---

① 《韩国最新民法典》，崔吉子译，53 页，北京，北京大学出版社，2010。

② ［德］卡尔·拉伦茨：《德国民法通论》下册，王晓晔、邵建东等译，603页，北京，法律出版社，2013。

的成文法而言，公序良俗原则的存在则更具现实价值。公序良俗作为一种对私法自治进行适度限制的原则，可防止行为人通过法律行为使不道德的行为具有法律上的强制执行力，有效避免因过度行使私权而对法律维护的基本价值可能形成的危害，故为近现代多数国家的法律所采纳。

由于法律语言的抽象性与概括性，成文法不可能涵盖所有社会现象，尤其在生产生活高速化、科技进步飞速发展的今天，新的生产方式、商业模式乃至法律关系层出不穷，法条不可能及时对这些新兴模式予以规制或及时针对变化作出相应的解释。因此在民事裁判的实践中，法官必然会面临强行法与禁止性规定存在不完整或不足的情况，而"公序良俗原则"的存在就使成文法国家的法官在法无规定或规定不明的情况下，能够对那些与法律信仰明显有违的法律行为正当而合法的予以禁止。在所有承认私有财产合法并保护私有财产的国家的法律中，"法无禁止即许可"是一条普遍被认可的规则。然而即使在私法自治作为基本原则被普遍接受的西方国家中，缔结合同的自由限度也会受到一定的限制。当合同"违背善良风俗（德国）"、或者"违背善良风俗或公共秩序（法国）"、或"违背公共政策（英国与美国）"时，没有一个国家的法律制度会放弃将这种合同宣告为无效的权力。①

中国《合同法》中并未直接采用"公序良俗"这一概念。《合同法》第 7 条规定："当事人订立、履行合同，应当遵守法律、行政法规，尊重社会公德，不得扰乱社会经济秩序，损害社会公共利益。"多数学者认为，这一条规定基本上类似于《德国民法典》第 134 条（法律行为不得违反法律）与第 138 条（法律行为不得违反善良风俗）内容的结合，即《合同法》第 7 条为我国《合同法》对公序良俗原则的一般规定。诚然，在公序良俗原则的适用问题上，我国法官有时并不依据《合同法》第 7 条，而是依据《民法通则》第 7 条的内容进行裁判。但由于我国《民法通则》第 7 条的内容与《合同法》第 7 条的内容几乎完全相同，因而无论适用《民法通则》第 7 条还是《合同法》第 7 条，其原理是一致的。而依据《合同法》第 52 条关于合同无效的法定情形，包含违反公序良俗内容的合同属

---

① 参见［德］康拉德·茨威格特、海因·克茨：《违背法律和善良风俗的法律行为后果比较》，孙宪忠译，载《环球法律评论》，2003 年冬季号，468 页。

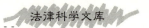

于无效的合同。

在中国，公序良俗原则不仅在现行法中有所体现，而且逐渐被直接适用于民事裁判中。然而，我国在适用公序良俗原则的过程中却一直存在一些问题，比如因内涵不明而导致法官自由裁量权过大、民事裁判中存在混乱的情况。又比如公序良俗原则目前适用范围过窄，因而没能完全实现其弥补成文法典不足、维护法律信仰的目的等。中国在民事裁判的实践中适用公序良俗原则调整合同行为起始于 2000 年泸州遗赠案。该案判决明确指出："黄永彬将遗产赠送给非法同居者的民事行为违反了《民法通则》第 7 条"①，即无须对遗嘱的有效要件进行进一步判断，仅就将财产遗赠给非法同居者这一内容而言即可得出遗嘱违反公序良俗，应根据《民法通则》第 58 条判决该遗嘱无效而采用法定继承。② 然而，在 2002 年一起涉及对结束婚外情进行补偿的补偿协议案件中，二审法院完全否定了一审法院对协议违反"公序良俗"的裁判，不仅没有判决协议无效，反而判决被告无须返还通过协议获取的金钱。③

2. 日本

《日本民法典》直接采用了"公序良俗"的概念。《日本民法典》规定："以违反公共秩序或善良风俗事项为标的的法律行为，为无效。"④ 此法条位于民法典总则部分，效力及于民法典债编的合同部分，故可以认为，违反公序良俗原则的合同无效。

对于公序良俗的内涵，日本学者主要采用我妻荣所运用的判例综合研究法，将违反公序良俗的合同归纳为以下七种类型：（1）违反人伦的行为；（2）违反正义观念的行为；（3）利用他人窘迫、无经验获取不当利益的行为；（4）极度限制个人自由的行为；（5）限制营业自由的行为；（6）处分生

---

① 《泸州遗赠纠纷案案情概要及编者按》，见中国民商法律网——判解研究：http://www. civillaw. com. cn/article/default. asp? id＝10394，浏览时间：2013 年 12 月 24 日。

② 在泸州案中，被继承人是否基于同居行为而进行遗赠目前尚具争议，亦有学者认为被继承人是为了感谢对方的照料行为而进行了遗赠。

③ 参见陈南松、陈洁：《上海石化金佳机电设备安装工程有限公司诉朱佳斌、陆丹丹损害公司权益纠纷案》，载《判例与研究》，2004（5），26～30 页。

④ 《日本民法典》，王书江译，20 页，北京，中国法制出版社，2000。

存基础财产的行为；（7）显著的射幸行为。"我妻类型"在很长时间内被学术界和司法实务界作为经典的概括而被全盘接受和应用，因此相较于我国，日本法律实践中已经形成了较为成熟的、辨识违反公序良俗原则的合同的方法。当然，随着时代的变迁，社会情势和立法内容的不断变化，"人伦"、"正义"等概念的含义和内容也开始发生变化，日本法学界在实践中对公序良俗的类型进行了再检讨，对"我妻类型"进行了现代修正。这个过程中，人伦类型的违反公序良俗逐步减少，经济交易关联类型、劳动关系类型、行政关系类型、诈欺性商法类型逐步增加，对公序良俗的判断标准也从以"人伦"为主过渡到对交易公正的追求和对当事人利害关系的调整上。其中特别是有关暴利行为、竞争交易妨害行为、不当约款、消费者保护关联事例等被引入公序良俗领域尤其令人瞩目。① 然而，尽管日本在研究公序良俗原则的问题上远早于中国、韩国，但日本在合同领域对公序良俗原则的应用中依旧有着许多问题，这导致在很多情况下，公序良俗原则不能很好地对合同内容予以限制。

实践中，在性道德的领域，日本札幌高等裁判所 1952 年 11 月 20 日的判决认定性交易的合同属于违反公序良俗原则的合同，故该合同为无效合同。② 在显失公平的领域，一般类型的、显失公平的合同在判例中被归于违反公序良俗原则的契约，属于无效合同。③ 但是因欺诈或胁迫而订立的合同，依据《日本民法典》第 96 条，属于可以撤销的意思表示，但不能对抗善意第三人。

3. 韩国

类似于日本，《韩国民法典》总则第 103 条规定："以违反善良风俗及其他社会秩序为内容的法律行为，无效。"④ 由此可见，违反公序良俗原则的合同为无效合同。在性道德的领域，直接以性交易为内容的合同属于

① 参见赵万一、吴晓峰：《契约自由与公序良俗》，载《现代法学》，2003（6），55 页。

② 参见张明楷：《论诈骗罪中的财产损失》，载《中国法学》，2005（5），124 页。

③ 参见渠涛：《公序良俗在日本的最新研究动向》，载《中日民商法研究》，第 1 卷，168 页，北京，北京大学出版社，2003。

④ 《韩国最新民法典》，崔吉子译，148 页，北京，北京大学出版社，2010。

因违反公序良俗原则而无效的合同。在对一起被告人表面上和酒吧小姐约定支付卖淫费用、而实际与之发生性交后用窃取信用卡刷卡的方式摆脱支付嫖宿费用的案件中，韩国大法院的判决尽管认定该案成立诈骗罪，但仅基于"诈骗罪对象上的财产上利益，不一定意味着私法上保护的经济上的利益，因此，妇女以收到钱财为前提而卖淫时，该行为的费用相当于诈骗罪对象的财产上利益"这一点，原审法院对于卖淫费用是因违背公序良俗原则而不受法律保护的经济利益的认定，韩国大法院并没有予以否定，而是认为："一般来说，之所以不能从经济上评价男人与妇女之间的性行为以及妇女和相对方之间达成的以取得钱财或者财产上利益等为对价实施性行为的约定行为，是因为该契约本身是以违背善良风俗以及其他社会秩序为内容的无效的法律行为。"[1] 在向情人进行赠与的问题上，《韩国民法典》设立了与《日本民法典》类似的特留份制度，即情人间的赠与合同有效但以不侵犯特留份人的权利为限。根据《韩国民法典》第1114条，如果当事人双方明知对特留份权利人造成损害却依旧做出赠与，该赠与仍会被带入特留份的计算中，而根据第1115条的规定，当这样的赠与导致特留份不足时，在其不足范围内，被继承人可请求财产的返还。

　　总而言之，对比中、日、韩三国有关合同违反公序良俗原则的规定，虽然三国都肯定了公序良俗原则对规范合同、禁止权利滥用的价值，然而另一方面，从三国各自的问题也可以看出，公序良俗原则在合同领域的运用是十分复杂的。针对中国在适用公序良俗原则中的问题，笔者认为，其解决的根本方法只能是通过立法明确公序良俗原则的内涵，同时也要注意配套法律制度的建设以确保适用"公序良俗"的价值能够真正得以实现，比如特留份制度与排除返还请求权制度的建构等。此外，日、韩民法也能起到很有价值的参考作用。

（四）情势变更原则

1. 中国

　　所谓情势变更原则，是指在合同有效成立后，因当事人不可预见的事情的发生（或不可归责于双方当事人的原因发生情势变更），导致合同的基础动摇或丧失，如继续维持合同原有效力有悖于诚实信用原则（显失公平）时，则应允许变更合同内容或者解除合同。究其实质，情势变更原则

---

[1]　张明楷：《论诈骗罪中的财产损失》，载《中国法学》，2005（5），124页。

为诚实信用原则的具体运用，目的在于消除合同因情势变更所产生的不公平后果。① 该制度源于德国法，已经有一百多年的历史。它是一项在德国成文法之外由学说和判例发展起来的制度，2002年这一原则以"交易基础的干扰（Geschätsgrundlagenstörung）"被编入《德国民法典》第313条。这一原则在英美法系被称作"契约受挫规则"，其核心理念就是为了寻求合同的公正性。

中、日、韩的民法体系及理念都继受于大陆法系，因此其原本的民法体系当中都没有关于情势变更的特殊规定。

中国民法对情势变更引入后，由于其与不可抗力的界限划分不明确，情势变更没有被之前的民法典草案所采纳。中国目前仍旧没有在立法中给予情势变更明确的规定，但事实上中国已经承认了情势变更制度在民商事交易领域当中的重要性。按照《合同法解释（二）》的规定，因不可抗力所致的情势变更将不适用情势变更原则，学者认为因其他意外事件等所致的情势变更反倒适用情势变更原则，该司法解释没有充分认识情势变更制度的内在价值。虽然情势变更原则与不可抗力免责制度（特别是在预期违约场合）在合同履行障碍方面具有相似之处，但情势变更原则是为解决因情势变更的发生而在当事人之间产生的利益失衡的问题而设计的制度，具有其独特的结构机理和制度功能。情势变更原则与不可抗力免责制度应同时存在功能互补，两者并存才能够为合同纠纷的解决提供更多的机制、更合理的方案。此外，在我国民法典的制定当中，还应当更进一步明确情势变更与不可抗力的区别，以期使情势变更制度在我国民法领域发挥出更大的作用。② 中国最高人民法院2009年发布的《合同法解释（二）》第26条规定："合同成立以后客观情况发生了当事人在订立合同时无法预见的、非不可抗力造成的不属于商业风险的重大变化，继续履行合同对于一方当事人明显不公平或者不能实现合同目的，当事人请求人民法院变更或者解除合同的，人民法院应当根据公平原则，并结合案件的实际情况确定是否变更或者解除。"该条规则从实质上

---

① 参见吴一平：《情势变更原则法律适用比较分析》，载《法学研究》，2013（3），132页。

② 参见吴一平：《情势变更原则法律适用比较分析》，载《法学研究》，2013（3），138页。

承认了情势变更制度，但是并没有进一步明确规定情势变更后如何行使合同的变更或解除权。而在实践中，情势变更合同不直接发生解除合同的后果，而是需要当事人进行"再交涉"。这是因为情势变更制度本身是为了保护合同的公平性，但作为民法领域的保护性原则，它仍然不能违背民法意思自治这一基本原则，再交涉尊重当事人的意思自治，通过当事人的再次交涉可以通过变更合同的方式继续履行合同从而保护交易安全。

2. 日本

与第二次世界大战后首先继受大陆法系的德国民法相同，日本在情势变更制度的理念接受上早于中国和韩国。日本的情势变更制度直接体现在其对消费者保护的理念当中，日本《消费者合同法》第1条规定："鉴于消费者与事业者（生产、销售者）在获取信息质和量的能力以及交涉能力方面存在差别，在因事业者的一定行为给消费者造成误解、或者产生疑惑时，消费者可以撤销对合同要约和承诺的意思表示；同时，事业者免责条款以及其他侵害消费者利益的条款全部或者部分无效。为了通过上述方式达到保护消费者的利益，使国民的生活安定发展，进而使国民经济得到健全发展的目的，特制定本法。"日本的筱塚昭次教授认为，这一规定将成为今后日本合同法的基本规定。

对于由情势变更而产生的合同内容的显失公平，日本法律承认此种情况下可以修订合同内容或者否定合同效力。依据日本民事判例，如果发生了适用情势变更原则的要件，改订合同内容又遭对方拒绝，或者改订合同内容不可能或无意义时，可承认合同之解除权。[①] 但如果情势变更的发生是可预见的（比如属于商业风险），那么就属于《日本民法典》第416条第2款所称之情况："虽因情势产生的损害，但当事人已预见或可以预见该情势时，债权人亦可请求赔偿"，排除情势变更原则对该合同关系的适用。对于情势变更原则的法律效果，日本通说认为情势变更规则的第一次效果是调整合同，第二次效果是解除合同。也就是说，在当事人仅仅笼统地提出适用情势变更规则时，法院一般倾向于"优先考虑修改合同"[②]。

---

① 参见邓曾甲：《日本民法概论》，326页，北京，法律出版社，1995。
② 王洪、张伟：《论比较法研究领域下的情势变更规则及其适用》，载《东南学术》，2013（3），166页。

3. 韩国

对于由情势变更而产生的合同内容的显失公平，韩国法承认情势变更原则。根据韩国法的规定，情势变更原则的适用取决于两个因素：一是相关合同属于持续性履行的合同；二是合同的基础，即合同中所体现出来的当事人共同认识到的交易条件与环境发生了根本性变化。[①] 情势变更导致合同内容显失公平时，合同当事人可以向法院申请解除合同。在适用情势变更原则的限度上，《韩国民法典》第 393 条第 2 款规定："因特别情势产生的损害，以债务人知道或应当知道该情势为限，负损害赔偿责任"。

《韩国民法典》在第 104 条、第 109 条及第 110 条规定了合同的无效及可撤销事由，《日本民法典》在法律行为一节当中通过对意思表示的无效及可撤销事由的规定进而约束着合同领域的行为，我国 1999 年《合同法》第 52 条、第 54 条也规定了合同无效及可变更、撤销的情形，但是三国法律的共同特点是都忽略了合同有效成立后至完全履行期间，非因当事人原因而造成的合同无法继续公平履行的情况，这正是情势变更所要考虑的问题，事实上在民法中纳入情势变更已经是大势所趋。

三、中、日、韩合同法总则的几个重要制度

（一）缔约能力的比较

中、日、韩三国在民事法律中对于法人的缔约行为能力的规定较为相似，但是对于自然人在订立契约时的缔约能力却有着不同的规定。

中国《合同法》在合同订立一章第 9 条对于订立合同的当事人要求具有相应的民事权利能力与民事行为能力。中国对于完全民事行为能力人的要求是年满 18 周岁或者已满 16 不满 18 周岁的有自己的劳动收入作为主要生活来源的自然人。日本的成年期为 20 岁，即日本法律规定年满 20 周岁才有完全行为能力，但如果未成年人结婚，他也就取得了完全的民事行为能力。韩国对于完全民事行为能力人的规定是年满 20 周岁的成年人，同日本一样，结婚的未成年人也可以视为成年人。所以由此可以看出我国对于合同缔约主体的规定和日韩两国不同，不仅三个国家对于完全行为能力的年

---

① 参见楼建波、刘燕：《情势变更原则对金融衍生品交易法律基础的冲击——以韩国法院对 KIKO 合约纠纷案的裁决为例》，载《法商研究》，2009（5），23 页。

龄规定不同，而且我国在合同订立方面考虑了在一定年龄下的经济情况。

对于限制行为能力人订立的合同，中国对于限制行为能力人的规定是年满 10 周岁未满 18 周岁以及不能完全辨认自己行为的精神病人，日本没有规定限制民事行为能力人，韩国规定的限制行为能力人的年龄是 7 到 20 岁。所以相较中国和日本，韩国在年龄上的规定和国际上更相似，而中国则是更多地考虑了行为能力和责任能力的一致性。同时韩国对于合同订立主体的限制行为能力规定和中、日不同的是，除了规定了"神心衰弱"等原因外，还特别规定了因"浪费财产而致家庭生活陷于穷境"的禁治产者。① 这体现了韩国合同法加强了国家对于自然人合同行为的法律监督，除此之外，韩国对于限制行为能力人在合同的代理上也有着比中国、日本更加严谨的规定，操作性更强。

中国对于无民事行为能力人的规定是不满 10 周岁的未成年人或者无法辨认自己行为的精神病人。日本由于没有限制行为能力人的规定，所以日本将未满 20 周岁且未结婚者定义为无民事行为能力人。中、日、韩对于无民事行为能力人的规定基本相同，都重视合同订立主体的精神状态，也都规定了无民事行为能力人的法定代理人的活动效力，同时也否认了无民事行为能力人订立的合同的效力。但是相较而言，韩国合同法更加突出对民事行为能力的保护，如未经同意的无民事行为能力者签订的合同，可以由无民事行为能力者或者他的法定代理人进行取消。被取消时，合同的效力从行为时起就无效。而当事者从中所取得的给付，作为不当得利交易返还。但无民事行为能力人不论其善意或是恶意，都只需偿还对方的现存利益，不包含期待利益。中国《合同法》对于上述的规定还不够详细，一般只做无效处理。而在处理双方返还的问题上，中国是由过错方来承担责任，所以这里可以承担责任的主体，既可以是无民事行为能力人，也可以是相对方。中国虽然也规定了无行为能力的鉴定申请要求，但是对于无行为能力人已经订立的合同则规定得很笼统。而韩国在保护无民事行为能力的相对方上，更为具体，规定了在特定的三种情况下，即无能力这一方追认的意思表示或法定追认抑或超过一定期限限制不能行使取消权时，合同的订立为永久有效。并且赋予了无民事行为能力的相对方催告权、撤回

---

① 参见尹茂国、庚成日：《中韩民事行为能力之法律比较》，载《延边党校学报》，2004（9），第 19 卷。

权和拒绝权等，例如当无民事行为能力人在追认契约之前，善意相对人可以撤回自己的意思表示，由此契约就被视为自始不存在。

（二）合同订立的比较

首先，从订立合同的要约方面可以看出，中、韩两国之间存在比较大的差别。在要约的内容方面，中国要求具备明确的合同条款，否则可能导致合同的无效。而韩国则认为事实上的合同行为更重要，也就是说只要双方有订立合同的意思表示，那么即使合同中欠缺一些条款，这样的合同仍然存在法律效力。在要约的生效方面，中国和韩国都属于大陆法系，所以它们都承认要约发出生效。但是中国允许要约的撤回，并且可以在没有收到承诺之前撤销要约，即只要相对人的承诺没有到达要约人，那么要约人就可以撤销。相反，韩国的合同法则规定要约一旦发出，在合理的时间内如果没有合理的对价是不得撤销的，但是对于合理的对价和合理的时间，韩国合同法都没有作出具体的规定。所以综合上述内容可以看出，中国的合同法规定更加重视确定性和具体的内容，与其相反，韩国的合同法内容则具有更强的灵活性。

其次，从订立合同的承诺生效方面可以看出区别。对于合同的成立，大陆法系国家一般采用的都是到达生效主义。采用到达生效主义的理由是可以给受要约方更多的考虑时间，可以充分考虑保护合同双方当事人的利益。中国采用的就是到达成立。《合同法》第26条第1款规定："承诺通知到达要约人时生效。承诺不需要通知的，根据交易习惯或者要约的要求作出承诺的行为时生效。"韩国虽然属于大陆法系，但是它采用的却是英美法系的投邮生效主义，韩国采用这个的原因是它更看重的是合同订立的效率。对于承诺的内容，中国和韩国之间也有着不同的规定。中国将合同承诺的变更划分成了实质性变更和非实质性变更，非实质性变更对合同的成立不产生影响，这样做是为了方便双方进行交易。韩国合同法并没有对承诺的变更作出规定，它只是在《韩国民法典》总则中提出了允许"补充条款"的存在，但从本质上，韩国合同法最常使用的是"镜像规则"，就是要求承诺和要约的内容完全一致。我国《合同法》允许撤回承诺，只要撤回承诺的通知先于承诺到达要约人即可。但是韩国合同法没有承诺撤回的规定，即承诺作出就不可反悔。但这也并不代表作出了承诺，合同就一定要成立，合同双方也可以通过协商的方式来解除合同。

最后，从合同的风险负担上来看，中国和韩国的契约法律规定也不相同。以买卖合同为例，我国的规定是按照标的物是否交付来进行划分的，但是这种风险承担原则可以通过当事人的协议变更进行改变。而韩国对于契约关系中当事者的风险承担在第一标准上和中国相同，都承认当事人可以合意选择风险承担。但是中国合同风险负担原则的标准是两个，即意思自治和法律规定。韩国虽然也有这两个规则，但是除此之外，还有习惯。虽然对于买卖合同中的风险负担两国在原则上是比较一致的，但是中国是纯粹的交付主义原则，而韩国的交付主义原则还伴生着所有权转移的原则，所以这也成为了中、韩两国在合同风险负担上的最大区别。

（三）合同解除的比较

合同解除制度限制了契约自由原则，突破了合同的拘束力，是在合同难以履行或者对方存在严重违约的情况下的一种保护利益受损方的手段，对保护一方当事人的利益起着举足轻重的作用。但是如果对合同解除限制过严，会使得受损方仍然无法摆脱已经没有履行可能的合同的束缚；如果规定过松，又会导致解除权的滥用。对此，在对合同解除制度进行规定时必须把握一个度。基于政治经济文化以及法律文化的背景、立法模式的差异，中、日、韩三国的合同解除制度在解释涵义、解除原因以及解除效力上都有所区别，尤其在中国和日本之间。这是因为《韩国民法典》主要继受了《日本民法典》，在合同法总则中解除权这一部分，韩国的规定也与日本的规定基本类似。

1. 合同解除的事由

合同解除是债消灭的原因的一种，不同的国家对合同解除的理解不一样。"大陆法国家认为，合同解除是指合同有效成立后，没有履行或者没有完全履行前，因一方当事人行使合同解除权而使合同关系自始归于消灭，以回复到合同订立以前的状态的民事法律制度。"[①] 从这句话可以看出，当事人解除合同以享有解除权为前提，解除权可以来源于法律，也可

---

① 王泽鉴：《民法概要》，274 页，北京，中国政法大学出版社，2003；孙森焱：《民法债编总论》，615 页，北京，法律出版社，2006。

以来源于约定。根据中国《合同法》第93条和第94条的规定①，解除分为法定解除和约定解除，其中约定解除包含两种情况：一种是当事人约定了解除条件，等条件成就时对合同的解除；另外一种是当事人协商一致解除合同，这主要是考虑到了尊重当事人意思自治。而根据日本学者我妻荣的理解："当事人享有解除权的场合，包括基于契约保留解除权的场合（约定解除权）和基于法律规定取得解除权的场合（法定解除权）。"② 也就是说，在日本合同的解除是单方法律行为，只能通过法定解除或者约定解除来解除合同，不包括中国双方协商一致（协议解除）这一情形，而这一情形正好体现的是双方法律行为。韩国合同法总则第543条第1款规定："根据合同或法律规定，当事人一方或者双方具有终止或者解除合同的权利时，合同的终止或解除，以对相对人的意思表示而为之。"从该款可以看出韩国的合同解除也分为约定解除和法定解除，但是否包含协议解除，从法条中的"以对相对人的意思表示而为之"可以看出，韩国的合同解除似乎也是单方法律行为，并不存在协议解除。基于中、日、韩三国的不同规定，下面主要从法定解除、约定解除和协议解除三方面来论述合同解除的事由。

（1）法定解除

法定解除权的特点是由法律直接规定的，当其中某个条件具备时，当事人可以不经对方同意即可解除合同。一般来讲，在当事人违反合同时，法律总是在试图保持合同效力的前提下追究当事人的违约责任，从而维护受损害方的合法权益。倘若动辄使合同不存在，将会造成当事人预期的合同利益落空，使社会合理的交易秩序受到严重的破坏，经济关系将陷于极不稳定的状态。③ 中国《合同法》第94条明确规定了法定解除的五种类

---

① 《合同法》第93条［约定解除］规定：当事人协商一致，可以解除合同。当事人可以约定一方解除合同的条件。解除合同的条件成就时，解除权人可以解除合同。第94条［法定解除］规定：有下列情形之一的，当事人可以解除合同：（1）因不可抗力致使不能实现合同目的；（2）在履行期限届满之前，当事人一方明确表示或者以自己的行为表明不履行主要债务；（3）当事人一方迟延履行主要债务，经催告后在合理期限内仍未履行；（4）当事人一方迟延履行债务或者有其他违约行为致使不能实现合同目的；（5）法律规定的其他情形。

② ［日］我妻荣：《债权各论》上卷，徐慧译，121～122页，北京，中国法制出版社，2008。

③ 参见郝磊：《我国合同无效制度的经济分析》，载《人民法院报》，2003-10-29。

型，日本合同法总则第 540～543 条规定了法定解除的三种情况，韩国合同法总则第 543～546 条也对法定解除进行了规定，和日本的规定类似。从中、日、韩三国对法定解除的规定可以看出，三国所坚持的原则都是尽量使合同成立，维护交易秩序。但是三国对法定解除的分类是不同的，下面将对其进行比较分析。

（a）不可抗力致使合同目的不能实现

中国《合同法》第 94 条第 1 款规定因不可抗力致使不能实现合同目的时可以解除合同，这表明并不是所有的不可抗力都可以使当事人享有解除权，只有当合同目的不能实现时，当事人才可以行使解除权。中国限定不可抗力作为法定解除的条件，对理论和实践都具有重要意义。日本合同法中并没有把不可抗力作为解除合同的法定条件之一，《日本民法典》第 543 条也只是对因履行不能而具有解除权的规定①，当合同全部或一部分履行不能时并不一定是在不可抗力的情形下，它也可能是因为债权人或债务人的原因导致的履行不能。在日本，该条是属于根本违约的内容，这与中国《合同法》第 94 条第 4 款中规定的第二种情形"有其他违约行为致使不能实现合同目的的，非违约方有权解除合同"类似，这实际上赋予了非违约方在违约方的违约已构成根本违约的情况下享有解除合同的权利。韩国对此规定的就更简单了，《韩国民法典》第 546 条规定：因债务人的归责事由而履行不能的，债权人有权解除合同。② 该条仅仅规定了因债务人的原因致履行不能行使的法定解除权。

（b）预期违约

中国《合同法》第 94 条第 2 款规定："在履行期限届满之前，当事人一方明确表示或者以自己的行为表明不履行主要债务，当事人一方拥有法定解除权。"这属于预期违约的情形。《日本民法典》中没有相关的规定，但是《韩国民法典》第 544 条第 2 项中规定债务人事先作出不履行的意思表示的，无须催告即可行使法定解除权，这和中国的法律规定类似。《韩国民法典》第 544 条的这项规定是于 2004 年在联合国统一买卖法等国际

---

① 参见《最新日本民法》，渠涛编译，北京，法律出版社，2006，第 543 条 [因履行不能的解除权]：履行的全部或一部分已经成为不能时，债权人可以解除契约。但其债务不履行并非因可归责于债务人的事由引起的，不在此限。

② 参见周玉华主编：《韩国民商事法律汇编》，北京，人民法院出版社，2008。

私法统一的趋势下新设的，它之所以这么规定正是为了逐渐摆脱日本民法对韩国民法的影响，适应本国的社会发展。韩国将预期违约作为法定解除的一个缘由是出于对债权人的保护，防止损失扩大，但是中国《合同法》第 94 条的这一条款也存在疑问，即另一方是否必须证明其已造成严重后果才能解除合同？从很多国家的法律来看，如果有过错的当事人表述了一种明显的、不履行合同的故意，那么，没有必要伴有严重损害的结果即可解除合同。这一观点值得赞同。

（c）履行迟延

中国《合同法》第 94 条第 3 款是对履行迟延的规定，法定解除权成立的条件即当事人一方迟延履行主要债务，经催告后在合理期限内仍未履行，这与《日本民法典》第 541 条以及《韩国民法典》第 544 条类似。值得指出的是，在《日本民法典》起草当初，作为解除合同的根本思想，已经出现了三种主义。而"现行日本民法被认为是采纳了第三种立场，也就是即使迟延履行没有达到使债权人失去利益的地步也允许解除（法国法、瑞士债务法、日本的旧民法）"①。日本对合同解除的规定与这一思想紧密相关。这种立场体现了日本对债权人的重视，但是根据第 541 条，规定了相当期限进行催告，这实际上继承了旧日本民法典中关于"相当的恩惠期限"的规定，这表明日本在重视债权人的同时，也给了债务人再次履行债务的机会。与日本不同的是，从中国的法条中可以发现，中国坚持的是尽量使合同有效这一原则。比如，中国《合同法》第 94 条提到了一方迟延履行主要债务，而非次要债务。主要债务和次要债务应根据合同的内容来确定，如果仅仅只是迟延履行了次要债务，一般不会导致合同目的丧失，因此不应产生解除合同的权利，合同的继续履行仍然有意义。我认为日本和韩国虽然给了债务人一定的宽限期，但是赋予债权人在没有损失的情况下拥有合同的解除权是不合适的。

---

①　［日］小泽政许：《日本契约法原论》，299 页以下，东京，有斐阁，1897。转引自［日］渡边达德：《日本民法中的合同解除法理——以因债的不履行而产生的法定解除权为中心》，钱伟荣译，载《清华法学》，2002 年第 4 辑，274 页。"三种主义：第一，只要有履行的可能就不允许解除，只有当债权人因迟延履行失去利益的情况下才例外地允许解除（罗马法、德国普通法、奥地利民法等）。第二，一方当事人的不履行即可合同解除，产生损害赔偿诉权（英美法）。第三，即使迟延履行没有达到使债权人失去利益的地步也允许解除（法国法、瑞士债务法、日本旧民法）。"

（d）根本违约

中国《合同法》第 94 条第 4 款赋予了当事人在相对人根本违约时的法定解除权，即当一方迟延履行债务或者有其他违约行为致使不能实现合同目的时。《日本民法典》第 542 条因定期行为履行迟延的解除权，是指不在特定期限和时间内履行，则不能达到订立契约的目的，和中国《合同法》第 94 条第 4 款的第一种情形一样，可以不经催告直接解除合同。但是《日本民法典》第 542 条中的一个要件"债务人已过履行期"存在一个问题，就是在债务人享有同时履行抗辩权的情况下，在履行期限内没有履行，是否还会陷入履行迟延？日本学者我妻荣认为，"享有同时履行抗辩权的债务人不陷于履行迟延"①。但是在实践中，这里的问题比较多，我妻荣的观点是"在债务人享有同时履行抗辩权的场合，债权人必须对自己负担的债务作出履行的提供"②。这种观点相对来说比较公平，既照顾到了债权人的解除权，又保护了债务人所享有的同时履行抗辩权。可是这在实践中是否具有可行性还是有疑问的，主要是考虑到债权人是否会为了享有解除权而去履行自己负担的债务，这样做对债权人的损害会不会比行使解除权后得到的损害赔偿大。但不可否认的是，这样的规定对双方来说确实比较公平。《韩国民法典》第 545 条也与日本的规定一样。从实际情况来看，对于迟延履行是否构成根本违约，主要是从合同的迟延履行是否会让合同的目的落空，如果答案是肯定的话，那么迟延履行就构成了根本违约。

（2）约定解除

约定解除是与法定解除相对应的解除制度，根据合同自由原则，当事人因协商一致而产生合同，也有权因协商一致而解除合同或约定解除。这种依当事人的合意发生的解除权，称为约定解除权。中国的约定解除实际上是包含协议解除的广义的约定解除，而日本和韩国的约定解除是狭义的约定解除。这里讨论的约定解除主要是从广义上出发。

（a）约定解除条件的解除

---

① ［日］我妻荣：《债权各论》上卷，徐慧译，92 页，北京，中国法制出版社，2008。

② ［日］我妻荣：《债权各论》上卷，徐慧译，150～154 页，北京，中国法制出版社，2008。

　　中、日、韩关于狭义的约定解除内容是一样的，即约定一方解除合同的条件，当条件成就时就可以解除合同。《日本民法典》第 540 条对约定解除进行了规定："依契约或者法律的规定，当事人一方享有解除权时，其解除权通过对相对人的意思表示行使。"[①] 第 450 条、第 544 条以及第 545～548 条关于合同解除的规定不仅适用于法定解除，而且适用于约定解除。韩国的约定解除规定在《韩国民法典》第 543 条，内容与日本法律的规定一致，这还是由于《韩国民法典》对《日本民法典》的被迫接受导致的。中国的约定解除主要是规定在《合同法》第 93 条，一旦解除权的条件成就，且当事人解除了合同，则合同自解除时就不存在了。但是中、日、韩三国都没有规定如果一方在合同解除前已经违约了，且双方尚未就违约损害赔偿达成合意，这一情况是否会影响合同的解除？本文认为，虽然双方没有就赔偿达成协议，但是要求损害赔偿和解除合同是两个互不冲突的行为，它们都是违约造成的后果。当事人在行使约定解除权时，如果没有明确约定损害赔偿的问题，也可以事后主张损害赔偿，这应该普遍适用于中、日、韩三国。

　　（b）协议解除

　　在中、日、韩三国中，只有中国法律明确规定了协议解除，其余两个国家的法典中只有法定解除和约定条件的解除。协议解除和约定条件解除虽然都是合同自由的体现，但是二者的具体内容是不一样的。首先，约定条件解除属于事前约定的解除，可以在订立合同时约定，也可以在订立合同后另行约定，它规定将来发生一定情况时，一方享有解除权，且必须当事人实际行使该权利才能解除合同。而且约定条件解除必须在规定的期限内行使，否则就归于消灭，它常常和违约的救济以及责任的承担联系在一起。与之相反的是，协议解除属于事后约定，是双方根据业已出现的情况，通过协商进行合同的解除。"从性质上看，协议解除是对双方当事人的权利义务关系的重新安排、调整和分配，它可能是在违约的情况下发生，也可能是针对别的特定情形寻求的补救措施。"[②] 但是从实际情况上看，笔者认为并没有必要规定协议解除，这是由于协议解除是双方协商一

---

　　① 《最新日本民法》，渠涛编译，119 页，北京，法律出版社，2006。
　　② 王利明：《违约责任论》，修订版，696 页，北京，中国政法大学出版社，2003。

致解除合同的意思，具备了双方的合意，其实就相当于双方当事人事后订立的一个合同，只不过合同的内容是解除前一个合同。这实际上跟一般的合同并没有区别，完全可以当成一个新合同看待，所以在约定解除这一部分没有必要再规定一个协议解除。因此，笔者比较同意日、韩的做法，仅仅规定了法定解除和约定解除，既体现了法律对当事人的保护，又尊重了当事人的意思自治。

　　2. 合同解除的效果

　　合同解除的效果是指合同解除以后合同关系消灭，但问题是在解除合同之前已经履行的债务应该怎么处理呢？这就关系到解除合同是否具有溯及力的问题。由此产生了以下三种学说：直接效果说认为，合同因解除而溯及既往地消灭，尚未履行的债务免于履行，对已经履行的债务享有返还请求权；间接效果说认为，合同解除并未使合同消灭，而只是阻止了合同发生作用，基于解除产生恢复原状的义务，而不是基于合同溯及既往地消灭；折中说的观点综合了直接效果说和间接效果说，依据该观点，合同解除后，尚未履行的债务消灭，已经履行的债务不消灭，但是成为新的返还债务。以上三种观点都包含了合同的解除对过去已经履行的债务和将来未履行的债务的规定。同时，解除合同后的法律后果除了消灭合同，是否还会产生损害赔偿责任？有学者认为该损害赔偿责任是对消极利益的赔偿，也有学者的观点是损害赔偿责任是基于履行利益产生的。由此看出，合同解除的效力包括两方面的问题，一是合同的解除是否有溯及力，二是合同被解除后的损害赔偿问题。

　　（1）合同解除的溯及力

　　合同解除的溯及力问题，就是合同解除后是否导致解除前的债权债务关系溯及既往地消灭？关于这一点学术上是有争议的，中国《合同法》对此也没有明确的态度。但是由于合同解除后很自然地就涉及解除的效果，既包括解除之前已经履行的债务，又包括将来要履行的债务，这就不可避免地需要对合同溯及既往的效力进行探讨。韩国除了可以要求损害赔偿这一条件外，其他与日本对合同解除效果的规定基本一致，这仍然是因为韩国之前对日本民法的被动继受。由于中国和日、韩的立法背景和支持的价值不同，三国对解除效果的规定存在一定的差异。

　　（a）法律效果的溯及消灭

　　中国的合同解除是否有溯及力，从《合同法》第 97 条规定上看并没有明确规定①，但以前学界的通说认为无溯及力。崔建远教授认为，在协议解除的情况下，有无溯及力原则上应取决于当事人的约定，无约定时由法院或仲裁机构根据具体情况确定。李永军教授坚持折中说的观点，他认为，中国《合同法》第 97 条的立法本意就是区分连续性合同与非连续合同而使解除权具有不同的法律效力。在非连续性合同，解除具有溯及力，而体现这种溯及力的直接标志就是恢复原状。德国和法国也认为合同解除对于非连续性合同具有溯及力，而对于连续性合同不具有溯及力。但是，首先，对什么是连续性合同，什么不是连续性合同的区分就很有弹性，中国《合同法》并没有规定统一的标准。其次，这种将恢复原状作为合同解除溯及力的体现的观点是有疑问的。这是由于是否产生恢复原状的法律后果，关键在于是否具有溯及力，也就是说溯及力是恢复原状的一个前提，要防止因果倒置。

《日本民法典》在合同法总则中规定了合同解除具有溯及力，但是在具体合同中的连续性合同，如租赁合同（第 620 条）、雇佣合同（第 630 条）则明确规定了解除不具有溯及力。日本学者我妻荣的观点是"从被解除的契约本身发生的法律效果——不仅包括债权和债务，还包括其处分的效果——都因解除而溯及消灭"②。也就是说他坚持的是合同具有溯及力的观点。依据此说，在不承认物权行为独立性和无因性的国家，所给付的有体物的返还请求权应是物的返还请求权，具有物权性质和效力。

（b）解除的溯及力与第三人

解除的溯及力与第三人是指合同解除对第三人的影响。当合同当事人在合同解除前已交付标的物，若受领人已将受领物转移给了第三人，那么合同解除后，交付标的物的一方当事人是否可以要求第三人返还？

中国《合同法》并没有对这一问题作出规定，原因在于中国虽然不承认物权无因性，但是当第三人基于转让而取得交付物时，根据善意取得制度以及处于保护交易安全的考虑，我国是肯定第三人取得交付物的合法性的，第三人并不负有返还的义务。所以在我国立法者看来，规不规定合同

---

① 《合同法》第 97 条 ［合同解除的法律后果］ 规定：合同解除后，尚未履行的，终止履行；已经履行的，根据履行情况和合同性质，当事人可以要求恢复原状、采取其他补救措施，并有权要求赔偿损失。

② ［日］我妻荣：《债权各论》上卷，徐慧译，176 页，北京，中国法制出版社，2008。

对第三人的效果没有区别。

韩国和日本的合同法中都有关于合同解除不能损害第三人效力的规定。基于韩国在这一条款上是对日本的继受，下面就仅对日本合同解除对第三人的效力进行分析。由于日本承认合同解除具有溯及力，这种溯及力可能也会对第三人产生影响，日本民法为了保护第三人，避免出现这种不合理的情形而在法条中对溯及力进行了部分限制，即不能损害第三人的权利。但是在日本的两份判决书中，日本学者我妻荣发现，类似的案例得出的结果却大相径庭。"在大判昭和 3.3.10 新闻 2847 号 15 页上是这样一个案例：甲乙之间通过合意，将乙负担的以交付特定物为标的的债务，通过更改契约变更为支付一定金钱的债务之后，以乙的债务不履行为理由更改契约被解除时，以特定物的交付为标的的债务复活。但是在大判大正 5.5.8 民 918 页上，在甲、乙、丙三人订立更改契约，将乙、丙对甲负担的债务改为由乙一人负担，后因乙的不履行而更改契约被解除的事例中，判例认为丙对甲负担的债务并不复活。"[1] 我妻荣先生认为，既然认可了更改契约的解除，就不应该与前例（仅在当事人间的更改契约）有所区别。我认为，之所以免除丙的债务，是因为三者之间的更改契约成立，如果该更改契约被解除，那么丙的债务就恢复了，并不因为契约的更改而彻底消灭。况且丙在这里其实并不是第三人，他是合同的当事人，日本法所指的第三人应该是像质押人、抵押人这一类的人。这说明日本虽然规定了对第三人权利的保护，但是却没有界定清楚第三人和当事人的区别。再者，参照中国对此的立法理由，如果日本坚持的是物权行为的无因性，那么根据这一原理，合同解除后物权变动并不受影响，第三人对给付物的取得并不用返还；如果日本不坚持物权行为的无因性，那么就跟中国的情况一样，第三人的取得也仍然不会因合同解除而受影响。所以我认为日本对第三人权利的保护只起到了强调作用，并不会对结果有转折性的影响。

（2）合同解除与损害赔偿

（a）损害赔偿的权利问题

在合同解除和损害赔偿的问题上，中国《合同法》第 97 条作出了明

---

① ［日］我妻荣：《债权各论》上卷，徐慧译，177 页，北京，中国法制出版社，2008。

确规定，在合同解除后，有权要求损害赔偿。而且中国《民法通则》第
115 条规定："合同的变更或解除，不影响当事人要求赔偿损失的权利。"
而韩国合同法总则中关于合同解除后果那一条并没有对赔偿损失作出规
定，但是却在《韩国民法典》第 551 条终止、解除与损害赔偿这一条规定
了合同的解除对损害赔偿的请求不产生影响。这说明在韩国，合同的解除
和损害赔偿请求是可以并存的。《日本民法典》在其合同法总则第 543 条
第 3 款也明确规定，解除权的行使，不妨碍请求损害赔偿。日本之所以这
么规定的原因在于，解除权的行使使当事人尤其是解除权人不必履行自己
的债务，而且如果已经进行了给付则可以要求返还，但是在很多情况下，
仅有返还并不能完全弥补因对方的债务不履行而带来的损失，所以才规定
了损害赔偿这一条，而这也恰是使用"不妨碍"这一措辞的原因。

（b）损害赔偿的范围问题

中、日、韩三国都认可了解除权人拥有请求对方损害赔偿的权利，但
是在具体操作时，应该怎么赔偿？赔偿的范围是哪些？在中国，有一种观
点认为："这里的损害赔偿是指无过错的一方所遭受的一切损害均可请求
赔偿，既包括债务不履行的损害赔偿，也包括因恢复原状而发生的损害赔
偿。"① 这种赔偿方法是否恰当？这更像是一种在对方违约后仍然强迫对
方履行合同且须承担损害赔偿的解决方法。当事人违约的原因就是不想继
续履行债务，如果在他违约后仍然强制其履行，那么这不符合当事人违约
的初衷，则违约制度的设计就没有存在的必要了。王利明教授也认为：
"从法律上看，合同的解除不应超出合同解除效力所应达到的范围。由于
合同解除的效力是使合同恢复到缔约前的状态，而可得利益是在合同得到
完全履行后才有可能产生。既然当事人选择了合同解除，就说明当事人不
愿意继续履行合同，那么非违约方就不应该得到履行后所应得的利益。"②
王利明教授的观点就是不应该要求赔偿履行利益，只能要求赔偿信赖利
益，而且此信赖利益的赔偿数额不能高于合同有效时非违约方可以获得的
利益。但是日本学者的观点却与王利明教授的观点大不相同。《日本民法
典》的宗旨是，通过解除使债权人放弃请求本来给付，并且使债权人获得
与契约被履行时同样的补偿。学者我妻荣也认为，损害赔偿的范围应该是

---

① 周林彬主编：《比较合同法》，354 页，兰州，兰州大学出版社，1989。

② 王利明：《违约责任论》，566 页，北京，中国政法大学出版社，1996。

履行利益，即合同履行后非违约方可获得的利益。依照我妻荣的观点："填补赔偿数额的计算标准，抽象而言，是指与契约被履行时可得到的利益相同的利益——即与在履行期内被履行时，债权人到手的利益相同的利益——遵照债务不履行的一般原则。"通过这一计算标准，债权人最后得到的实际利益应该和合同被履行后的利益一样。

第三节　中、日、韩买卖合同的比较

一、中、日、韩买卖合同的体系结构

（一）中、日、韩买卖合同的体系结构

中国《合同法》第九章第 130 条至第 175 条专门规定了"买卖合同"，包括买卖合同的定义、买卖合同的内容、买卖合同的标的物、标的物所有权及其转移、卖方交货交单义务、品质担保和权利担保义务、货物风险的转移、货物的检验、买方的付款义务等。2012 年 5 月 10 日，中国最高人民法院印发了《关于审理买卖合同纠纷案件适用法律问题的解释》（以下简称《买卖合同解释》）。该《买卖合同解释》包括买卖合同的成立及效力、标的物交付和所有权转移、标的物风险负担、标的物检验、违约责任、所有权保留、特种买卖、其他问题 8 个部分，共计 46 条，进一步对《合同法》中买卖合同的规则进行了补充和完善。

《日本民法典》债权编第 2 章契约的第 3 节对买卖契约进行了专门规定。买卖契约这一节又分 3 款，分别为总则、买卖的效力和买回，从第 555 条至第 585 条，共计 31 条。

《韩国民法典》第 3 编债权是关于债权债务制度的规定，分为一般规定（第 1 章）、计划契约制度（第 2 章）、一般契约制度（第 3 章）、不当得利（第 4 章）等。其中第 2 章契约的第 3 节规定了买卖契约。第 3 节分 3 目，分别是总则、买卖的效力和买回，从第 563 条至第 595 条，共计 33 条。

（二）中、日、韩买卖合同的特点

第一，充分体现了合同法的基本原则。中、日、韩三国的买卖合同制度基本上都体现了大陆法系买卖合同制度的基本原则，也即私法自治、契

约自由原则与诚实信用、公平原则的并重。但三国的侧重又有不同：中国由于社会性质等原因，对诚实信用、公共利益的保护显然更重视，而私法自治的原则并没能得到很好的体现；而日、韩两国对私法自治与契约自由的保护更为强调。尤其是日本，由于其相关制度制定时期较早，当时诚实信用原则和对私法自治的限制未成为民法的研究重点，因此日本买卖合同制度中公共利益的保护实际上是比较少的。

　　第二，潘德克顿式的总分二元体例。日、韩民法典都明显的采用了潘德克顿式的总分二元体例，将民法典分为总则、物权、债权、亲属、继承五编，每编之下又有总分二元之分；中国虽然尚没有一部民法典，但《民法通则》和《合同法》同样是总分二元体例。这样的一个法律体例优劣兼备。从其优点来看，体例与结构严谨科学；总分二元的体例使得法律规则呈现出高度抽象和富有逻辑性的美感；抽象化的规则也更容易适应社会的变化和被继受、传播。其最大的劣势则在于，潘德克顿式的体例是典型的学者型法律，对于普通市民来说过于难懂，分散的法条规定过于追求立法技术，而使得其脱离了指导生活的根本目的。

　　具体到买卖合同制度，中、日、韩三国虽然都采用的是潘德克顿式的体例，但还是有一些细微差别。日、韩的买卖合同制度基本相同，主要规定在民法典的四个部分，即总则编的法律行为一章、债权编的总则一章、债权编的契约章的总则一节、债权编的契约章的买卖一节。相比之下，中国的买卖合同制度虽然也分散的规定在《民法通则》的法律行为一章、债权一章、《合同法》总则一章和《合同法》分则买卖合同一章中，但由于《合同法》制定在《民法通则》之后，《民法通则》的许多条款都被《合同法》取代了。因此，相对来说中国关于买卖合同的规定更为集中，也易于理解。但同时，中国的这种体例也不可避免地存在法条重复矛盾的问题，而这是由体例逻辑的不严谨所带来的。

　　第三，买卖合同居于典型合同的首要位置。买卖合同是典型合同之一。典型合同，也被称为有名合同，是指法律设有规范，并赋予一定名称的合同。与其相对的就是非典型合同、无名合同，即法律没有特别予以规定的合同。中国将买卖合同规定在《合同法》总则之后、分则有名合同之首，显示了其对买卖合同制度的重视，也符合世界上大多数国家的立法例；而日、韩民法虽然也在分则中规定了买卖合同，但是放在赠与合同之后，是较有自身特色的。

还需指出的是，中国将互易合同作为买卖合同的一个特殊合同，放在了买卖合同一章中进行规定，规定其适用买卖合同的规则；而日、韩虽然也规定互易合同准用买卖合同的规定，却是将其作为有名合同之一规定在买卖合同之后的一节中。

第四，买卖合同立法体例与具体制度有差异。通过对《日本民法典》和《韩国民法典》对买卖合同相关规定的比较可以看出，在对买卖合同的规定上两者大同小异，只是《日本民法典》比《韩国民法典》多了两个法条，即《日本民法典》第 577 条"买受人在有抵押权等登记时的价金支付拒绝权"和第 585 条"基于共有份额的附买回特约买卖的特别规定"。除此之外，这两个民法典无论是体系结构还是具体规则基本是一样的。日本与韩国的买卖合同制度基本相似，除了总则的一些普遍性规定外，大部分内容都是规定在第 3 编"债权编"的第 2 章"契约"的第 3 节"买卖"中，该节分为总则、买卖的效力、买回三部分，其中日本民法典中相关条款共 31 条、韩国为 33 条。而中国的买卖合同制度大部分规定在《合同法》分则第 9 章买卖合同之中，该章共 46 个条款，主要规定了买卖合同的概念、成立与效力、特种买卖等。

中国的买卖合同体例与日、韩相比有几个特殊之处：其一，中国的买卖合同部分没有规定总则，不如日、韩那样严格地遵循总分二元体例和追求逻辑体系的严密；其二，中国的买卖合同部分还规定了几个特殊的买卖合同，却没有规定买回制度；其三，从法条数量上来看，中国占优，但实际上中国对买卖合同的规制内容却不如日、韩全面，立法技术稍差。因而，《合同法》实施后，中国最高人民法院通过几个司法解释的方式来补充或完善立法漏洞，并细化相应的操作规则。

二、中、日、韩买卖合同的风险负担制度

（一）买卖合同风险负担的制度价值

风险是指买卖合同订立后，标的物非由于双方当事人的故意或过失而发生的意外毁损、灭失的情况。所谓意外毁损、灭失包括水灾、火灾、交通事故、地震、战争、偷盗、沉船、破碎、渗漏及不属于正常损耗的腐烂

变质等。风险负担指的是在标的物发生上述意外毁损或灭失时，由卖方还是买方承担风险后果的问题。在此仅讨论因不可归责于合同双方的事由而引起的风险负担问题。①

风险负担制度的目的是从公平的原则出发对当事人的损失进行合理地分配，不具有惩罚性质，因而制度的公平性是评价各国立法例孰优孰劣的重要标准。此外，交易安全和简便程度基于交易密度以及跨地区、跨国交易的频繁程度而在买卖合同领域显得格外重要。

（二）中、日、韩三国买卖合同风险负担制度的内容

1. 中国

中国《合同法》全盘继受了《联合国国际货物销售合同公约》中的买卖合同风险转移制度，如《合同法》第 142 条规定了风险移转的交付主义（《联合国国际货物销售合同公约》第 69 条第 1 款）；第 143 条规定了一些特别的规则，包括债权人迟延场合的风险移转；第 144 条规定了在途标的物买卖中的风险负担（中国法缺少但书）；第 145 条规定了第一承运人规则；第 146 条规定了特定地点规则。此外，中国《合同法》还规定了出卖人按照约定未交付有关标的物的单证和资料的，不影响标的物毁损、灭失风险的转移（《合同法》第 147 条、《联合国国际货物销售合同公约》第 67 条第 1款后段）。并规定标的物毁损、灭失的风险由买受人承担的，不影响因出卖人履行债务不符合约定，买受人要求其承担违约责任的权利（《合同法》第149 条、《联合国国际货物销售合同公约》第 70 条）。② 由此看出，《合同法》是对《联合国国际货物销售合同公约》的"剪辑式移植"，具体体现在以上《合同法》第 142 条至第 149 条的规定中。我国最高人民法院 2012 年出台的《买卖合同司法解释》根据《联合国国际货物销售合同公约》用第 11 条至第14 条四个条文补充了相关规则，由此加深了这一继受过程，表明了立法者

---

① 有学者认为，风险负担的交付主义模式应发生在双方均未违约的情况下，假如卖方发生违约行为，买方应采取违约责任规定的救济办法进行补救。参见张丽英主编：《国际贸易法律实务》，100 页，北京，中国政法大学出版社，2002。

② 参见韩世远：《中国合同法与〈联合国国际货物销售合同公约〉》，载《暨南学报》，2011（2）。

追求法律规则国际化和商业化的基本立场。①

2. 日本

日本的相关规定主要见于《日本民法典》债权编第 2 章 "契约" 中的第 2 款 "契约的效力" 部分，即第 534 条至第 536 条②，内容主要涉及债权人的风险负担、附停止条件双务契约中的风险负担和债务人的风险负担。另外，《日本商法典》第 576 条就运输场合下的风险负担作出了规定。

3. 韩国

从法律规定来看，韩国买卖合同的规定主要见于《韩国民法典》债权编第 2 章 "契约" 以及《韩国统一商法典》第 2 编 "商行为" 第 2 章 "买卖" 中。有关运输的规定见于商行为编第 9 章 "运输业部分"。

4. 评析

从立法背景看，中、日、韩三国针对买卖合同风险负担制度的规定均有异域法的渗透，中国买卖法似乎表现得更为明显。虽然《合同法》及《买卖合同解释》是参考《联合国国际货物销售合同公约》制定的，但由于我国学界的大陆法研究背景和思维，在对相关法规进行阐释和适用时存在诸多争议。加之立法时对《联合国国际货物销售合同公约》规定的选择性参考，导致部分规定无法形成完整体系。③

对中、日、韩买卖合同具有比较法参考价值的是《联合国国际货物销售合同公约》和欧盟在买卖合同领域的最新立法。

《联合国国际货物销售合同公约》（以下简称《公约》）是调整国际贸易关系最重要的一项国际条约。另外，基于中、日、韩合同法对《公约》的借鉴，《公约》的价值以及具体规定是评价和分析我国中、日、韩买卖

---

① 关于《联合国国际货物销售合同公约》风险负担规则对我国《合同法》的影响，参见韩世远：《中国合同法与〈联合国国际货物销售合同公约〉》，载《暨南学报》，2011（2），13 页；吴志忠：《试论国际货物买卖中的风险转移》，载《中南财经政法大学学报》，2002（6），126 页。

② 参见《日本民法典》，王书江译，117～118 页，北京，中国法制出版社，2000。

③ 《合同法》风险负担法律规则对《联合国国际货物销售合同公约》的移植并不彻底，它遗漏了《公约》中涉及的重要内容，例如《公约》第 67 条第 1 款第 2 句和第 3 款、第 68 条第 2 句和第 3 句、第 69 条第 3 款等。

合同法的重要参照。《公约》仅以有形货物买卖合同为适用对象，风险负担主要规定在《公约》第三部分"货物销售"第4章"风险转移"中。

欧洲合同法的统一化已经形成了诸多成果，对东亚合同法的协调亦有重要的参考价值。欧盟涉及买卖合同的相关规则主要包括《欧洲私法共同参考框架草案》和《欧洲共同买卖法》。《欧洲私法共同参考框架》作为学术研究成果是由欧洲民法典研究组和欧盟现行私法研究组提出的。其主要目的之一是"试图规定一套明晰并一致的概念和术语"[①]。《欧洲私法共同参考框架》关于买卖合同风险负担的规定见于第4卷"有名合同及其权利与义务"第1编"买卖合同"项下的第5章"风险负担的转移"。该规定主要涉及风险负担转移的后果、时间、消费者买卖合同中的风险负担转移、处于买受人支配下的标的物的风险负担、标的物运送时的风险负担及买卖在途动产时的风险负担问题[②]。《欧洲共同买卖法》对风险负担的规定在第四部分"买卖合同或数字内容供应合同中合同双方的义务和救济"第14章"风险负担"（Passing of risk）中，内容主要涉及一般性规定（General provisions）、消费者买卖合同中的风险负担（Passing of risk in consumer sales contracts）以及经营者之间合同的风险负担（Passing of risk in contracts between traders）[③]。就具体内容来说，《欧洲私法共同参考框架》与《欧洲共同买卖法》关于买卖合同风险负担的规定基本一致。

（三）中、日、韩三国买卖合同风险负担的制度比较

以下通过买卖合同风险负担的转移时间、风险负担的承担以及种类物特定化三个问题，就中、日、韩三国买卖合同风险负担问题展开比较和分析。

1. 买卖合同风险负担的转移时间

买卖合同风险负担的转移时间问题是风险负担制度的首要问题。一般

[①]　欧洲民法典研究组、欧盟现行私法研究组编著：《欧洲示范民法典草案：欧洲私法的原则、定义和示范规则》，高圣平译，24页，北京，中国人民大学出版社2012。

[②]　参见欧洲民法典研究组、欧盟现行私法研究组编著：《欧洲示范民法典草案：欧洲私法的原则、定义和示范规则》，高圣平译，231～233页，北京，中国人民大学出版社，2012。

[③]　参见《欧洲共同买卖法》，张彤、戎璐译，载梁慧星主编：《民商法论丛》，第58卷，674～676页，北京，法律出版社，2015。

来说存在两种模式，即交付主义与所有权主义。交付主义是指标的物毁损或灭失的风险由占有人负担，以标的物的实际占有转移于买受人之时作为风险转移的界限，而标的物的所有权在何时转移对此界限并无影响。一般认为，交付主义由占有标的物的主体负担进而控制风险，风险与利益具有一致性，能更有效的控制风险，保障交易安全，举证也更加容易。所有权主义，又称物主负担风险原则，是指由所有权人承担标的物意外毁损、灭失的风险，以所有权转移的时间为风险转移的时间，无论实际占有是否转移于买受人。当然两者并非完全对立，"交付"概念在使用上可能包含所有权转移，风险负担的转移与物的所有权转移制度有关联。

风险负担的转移与物的所有权转移制度的关系从立法例来看，德国标的物毁损、灭失的风险负担的移转与标的物所有权移转的规则一致，并最终在标的物毁损、灭失的风险分配上，采所有权主义。① 相比之下，中国这两部分规则在不动产问题上存在分离②，就涉及不动产的买卖合同而言，由于我国现存的特殊土地制度，在东亚范围内统一该领域的相关规则非常困难，因而在此不做进一步阐述。

（1）中国

中国的买卖合同相关立法所确立的风险负担制度可描述为：当事人约定优先，以风险在交付时转移为原则。根据规定，交付原则的适用存在以下例外情况：第一，标的物尚未交付，风险已经移转给买受人（包括：在途货物买卖、买受人迟延受领、买受人迟延提货）；第二，出卖人的交付行为构成根本违约。

中国现行《合同法》第 142 条规定，标的物毁损、灭失的风险，在标

---

① 《德国民法典》就物权变动采物权形式主义模式，将交付行为作为动产标的物所有权移转的成立要件，因而就标的物毁损、灭失风险负担与所有权归属相关联，其立法表述自然与《法国民法典》不同，《德国民法典》第 446 条第 1 项第 1 款规定："自交付买卖标的物之时起，意外灭失或意外毁损的危险责任移转于买受人。"从而我国台湾地区"民法"就物权变动亦采物权形式主义模式，就标的物毁损、灭失风险负担的移转规则，与《德国民法典》相似。参见王轶：《论买卖合同标的物毁损、灭失的风险负担》，载《北京科技大学学报（社科版）》，1999（4）。

② 根据中国《物权法》的规定，不动产物权变动经登记生效，也即交付并不发生不动产的物权变动。在此，物权变动与风险负担发生分离，即可能出现不动产在已交付的情况下风险负担已转移，但由于未进行公示所有权并未转移的情况。

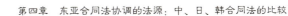

的物交付之前由出卖人承担，交付之后由买受人承担，但法律另有规定或者当事人另有约定的除外。从文意上看，我国买卖合同风险负担所采的是交付主义。

中国的风险负担问题对动产与不动产不加以区别①，一律自标的物交付之时发生风险移转。对于一般动产来说，根据《物权法》的规定，我国动产物权变动方面承认当事人合意优先，采交付成立主义，在标的物交付之时，风险和所有权一并转移给买受人，并不会引起法律适用上的问题。因而《合同法》第133条中使用的"交付"一词本身就含有转移所有权的内容，是法律意义上的"交付"②。在此，交付主义与所有权主义不存在实质差异。

（2）日本

根据《日本民法典》第534条的规定，以关于特定物物权的设定或移转为双务契约的标的时，如果其特定物因不能归责于债务人的事由而灭失或损坏，其灭失或损坏归债权人负担。从文意上看，日本所采的是交付主义。根据《日本民法典》第177条至第178条的规定，日本法上的物权变动与我国规定类似。

（3）韩国

在买卖合同中确定风险的负担方面，韩国根据交付主义原则确定风险负担，其交付主义包含所有权的转移。根据《韩国民法典》第186条至第188条的规定，韩国法上的物权变动与我国规定类似。

（4）评析

第一，从法律规定看，中、韩、日三国对买卖合同风险负担的转移时间的规定（标的物为动产）基本相同，即由所有权人承担标的物意外毁损、灭失的风险，以所有权转移的时间为风险转移的时间。在此，交付主义与所有权主义似不存在实质差异。第二，从比较法的角度看，《联合国国际货物销售合同公约》第69条第1款规定，在不属于第67条和第68

---

①　为了明确该规定适用于不动产的风险转移时交付应当如何理解的问题，最高人民法院在《关于审理商品房买卖合同纠纷案件适用法律若干问题的解释》第11条第1款表明立场：对房屋的转移占有，视为房屋的交付使用，但当事人另有约定的除外。

②　张俊浩：《民法学原理》，北京，中国政法大学出版社，2000。

条规定的情况下，从买方接收货物时起，或如果买方不在适当时间内这样做，则从货物交给他处置但他不收取货物从而违反合同时起，风险移转到买方承担。《联合国国际货物销售合同公约》所采为交付主义。《欧洲私法共同参考框架》第102条规定，风险自买受人受领标的物或代表标的物的单证时由买受人承担。由条文可知其采用的是交付主义。《欧洲共同买卖法》在第143条就商人间的买卖合同风险负担的转移时间也作出了相同规定。

2. 买卖合同风险负担的承担

在此讨论的是，买卖合同的风险由谁负担以及出卖人的对待给付请求权问题。在买卖合同中，存在两个互相关联的债权债务关系，一是交付货物之债（对应给付风险），在此出卖人为债权人，买受人为债务人；二是支付价款之债（对应价金风险），在此出卖人是债权人，买受人是债务人。对此存在两种立法模式，一为债务人主义，即一个债务消灭时，作为对待给付的另外一个债务也消灭，被免除债务的当事人失去请求对待给付的权利；二为债权人主义，即另外一个债务并不消灭，被免除债务的当事人并不丧失请求对待给付的权利。

（1）中国

中国《合同法》第142条规定："标的物毁损、灭失的风险，在标的物交付之前由出卖人承担，交付之后由买受人承担，但法律另有规定或者当事人另有约定的除外。"中国对风险负担的规定依据的是两个原则：一是当事人依据意思自治原则规定风险的负担；二是根据法律的规定确定风险的负担。

中国《合同法》对"风险转移"概念采取狭义的理解，即出卖人的标的物毁损、灭失后，如果风险已经转移，则买受人仍有支付价款的义务，在此风险仅指价金风险。基于此，我国对出卖人的对待给付请求权问题未作规定。

（2）日本

《日本民法典》第534条规定，以关于特定物物权的设定或移转为双务契约的标的时，如果其特定物因不能归责于债务人的事由而灭失或损坏，其灭失或损坏归债权人负担。学界认为，关于风险负担的规定为任意性规定，在存在当事人约定的情况下，应当遵照其约定，即当事人意思自

治优先适用，与我国、韩国的规定类似。①

《日本民法典》在对待给付问题上原则上采债务人主义原则，即一个债务消灭时，作为对待给付的另外一个债务也消灭，被免除债务的当事人失去请求对待给付的权利。法律就以特定物物权的设定或者转移为目的的双务契约设定了例外规定，在此采债权人主义，即另外一个债务并不消灭，被免除债务的当事人并不丧失请求对待给付的权利。标的物损毁、灭失的损失由债权人负担，在损毁的场合，债务人应给付损毁之物，而被免除债务并可以请求对待给付的债务人，在因被免除债务而得到利益的场合，应解释为其负有偿还利益的义务。②

（3）韩国

《韩国民法典》通过三个层次来确定风险责任承担的具体规则：一是根据当事人的合意承担风险。韩国民法中规定，契约关系中契约当事人可以提前合意对可能会发生的风险约定由谁负担，这是风险发生时危险负担的一个基准。韩国法律也明文规定当事人可根据合意中的约定来分配危险负担，即使法律规定不同，也应当以当事人的合意为优。二是根据契约的解释承担风险；三是根据法律的规定承担风险。《韩国民法典》第537条规定，双务契约当事人一方的债务，因不可归责于双方当事人的事由而不能履行时，债务人不得请求相对人履行。根据该规定可知，韩国在此采债务人主义。

（4）评析

第一，关于风险负担的承担。风险负担的原则，采尊重当事人意思自治的原则，即中、日、韩三国均承认当事人意思自治优先。第二，关于出卖人的对待给付请求权问题。《欧洲私法共同参考框架》第101条规定，风险负担转移给买受人后，标的物的损毁或灭失不能免除买受人支付价款的义务，但标的物的损毁或灭失系出卖人的作为或不作为所造成的除外，即采债权人主义。《欧洲共同买卖法》在第140条作出相同规定。《联合国国际货物销售合同公约》第66条规定，货物在风险移转到买方承担后遗

① 参见〔日〕我妻荣：《债法各论》上卷，徐慧译，93页，北京，中国法制出版社，2008。

② 参见〔日〕我妻荣：《债法各论》上卷，徐慧译，93、98页，北京，中国法制出版社，2008。

失或损坏，买方支付价款的义务并不因此解除，除非这种遗失或损坏是由于卖方的行为或不行为所造成。而中国就此问题未见明文规定。韩国法上采债务人主义。日本法上区分两种情况：一是以特定物物权的设定或者转移为目的的双务契约，采债权人主义；二是除此之外的其他情形采债务人主义。第三，买卖合同中当事人给付义务的牵连性问题。有学者一再强调，物权关系与债之风险本属两回事，一方不能履行，对方应否为对待给付，应由债之关系决定，所有人因标的物毁损、灭失而丧失物权，不得因此而决定对待给付请求权的有无。① 但同样不容否认的是，买卖合同标的物毁损、灭失风险的分配直接影响着因此致使债务无法履行的风险的分配。在包括买卖合同在内的双务合同中，当事人双方的给付义务具有牵连性，买卖合同标的物毁损、灭失风险的分配，必然会对因此而带来的债务不能履行的风险的分配产生影响。一般的规则是：标的物毁损、灭失的风险分配给买卖合同双方当事人的哪一方，该方当事人就要承担因标的物毁损、灭失而致债务履行不能的风险。②

3. 买卖合同的种类物特定化

（1）中国

中国《合同法》并未就种类物特定化问题作相应规定。《买卖合同司法解释》第 14 条规定，当事人对风险负担没有约定，标的物为种类物，出卖人未以装运单据、加盖标记、通知买受人等可识别的方式清楚地将标的物特定于买卖合同，买受人主张不负担标的物毁损、灭失的风险的，人民法院应予支持。该规定将种类之债特定化与价金风险转移相联系。

（2）日本

《日本民法典》第 534 条第 1 项规定，以关于特定物物权的设定或移转为双务契约的标的时，如果其特定物因不能归责于债务人的事由而灭失或损坏，其灭失或损坏归债权人负担。在此，法条中对"特定物"作出了明确表述。

（3）韩国

韩国法上对此未见相关规定。研究者认为，韩国法强调货物的确定，

---

① 参见史尚宽：《债法总论》，570 页，北京，中国政法大学出版社，2000。

② 参见王轶：《论买卖合同标的物毁损、灭失的风险负担》，载《北京科技大学学报（社科版）》，1999（4）。

与我国对买卖双方及第三人利益的保护的侧重点不同。

（4）评析

第一，从文意上看，中、日、韩三国在法律规定上均要求种类物的特定化。但在中国，特定化未与给付风险发生关联，与《联合国国际货物销售合同公约》的规定类似。从立法模式上来说，中国与该公约是个别规定特定化，一方面须规定特定化是价金风险转移的前提，但另一方面还得解决特定化与给付风险的问题。然而我国目前对给付风险并未在体系上作出规定，属于立法上的欠缺。第二，从标的物特定化的制度价值看，种类物特定化的法律意义有多方面：其一，买卖双方能够确定合同的标的物；其二，特定化是买方取得货物财产权利的前提；其三，在国际贸易领域种类物特定化向来被认为是价金风险转移的条件。第三，从比较法角度看，《联合国国际货物销售合同公约》就标的物特定化已达成共识，认为：其一，特定化是履行买卖合同时为明确买卖标的物而必需的步骤；其二，卖方须作出为履行债务而必要的行为才能完成特定化，于此可结合具体的交易过程确定"必要的行为"[①]。《联合国国际货物销售合同公约》第 67 条第 2 款和第 69 条第 3 款要求在货物划拨（identification）之前风险不转移。其对"风险"概念采狭义理解，仅指价金风险，从而特定化未与给付风险发生关系，而是被规定为价金风险转移的条件，即特定化是履行买卖合同时为明确买卖标的物而必需的步骤。从立法模式上来说，《联合国国际货物销售合同公约》是个别规定特定化，还需另外解决特定化与给付风险的问题。《欧洲私法共同参考框架》第 102 条规定，风险自买受人受领标的物或代表标的物的单证时由买受人承担，但是，合同标的物尚未特定化的，在通过对标的物进行标记、装运单证、通知买受人或其他方式将标的物清晰地特定化之前，风险负担不应转移至买受人。据此，《欧洲私法共同参考框架》要求，标的物的特定化是风险负担转移的前提。《欧洲共同买卖法》第 141 条也作出类似规定。

通过对中、日、韩三国买卖合同风险负担的转移时间、风险负担的承担、种类物特定化三个问题的比较和分析，可以看出，中、日、韩在上述问题上并无严重分歧，这一方面反映了世界范围内合同法趋同的趋

---

① 朱晓喆：《我国买卖合同风险负担规则的比较法困境——以〈买卖合同司法解释〉第 11 条、14 条为例》，载《苏州大学学报》，2013（4），84～87 页。

势，另一方面也在一定程度上表明了东亚合同法一体化的可能性。当然，从立法背景的角度看，三国虽然在具体规则上不存在严重分歧，但由于立法时参照了不同的外域规范，在对具体规则的理解和适用上难免存有差异，这种差异在全球范围内的法律趋同背景下仍需继续互相磨合。

三、中、日、韩的买回制度

中、日、韩三国在民法上对买卖合同的规定中比较明显的一个区别在于日本和韩国在买卖合同中对"买回"这一制度的规定，而这一规定在我国民法上是没有的，因此有必要对这一制度进行了解。

买回是指卖方保留再买回其已卖出的标的物的权利，也就是订立以卖方的买回意思表示为停止条件的再买卖。日、韩民法中都将买回看作是解除买卖合同的一种方式。买回这一买卖形式在实务中多集中于不动产领域，实际上承担的是一种担保作用。举例来说，甲将其所有的不动产以 5 年时间内可以赎回为特别约定，以 50 万日元卖与乙的时候，乙取得了标的物的所有权并可以进行用益，而甲在 5 年内可以返还 50 万日元和契约费用而赎回该不动产。这与甲将该不动产作为担保从乙处接受 50 万融资，利息以不动产的收益支付，若到清偿期不能清偿，则以标的物偿还本金的特别约定可以达到相同的经济目的。所以说，买回是有权利转移的，且不伴随以融资金钱之返还请求权的一种担保制度。[①]

日、韩民法典对买回的特别约定、买回的期间、买回特约的对抗要件、买回权的代位形式、买回的实行、附买回特约的共有份的买卖等作出了规定。如《日本民法典》在买卖一节的最后规定了"买回"这一制度。根据《日本民法典》第 579 条的规定，买回就是"不动产的出卖人依据买卖契约订立时所作出的买回特约，可以通过向买受人返还其所支付的价金及契约费用而解除买卖"[②]。《德国民法典》债法编在第 8 章第一节买卖中也有对买回的规定，与《日本民法典》相类似。在买卖时有两种情况可以

---

① 参见［日］我妻荣：《债权各论》中卷一，徐进、李又又译，104 页，北京，中国法制出版社，2008。

② 《最新日本民法典》，渠涛编译，北京，法律出版社，2006，第 579 条。

保留买回的权限：一种是在买卖时保留再买卖预约完成权，另一种是保留解除权。前一种情况下，因出卖人预约完成权的形式而再一次成立买卖契约，其效果是标的物回到出卖人手中；后一种情况是最初的买卖契约被取消，其效果是恢复原状，标的物回到出卖人手中。这两种情况在只凭出卖人单独的意思表示即产生效果这一点上是相同的，但是，在其他方面的法律关系是不同的。①

根据第 579 条规定可以看出，日本民法上规定的"买回"是采用保留解除权的法律手段。根据日本民法学家我妻荣的观点，"这大概是认为附带买回条款的买卖不是把标的物永久移转至买受人的契约，而是只在某一期间进行移转的契约"。他认为这也符合后文所述的要把赎回价金的金额限制在最初的买卖价金金额的民法意图。我妻荣还认为，这一制度的经济作用主要在于不动产的担保，买回是有权利移转的，且不伴随已融资金钱之返还请求权的一种担保制度。但是这种制度使所有权的归属处于不安定状态，妨碍不动产的改良，因此被加以严格限制。②

对于这样一种制度，中国是否有必要也引入到民法的规范中来呢？本文的观点是否定的。正如我妻荣所说，买回权这一制度使所有权的归属处于不安定的状态，且中国民法上没有这一制度生存的土壤。这一制度之所以在日本存续下来是有其历史原因的，在日本民法实施前土地被禁止买卖的时代，这一制度被作为规避法律的一种手段而使用。现在保存下来是考虑到在农村等地区仍旧有其存在的意义，而中国不存在这一现象。由此可见，法律制度的统一是受到历史传统、社会需求等各方面因素影响的，对于其他国家的法律不能生搬硬套的引入。

如果说对中、日、韩买卖合同的规定中相似乃至相同的部分进行趋同是相对容易的工作，那么如何对中、日、韩本国买卖合同中不同的制度规定进行协调就是一个值得注意的问题。以买回这一制度为例，日、韩两国都有这一制度而中国没有，如何解决法律协调的问题呢？我们可以借鉴《欧洲合同法原则》的做法。目前欧洲的私法也仍未统一，在这种情形下，

① 参见〔日〕我妻荣：《债权各论》中卷一，徐进、李又又译，103 页，北京，中国法制出版社，2008。

② 参见〔日〕我妻荣：《债权各论》中卷一，徐进、李又又译，104 页，北京，中国法制出版社，2008。

该原则的起草者们不得不以中庸之道迂回于林林总总的规定之中，抑或彻底无视某些法律体系的规定。例如该原则对合同成立的条件的规定就忽视了法国法标的确定与原因合法的要求，也忽视了英国法中要求对价是具有拘束力的要件之一。① 中、日、韩在东亚合同法协调的道路上也会无数次的遇到相似的问题，此时可以借鉴《欧洲合同法原则》的做法，求同存异，对不同乃至互相冲突的法律规定，尤其是不具有共同的法律基础的制度可以有选择地进行改变或者索性弃之不用。

四、中、日、韩买卖合同中的消费者保护趋势

在消费者保护问题日趋多样的今天，如何将消费者保护纳入民事立法的讨论从未过时。在全球化迅速发展的当下，消费者保护问题已不单单是某一国家的问题。在研究东亚合同法协调时，消费者保护问题是不可避免的应被纳入到讨论的范围之内的。由于买卖合同是实现国家间经济交往最为常见的法律行为，在东亚国家经贸往来日益频繁多样的今天，经营者之间的交易、经营者与消费者之间的交易逐渐成为跨国交易的常态。故本文试图将比较研究的目光锁定在中、日、韩这三个最具代表性的东亚国家的买卖合同中的消费者保护问题。由于欧盟的消费者保护立法已有较为成功的范例，欧盟已将更高水平的消费者保护作为制定《欧洲共同买卖法》所追求的目标，因而，此处也将欧盟的相关立法纳入比较之中。

（一）消费者保护理念的比较

1. 中国

中国的消费者保护运动始于 20 世纪 80 年代，并于 90 年代制定了《中华人民共和国消费者权益保护法》（以下简称《消费者权益保护法》），这象征着中国消费者保护政策的形成。该法制定时，中国正处于市场经济体制形成的初级阶段，有关假冒伪劣商品及不法商贩敲诈等重大社会事件接连发生，严重损害消费者利益，这引起了立法者注意。此时的消费者保护以"惩罚性赔偿"为特色，却未对消费者纠纷主体和客体范围进行规

---

① 参见张彤：《欧洲私法的统一化研究》，177 页，北京，中国政法大学出版社，2012。

范。进入 21 世纪，中国经济快速增长，规模生产和批量消费的时代到来，基于格式条款消费者合同和不断更新的销售形式对消费者造成的损害呈现出递增趋势，《合同法》等对格式条款作了一般性规定，但未限定消费者合同。值得注意的是，2013 年 10 月颁布的《消费者权益保护法》修正案新增了有关消费者撤回权、网购等非现场购物信息披露制度、个人信息保护、格式合同、缺陷产品召回等制度内容。

2. 日本

日本前期主要通过私法救济手段来规制和预防消费者损害，私法救济的实现主要依据民事特别法或民法典。然而私法救济本身具有诸多局限性，为了克服这些局限性，其又引入公法规制，但公法规制同样引发诸多问题，为此，其又回归私法救济。日本于 2001 年制定了《消费者合同法》，该法制定之前，日本对消费者合同的规制，根据个别行业或者交易形态展开。这些个别行业法，尽管规范典型的消费者合同事例，但主要依赖行政规制。对此，日本学界与立法界认为对于行政规制的过度依赖，将成为根本解决消费者问题的障碍，同时，为了顺应缓和行政规制的时代要求，日本出台《日本消费者合同法》，该法依据较之经营者处在弱势地位的消费者的特征，以遏制经营者的不当行为、实现市场的正常化、纠正不公正的合同内容为目的，试图援用民事原则，构建私法性的救济模式。①

3. 韩国

在韩国，女性团体的消费者保护运动的开展使消费者保护的理念在全社会得到一定程度的普及，经济的高速发展带来的消费者消费意识及收入水平的提高进一步彰显了消费者保护的必要性。在这种情形下，政府设立了专门机构对消费者利益进行保护，并于 1980 年 1 月 4 日制定了《消费者保护法》，消费者保护的制度基础得以初步形成。

韩国《宪法》第 124 条规定："国家依法保障引导健康的消费行为，促进产品质量的消费者保护。"在现代产业社会中，消费者权利的法律性质属于以生存权为内容的基本人权。其目的在于在结构性损害中保护经济上处于弱者地位的消费者利益，保障消费者尊严，据此，消费者有权请求

---

① 参见［韩］崔镇求：《日本消费者合同小考》，载《民事法学》，第 32 号，2006 (6)，69 页。转引自崔吉子：《东亚消费者合同法比较研究》，99 页，北京，北京大学出版社，2013。

国家提供积极的保护。① 相应的行政规制制度在韩国得到发展。

随着新自由主义思潮的发展，韩国于 2006 年将《消费者保护法》更名为《消费者基本法》，表明相对于政府与保护，市场和自律能更有效解决消费者问题的主张。而韩国一直施行以行政规制为基础的消费者保护制度，重新让私法在消费者买卖合同中起主导作用依然困难重重。②

4. 欧盟

消费者保护在欧盟内部市场是最为重要的问题之一。改善欧盟公民生活质量是欧盟消费者保护政策的战略目标，保护消费者权利和利益的行动已经直接纳入到欧盟所有相关政策领域的立法之中，让消费者拥有同样的权利、受到同样的保护成了欧洲一体化进程的标志之一。欧盟在消费者权益保护方面统一了立法标准，创制了一套完备的消费者保护体系，保证了欧盟的消费者在欧洲范围内得到相同力度的保护。欧盟消费者保护政策的现行基础性法律依据是《欧盟运行条约》第 12 条、第 114 条第 3 款和第 169 条。除此之外，在过去的几十年中，欧共体/欧盟颁布了一系列涉及消费者保护的指令，通过这些指令强化对消费者的保护。③ 但这些指令通常只限于特别的对象或者挑选出来的各个散碎问题，诸如包价旅游、消费信贷合同、消费者合同中的不公平条款等，从而使得欧盟的消费者保护法往往以一副百衲衣的样貌呈现在人们面前。④ 欧盟委员会与欧洲议会于 2011 年 10 月 25 日发布了《消费者权利指令》。该指令主要是对以前的《消费者合同中的不公平条款指令》和《消费品销售及其相应担保的指令》

---

① 参见 [韩] 李圣焕：《消费者保护的改正方向》，载《公法学研究》，第 6 卷第 1 号，2005 (6)，317 页。转引自崔吉子：《东亚消费者合同法比较研究》，27 页，北京，北京大学出版社，2013。

② 参见 [韩] 权五乘、洪明秀：《消费者保护的合同法构成及其局限——以德国〈民法〉的改正和日本〈消费者合同法〉的制定为中心》，载首尔大学《法学》，第 43 卷第 3 号，2002，124 页。转引自崔吉子：《东亚消费者合同法比较研究》，29 页，北京，北京大学出版社，2013。

③ 参见张彤等：《欧盟经贸法》，115～160 页，北京，中国政法大学出版社，2014。

④ Brigitta Zöchling-Jud, Acquis-Revision, Common European Sales Law und Verbraucherrechterichtlinie, AcP, Bd. 212, Verlag Mohr Siebeck Tübingen, 2012, S. 551.

进行了修改，并废除了《上门销售（推销）指令》和《远程销售合同指令》。该指令确立了远程合同、无店铺销售以及其他消费者合同中的经营者向消费者提供信息的相关规则，远程合同、无店铺销售合同中消费者的撤销权，以及消费者合同的履行和其他重要方面的内容。这些规定反映了欧盟消费者权益保护法上信息透明、利益均衡和私权救济的立法精神。

除了颁布统一的指令来进一步协调成员国的法律，推行一部可选择适用的统一的合同法体系被视为欧盟近年来的立法尝试，2011 年 9 月欧盟委员会发布了制定一部《欧洲共同买卖法》的条例建议。这样的一套法律规范的目的在于提高对消费者在跨国境购买商品时的保护水平，并使消费者可以确信，他们在整个欧盟范围内都将享有同样的权利。《欧洲共同买卖法》是适用于消费者与经营者间合同以及经营者与经营者间合同的独立完整的规则体系，它着眼于一个特别高的消费者保护水平，而这个水平"在总量上超过每一个单个成员国的保护水平"。

5. 评析

总体而言，消费者保护在各国各地区都是经济发展的产物，经营者因集约化生产而取得了较消费者明显的优势地位，同时伴随宪法尤其是人权的发展，同样促进了对消费者这一弱势群体的保护。

通过比较可以发现，在消费者合同领域从私法到公法再回归私法的发展路径中，欧盟因其独特的超国家地位，立法背景经历了从颁布指令到试图将指令内容统一到制定一部统一的强化对消费者保护的合同法的过程。而中、日、韩三国间发展的路径大致相似，但由于经济发展与立法技术的问题，中国显然处于特别法保护、行政规制占主导的阶段；韩国虽具有较强的行政规制色彩，但其消费者保护已有重投私法怀抱的趋势；日本通过《日本消费者合同法》，针对消费者问题构建私法性救济模式，与欧盟有异曲同工之妙。

（二）中、日、韩消费者保护法体系结构的比较

1. 中国

就买卖合同中"消费者保护"的特殊规定，在《民法通则》及《合同法》中均未体现，而主要体现在《消费者权益保护法》《产品责任法》等民法与经济法混合的法律规则中。2013 年 10 月颁布的《消费者权益保护法》修正案在原有的消费者与经营者的权利义务以及配套公力救济的基础上，新增了有关消费者撤回权、网购等非现场购物信息披露制度、个人信息保护、格式合同、缺陷产品召回等制度内容。

2. 日本

就买卖合同中"消费者保护"的特殊规定也未在一般民法典或合同法典中体现，而是集中在以下特别法中：（1）《消费者保护基本法》，规定了国家、地方公共团体、经营者的责任，消费者的作用等内容，是一部主要关于公力救济的法律规范。（2）《日本消费者合同法》，其作为民事特别法，从正面认定了消费者与经营者在交易中存在的信息及交涉力的结构性差距，从而将保护消费者作为立法目的。其主要内容有：扩张欺诈法理的误认撤销权、扩张胁迫法理的困惑撤销权以及不当合同条款之无效等。[①]除上述外，个别行业的特别法中也涉及了消费者保护的问题，如《分期付款交易法》《关于特定商交易的法律》《住宅交易法》等。

3. 韩国

就买卖合同中"消费者保护"的特殊规定也未在一般民法典或合同法典中体现，而是集中在以下特别法中：（1）《消费者基本法》，规定了消费者权利和义务，国家、地方自治团体及经营者的义务，以及相应的行政制度保障。从总体上看，该法以消费者整体上处于弱势地位为前提，依据对消费者的倾斜性保护而进行设计。[②]（2）《约款规制法》，在实体法方面就约款的订入规则、解释规则与效力规则进行了规定，可以视为将合同法的一般理论特别是民法的利益平衡原则予以具体化，将民法上的任意规定予以强化，同时在程序法方面规定了经济法层面的审查制度。除上述法律外，针对有关特殊交易中的消费者保护问题，有《关于分期付款交易的法律》《关于访问销售等的法律》《关于电子交易等中消费者保护的法律》（以下简称《电子交易消费者保护法》）以及《关于标识·广告公正化的法律》等。

4. 欧盟

《欧洲共同买卖法》涉及消费者保护的规范内容，主要体现在：第二部分第 2 章第一节关于"经营者对消费者的先合同信息告知义务"、第二

---

① 参见崔吉子：《东亚消费者合同法比较研究》，110 页，北京，北京大学出版社，2013。

② 参见赵冬、徐瑜：《韩国〈消费者保护法〉的标本意义》，载《消费导刊》，2007（8），164 页。

部分第 4 章关于"撤回权"、第三部分第 8 章第 2 项关于"经营者与消费者合同中的不公平条款"、第四部分第 14 章第二节关于"消费者买卖合同中的风险转移"等。

5. 评析

就体系而言，中、日、韩三国呈现较为一致的特色，均是在特别法中作出规定，因其毕竟是在一般合同规范的基础上，通过对合同自由的限制达到对弱势群体保护这一价值，因而难以融入一般的民法典或合同法典中。而在欧盟的相关立法尝试中，虽然将消费者保护的相关内容加入到一般的民法典（如 DCFR）或买卖合同法典（如 CESL）中，但在具体规定中，同样是基于对合同自由这一基本原则的限制，而将其单列出来作特殊规定。

（三）中、日、韩消费者保护具体规则的比较

1. 消费者及其相关概念

（1）中国

中国法律未明确规定何为消费者，但是《消费者权益保护法》第 2 条作为确定该法适用范围的条款规定："消费者为生活消费需要购买使用商品或接受服务，其权益受本法保护"。有些地方性法规则对"消费者"作出了相应定义，且差异较大①，给理论界与实务界也造成了较大困扰。其中，理论界对消费者概念界定的争议主要从三方面展开：其一，主体要件，单位得否构成消费者；其二，行为目的要件，为生活消费之目的；其三，客体要件，商品房等大宗不动产是否为商品。

（2）日本

日本未在《消费者保护基本法》中规定消费者定义，而是在《日本消费者合同法》中规定了消费者和经营者的概念。主要原因在于，如果在《消费者保护基本法》中定义消费者，有可能造成该法与其他单行消费者

---

① 如《广东省实施〈中华人民共和国消费者权益保护法〉办法》第 2 条第 2 款规定，"本办法所称消费者，是指为生活消费需要购买、使用商品或者接受服务的个人和单位"；《四川省消费者权益保护条例》第 2 条第 1 款规定，"本条例所称消费者，是指为生活需要、提高生活水平而购买、使用商品或接受服务的自然人"；《海南省实施〈中华人民共和国消费者权益保护法〉办法》第 2 条规定，"本办法所称消费者，是指为物质、文化生活需要而购买、使用商品或者接受服务的单位和个人"。

法律规范间的冲突，所以仅在特别法中对其各自适用的消费者概念加以规定。

《日本消费者合同法》中的消费者是指个人，而以经营为业或者为经营活动而成为合同当事人的不在此限（该法第 2 条第 1 款）。经营者是指法人、其他团体以及以经营为业或者为经营活动而成为合同当事人的个人（该法第 2 条第 2 款）。此处的"经营"是指自己计算、自己承担风险，并以一定目的，反复、持续地为同种行为的活动。通过反复的行为，当事人得积累丰富的经验，较之未从事这些行为的人，必然在信息和交涉能力等方面处于优势地位。然"反复、持续地为同种行为"，并非是认定经营性的唯一标准，营利性和专业性亦须一并考虑，如从事医师、律师、税务师等职业的人，在缔结与其职业有关的合同时，应认定其具有经营性，因此不属于消费者。

日本以经营性为标准区分消费者与经营者，即"是否以经营为业，或是为了经营而缔结合同"。将"法人和其他团体"直接视为经营者的原因在于，"经营性"固有地存在于法人和其他团体的行为之中。

（3）韩国

韩国并未统一界定消费者的概念，而是在各单行的消费者保护法中分别予以规定。《消费者基本法》第 2 条第 1 款将消费者定义为："为消费生活，使用经营者提供的物品或服务的人"。依此概念，消费者具有以下特征：第一，消费者是使用或者接受经营者提供的物品或服务的人。故使用自己生产或提供的物品或服务的人，不属于消费者。第二，即使是使用或接受经营者提供的物品或服务，但非为消费生活，而是用于转售或利用其进行生产活动的，亦不属于消费者。根据上述概念，消费者的范围并不局限于具体的法律行为主体，而是包括所有消费生活的主体。《消费者基本法》扩张消费者概念存在两方面的原因：首先，基于立法者不仅保护消费生活主体，而且有意保护经济活动中的弱者的立法理念；其次，此亦与《消费者基本法》的法律性质，即兼具公法与私法的性质有关。此外，在《标识·广告法》《访问销售法》《电子交易消费者保护法》《约款规制法》《分期付款交易法》中，也对消费者作了定义。①

---

① 《约款规制法》《分期付款交易法》中未使用"消费者"概念，而代之以"顾客"或"买受人"。

（4）欧盟

欧盟法律制度中的"消费者"是相对于"供应商"而言的，出于某种目的，提供商品或服务的供应商又各有不同定性。欧盟 1980 年通过的《关于合同义务的法律适用公约》（《罗马公约》）中认为，消费者是指基于行业或职业之外的目的而购买商品或接受服务的私人。其强调消费者本身具有或不具有的典型特征，以区别于供应商。1985 年的《上门推销指令》界定了"消费者"和"经营者"的概念。"消费者"是指谈判本指令所指的业务的自然人，其活动不属于其职业或营业活动范畴；"经营者"是指在其职业或经营范围内缔结交易的自然人或法人，也包括以经营者的名义或为其利益从事活动的人。1994 年欧盟《消费者合同中的不公平条款指令》规定，消费者是出于非职业目的缔结合同的自然人；2000 年《电子商务指令》认为，消费者是指为了行业、业务或职业以外的目的购买商品或接受服务的任何自然人。我们可以通过一些欧洲法院的判例[①]，推断出其发展的趋势：原则上对消费者的概念作限制解释。《欧洲私法共同参考框架草案》（DCFR）对"消费者"的定义是：消费者，是指主要不是为了与其业务、营业或职业相关的目的而为某种行为的自然人。《欧洲共同买卖法》也有基本相同的界定。

（5）评析

通过对消费者及其相关概念的比较分析，不难发现，对消费者的定义与对消费者的保护力度和范围有关。换言之，对消费者采消极定义，意味着对消费者定义范围较大，有较多的当事人可享受相应的消费者保护。而达成这一效果，实现真正全面而广泛的消费者保护，需要强有力的市场经济环境做支撑。由此可见，欧盟、日本定义范围较为广泛，韩国次之，中国对此问题仍有争议。

2. 经营者的先合同义务

（1）中国

在现代市场交易中，消费者天然的处在弱势一方的地位，这种弱势地位首先表现在消费者和经营者之间交易信息的不对称。往往是经营者一方

---

① EuGH，Rs. C-464/01（Gruber/Bay）v. 20. 1. 2005；EuGH，Rs. C-269/95 v. 3. 7. 1997；EuGH，Rs. C-269/95 v. 3. 7. 1997 Entschgr. 16；EuGH，Rs. C-269/95 v. 3. 7. 1997 Entschgr. 19.

掌握大量关于商品或服务的确切信息，而消费者并不掌握这些信息，经营者进而利用信息优势，侵害消费者利益。[①] 针对消费者在交易信息的占有量和解决交易纠纷的能力两方面的弱势，赋予消费者知情权在交易中的优先保护地位，能够直接扭转消费者信息匮乏的局面，帮助其作出明智的消费决策，并通过事先的信息保护尽可能减少消费者与经营者发生交易争议的可能性。

基于对买卖合同中消费者的保护，各国法律均对经营者的先合同义务进行了规定，主要体现在特殊交易方式下的信息披露制度上，对此相关规定体现在新修改的中国《消费者权益保护法》第 28 条规定中："采用网络、电视、电话、邮购等方式提供商品或者服务的经营者，以及提供证券、保险、银行等金融服务的经营者，应当向消费者提供经营地址、联系方式、商品或者服务的数量和质量、价款或者费用、履行期限和方式、安全注意事项和风险警示、售后服务、民事责任等信息。"可见特殊的交易方式是指：网络、电视、电话、邮购等方式，而须披露的信息包括：经营地址、联系方式、商品或者服务的数量和质量、价款或者费用、履行期限和方式、安全注意事项和风险警示、售后服务、民事责任等。

（2）日本

《日本消费者合同法》第 3 条规定："经营者在制定消费者合同的条款时，在注意消费者的权利义务以及其他消费者合同的内容，对消费者来说应该是明确且通俗易懂的同时，在就消费者合同的缔结进行劝诱之际，为加深消费者的理解，必须努力提供有关消费者的权利义务及其他消费者合同内容的必要信息。"可见，日本对于消费者保护的特殊的先合同义务，也主要体现在信息披露上，主要披露的内容是："有关消费者的权利义务及其他消费者合同内容的必要信息"，与此同时披露还应是对消费者"明确且通俗易懂的"。

（3）韩国

对于有关买卖合同中消费者保护的先合同义务，韩国并未规定在《消费者基本法》中，而是根据此义务通常适用环境多是在电子交易过程中而规定在《电子交易消费者保护法》中，规定了通信销售业者提供其身份及

---

① 参见戎素云：《消费者权益保护运动的制度分析》，40 页，北京，中国社会科学出版社，2008。

交易条件相关信息的义务（该法第 13 条第 1 款、第 2 款）。

（4）欧盟

从欧盟建设内部市场的角度观察，一个完美的市场重要的先决条件就是，所有的参与者都充分掌握了关于自己的喜好及实现最大化的实用性所必备的商品和服务的特性与价值等信息。欧盟对消费者知情权的理解，已不仅仅限于弥补消费者市场弱势地位的考虑，而是希望消费者成为"信息充足的、谨慎的消费者"（well-informed and circumspect consumer）[1]。欧盟绘制了一个成熟的理智的消费者形象，其通过充分程度的信息受到保护。[2] 在消费者保护法中，经营者向消费者提供必要的信息，这是经营者的一项法定义务，要求经营者提供必要信息也已经成为消费者的一项法定权利。

在《欧洲共同买卖法》第二部分第 2 章第一节中对"经营者对消费者的先合同信息告知义务"（Pre-contractual information to be given by a trader dealing with a consumer）作出了专门规定，主要包括：对远程或非现场交易信息的告知，关于价格和额外支付费用的告知，关于经营者身份与地址的告知，关于合同条款的告知，关于订立远程或非现场交易合同的撤回权的告知，举证责任，强制适用条款等。

对远程或非现场交易信息的告知，经营者须以清楚可理解的方式提供关于标的物主要特质、总价款与额外费用、经营者身份与地址、撤回权、适当情况下的售后服务信息、适当情况下的争议替代解决方法、适当情况下的电子产品工作原理、适当情况下的关于电子产品的共同使用性。同时，上述告知内容也会成为合同内容的一部分。对于远程交易，信息告知必须提供消费者可使用的途径，以简单易懂的语言，利用尽量可耐用、清晰的介质。对于非现场交易，信息告知必须以纸质或者经消费者同意的其他耐用介质形式，并以清晰、简单易懂的语言。关于价款的告知，应当包含税收以及其他可能产生费用的总价，非一次性支付的每个计费周期的总价等内容。关于经营者身份与地址，应当包括例如其商号、地理位置、联

---

① Lain Ramsay, *Consumer Law and Policy*, Hart Publishing, 2012, p. 33.

② Mirja Sauerland, Die Harmonisierung des kollektiven Verbraucherrechtsschutzes in der EU, Peter Lang, Band 10, Internationaler Verlag der Wissenschaften, S. 18.

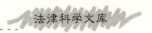

系方式等。①

在《欧洲私法共同参考框架草案》中，相关内容规定在第 2 编"合同及其他法律行为"项下第 3 章关于先合同义务的部分节中。主要表现在第 2～3：102 条"经营者向消费者推销时的特别义务"：不应提供令人误解的信息，使用商务通讯应当提供标的物主要特征，支付、交付、履行以及投诉处理方面的特殊之处，订立合同之后所使用的语言；第 2～3：103 条"与处于特别不利地位的消费者订立合同时提供信息的义务"：拟提供的所有动产、其他财产或服务的主要特征，价格，经营者的地址与身份，合同条款，合同当事人的权利与义务以及相关的撤回权或救济程序。这些信息必须在合同订立前的合理期限内提供；第 2～3：104 条"信息的明晰度与信息的形式"：信息必须清晰、简洁，并以浅显易懂的语言表达，有名合同的规定中要求将信息载于耐久介质上或以其他特定形式提供的，信息的提供必须采取该形式，适当情况下以耐久介质以文本形式加以确认；第 2～3：109 条"违反告知义务的救济措施"②。

（5）评析

通过比较不难发现，对于经营者告知义务的规定，欧盟最为完善和全面。因为消费者合同往往涉及跨国的交易，且伴随电子商务的快速发展，信息披露变得更加重要，欧盟也是顺势而为。中国在最新修改的消费者保护的法律中对此社会现状也作出了回应，不过显然，规定仍然不够全面而充分。日本、韩国也有类似中国的问题。

3. 一般交易条款

（1）中国

所谓一般交易条款，在中国法一般被称为"格式条款"，虽然《合同法》有对格式条款的一般规定，但对消费者保护的特殊规定主要体现在新修改的《消费者权益保护法》中。该法第 26 条规定："经营者在经营活动中使用格式条款的，应当以显著方式提请消费者注意商品或者服务的数量和质量、价款或者费用、履行期限和方式、安全注意事项和风险警示、售

---

① 参见《欧洲共同买卖法》，张彤、戎璐译，载梁慧星主编：《民商法论丛》，第 58 卷，629～630 页，北京，法律出版社，2015。

② 欧洲民法典研究组、欧盟现行私法研究组编著：《欧洲示范民法典草案：欧洲私法的原则、定义和示范规则》，高圣平译，157～161 页，北京，中国人民大学出版社，2013。

后服务、民事责任等与消费者有重大利害关系的内容，并按照消费者的要求予以说明。经营者不得以格式条款、通知、声明、店堂告示等方式，作出排除或者限制消费者权利、减轻或者免除经营者责任、加重消费者责任等对消费者不公平、不合理的规定，不得利用格式条款并借助技术手段强制交易。格式条款、通知、声明、店堂告示等含有前款所列内容的，其内容无效。"由上述规定可以看出，中国对格式条款的明示义务、不公平条款的认定无效作出了规定。

（2）日本

关于一般交易条款的规制问题，日本的相关规定主要体现在《日本消费者合同法》中。该法第8、9条列举了无效不当条款的具体类型，主要包括免除因经营者的债务不履行致使消费者发生损害的赔偿责任、免除因经营者的侵权行为致使消费者发生损害的责任、免除经营者赔偿因瑕疵致使消费者发生损害的责任、预定消费者支付损害赔偿额的条款等的认定无效规则。第10条作为兜底性的一般条款，规定了单方面侵害消费者利益的条款无效。

（3）韩国

一般交易条款在韩国法中称为"约款"，对此韩国有一部专门《约款规制法》。其立法目的在于，制定规范约款的法律，使违反诚实信用原则而丧失公正性的合同条款无效。该法对约款的订入规制、解释规则与效力规则进行了规定。

在约款的订入规制中，该法规定作为订入要件的合意，将经营者规定为"约款提供者"，而顾客则规定为"提供接受者"，意指经营者与顾客之间须存在"提供与接受提供"的关系。在此，对于经营者的提供，解释为要约；将顾客明示或默示的意思表示，解释为承诺。首先，经营者应当对约款订入合同作出提议；其次，应由顾客接受经营者将约款订入合同的提议。

约款的明示、交付义务中，为了便于顾客理解，应当使用韩文字及标准化、体系化的用语。对于约款的重要内容，应以符号、色彩、粗体和较大字体作出醒目标记，方便顾客认知和注意，并以通常可预想的方式向顾客明示约款内容，依顾客要求向其交付约款副本。此外还有重要内容的说明义务、个别约定优先等规则。

约款的解释规则中，约款即使订入合同，仍不能改变一方当事人事先拟定而相对人在未充分研究或确认其具体内容的情况下被动接受的事实，因此须遵循以下原则：根据诚实信用原则公正解释；不能因顾客而异；约

款含义不明确的，必须作有利于顾客的解释。

约款的效力规则中，将不公正条款认定无效。此部分为该法的核心部分，其立法模式是先设一般条款，列举具体无效事由。具体适用时，先适用具体禁止规定。其中一般条款规定了违反诚实信用原则与公正性标准，在具体规定中确立了免责条款的禁止、损害赔偿额的预定、契约的解除或终止、债务的履行、顾客权益的保护、意思表示的抑制、代理人责任的加重、提起诉讼的不当限制等认定无效规则。

（4）欧盟

《欧洲共同买卖法》与《欧洲私法共同参考框架草案》对此部分的规定主要体现在"不公平条款"的相关章节中，主要包括："（经营者）未经个别磋商条款的明晰义务"，即提供方应当以浅显易懂的语言草拟和传送这些条款；"不公平"的含义，即由经营者提供且明显不利于消费者，有悖于诚实信用和公平交易原则的；以及"不公平条款的推定"。"不公平条款的推定"包含以下情形①：

a）排除或限制了经营者因其作为或不作为而给消费者造成人身伤亡所应承担的责任；

b）不适当地排除或限制了消费者因经营者不履行合同债务而有权向经营者或第三人主张的救济措施，这些救济措施包括抵销权；

c）规定消费者受附条件的债务的拘束、而该条件的成就完全取决于经营者的意思；

d）规定经营者在消费者不打算订立合同或履行合同债务的情况下仍然可以保有消费者所支付的款项，而没有规定消费者在相反的情况下可以从经营者获得相当数额的赔偿；

e）规定不履行债务的消费者支付过高的损害赔偿金；

f）赋予经营者任意撤回或解除合同关系的权利，但却没有赋予消费者同样的权利，或赋予经营者在未向消费者提供服务的情况下撤回或解除合同关系，却仍然有权保留消费者所支付的款项；

---

① 参见欧洲民法典研究组、欧盟现行私法研究组编著：《欧洲示范民法典草案：欧洲私法的原则、定义和示范规则》，高圣平译，187～188 页，北京，中国人民大学出版社，2013。See *Proposal for a regulation of the European parliament and of the council on a Common European Sales Law*, European Commission, Brussels, 11. 10. 2011, COM（2011）635 final, 2011/0284（COD），pp. 69-71.

g）规定经营者无须合理通知即可解除不定期合同关系，但经营者有重大理由的除外；这一规定不影响存在正当理由的金融服务合同中的条款，只要规定服务提供人必须迅速告知其他合同当事人为条件；

h）在规定了不合理的过早的截止日期的情况下，规定只要消费者未作相反表示，合同即可自动续展一定的期限；

i）规定经营者无须合同明确规定的正当理由即可单方变更合同条款，这一规定并不影响金融服务的提供者在存在正当理由的情况下，无须通知即可变更消费者的存贷款利率或其他金融服务费用的条款的效力，只要规定金融服务提供者必须迅速告知消费者，且消费者有权立即自由地解除合同关系；这一规定也不影响经营者单方变更不定期合同的条件的条款的效力，只要规定经营者必须合理地通知消费者且消费者能自由地解除合同关系；

j）规定经营者无须正当理由即可单方面地改变所提供的动产、其他财产或服务的特性；

k）规定动产或其他财产的价款在交付或供货时决定，或规定经营者可以提高价款，而在提高的价款相对于合同订立时达成的价款过高时，消费者却不享有撤回权，这一规定不影响合法的价格指数化条款的效力，只要明确规定价格变化的方法；

l）规定经营者有权确定所提供的动产、其他财产或服务是否符合合同要求，或规定经营者享有对合同条款的最终解释权；

m）限制经营者履行其代理人所承诺的义务，或规定这一承诺必须按照特定的程序作出；

n）规定在经营者不履行义务的情况下消费者仍应履行全部义务；

o）规定经营者可以未经消费者同意而转移其合同权利和义务，而转移权利义务将减少消费者现有的瑕疵担保请求权；

p）排除或限制消费者采取法律行动或采取其他救济措施的权利，特别是规定消费者将纠纷提交至非法定的仲裁程序，不正当地限制消费者可能获得的证据，或将举证责任转移给消费者；

q）规定经营者在消费者预订的财产或服务无法提供时可以提供其他相当的财产或服务，而没有规定经营者应明确告知消费者这种可能性，也没有规定经营者应明确告知消费者如果消费者行使撤回权，返还收到的财产或服务所发生的费用应由经营者承担。

r）阻止消费者取得证据的规定，或规定消费者承担法律规定由经营者承担的举证责任；

s）规定允许经营者未经消费者同意将自身权利转移至与其无关联关系的第三人；

t）规定允许经营者在不合理的长时间或不确定期间内决定接受或拒绝要约；

u）规定向消费者索要更多价款或担保费用；

v）不合理地禁止消费者接受第三方的支持或修理服务；

w）规定使原本的合同期间因拖延之故延长或变更至超过 1 年，除非消费者可以在不超过 30 天的解除期限内随时解除合同。

（5）评析

通过比较不难发现，上述国家和地区均将一般交易条款（或不公平条款）的规制作为买卖合同中消费者保护的重要阵地。根据实际经验，经营者利用其行业信息上的优势地位而侵犯消费者权利的情况，也主要发生在此环节。其中，欧盟的规定依然是最为全面而细致，对可能的不公平条款进行了尽可能详尽的列举，最能体现对消费者的保护力度。日、韩也以一般原则配合特殊规定的方式，对常见的对消费者不公平的条款进行了规定。而中国对此仅作了原则上的一般性规定，留下了较大的争议空间。

4. 撤回权

（1）中国

在一些新兴的营销方式中，消费者往往无法及时地了解商品的品质或者由于时间急迫仓促地缔结了合同，因此赋予消费者知情权及反悔权是保护消费者权益的重要手段。"撤回权"（withdraw），是合同或其他法律行为的权利，指无须说明理由并且无须承担债务不履行的责任，而消灭基于合同或其他法律行为产生的法律关系的权利。主要适用于合同订立的情形特殊，一方当事人（通常是消费者）需要特殊保护的情形，如上门推销合同、远程交易合同、分时度假合同。"withdraw"的主要目的在于消除这些情况下当事人地位的结构性失衡，赋予消费者以"犹豫期"，供其取得相关信息并进一步考虑是否受合同拘束。"withdraw"也不与误解、欺诈等意思表示的瑕疵相联系，无须任何特定的理由，只要满足"withdraw"权利存在和权利行使的要件，权利人即可行使该权利，使业已存在的合同关系归于消灭。①

对于在特殊情形下消费者撤回权的规定，中国的相关规定主要体现在新修改的《消费者权益保护法》第 25 条中："经营者采用网络、电视、电话、邮购等方式销售商品，消费者有权自收到商品之日起七日内退货，且无需说明理由，但下列商品除外：（一）消费者定作的；（二）鲜活易腐的；（三）在线下载或者消费者拆封的音像制品、计算机软件等数字化商品；（四）交付的报纸、期刊。除前款所列商品外，其他根据商品性质并经消费者在购买时确认不宜退货的商品，不适用无理由退货。消费者退货的商品应当完好。经营者应当自收到退回商品之日起七日内返还消费者支付的商品价款。退回商品的运费由消费者承担；经营者和消费者另有约定的，按照约定。"由上述规定可知，撤回权适用的情形是：网络、电视、电话、邮购等；权利行使期间为：自收到商品之日起 7 日内。此外还对不适用情形、退回商品的运费问题进行了规定。

（2）日本

根据日本《消费者合同法》第 4 条规定，消费者可以撤回已作出意思表示的情形包括以下几个方面：经营者仅对消费者有关的重要事项对消费者作有利陈述的；由于经营者的诱导而使消费者出现错误认识的。

1976 年颁布的日本《访问贩卖法》第 6 条规定，贩卖人在营业所以外的场所进行贩卖的情况下，特定商品签订买卖合同时的购买人或对特定商品接受买卖合同条款的购买人，可以采取书面方式申请撤回或者解除该买卖合同。而且，贩卖者不能就此向购买者请求支付违约金或者赔偿其因撤回合同而遭受的损害。但自购买者告知之日起算已过 7 日的不能撤回或解除。

于 2001 年开始实施的日本《特定商业交易法》分别对电话、邮购、上门推销、连锁销售等方式推销，业务提供引诱方式销售，以外语培训、家庭教师、美容服务、考试复习班为特定对象的继续性服务合同等新型交易方式作了特别规定。除此之外，在经营者进行上门推销的情况下，为了

---

① 参见欧洲民法典研究组、欧盟现行私法研究组编著：《欧洲示范民法典草案：欧洲私法的原则、定义和示范规则》，高圣平译，168 页，脚注①，北京，中国人民大学出版社，2013。

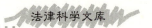

使消费者有充分时间重新考虑合同以及进行反悔，法律赋予其享有无条件的取消权。到目前为止，在日本，消费者购买的正常商品基本都能实现"无理由退货"①。

（3）韩国

在韩国，消费合同中经营者的信息提供义务在法令以及学术界得到明确，只有在专业知识以及消费者和经营者在信息享有方面存在差距的情况下，经营者才有义务向消费者提供信息。具体到法律层面，包括《分期付款交易法》《上门销售法》《电子交易消费者保护法》等。而经营者所需提供的信息必须达到消费者的选择权能够得到确保的程度，具体而言，也就是所提供的信息是必须考虑到和消费者选择权存在有机关联性的。基于此，韩国也在经营者提供信息欠缺的情况下赋予了消费者"犹豫期"。

（4）欧盟

《欧洲私法共同参考框架草案》和《欧洲共同买卖法》对消费者撤回权均进行了专章规定，两者的相关内容大致相同，由于在前面第三章已比较详细地介绍了欧盟撤回权的相关规定，在此不再赘述。

（5）评析

通过比较可以发现，欧盟的立法尝试已经对撤回权制度构建了较为完善的制度体系。在此方面，中国、日本因对欧盟某些成员国，如德国法的借鉴，也进行了明文规定，而韩国在立法上尚不是太清晰。在具体规则内容上，中国、日本对撤回期限的规定为 7 日，短于欧盟 14 日之规定，且起算点规定也较为简单。在适用情形上，中国规定的情形较为单一，忽视了上门推销、金融服务销售等情形，而针对此问题日本有特别立法例进行规定。在排除适用情形中，中国的规定也明显简单于欧盟的立法尝试。

---

① ［日］铃木深雪：《消费生活论——消费者政策（修订版）》，张倩、高重迎译，331～343 页，北京，中国社会科学出版社，2004。转引自张辉：《消费者撤回权法律问题研究》，河北经贸大学 2013 年硕士学位论文，15、16 页。

第五章　东亚合同法协调的
路径：示范法指引

　　东亚合同法的理论体系是伴随着东亚经济一体化发展进程建构的，它具有开放性。在借鉴欧洲合同法统一化经验的基础上，对中、日、韩三国的合同法理论和法律规范进行比较研究后，抽象出共同点，初步构建东亚合同法的一般规则和买卖合同的示范性法律规范框架。鉴于东亚区域的经济一体化主要受商业主导而非政府所推动，因此，东亚合同法协调之路径，可以先从民间开始，借鉴欧盟经验，由学者主导，以制定示范性规则的路径来实现合同法的协调。目的是为东亚各国合同法的立法、解释以及修订提供参考，也可以作为商人法，为东亚范围内的民商事交易提供一个可供使用的规范文本，由当事人自愿选择适用。

第一节　中、日、韩合同冲突法的协调与困境

一、中、日、韩合同冲突法的协调①

（一）中、日、韩合同冲突法的法典化

长期以来，冲突规范在处理国际民商事纠纷中占据重要地位。冲突规范，是指用以指引适用哪个国家或地区法律的规范，也就是说冲突规范仅仅是"指出适用哪个国家的法律来调整某种涉外民事关系当事人间的权利义务，而不直接规定当事人的权利义务"②。中、日、韩三国最早将合同冲突法成文法化的是日本。1893 年，明治政府任命了以伊藤博文为总裁、以穗积陈重等为委员的民法典调查会，以 1900 年《德国民法典》为蓝本重新起草《日本民法典》。在起草民法典过程中，穗积陈重和山田三良等学者以 1896 年《德国民法施行法》为蓝本，参照当时欧美先进的国际私法理论和司法实践，重新起草了法例，于 1898 年（明治 31 年）公布实施，即日本最早的国际私法立法。法例的名称源于中国晋朝（公元3～5世纪）的法典名称《法例律》，在日本意为关于法律适用关系的一般准则。

中国历史上第一部国际私法，即 1918 年《中国法律适用条例》，其制定背景和日本法例相似，亦是出于法律现代化和废除领事裁判权的需要。韩国历史上 1962 年以前一直适用 1898 年《日本法例》。中、日、韩三国由于同受大陆法特别是德国冲突法的影响，同属于亚洲国家和大陆法系成

---

①　本题目下的内容引自秦瑞亭：《中日韩合同冲突法的趋同：欧洲经验的借鉴》。该论文在 2014 年 5 月 17～18 日中国政治青年学院举办的"民法典编纂的域外经验——欧洲私法趋同的现状与前景"学术研讨会上宣读。系南开大学亚洲研究中心 2011 年课题项目"亚洲国家国际私法比较研究"（课题号：AS1105）结项成果和 2010 教育部人文社会科学研究一般规划基金项目"东亚区域经济一体化中的东亚合同法协调问题研究——以欧盟合同法为比较对象"（项目批准号：10YJA820132）的研究成果。经论文作者授权引用。

②　李双元、欧福永等：《中国国际私法通论》，3 版，9 页，北京，法律出版社，2007。

员，同属于历史上中华法系的成员，中、日、韩三国历史上的合同冲突法表现出了惊人的相似性。通过对1898年《日本法例》和1918年《中国法律适用条例》中的合同冲突法条文进行对比发现，三国关于反致和公共秩序保留制度的规定基本相同。三国立法规定的公共秩序都既包括社会公共秩序，又包括善良风俗；三国立法都只承认单纯反致，而且反致都只有在依法院地法应当适用当事人本国法而当事人本国法又指向法院地法的情况下才被承认。三国冲突法关于国籍冲突的解决方案完全相同，都承认内国国籍优先原则；在当事人具有多个外国国籍的情况下，都采取了最后取得国籍优先的解决方案。当事人无国籍时，三国冲突法都规定以其住所地法律为其本国法；住所不明时，依其居所地法为其本国法。在自然人行为能力的法律适用方面，中、日、韩三国冲突法均规定，人的行为能力依其本国法；外国人若依其本国法不具有行为能力，但依据内国法具有行为能力，就其在内国进行的法律行为，视为有行为能力。而且三国法律均规定，前述规定不适用于家庭法、继承法以及涉及位于外国的不动产的法律行为。在合同准据法的确定方面，按照三国合同冲突法，合同准据法都首先依据当事人的意思确定，明示和默示的法律选择均被承认。当事人没有选择法律时，日、韩两国的立法均规定适用行为地法律；《中国法律适用条例》规定应首先适用当事人共同本国法，当事人无共同国籍时，适用行为地法。在行为地的确定方面，三国合同冲突法均规定，要约地和承诺地不同时，以要约发出地作为行为地；如果受要约人于承诺时不知道要约发出地，则将要约人住所地视为行为地。

历史上，德国1896年制定的《德国民法施行法》作为中、日、韩三国国际私法立法共同的法律渊源，对三国合同冲突法的产生和发展产生了重要影响。1918年《中国法律适用条例》、1898年《日本法例》和1962年《韩国涉外私法》均可视为1896年《德国民法施行法》的亚洲复制版本，只是复制的质量存在一些差别。但尽管如此，同属于历史上中华法系的成员，中、日、韩三国的第一部冲突法在个别法律问题上也呈现出了共同的地区特征，例如对德国合同履行地法理论的拒绝、对合同订立地的认定等。合同成立和效力首先适用当事人协议选择的法律，是20世纪初欧洲大多数国家合同冲突法领域的共同立法和司法实践，1898年《日本法例》和1918年《中国法律适用条例》亦明文规定了这一原则，该原则亦是当时中、日、韩三国合同冲突法理论界的共识。当事人未选择法律时，关于合同准据法的确定，19 世纪和 20 世纪之交的欧洲各国主要采用合同订立地法和履行地法两种理论。法国、比利时和意大利等国采用合同订立地法理论①；在萨维尼的大力倡导下，德国学界和司法实践中的主流观点采纳了合同履行地法理论。② 但是值得注意的是，虽然 1898 年《日本法例》和 1918 年《中国法律适用条例》均以 1896 年《德国民法施行法》为母法，但是当时中国和日本的学者却明确拒绝了在德国占主导地位的合同履行地法理论。民国时期我国著名国际私法学者陈顾远先生认为，契约履行问题在契约成立之后方能产生，因此适用契约履行地法决定契约的成立和效力，实为倒果为因。而且一般契约都有两个履行地，应适用哪个履行地的法律作为契约准据法，亦是问题。③ 日本著名国际私法专家、1898年《日本法例》的立法者之一山田三良先生认为："夫契约之履行方法，必自契约成立后，始可得知，苟当定契约之果否成立之时，而欲依履行地法，是不揣其本，而齐其末，未见其可也。"④ 陈顾远先生和山田三良先生在评价合同履行地法理论方面的一致立场和相似观点说明，虽然中、日两国 20 世纪初的合同冲突法均以当时的德国冲突法为蓝本，但在某些具体问题上，中、日两国立法者和学者的共识并非源于德国的影响，而系来自两国历史上共同的法律传统和文化。也许是由于这些共同的法律传统和文化，1898 年《日本法例》和 1918 年《中国法律适用条例》均拒绝了德国冲突法中的合同履行地法理论，而明确采纳了合同订立地法理论。由于韩国历史上 1962 年以前一直适用 1898 年《日本法例》，因此可以认为，合同订立地法理论亦是当时韩国冲突法学界的主流观点。在合同订立地的认定方面，20 世纪初期的法国冲突法以承诺发出地作为订立地，德国和意大利的冲突法以承诺送达地作为订立地⑤，而当时中、日、韩三国的合

---

① 参见［日］山田三良：《国际私法》，李倬译，陈柳裕点校，225 页，北京，中国政法大学出版社，2003。

② Hans Juergen Sonnenberger, Muenchener Kommentar zum BGB, Band 7, 2. Auflage, Vor Art. 27, Rn. 1, Muenchen: C. H. Beck, 1990, S. 1490.

③ 参见陈顾远：《中国国际私法论》，336～337 页，上海，上海法学编译社，1931。

④ ［日］山田三良：《国际私法》，李倬译，陈柳裕点校，224 页，北京，中国政法大学出版社，2003。

⑤ 参见陈顾远：《中国国际私法论》，339 页，上海，上海法学编译社，1931。

同冲突法均明确将要约发出地规定为合同订立地，亦是中、日、韩三国共同的法律传统和文化在冲突法领域的典型体现。①

（二）中、日、韩合同冲突法的现代化

中、日、韩三国中，最先实现国际私法现代化的是韩国。由于韩国 1962 年《涉外私法》的内容主要是对制定于 1898 年的《日本法例》的复制，因此 1962 年《涉外私法》从颁布之时起便被认为是过时的法律。1999 年 4 月，韩国法务部终于启动了修订 1962 年《涉外私法》的立法程序。2000 年 6 月 1 日，韩国法务部在法务咨询委员会中设立了"涉外私法修改特别分科委员会"，委员会成员由韩国国内冲突法领域造诣很深的学者和实务者等专家共 11 人组成。2000 年 12 月 4 日，在综合了各方面的意见及公听会的结果后，特别分科委员会确定最终法律修正案，经法制处（2000 年 12 月 5 日至 12 月 15 日）、党政协会（2000 年 12 月 6 日）、次官会议（2000 年 12 月 21 日第 51 次会议）、国务会议（2000 年 12 月 26 日第 52 次会议）审查讨论以后，该法律修正案于 2000 年 12 月 30 日被正式提交国会。2001 年 3 月 8 日，第 219 次国会会议最后表决通过涉外私法法律修正案，该法律修正案于 2001 年 4 月 7 日经法律第 6465 号公布，2001 年 7 月 1 日起正式生效实施。

2001 年《韩国国际私法》作为一部现代化冲突法法典，其立法技术、立法体系和立法内容都明显超越了 1898 年《日本法例》，这促使日本各界认识到对 19 世纪的《日本法例》进行修订已经刻不容缓。在这种背景下，2002 年日本法务省民事局成立"《法例》研究会"，开始了全面修订《法例》的准备工作。2003 年，日本法务省"法制审议会"设立"国际私法部会"，正式开始关于《法例》现代化的审议工作。"国际私法部会"于 2005 年 3 月 22 日发布《关于国际私法现代化的纲要中间试案》，2005 年 9 月 6 日"法制审议会"通过《关于国际私法现代化的纲要》，基于该"纲要"的法案被列入 2006 年日本国会议程。2006 年 6 月日本国会通过了日本新的国际私法《关于法律适用通则的法令》（简称 2007 年《日本法律适用通则法》），自 2007 年 1 月 1 日起施行。随着该法的生效实施，日本国际私法亦成功实现了现代化。

中华人民共和国成立后，包括《中国法律适用条例》在内的民国政府

---

①   参见 1898 年《日本法例》第 9 条和 1918 年《中国法律适用条例》第 23 条。

法律在大陆被全面废止，中国很长时期内没有制定任何国际私法规则。1985 年 3 月 21 日中国颁布《涉外经济合同法》，对涉外合同法律适用问题作了明确规定，可视为新中国最早的国际私法立法。1985 年 4 月 10 日中国《继承法》颁布，该法第 36 条对涉外继承法律适用问题作了较为详细的规定。1986 年 4 月 12 日，第六届全国人大四次会议通过《民法通则》。《民法通则》第八章对人的民事行为能力、不动产物权、合同、侵权行为、结婚、离婚、扶养和继承领域的法律适用问题作了明确规定，确立了新中国国际私法的基本框架。作为新中国最早关于涉外民事关系法律适用的系统成文立法，《民法通则》第八章对中国国际私法的贡献功不可没。但是，由于当时中国关于涉外民事关系法律适用立法的理论和实践都比较缺乏，《民法通则》第八章仅仅有 9 个条文，对于动产物权、婚姻人身关系、婚姻财产关系和遗嘱继承等诸多重要涉外民事关系的法律适用问题，该章均未作任何规定。在这种情况下，最高人民法院不得不在 1988 年《最高人民法院关于贯彻执行〈中华人民共和国民法通则〉若干问题的意见（试行）》（简称《民法通则意见》）中规定了超过《民法通则》第八章近一倍数量的条文，对司法实践中亟须解决的涉外民事关系法律适用问题予以规定，在一定程度上弥补了《民法通则》第八章的不足。但尽管如此，中国涉外商事法律适用立法仍然处于空白状态。为了解决涉外商事关系法律适用问题，1992 年《中华人民共和国海商法》（简称《海商法》）第十四章专门规定了涉外海事关系的法律适用；1995 年《中华人民共和国票据法》（2004 年 8 月 28 日修正，简称《票据法》）第五章专门规定了涉外票据的法律适用；1995 年《中华人民共和国民用航空法》（2009 年 8 月 27 日修正，简称《民用航空法》）第十四章专门规定了涉外民用航空关系的法律适用。为了解决中外合资经营企业合同、中外合作经营企业合同和中外合作勘探开发自然资源合同的法律适用问题，1999 年《中华人民共和国合同法》（简称《合同法》）专门规定了一条冲突法条款。该法第 126 条第 1 款重申了《民法通则》第 145 条的内容，第 2 款规定在我国境内履行的前述三类特殊合同，必须适用中华人民共和国法律。这样，《民法通则》第八章、《海商法》第十四章、《票据法》第五章、《民用航空法》第十四章和《合同法》第 126 条，加上 1985 年《继承法》和最高人民法院制定的诸多关于涉外民事关系法律适用的司法解释，共同构成了中国冲突法立法。

2010 年 10 月 28 日，新中国第一部冲突法法典《中华人民共和国涉外民事关系法律适用法》（简称《中国法律适用法》）由中华人民共和国第十一届全国人民代表大会常务委员会第十七次会议通过，自 2011 年 4 月 1 日起施行。随着《中国法律适用法》的生效实施，中、日、韩三国中，中国作为最后一个国家实现了国际私法的现代化，中国国际私法立法进入了一个全新的阶段。

《中国法律适用法》生效一年多之后，中国最高人民法院于 2012 年 12 月 28 日正式公布了《最高人民法院关于适用〈中华人民共和国涉外民事关系法律适用法〉若干问题的解释（一）》（简称《法律适用法司法解释（一）》），自 2013 年 1 月 7 日起施行。《法律适用法司法解释（一）》对中国国际私法中的不少问题作了具体可行的规定，亦是中国国际私法的重要组成部分。

（三）中、日、韩合同冲突法的协调

通过对《中国法律适用法》《日本法律适用通则法》和《韩国国际私法》三部法律中相关条文的比较可以看出，中、日、韩三国的现行合同冲突法既有不容忽视的本国特色，又在诸多方面呈现出明显的趋同和惊人的相似性：

1. 关于自然人国籍的积极冲突，中、日两国法律都规定惯常居所地的国籍优先；在所有国家均没有惯常居所时，适用最密切联系原则。韩国法律没有明确规定惯常居所地的国籍优先，但韩国司法实践中在确定与当事人有最密切联系的国籍时，当事人的惯常居所是应考虑的重要因素之一。当事人拥有的多个国籍中具有内国国籍时，三国法律均规定内国国籍优先。关于国籍的消极冲突，三国法律均规定首先适用自然人惯常居所地国家的法律；惯常居所无法确定时，适用其居所地国家的法律。按照中、日、韩三国合同冲突法的条文，住所在解决国籍冲突时几乎不具有任何法律上的意义。因此可以认为，中、日、韩三国冲突法关于国籍冲突的解决方案实质上相同。

2. 在应当适用的国家法律为多法域国家时，日、韩两国的冲突法均规定，首先依据被指引国家的区际私法或者人际私法规则确定法律关系准据法；被指引国家没有区际私法或者人际私法规则时，依据最密切联系原则确定准据法。中国冲突法不考虑被指引国家的区际私法或者人际私法规则，规定直接依据最密切联系原则确定准据法。在这一问题上，三国立法

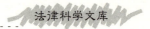

规定可以视为基本相似。

3. 中国冲突法明确规定识别应适用法院地法律，日、韩两国冲突法均未明确规定识别问题，司法实践中亦主要适用法院地法。因此在这一问题上，三国冲突法规定基本相同。

4. 关于反致问题，依据 2001 年《韩国国际私法》第 9 条，韩国国际私法指向外国法律，该外国法律又指向韩国法律，则应适用韩国的实体法，即韩国法院原则上接受外国法对韩国法的反致。从该条款我们还可以得出一个结论，即韩国国际私法中的冲突规范指引外国法律时，原则上包括被指引国家的冲突法在内，因为如果韩国冲突规范所指引的外国法不包括该外国的冲突法，就不可能产生反致问题。由于韩国冲突规范指引的外国法原则上包括该外国的冲突法，外国的冲突法指向韩国法时韩国法院即适用韩国的实体法，所以如果对第 9 条第 1 款作广义解释，韩国国际私法对间接反致亦原则上予以接受。第 9 条第 2 款列举了拒绝反致的几种特殊情况，该规定亦符合国际社会的普遍实践，例如在依据当事人自治原则和最密切联系原则确定法律关系准据法的情况下，大多数国家的立法和司法实践均拒绝反致。因为正常情况下当事人协议选择法律，无论从效率还是从查明外国法困难方面考虑，都不希望选择一个国家的冲突法。在依据最密切联系原则确定合同准据法的情况下，接受反致或者转致有可能导致实际上与合同有最密切联系的法律得不到适用，而与合同没有任何联系或者仅有微弱联系的法律却被适用，这显然违背最密切联系原则的本意，因此这种情况下亦应拒绝接受反致。由此可见，韩国冲突法关于反致的规定是合理的，也是科学的。与此相对应，日本冲突法仅承认当事人本国法反致回日本法律的情形，中国冲突法则拒绝一切形式的反致，似乎没有充分的理由。可见，中、日、韩三国冲突法关于反致的规定迥异，原因在于中、日两国的反致立法缺乏充分的学理论证。

5. 外国法内容的查明方面，韩国立法者采纳了 1987 年《瑞士国际私法》第 16 条规定的方案，即认为外国法在性质上属于法律，因此按照"法官知法"（iuranovit curia）的古老原则，法院应依职权查明和适用外国法；同时考虑到外国法本身的特殊性，亦允许法院对当事人施加协助查明外国法内容的义务。2001 年《韩国国际私法》第 5 条规定："法院应依职权查明和适用应当适用的外国法的内容，同时可要求当事人予以协助。"换言之，在外国法内容查明的义务承担和责任分配方面，韩国国际私法既没有采取严格的职权主义，如意大利法，也没有效仿以英国法为代表的当事人举证主义，而是参考借鉴《瑞士国际私法》的规定，选择了一条中间道路。2001年《韩国国际私法》对外国法内容无法查明的情况未作规定。在对2001年《韩国国际私法》立法草案的讨论过程中，也有观点主张应明确规定外国法内容无法查明时适用韩国法律，但相反的观点认为，明确将韩国法律规定为替代法律会助长韩国法院适用法院地法的倾向，于是立法者最后决定对外国法无法查明时应适用何国法律的问题不作任何规定，将该问题留给了教授学者们和法院的司法实践。韩国学术界为解决该问题提出了"事务本质"（Naturder Sache）理论，按照该理论，在应当适用的外国法的内容无法查明时，法官应依据"事务的本质"进行判决。该理论要求法官研究应当适用但内容却无法查明的外国法的结构体系，借助于一般法律原则以及法律类推，并在可能的情况下依据与该外国法近似或者有渊源关系的法律制度中的相关规定，努力对案件争议问题寻求一种与应当适用的外国法最接近的解决方案。韩国最高法院新近的判决表明，韩国法院的司法实践已经认可并接受了学界提出的"事务本质"理论。

2007年《日本法律适用通则法》对外国法查明问题未作规定，依据日本学界多数学者的观点，外国法律在日本法院中属于法律，因此日本法院有依职权查明的义务。这一点和韩国法律的规定基本相同。

2010年《中国法律适用法》规定的外国法查明方案明显不同于日、韩两国。该法第10条规定："涉外民事关系适用的外国法律，由人民法院、仲裁机构或者行政机关查明。当事人选择适用外国法律的，应当提供该国法律。不能查明外国法律或者该国法律没有规定的，适用中华人民共和国法律。"该条款在外国法查明责任的分配方面，既未采取法官职权主义，也未采取当事人主义，而是依据准据法的产生原因分配查明责任。在当事人自愿选择法律的情况下，由于当事人经过协商后自愿选择适用某一外国法，则有理由认为当事人已经对该外国法的内容有所了解，并且可能事先收集了外国法资料，对法律风险进行了评估和预测，因此在这种情况下，当事人负有提供或者证明该外国法律的相关内容的义务。在法院、仲裁机构或者行者机关依职权确定适用外国法的情况下，查明外国法的责任由法院、仲裁机构或者行政机关承担。

关于外国法查明失败的认定问题，《法律适用法司法解释（一）》亦区分当事人协议选择法律和法官依职权确定适用外国法两种情况分别规定了不同的标准，该司法解释第 17 条规定："人民法院通过由当事人提供、已对中华人民共和国生效的国际条约规定的途径、中外法律专家提供等合理途径仍不能获得外国法律的，可以认定为不能查明外国法律。根据涉外民事关系法律适用法第十条第一款的规定，当事人应当提供外国法律，其在人民法院指定的合理期限内无正当理由未提供该外国法律的，可以认定为不能查明外国法律。"

关于外国法内容的确定和采信问题，按照《法律适用法司法解释（一）》第 18 条的规定，人民法院应当听取各方当事人对应当适用的外国法律的内容及其理解与适用的意见，当事人对该外国法律的内容及其理解与适用均无异议的，人民法院可以予以确认；当事人有异议的，由人民法院审查认定。

外国法无法查明时，按照《中国法律适用法》第 10 条第 2 款，人民法院应当适用中华人民共和国法律作为替代法律。法院地法方案简单易行，有很多优点，但也有一些明显的不足。

综上可见，关于外国法查明的法律规定方面，中国冲突法的规定最为详尽。中国冲突法规定的外国法查明制度与日、韩两国都有重大差别，体现了明显的中国特色。

6. 公共秩序保留制度是冲突法中最古老的制度之一，中、日、韩三国的现行合同冲突法立法都对这一制度作了明确规定。三国现行立法关于公共秩序保留制度的规定大同小异，只是 2001 年《韩国国际私法》第 10 条要求只有在适用外国法的结果明显损害韩国公共秩序的情况下，韩国法院才能援引公共秩序保留制度排除该外国法的适用。该条款强调适用公共秩序保留制度应持谨慎态度是值得肯定的，这也可视为韩国合同冲突法的先进之处。

7. 关于干涉性法规的直接适用问题，2010 年《中国法律适用法》第 4 条规定："中华人民共和国法律对涉外民事关系有强制性规定的，直接适用该强制性规定。"因为《中国法律适用法》第 5 条明确规定了公共秩序保留制度，所以可以肯定，《中国法律适用法》第 4 条规定的并不是公共秩序保留问题。第 4 条中的强制性规定显然也不是指与任意性规范相对应的一般意义上的强制性规范，因为如果立法要求中国法院在准据法是外国法的情况下仍然强制适用中国法律中的强制性规定，则明显违背国际私法的基本理论和常识。因此，《中国法律适用法》第 4 条虽然没有明确使用"干涉性法规"的概念，但毫无疑问，该条规定的强制性规定应是指国际强制性规定，即干涉性法规。随着 2010 年 10 月 28 日《中华人民共和国涉外民事关系法律运用法》（以下简称《中国法律适用法》）的生效实施，中国合同冲突法中一种全新的法律适用制度——干涉性法规直接适用制度——正式诞生。

《中国法律适用法》第 4 条正式规定了目前已为多数法治发达国家冲突法立法承认的干涉性法规直接适用制度，但该条仅规定了中华人民共和国法律对涉外民事关系的强制性规定应当直接适用，而对于中国法律中有哪些此类强制性规定、此类强制性规定的特征和认定标准等诸多重要问题均没有规定，因此《中国法律适用法》第 4 条的可行性颇成问题。最高人民法院经过一年多的调研，于 2012 年 12 月 28 日正式公布了《关于适用〈中华人民共和国涉外民事法律适用法〉若干问题的解释（一）》（以下简称《法律适用法司法解释（一）》）。《法律适用法司法解释（一）》第 10 条规定："有下列情形之一，涉及中华人民共和国社会公共利益、当事人不能通过约定排除适用、无需通过冲突规范指引而直接适用于涉外民事关系的法律、行政法规的规定，人民法院应当认定为涉外民事关系法律适用法第 4 条规定的强制性规定：（一）涉及劳动者权益保护的；（二）涉及食品或公共卫生安全的；（三）涉及环境安全的；（四）涉及外汇管制等金融安全的；（五）涉及反垄断、反倾销的；（六）应当认定为强制性规定的其他情形。"

作为一部于 21 世纪并且为 21 世纪制定的现代冲突法法典，2001 年《韩国国际私法》亦对"干涉性法规"问题作出了明确可行的规定，这是中、韩两国合同冲突法的共同之处。依据该法第 7 条规定，韩国法律中的"干涉性法规"，无论准据法是何国法律，均应适用于相关法律关系。判断一项具体法规是否属于第 7 条规定的"干涉性法规"时，主要依据该法规的立法目的。韩国法学界一般认为，关于保护内国货币的规定、关于进出口管制的规定以及关于限制竞争和不公平竞争的规定，均属于"干涉性法规"。关于外国法中的"干涉性法规"在韩国法院的适用问题，2001 年《韩国国际私法》第 6 条规定："外国法规则的适用不得仅因为其具有公法性质而被排除。"依该条规定，韩国法院审理涉外案件时，对于案件准据法所属国法律中的"干涉性法规"，无论其是否属于公法性质，均应予以适用，只要需要解决的争议问题属于该"干涉性法规"的调整范围。对于韩国法院是否应适用准据法所属国之外的第三国法律中的"干涉性法规"的问题，韩国现行立法没有规定。

与中、韩两国合同冲突法不同，2007 年《日本法律适用通则法》没有明确规定干涉性法规的适用问题，但日本多数学者是认可合同冲突法中的干涉性法规直接适用制度的。

8. 自然人权利能力和行为能力的法律适用方面，韩国和日本合同冲突法都明显受到了德国法的影响，坚持了本国法主义，两国现行立法关于交易秩序保护的规定也基本相同。2010 年《中国法律适用法》与日、韩两国均不同，该法第 11～12 条明确规定自然人权利能力和行为能力均适用自然人经常居所地法律，将两大法系国家长期对立的本国法主义和住所地法主义全部舍弃，开创了属人法领域的第三阵营："经常居所地法主义"。

9. 在法人权利能力和行为能力的法律适用问题上，与德国国际私法长期以来一直适用的"住所地理论"（Sitztheorie）不同，2001 年《韩国国际私法》采纳了以英美法为代表的"设立地理论"（Gründungstheorie），但为了保护内国的交易秩序，同时对设立地理论进行了一定的限制。该法第 16 条规定，法人和组织适用其成立所依据的法律，但如果在外国设立的法人和组织在大韩民国有主事务所或者主要商业活动在大韩民国进行，则适用大韩民国法律。2010 年《中国法律适用法》第 14 条接受了"设立地理论"，没有进行任何限制。该条规定："法人及其分支机构的民事权利能力、民事行为能力、组织机构、股东权利义务等事项，适用登记地法律。法人的主营业地与登记地不一致的，可以适用主营业地法律。法人的经常居所地，为其主营业地"。《法律适用法司法解释（一）》第 16 条进一步规定："人民法院应当将法人的设立登记地认定为涉外民事关系法律适用法规定的法人的登记地。"

与中、韩两国不同，日本现行立法对法人法律适用问题没有明确规定，日本学界一般支持"设立地理论"。

10. 合同形式的法律适用方面，韩国和日本两国国际私法都明确采纳了有利于形式有效的原则。按照 2001 年《韩国国际私法》第 17 条的规定，法律行为的形式既可以适用该法律行为的准据法，亦可以适用法律行为地法，法律行为地是指意思表示的发出地，而非送达地；通过代理人进行法律行为时，行为地是指代理人所在的国家；在当事人订立合同时位于不同国家的情况下，合同形式可适用任何一方所在国家的法律。依该条规定，合同的形式只要满足了前述任何一项法律的要求，即为有效。考虑到物权法律行为的特殊性，韩国国际私法对物权行为的形式拒绝适用有利于形式有效的原则，而是要求物权行为的形式必须符合物权准据法的规定。值得一提的是，依据 2001 年《韩国国际私法》第 17 条第 5 款，不仅物权行为，而且设立或处分必须登记的其他权利的法律行为，形式方面都必须满足该法律行为准据法的要求，而不适用有利于形式有效的原则。但该条款没有对关于不动产的债权合同（例如房屋买卖合同）进行特殊规定，因此依据第 17 条，虽然转让不动产的物权行为的形式必须适用物权准据法，但关于不动产转让的债权合同，形式方面只要符合合同准据法、要约或者承诺发出地法律以及合同当事人一方所在国家的法律中任何一项法律的规定，即为有效。2007 年《日本法律适用通则法》第 10 条的规定与前述韩国国际私法规定基本相同，该条规定："合同形式适用合同准据法，符合行为地法律的形式亦为有效。位于不同法域的当事人订立合同，合同形式符合了要约发出地法律或者承诺发出地法律，均为有效。设立或处分物权或者应登记权利的合同，形式必须符合合同准据法的规定。"

与日、韩两国合同冲突法不同的是，中国合同冲突法对合同形式的法律适用问题没有任何规定，司法实践中一般适用合同准据法。

11. 代理法律适用方面，2001 年《韩国国际私法》第 18 条对任意代理的法律适用问题作了比较详细的规定，该规定在很大程度上参考借鉴了 1977 年《海牙代理法律适用公约》的相关内容。依据第 18 条第 1 款，任意代理的内部关系，即代理人和被代理人之间的关系，适用他们之间法律关系的准据法。因此在代理人和被代理人之间订立了委托代理合同的情况下，代理内部关系的准据法即委托代理合同的准据法；在代理人受雇于被代理人且他们之间没有委托代理合同的情况下，代理人和被代理人之间的内部关系应受雇用合同的准据法支配。第 18 条第 2～4 款对代理权的准据法问题，同时也是任意代理法律适用中的核心问题，作了专门规定。依据第 18 条第 4 款，被代理人可以选择代理权的准据法，但该法律选择必须以明示方式记载于证明代理权的书面文件中，或者由代理人或被代理人书面通知了第三人，否则无效。被代理人未选择支配代理权的法律或者法律选择无效时，依据第 18 条第 2～3 款，代理权适用代理人营业所所在地国家的法律；代理人无营业所或其营业所不为第三人所知时，适用代理人实际实施代理行为地国家的法律。在代理人受雇于被代理人并且没有自己的营业所的情况下，被代理人的主营业所视为代理人的营业所。按照第 18 条第 5 款的规定，无代理权的代理人和第三人之间的关系，亦适用代理人营业所所在地国家的法律；代理人无营业所或其营业所不为第三人所知时，适用代理人实际行为地国家的法律。

《中国法律适用法》第 16 条规定："代理适用代理行为地法律，但被代理人与代理人的民事关系，适用代理关系发生地法律。当事人可以协议选择委托代理适用的法律。"与上述韩国立法相比，《中国法律适用法》第 16 条内容明显过于简单和原则化，对代理冲突法涉及的许多问题缺乏明确规定。《日本法律适用通则法》对代理冲突法问题没有任何规定。

12. 一般合同准据法的确定方面，中、日、韩三国合同冲突法都明确承认了当事人自治原则和最密切联系原则，但具体立法内容又有较为明显的区别。

借鉴 1980 年《罗马公约》第 3 条的规定，2001 年《韩国国际私法》第 25 条将当事人自治原则明确规定为确定合同准据法的首要原则，该条规定：(1) 合同适用当事人明示或者默示选择的法律，默示法律选择必须能够根据合同内容或者案件的整体情况被合理认定。(2) 当事人也可以仅为合同的一部分选择法律。(3) 当事人可以通过约定变更根据本条或者第 26 条确定的合同准据法，但合同订立后对准据法的变更不影响合同形式的有效性和第三人的权利。(4) 如果所有要素均只与一个国家有联系，则该国强制性规定的适用不得因为当事人选择了另外一个国家的法律而被排除。(5) 当事人之间法律选择协议的成立和效力准用第 29 条的规定。

第 25 条第 1 款肯定了当事人自治的基本原则，依该原则，合同首先适用当事人协议选择的法律。当事人选择法律可以采取明示方式，也可以采取默示方式；采取默示方式选择法律时，该法律选择必须能够根据合同内容或案件的整体情况被合理认定，即只有在有充分证据表明当事人确实对选择某法律作为合同准据法（以默示方式）达成了一致的情况下，当事人默示选择的法律才能被认定为合同准据法。《罗马公约》第 3 条也对默示法律选择作了基本相同的要求。

依据第 25 条第 2 款和第 3 款，当事人双方可以为整个合同选择法律，也可以只选择支配合同某一部分的法律；可以在订立合同时选择法律，也可以于合同订立后选择法律，还可以通过后来的法律选择变更以前选择的法律。在当事人只为合同的某一部分选择了法律的情况下，合同其他部分应当适用的法律依据第 26 条的规定（即最密切联系原则）确定；在当事人于合同订立之后才选择法律的情况下，当事人选择法律之前的合同准据法亦按照第 26 条的规定确定。与《罗马公约》第 3 条和《德国民法施行法》第 27 条的规定类似，《韩国国际私法》第 25 条第 3 款亦明确规定，当事人于合同订立后对准据法的变更不影响合同形式的有效性和第三人的权利。

在合同所有要素均集中于同一个国家——即纯国内合同——的情况下，当事人是否有权选择其他国家的法律作为合同准据法的问题，是合同冲突法中一个比较复杂的理论问题。《罗马公约》第 3 条对此作了肯定的回答。按照《罗马公约》第 3 条第 3 款，对于仅与一个国家有联系的合同，即纯国内合同，虽然当事人可以选择外国法律作为合同准据法，但国内法律中的强制性法规，即所有不允许当事人通过合同约定排除的法规，不因当事人的法律选择而受影响。《韩国国际私法》第 25 条第 4 款亦明确接受了这一解决方案。

依据《韩国国际私法》第 25 条第 5 款，法律选择在性质上是合同当事人之间订立的以法律选择为内容的协议，因此便产生了该法律选择协议本身的法律适用问题。在这些问题上，2001 年《韩国国际私法》完全接受了《罗马公约》的解决方案。依据 2001 年《韩国国际私法》第 25 条第 5 款和第 29 条，法律选择协议的成立和效力适用假定该协议有效时将得到适用的法律，即当事人选择的法律亦支配法律选择协议本身的成立和效力。实践中有时当事人一方可能为了与另一方订立合同，对另一方当事人提出的法律选择条款没有明确反对或者只是表示沉默，但按照该法律选择条款中指定的法律，沉默行为可能被赋予表示同意的法律效力，那么在这种情况下，适用当事人选择的法律判断法律选择协议的成立和效力对于表示沉默的当事人一方来说便有失公平。因此《罗马公约》第 8 条和《韩国国际私法》第 29 条均规定，如果情况表明，适用当事人选择的法律判断当事人一方行为的法律效力明显不合理，那么该方当事人可基于其惯常居所地法律主张其对该合同并没有表示同意。

当事人未选择法律时，依据最密切联系原则确定合同的准据法，是目前世界各国普遍采用的解决方案，2001 年《韩国国际私法》亦明文规定了这一方案。该法第 26 条第 1 款规定："当事人未选择法律时，合同适用与其有最密切联系的国家的法律。"为了提高法律适用的明确性和可预见性，第26条第2款按照特征履行理论对三类合同的最密切联系地进行了列举式规定：第一类合同是转让合同，第二类合同是一方允许另一方使用实物或权利的使用许可合同，第三类合同是委托合同、承揽合同以及类似的服务提供合同。这三类合同的特征履行方当事人分别是转让方、提供实物或权利供另一方使用的一方以及提供服务的一方。该条款推定，前述三类合同的最密切联系地是特征履行方当事人订立合同时的惯常居所地；如果该方当事人为法人或组织，则为其主事务所所在地；如果特征履行方当事人在其职业或营业活动中订立合同，则推定其营业所所在地为合同的最密切联系地。依据第26条第3款，以不动产物权为标的的合同被推定为与不动产所在地国家具有最密切的联系。如果案件的具体情况表明第26条第2款和第3款的推定无法适用或者合同不属于第26条第2～3款规定的合同，则应当由法官依据第26条第1款确定与合同有最密切联系的国家的法律。

《中国法律适用法》亦明确规定了当事人自治原则，该法第41条第1款规定："当事人可以协议选择合同适用的法律。"与韩国合同冲突法的规定相比，《中国法律适用法》的规定明显过于原则，立法者将当事人自治原则涉及的许多具体问题都留给了司法实践，这是中国合同冲突法的特殊之处。

与日、韩两国合同冲突法均明确允许明示和默示法律选择不同，中国合同冲突法要求法律选择原则上应采取明示方式。《中国法律适用法》第3条规定："当事人依照法律规定可以明示选择涉外民事关系适用的法律。"《法律适用法司法解释（一）》第8条第2款规定："各方当事人援引相同国家的法律且未提出法律适用异议的，人民法院可以认定当事人已经就涉外民事关系适用的法律做出了选择。"依据前述条款的规定，涉外民商事合同当事人协议选择合同准据法，原则上应采取明示方式，中国最高人民法院的司法解释只承认一种默示法律选择方式，即当事人通过援引同一国家或者地区的法律以默示方式选择该法律作为合同准据法。

法律选择的形式和时间方面，中、日、韩三国合同冲突法立法和司法实践基本相同，三国现行立法对法律选择合同的形式均未作任何要求。依据三国合同冲突法，当事人在合同订立时、合同订立后直至一审法庭辩论终结之前，都可以以法律选择协议的形式选择合同准据法或者变更其以前选择的法律。但是日、韩两国合同冲突法都承认对合同部分问题的法律选择，中国现行立法未作规定，司法实践中一般予以承认。

作为新中国第一部冲突法法典，《中国法律适用法》不仅规定了最密切联系原则，而且明确规定了特征履行理论，这是中国合同冲突法与日、韩两国的不同之处。该法第41条第2款规定："当事人没有选择的，适用履行义务最能体现该合同特征的一方当事人经常居所地法律或者其他与该合同有最密切联系的法律。"依据该款的明确规定，在合同当事人没有协议选择合同准据法的情况下，法院应适用该合同特征履行方经常居所地的法律作为合同准据法。在合同最密切联系地的确定方面，该条款以合同特征履行方当事人的经常居所地作为合同的最密切联系地，与当前多数国家的合同冲突法立法和司法实践相一致，这是合理的。但该条款明确将特征履行方经常居所地法律和与合同有最密切联系的法律作为平行选项，不仅没有明确将最密切联系原则规定为确定合同准据法的基本原则，反而将最密切联系的法律置于特征履行方经常居所地法律之后，因此至少按照该条款的字面表述，最密切联系原则已经不是中国现行合同冲突法的基本原则，其仅仅是确定合同准据法的一个普通系属。这是中国合同冲突法与日、韩两国的又一明显不同之处。

13. 中、日、韩三国现行合同冲突法都在立法上对消费者合同和劳动合同给予特殊的保护，但具体保护方式和保护程度存在明显区别。依据2001年《韩国国际私法》第27～28条的规定，消费者合同和劳动合同的当事人都可以协议选择合同准据法，但是该法律选择只有在所选择的法律对合同弱方当事人（即消费者和劳动者）更为有利的情况下才发生法律效力。而依据《中国法律适用法》第42～43条，消费者合同和劳动合同的当事人根本无权协议选择该合同的准据法。与韩国合同冲突法要求法官对当事人选择的法律和弱方当事人惯常居所地法律或者劳动地法律进行比较不同，日本合同冲突法规定合同弱方当事人欲享有其惯常居所地或者劳动地法律中强制性规定的保护，必须亲自向强势一方当事人主张适用该强制性规定，法院没有主动审查合同当事人选择的法律是否对弱方当事人更为有利的义务。因此总体来看，中、日、韩三国合同冲突法虽然都将消费者合同和劳动合同规定为"受特殊保护合同"，但在立法上对弱方当事人利益的强制保护程度方面，韩国合同冲突法保护得最为充分，中国合同冲突法保护得最不充分，日本合同冲突法的保护程度介于中、韩两国之间。

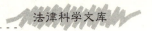

二、中、日、韩合同冲突法协调的困境

进入 20 世纪以后，随着各国国内法的发展，以及随之而产生的各国实体法间法律规定的差异，从事国际贸易的双方当事人都要求使用本国的法律来调整他们之间的关系，因而出现了尖锐的法律冲突。这个问题虽然可以按照"国际私法"的规范进行调整，但是冲突规范并不直接规定当事人的权利和义务，适用冲突规范的结果仍然是以冲突规范所指向的国家的法律来调整，这就给国际贸易业务带来不便，给国际贸易的发展造成障碍。因为冲突规范最大的特征在于其间接性，与直接规定当事人权利义务的实体规范相比，其具有天生的缺陷：第一，可预见性差。法的规范性和确定性使得法具有可预测性的特征，"法律有可预测性的特征，即依靠作为社会规范的法律，人们可以预先估计到相互间将如何行为"①。然而，冲突规范本身无法使当事人遇见其法律行为的可能后果，而且由于国家主权观念、案件审理结果与法院所在地国的利害关系以及调查和适用法律的司法便利等因素的影响，在长期的国际司法实践中，逐渐形成了与适用冲突规范相联系的一整套法律制度，诸如反致、转致、公共秩序保留等，这导致的后果就是冲突规范最初指引的法律与最终实际适用的法律有可能不一致。这样便使得本就不是很明确的法律适用问题，现在变得更加扑朔迷离，当事人因此也就更加难以预测其法律行为的后果。概言之，"同实体规范比较起来，它缺乏应有的预见性、明确性和针对性"②。可预见性差导致的后果就是降低了跨国当事人贸易往来的积极性。第二，司法效率低。司法的价值之一在于追求效率，也就是说司法要及时，"国家司法机关审理案件时，要提高工作效率，保证办案质量，及时办案，及时结案"③。国际民商事关系由于超越国界，因此在司法实践中会面临更多、更繁琐的问题。即使能够通过冲突规范迅速确定最终应适用的实体规范，但是也将面临着域外取证、文书送达、法院裁判的承认与执行等一系列问题。而这些都会降低司法的效率，不利于及时维护当事人的权利。

21 世纪的第一个十年，中、日、韩三国都以自己的方式实现了其合

---

① 沈宗灵：《法理学》，4 版，76 页，北京，北京大学出版社，2014。
② 黄进：《国际私法》，2 版，394 页，北京，法律出版社，2005。
③ 张文显：《法理学》，3 版，241 页，北京，法律出版社，2007。

同冲突法的现代化。2001年《韩国国际私法》、2007年《日本法律适用通则法》和2010年《中国法律适用法》的颁布实施，成功启动了亚洲国家国际私法的法典化和现代化运动。现代化了的中、日、韩三国合同冲突法仍然呈现出共同的欧洲法律印痕和东亚文化特征，但是对本国特色的强调却明显超过了现代化以前。因此虽然总体上中、日、韩三国合同冲突法的趋同性特征非常明显，但三国合同冲突法乃至整个国际私法的统一仍然任重而道远。①

　　法制现代化是一个世界性的普遍现象，但同时又存在着多元发展的多样化模式。东亚各国的法制现代化大都是后发式或者说是外发型的、自上而下的、以政府力量为主导的模式，这不同于西方内发型、自下而上、以市民社会力量为动力的法制现代化模式。现在，法律全球化已经成为了不以人们意志为转移的客观存在，它不仅是经济全球化的必然产物，而且是现代社会科技越来越发展、信息越来越发达、人类交往越来越密切、国家间交往越来越紧密的必然产物。在这个过程中，法律生活世界正在出现"全球性重构"的趋势。西欧国家的现代化具有原创性的特征，所以就成为诸多晚生的现代化国家实现现代化的样板。作为后发式的法律发展国家，东亚各国是在全球化的巨大压力和示范下不断进行现代化改造的。因此，东亚各国的法制现代化运动已经逐步而且越来越深的卷入了全球化进程，这是无可置疑的。

　　作为建构全球性文明秩序的一种要求，法律的全球化把法律运行的价值基础、价值判断从过去的国别范围扩大到全球范围，同时又对具体国家的法律实践过程提出相吻合、相配套的要求。当然，全球化并不等于一元化、一体化，而且全球化也不与多元化相冲突，相反，多元化恰恰是全球化的一个重要特征。要承认民族文化自身社会历史结构、发展过程的独特性，承认即使是在全球化时代，文化多族群性、多元性也是必然的、合理的、具有可选择性的。换句话说，以地方化和多元化方式存在的法律是以世界化和趋同化方式存在的法律的基础。缺乏这种"地方性知识"，"普适性知识"就必然会出现合法性危机；而缺乏"普适性知识"，"地方性知

---

① 参见秦瑞亭：《中日韩合同冲突法的趋同：欧洲经验的借鉴》，系2014年5月17～18日"民法典编纂的域外经验——欧洲私法趋同的现状与前景"学术研讨会会议论文，4～5页。

识"也无法壮大。"普适性知识"是"地方性知识"之间的对话结果和必然逻辑结局，"地方性知识"的存在与沟通是"普适性知识"得以展现的前提。全球性经济重构过程需要一个全球性的法律框架，处于全球化进程中的每一个国家、地区和民族都必须确立全球发展意识，共同制定全球性行为准则，平等自主地参与全球性行动。

第二节　构建东亚合同法的学术实践及其价值

一、国际合同法统一的成果与趋势

（一）国际合同法统一的成果

为了克服由于各国国内法分歧所造成的法律障碍，摆脱国内法的束缚，近几十年来国际上兴起了国际贸易法统一化运动，通过编纂国际贸易惯例和缔结国际条约，制定并形成了一系列调整国际贸易关系的统一实体规范。因此，国际贸易法的趋同与国际统一是现代国际贸易法发展的最重要特征。这种趋同与统一首先表现在国际贸易所涉及的大多是私法规范方面，主要是买卖法、票据法与合同法规范的趋同与统一。各国由于社会制度和历史传统的不同，产生了具有各自特色的法律体系和法律体制，至于就各种问题作出的具体规定，其内容上的差异就更大了，甚至在某些问题上的规定是互相对立的。例如，关于合同成立的时间，大陆法坚持到达主义，即承诺到达要约人合同成立；英美法则坚持发信主义，即自书面承诺投邮之日起合同成立。冲突法在解决法律适用问题上起了非常重要的作用，但不能解决因实体法的不同所造成的问题。不仅如此，冲突法是由各国自行制定的（通过国际条约制定的统一冲突规范数量很少），其差别之大不亚于实体法规范，其规则之复杂、种类之繁多，往往使学者难以解释，使法官难以适用，对于国际贸易的当事人来讲，更是望而生畏了。所以，从上述意义讲，冲突法对国际贸易又多制造了一层麻烦，对国际贸易的发展形成重重障碍。国际贸易中的当事人不仅力图逃避各国的实体法，还想尽量绕开各国的冲突法，而出路就在于实现国际贸易法的统一。从积极方面讲，各国的法律给国际贸易统一法提供了法源。法律的统一从对象上看，包括程序法上的统一、国际私法的统一和实体法上的统一。程序法上的统一主要是解决国际民商事诉讼的问题。国际私法的统一解决准据法的问题，但是确定准据法之后各国各地区实体法的不统一也会导致适法的不公平，所以实体法的统一是法律统一的终极目标。实践证明，制定统一法主要采取下列方法：第一，采取各国的相同规定；第二，采用某一法律体系或某一国的更适合国际贸易需要的规定；第三，不同规定的折中或调和；第四，创造新的规范。所以，须从各国的法律中寻求国际统一法某项规定的根由。

国际贸易法的统一化，是指通过编纂统一的国际贸易惯例和缔结国际条约，制定调整国际贸易关系的统一实体规范。统一的国际贸易法规范的特点，是完全地或在一定条件下避开有关国家国内实体法和冲突法的适用而统一的直接调整国际贸易当事人之间的权利和义务关系。不过，统一惯例和统一法公约的法律性质是不同的。前者是由国际组织或团体编纂而成，对各个国家和有关当事人无当然的法律上的拘束力；而后者经缔约国批准后对其有法律上的效力。国际贸易法统一化运动，经历了漫长的过程，如果从签订与国际贸易特别是技术贸易有密切关系的《保护工业产权巴黎公约》（1883 年 3 月 20 日）算起，已经有超过一百年的历史了，即便从国际私法统一协会开始起草国际货物买卖统一法公约算起（1930年），也有超过半个世纪的历史了。在这期间，以满足发展国际贸易的需要为动力，经过各个国家、有关国际组织和国际团体的努力，国际贸易法的统一化取得了显著成效。

从国际贸易法趋同与统一的范围来看，其已经突破了政治制度中的社会主义与资本主义、经济体制中的计划经济与市场经济、经济发展水平上的发达国家与发展中国家的界限，也超越了大陆法系与英美法系的差异，这种国际贸易法是建立在整个世界都能接受的基本原则的基础上的。英国的施米托夫教授将这种法律体制称为"新的商人习惯法"（New Lex Mercatoria）或"跨国商事交易法"①。因此，随着全球化时代的到来，全球统一大市场的初步形成促进了新商人法的产生，国际商事活动的"非国内化"现象正融入全球化趋势，商法的趋同化趋势亦日益加强，并构成"法律全球化"实践中最突出的一部分。首先，商法统一实体规则的迅速扩张。在全球化的推动下，国际层面的立法不断扩大其调整范围，产生全球

---

① ［英］施米托夫：《国际贸易法文选》，赵秀文译，208、244、260 页，北京，中国大百科全书出版社，1993。

相对统一的法律制度。主要有：（1）国际商事公约。如 1980 年《联合国国际货物买卖合同公约》、1988 年《联合国国际汇票和国际本票公约》和 1991 年《联合国国际贸易运输港站经营人赔偿责任公约》。（2）示范法与国际标准合约。如联合国国际贸易法委员会 1985 年的《商业仲裁示范法》、1996 年的《电子商务示范法》，国际商业界制定标准合约的活动最终导致了国际商业惯例的形成。（3）国际惯例。国际商会、国际法协会与国际海事委员会制定的贸易惯例具有适用普遍、影响广泛的特点。其中，国际商会的《国际贸易术语解释通则》被认为是目前国际上应用最广、影响最大的国际贸易惯例，《跟单信用证统一惯例》也已为至少 175 个国家的银行采用。①

目前实现国际贸易法国际统一的主要途径是缔结国际条约，形成国际统一实体法规范；编纂国际贸易惯例，形成任意性或选择性的法律规范。在推进国际贸易法国际统一的进程中，一些国际组织（包括政府间和非政府间的国际组织）发挥着核心作用。这些组织有：联合国国际贸易法委员会（NUTCIRLA）、国际统一私法协会（UNIDROIT）、海牙国际私法会议（HCOPIL）、国际商会（ICC）、国际海事委员会（IMC）、国际法协会（ILA）。经过多年努力，这些组织已为国际贸易领域提供了大量的国际贸易法统一的成果，而这些成果所形成的国际立法与国际惯例，已成为现代国际贸易法的重要渊源。②

1. 《联合国国际货物买卖合同公约》

目前国际范围内法律的实体统一主要集中在私法，尤其是合同法领域，其中之一如《联合国国际货物买卖合同公约》，它是一项关于国际货物买卖的十分重要的国际公约，其目的是统一国际货物买卖的法律，为国际贸易创造更为良好的法律环境。世界上许多国家都制定了各自的买卖法，但彼此之间分歧不少，因而在国际贸易中不可避免地会引起法律冲突，不利于各国之间的贸易往来。为了解决这个问题，早在 1930 年，国际联盟的国际私法统一协会就决定拟订一部有关国际货物买卖的统一法，

---

① 参见单文华：《国际贸易惯例基本理论问题研究》，载梁慧星主编：《民商法论丛》第 7 卷，607～609 页，北京，法律出版社，1997。

② 参见翁国民：《国际标准合同与国际贸易法的国际统一》，载《杭州大学学报》1996（2），42～43 页。

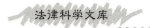

试图协调和统一各国有关货物买卖的实体法。后因爆发了第二次世界大战，此项工作一度中断。第二次世界大战后，该协会又继续完成这项起草任务。1964 年在海牙会议上正式通过了《关于国际货物买卖统一法公约》和《关于国际货物买卖合同成立统一法公约》及两个附件。第一项公约于 1972 年 8 月 18 日生效，批准或参加的国家有比利时、冈比亚、联邦德国、以色列、意大利、荷兰、圣马利诺和英国八个国家；第二项公约于同年 8 月 23 日生效，在上述八国中，除以色列外，均参加了这项公约。但是，以上两个公约受欧洲大陆法传统的影响较多，许多国家对加入这两项公约还有疑虑，因此，参加的国家为数甚少，不能起到应有的作用。针对这种情况，联合国国际贸易法委员会于 1969 年决定成立一个专门工作组，对以上两项公约进行修改，使它能得到具有不同社会、经济和法律制度的各国的广泛接受。1978 年工作组完成了新公约的起草任务，并决定把上述两个公约合并为一个公约，称之为《联合国国际货物销售合同公约》(United Nations Convention on Contracts of International Sales of Goods)（以下简称《公约》）。1980 年 3 月在维也纳举行的外交会议上正式通过了这项《公约》，并开放签字和提交各国政府审查批准，《公约》于 1988 年 1 月 1 日正式生效。截至 2010 年 8 月，已有 76 个国家核准并加入该《公约》，当事人签订国际货物买卖合同可以适用该规范确立权利义务关系并解决产生的纠纷。《公约》由序言和其他四部分组成。序言规定了几项基本原则：有利于建立新的国际经济秩序；在平等互利的基础上发展国际贸易和促进各国友好关系；采用照顾到不同社会、经济和法律制度的统一规则。《公约》第一部分：适用范围和总则；第二部分：合同的成立；第三部分：货物买卖；第四部分：最后条款。本公约是一个规范性法律文件，对缔约国及有关当事人按规定的适用范围具有法律效力。该《公约》在国际商事合同的纠纷解决中已经发挥了重要作用。

2.《国际商事合同通则》

国际私法统一协会于 1994 年编撰的《国际商事合同通则》（Principles of International Commercial Contracts，PICC）（以下简称《通则》）也是一部具有现代性、广泛代表性、权威性与实用性的商事合同统一法。《通则》不是国际公约，属于不具有当然拘束力的"软法"性质的文件，因此，对《通则》的接受和认可将在很大程度上依赖于《通则》本身的权威性。① 为此，随着国际商事实践的不断发展，为适应日益繁荣的国际商事活动的开展和现代高科技手段在国际贸易中的广泛应用，国际统一私法协会于 1997 年便着手对《通则》进行修订，并成立了专门的工作小组。与 1994 年的《通则》相比，2004 年修订的《通则》增加了五部分内容，分别是：代理权限；第三人权利；抵销；权利转让、义务转移和合同转让以及时效期间。

《2004 通则》增加了代理权等五方面的新内容，在更大的范围内对国际合同法作出了规范，是国际贸易统一法的又一新成果。伴随经济全球化的深入发展，国际贸易统一法也在更广阔的领域开拓发展，不断取得新的成就。国际统一私法协会的《1994 通则》问世以后，对国际商事实践产生了深远的影响，为世界各国广泛采用。据不完全统计，加拿大、荷兰、德国、俄罗斯、爱沙尼亚、立陶宛、捷克、美国、阿根廷等国在制定或修改民法典等法律中，都借鉴或参考了《1994 通则》的有关规定。② 不只是仲裁庭运用《1994 通则》，一些法院在审判中也运用它。③ 这充分说明《通则》不只是"软法"（soft law），而且是在国际商事实践中发挥了重要作用的法律。

国际统一私法协会理事会于 1997 年开始对《1994 通则》进行修订，并在修订的过程中成立了一个工作组，由世界各大法律体系或地区的杰出法学家组成。《1994 通则》原有 7 章 120 个条文，经修订扩充后，《2004 通则》共有 10 章 185 个条文，新增了 65 个条文。应当注意到《2004 通则》不再局限于严格意义上的合同法，还处理三方的关系，例如代理和转让，而且涉及传统上由强制性规则（mandatory rules）调整的问题，例如时效期间。这无疑是一个重要的突破，它意味着国际贸易统一法的领域和空间又进一步拓展了，统一法的规则总会牵涉到一些相关联的问题，应当

---

① 国际统一私法协会理事会在《1994 通则》的引言中指出，"在将《国际统一私法协会国际商事合同通则》提供给国际法律界和国际商业界之时，理事会清楚地意识到《通则》并不是一项立即产生约束力的法律文件，因此，对《通则》的接受和认可将在很大程度上依赖于《通则》本身具有说服力的权威"。

② See Michael J. Bonell, An International Restatement of Contract Law: The UNIDROIT Principles of International Commercial Contracts, 2nd ed. 1997, pp. 231 - 254.

③ See Michael J. Bonell, "UNIDROIT Principles 2004—The New Edition of the Principles of International Commercial Contracts", *Uniform Law Review*, 2004, p. 3.

是综合性的而不是单一的规则。《2004 通则》的主要目的是针对国际商业社会中出现的各种利益问题提出法律上的解决途径。《2004 通则》除了对《1994 通则》原来的条文作出个别修改之外，在第 2 章合同的成立（formation）中新增第二节，增加"代理"（authority of agents）制度；在第 5 章合同的内容（content）中新增第二节，增加"第三方权利"（third party rights）；新增第 8 章，增加"抵销"（set-off）制度；新增第 9 章，增加"权利转让"（assignment of rights）、"债务的移转"（transfer of obligation）和"合同的转让"（assignment of contracts）等；新增第 10 章，增加"时效期间"（limitation periods）。具体来说，主要是新增加了五方面的内容：（1）代理权，共 10 个条文，设置在第 2 章第二节。（2）第三人权利，共 6 个条文，设置在第 5 章第二节。（3）抵销，共 5 个条文，新设置了第 8 章。（4）权利的转让、义务的转移与合同的转让，共 30 个条文，新设置了第 9 章，分三节。（5）时效期间，共 11 个条文，新设置了第 10 章。《2004 通则》新增加的五方面的内容，具有科学性、实用性和可操作性，它反映了当今世界各国合同立法的最新成果，令人有耳目一新的感觉。①

《通则》不是国际条约，国际条约因签约国同意具有拘束力，而《通则》不具有强制性，完全是由合同当事人自愿选择适用或由有关国家在制定国内立法或缔结国际条约时作为其法律文件的范本或者是作为国际统一法律文件及国内法的解释或补充。《通则》亦非国际贸易惯例，国际贸易惯例是在长期的国际贸易交往中，为了便利这种贸易的进行，各行业均制定有自己的标准合同、标准合同条款以及一般交易条件，它们中所确定的一些国际贸易原则、规则长期以来为本行业的参与者所普遍遵守并因而对本行业的参与者具有约束力。实质上《通则》不过是以国际重述的形式详尽阐述合同法普遍通行的原则，由一些从事私法国际统一的国际组织，试图在世界范围内或在特定地区范围内以类似于国内立法的形式，制定供有关国家一致采用但不具有国际条约的约束力的"另一类统一法"②。正因为如此，国际统一私法协会理事会清楚地意识到《通则》并不是一项立即

---

① 参见吴兴光：《国际贸易统一法的又一新成果》，载《暨南学报（哲学社会科学版）》，2005（6），50～53 页。

② 李双元：《国际私法学》，107 页，北京，法律出版社，2000。

产生约束力的法律文件，国际社会对《通则》的接受和认可将在很大程度上依赖于《通则》本身具有说服力的权威。所以，从事《通则》起草和修订工作的工作小组由合同法和国际贸易法律领域的主要专家组成，它吸收了世界各主要法律体系的代表。他们中的大多数人是研究人员，还有一些是高级法官或公务员，他们均以个人身份参加工作组的起草活动。① 他们不囿于各自国家的法律原则和观点，因而能够充分汲取现代合同法的最新成果，提炼并确立了许多过去国际公约没有的一般法律原则。例如，在2004年的修订中，关于权利转让、义务转移和合同转让的规定，关于代理权限的规定以及时效期间的规定等。这些从国际商事实践中总结升华的最新法律原则具有科学性、合理性、实用性，并克服了《1994通则》内容以及性质方面的局限性，使《通则》的调整范围逐步扩大，在国际层面上更大的范围内统一了合同法。毫无疑问，随着时间的推移和商品经济的发展，《通则》尚需进一步补充和完善，但是就目前而言，《通则》所制定的法律原则是比较全面的，在今后一段时期内仍将是适用的。此外，鉴于《通则》被国际社会广泛接受，它必将对各国的商事立法产生积极的影响，促使各国国内合同法律制度随着社会需要的发展，在国际交往日益密切的基础上，逐步相互吸收、相互渗透，从而趋于接近甚至趋于一致。其具体表现为在国内法律的创制和运作过程中，越来越多地涵纳国际社会的普遍实践与国际惯例，并积极参与国际法律统一的活动。② 可以预言，由于《通则》的科学性、合理性、实用性及其规范的全面性，在国际商事实践中，《通则》将为越来越多的人所认识和接受，其具体规定和法律原则也必将越来越多的为各国的商事立法所采纳。毋庸置疑，《通则》对各国商事立法的影响是积极的，它必将有力地推动国际商事法律统一化的进程。③

---

① 国际统一私法协会理事会在《1994通则》的引言中指出："该工作组由合同法和国际贸易法律领域的主要专家组成，它吸收了世界各主要法律体系的代表。他们中的大多数人是研究人员，还有一些是高级法官或公务员，他们均以个人的身份参加工作组的起草活动。"

② 参见李双元：《再谈法律的趋同化问题》，载《国际法与比较法论丛》，第4辑，631页，北京，中国方正出版社，2004。

③ 参见郑远民、李俊平：《国际商事法律统一化的新发展——〈国际商事合同通则〉2004修订版述评》，载《时代法学》，2005（6），108、114～115页。

3.《联合国国际货物买卖合同公约》与《国际商事合同通则》的特色

1980 年《公约》的国际条约性质，决定了其在制定之时就必须考虑和兼顾各种法律体系以及各个国家和国家集团之间的不同利益和要求，因此，《公约》对某些具体问题的规定过分拘泥于现有的法律制度而没有突破性进展。例如，《公约》第 28 条关于"实际履行"（specific performance）这一救济方法的规定，由于大陆法和英美法关于实际履行的规定有很大不同，大陆法把它作为违反合同的一种主要救济方法，当债务人不履行合同时，债权人有权要求债务人实际履行义务；而英美普通法更强调金钱赔偿。由于以上重大分歧，《公约》无法对此进行完全的统一，而只能作出一定程度的统一，并给各国法院依本国法律判决的自由，从而导致在一部国际统一实体法律文件中出现了一条冲突法规范这种不伦不类的立法模式。而《通则》的制定过程不仅是一个借鉴和吸收各国合同法以及以往统一合同法精髓的过程，也是一个在多方面对传统合同法有所突破的过程。正如《通则》在"引言"中所言："《通则》试图适应国际商事交易的需要而专门制定一种规则体系，这些规则使得那些被认为是最佳的解决办法具体化，即使它们还未被普遍接受。"这一目的使得《通则》的许多规定更加精确与科学。例如《通则》第 33 条第 1 款规定："合同订立时不可能履行所承担之义务的事实本身不影响合同的效力。"这一规定同传统的"自始客观不能可导致合同无效"的观点相悖，却能起到促进交易的作用。可见，《通则》的各项规定源自国际商事实践，经各国学者运用比较的方法予以体系化和成文化，实为国际商事合同领域国际惯例的汇编。其立法的出发点是方便并尽可能促成和承认交易，它充分考虑到由于国际技术和经济的发展带来的不断变化的情势对国际贸易实践的影响，这种务实的做法符合国际贸易发展的需要。由于当今国际贸易日趋自由化，它要求在当事人意思表示一致时，合同即告成立。为贯彻私法自治原则，应尽量承认合同的效力，《通则》的这种规定势必对合同法领域的立法产生深远影响。此外，《通则》特别阐明合同当事人应按照诚实信用和公正交易的原则来行使一般义务，并在许多实例中加入了合理的行为标准，试图以此来保证国际商事合同关系的公正性。《通则》的成功制定意味着国际统一私法协会在"用非立法手段统一法律"的道路上迈出了关键的一步，它在实践中到底能发挥多大的作用姑且不论，但其毕竟为国际商事法律的统一提供了一种新的思路、新的模式。作为国际统一合同法运动开始以来最新最重要的成果，它凝聚着世界各主要地区和各大法系数十位著名合同法和国际贸易法专家多年的心血和智慧，并以完美的结构、精深的内容引起世人的瞩目。①

（二）国际合同法统一的趋势

法律统一化是人类社会进步和法律进步"理性选择"的一种自然进程。法律的趋同虽然是受人们的主观意志决定的，但同时也必须看到人们有选择某一相同或相近的法律制度的主观意志，都是受特定的相同或相近似的社会、政治、经济条件决定的，是受趋利避害的客观规律决定的。而要使人们行为的相互交换关系得以进行，就必然会去选择那些最便捷、最能为双方都接受且支出与花费最小的行为模式。此为法律趋同是人类社会进步和法律进步的"理性选择"的一种"自然进程"的根据。罗马法近两千年的发展历史证明，它的基本原则在社会高度发达的今天之所以仍然保持其旺盛的生命力，就在于它把商品经济社会的一些内在的共同本质性的规范上升为法律。虽然罗马帝国被日耳曼民族灭亡，在政治上，后者征服了前者，但在法律上，罗马法却在日耳曼统治的国家得以最为完整的吸收，而且至今罗马法继续在欧洲大陆发展着，在欧洲私法趋同的过程中发挥着作用。

法律趋同是一个永不休止的动态过程，而且还总是伴随以至推动着社会进步的过程，伴随以至推动着法律文明不断发达的过程。我们不能简单地认为法律趋同只是法律的彼此接近、协调和统一而已，更为重要的是在从较闭塞的过去的时代向更为开放的时代发展的时候，各国以至国际社会的法律也必然会从旧的观念和法律制度中解放出来，继承往昔那些能适应更为开放的新时代需要的法律观念和法律制度，淘汰那些不能适应这种开放性的新时代需要的法律观念与法律制度，并在实践中形成各种与时俱进的新的法律观念和法律制度。在这种时代转化与进步的过程中，任何一个国家如果拒绝接受不论是国内还是国外历史上形成的、能发挥进步作用的那些优秀法律制度和法律文化，它的法律制度就肯定不能满足开放的新时代新环境的需要而阻碍这个国家的进步。

当今国际社会的全球化发展趋势已经是一个不争的事实，在全球化进

---

① 参见肖永平等：《国际商事合同立法的新发展》，载《法学论坛》，2000（4），97～98 页。

程中人类的价值观念和行为模式逐渐融入世界大市场的潮流之中，特别是不同国家法律制度某些方面的彼此接近、吸收和融合，已成为各国法制现代化的捷径。法制现代化是一种法律发展多样性统一的进程，在人类社会法律文化发展的历史长河中，各国即使不借鉴他国的法律制度，也并非不能发展或停滞不前，各国都有其特定的历史发展、习惯和民族传统，不同国家或民族的法律文化在不同条件的作用下，总是循着特定的路线演进与发展，只不过发展极其缓慢。但是如果积极吸收他国已成功的各种法律制度，充分重视法律趋同化这一强劲走势，就会加速各国特别是落后国家法制现代化建设的进程。

欧盟的诞生极大地推动了欧盟法律由区域化向全球化的发展趋势。它首先借助于欧盟内部统一体的力量，通过区域化立法的形式，把欧洲各国分散的立法整合成区域化的统一实体法，以区域化的姿态在国际政治经济舞台上统一展示，从而大大提高了欧洲各国作为一个集团在世界政治经济中的地位，构成世界法律多元化体系中的重要一极。在目前的经济全球化中，获利最多的依然是以美国、欧盟为首的西方国家，它们获得的是意义深远的制度性利益、规则型利益、典范性利益以及物质性利益。借助全球化，西方竭力把它们的市场经济与"民主"制度推行到全世界，把它们制定的国际规则框定给全世界，而且美国公司为全世界提供了大部分"商业典范"。此外，西方还获得许多巨大的物质利益，其中包括它们与发展中国家在经济"质量"方面的差距总体上在进一步扩大，世界经济发展大势首先有利于西方。

法律全球化在某些实体法领域已经实现，如货物销售法、运输法以及知识产权法等。国际经济交往的不断扩大客观要求尽力消除各国法律间的冲突，尤其是处理国际民商事关系的法律间的冲突。许多致力于国际法律统一化的国际组织对此做出了卓越的贡献，这些国际组织及其参与制定的国际条约有区域性的，也有国际性的。

目前正在世界范围内开展的债法改革，从内容和理念变化来看，总体上体现着一种现代化的要求或趋势。具体来说，主要体现为两个层面和三个重点。两个层面是指国际统一或区域统一的层面及内国债法改革层面。前者主要体现为合同统一法运动的蓬勃发展，这种统一是以深度市场化和国际交易全球化开展为指向的；后者则主要表现为主要国家纷纷改革自己的债法，特别是在其结构基础层面做出重要变化，以求债法规则不仅能在

具体发展上而且能在结构基础上与现代交易的复杂特点相契合，总体上的做法开放而富有弹性、融合而易于包罗，并致力于回应效率化和社会化的双向呼求。三个重点则分别是整合、融合、现代发展。因此，当代债法改革，以其内容和理念发展变化重大，不能看作是私法领域某种仅具技术意义的法律调整，而应该认识到它体现着当今私法面对时代变迁正在展开的一种根本转型，标志着私法历史上的第三次重大发展。①

二、构建东亚合同法的学术实践

（一）东亚国家对东亚共同法的研究状况

1. 日本

20 世纪 80 年代中期，社会主义国家开始实行经济开放政策，加之1991 年苏联、东欧解体，1997 年亚洲经济危机，这些都使经济全球化得到了进一步的发展，并且对亚洲法研究产生了很大的影响。日本于 2000 年成立亚洲法研究会，并以此为母体在 2003 年成立了亚洲法学会。2005 年 6 月的亚洲法学会研究总会召开了以"东亚地域统合与法"为题的研讨会，这意味着"东亚共通法"已经成为亚洲法研究者的一个关注课题。②

对于亚洲法的研究来说，日本学者是走在前面的。日本亚洲法研究先驱千叶正士注意到东亚国家的法都把汉字作为媒介来普及律令制度这一点，并由此创造了"汉字文化圈"这一概念。还有，同样作为日本亚洲法先驱的安田信之提出了"东亚法圈"的概念。他的理由是，首先，东亚各国都在固有的体系和异质性的基础上接受了儒教或者说中国文化。其次，在近代法发展的过程中包括越南在内，各国都受到了德国法、法国法的影响，但这种影响并不是直接的，而是不幸在日本殖民地、半殖民地的支配之下间接的受到了很大的影响。再次，第二次世界大战以后，除了中国，其他国家都受美国的影响发展了"民主化"或现代化。当然，安田也承认，日、中、韩和中国台湾的法制度之间存在一定的差异，即这些国家的

---

① 参见龙卫球：《当代债法改革：观察与解读》，载《南昌大学学报（人文社会科学版）》，2012（3），1 页。

② 参见［日］宇田川幸则：《东亚共通法的可能性》，载《第一届比较法与世界共同法国际研讨会"当代法律交往与法律融合"论文集》，2011 年 9 月 24～25 日，44 页。

法都不是完全复制中国的律令制。但是，在民众层次上却通过"共通法理"（地缘、血缘）结合了起来，于是国家也只能容许这种自治，在这一点上大家又存在共同点。五十岚也表示支持千叶、安田的见解。还有，作为日本中国法研究者代表的铃木贤，在对明治以后的日本继受西欧法以后又把它传播到中、韩、中国台湾这一现象进行实证性探讨的基础上，着眼于东亚四地区的法制度都基于以律令制为代表的中国的传统法文化，并通过日本受到了欧洲大陆法（尤其是德国法）的强烈影响而谋求向近代法制转换之一点，指出"东亚法系"的可能性和有用性。铃木指出，这些地区的共同财产——汉字的存在使日本在继受近代法的过程中起到了带头作用。这一点与千叶的"汉字文化圈"论是共通的。

然而，在日本提出东亚共通法必要性的并不是这些比较法学者，而是法哲学学者今井弘道。今井指出，日、韩两国的法哲学学者并不应该只停留在对西洋法文化和自国法文化的单纯比较上，而是应该在对日本法文化和韩国法文化的异同进行比较认识的基础上，进一步将它们与西欧法文化进行比较研究。① 由此，他在 20 世纪 90 年代初期建立了日韩比较法文化研究会。该研究会后来在法哲学的基础上又组成了经济法的研究组，并把研究对象扩展到了中国法和中国台湾地区法。以此为契机，1996 年诞生了东亚法哲学会。

综上，如果对当前日本学界的东亚共通法研究进行总结的话，可以概括如下：（1）比较法学者志在发现既存的亚洲各国法的共同性，换句话说，他们比较重视从既存的东亚共通法或者说法文化的共同性来探讨东亚共通法基础形成的可能性。（2）法哲学学者扎根于亚洲各国法文化的共同性，志在提出市民法或者所谓的立宪主义理念的新方向。（3）经济法学者对制定全新的共同规则比较感兴趣。②

2. 韩国

韩国民事法学会名誉会长李英俊教授从十几年前就主张制定统一的亚洲合同法，2004 年在他的领导下，韩国已经建立了韩中日民商法统一研

---

① 参见［日］今井弘道：《序言》，载《日韩比较法文化研究会"东亚文化和近代法——日本和韩国的比较研究（一）"》北大法学论集 44 卷 2 号，166 页。

② 参见［日］宇田川幸则：《东亚共通法的可能性》，载《第一届比较法与世界共同法国际研讨会"当代法律交往与法律融合"论文集》，2011 年 9 月 24～25 日，46 页。

究所。李英俊教授提出，要为东亚地区，特别是中、日、韩三国之间的买卖合同制定合同范本，并指出东亚统一的买卖法应朝着民商法统一、与国际买卖规范相调和以及逐步摆脱潘德克顿体系而偏向实用主义的三大方向努力。① 其基本构想是将制定统一的亚洲合同法的过程分为三阶段：第一，制定包括买卖合同等各种类型的标准合同书，并提供给贸易行业使用；第二，将上述合同书的内容整理后制定；第三，在此基础上再反映各国政府的意见，经过修订后形成条约，并经立法机关或者国会批准。② 韩国金相容教授指出，可将《联合国国际货物买卖合同公约》作为东北亚地区共同合同法原则立法的可能性参考，达成起草一部《东亚共同合同法原则》的最终目标。《东亚共同合同法原则》的起草，应当首先开展两个方面的工作：一方面，应对东北亚地区在历史上曾具有的以儒家和佛教为基础的共同法进行研究，并发掘其对当代所具有的价值；另一方面，应对近代以来以欧陆民法为基础形成的东北亚各国私法进行比较研究，寻找共同的原理和规则。③

3. 中国

在私法领域，可以说日、韩的民法制定过程存在一种连贯的趋势，所以共通法的基础基本上是已经具备了，也有观点认为共通法已经形成了。而中国虽然在建国时拒绝继受近代法，但是基于 20 世纪 90 年代中期以后的改革开放政策的实施以及为了保证其顺利开展法制建设，民事立法尤其是 20 世纪 90 年代中期以后的民事立法，其社会主义色彩基本淡化，而是受到了日、韩尤其是我国台湾地区的法学研究的强烈影响。另外，在交易法、商事法领域，可以说制定共同规则的经验已经很丰富了。所以，可以说共通法的基础已经形成了。事实上，近年来全球化过程中所发生的各种法现象，基本上都发生在经济领域。对于其理由，日本学者安田推测认为，全球化、进一步说作为它的基础的"近代体系"依据于"市场"这一

---

① See Lee Young June, "Basic Guideline for Principle of East Asia Contract Law", *Asia Private Law Review*, No. 3, Dec. 2009, pp. 340 - 341.

② 参见［韩］李英俊：《PACL 与韩国民法修改》，金路伦译，载《清华法学》，2013（3），28 页。

③ See Kim Sang Yong, The Possibility of Restoration and Creation of ius commune in the North East Asian Region, Collection of Essays for the Forum "Harmonization of European Private Law and Its Impact in East Asia", Oct. 2009, pp. 8 - 17.

经济体系，所以随着经济全球化带动货币、物资、人员的越国境的积极流动，这个领域的普遍化也越来越发展了。①

中国学者也比较早的开始关注和研究东亚各国的法律。早在 2001 年，由我国著名民法学家梁慧星教授领导，在中国社会科学院法学所私法研究中心下成立了中日民商法研究会。作为一个松散型的纯学术性团体，该会自 2002 年召开第一届大会以来，至今已经在中国各地和日本东京举办过 11 届 13 次（有一年开过两次）国际研讨会。系列论文集《中日民商法研究》自 2003 年出版第 1 卷以来，至今已经出版了 13 卷（法律出版社 2003～2007；北京大学出版社 2007；法律出版社 2008～2014）。②

特别是在 2004 年 11 月 20 日至 21 日，中日民商法研究会在青岛举办了"中日韩三国民法制度趋同道路探索"国际研讨会。在这次研讨会上，日本星野英一做了题为"日中韩民法制度统一化的文诸问题"、韩国李英俊做了题为"东亚统一买卖法的构想"、韩国高翔龙做了题为"中日韩三国契约法之比较"、韩国金相容做了题为"作为东北亚普通法的统一买卖法"、我国学者韩世远做了题为"从 PECL 看东亚合同协同化之路"的专题报告，对中、日、韩民法制度的统一化问题以及中、日、韩民法制度趋同与东亚法系的发展等问题进行了比较全面、深入的探讨。2009 年 10 月 10 日，在北京为期两天的"欧洲私法的统一及其在东亚的影响"国际研讨会上，韩世远提出了东亚统一合同立法的大致框架与工作方式等建议，并回应了同为《联合国国际货物销售合同公约》缔约国的中、日、韩是否有必要再构建独立的"东亚合同法"的质疑。他指出，该公约只规范动产买卖，而租赁、承揽、建设工程等具体合同并不包括其中，且对合同效力和诉讼时效也没有规定。东亚地区并不存在欧盟那样的超国家联盟，这对于东亚私法的统一来说似乎是一个不利的地方，但如果我们注意到欧洲合同法委员会早期的历史，我们就不会简单的因为东亚尚不存在类似欧盟的组织体而认为东亚私法的协调化是不可能的。他在此呼吁：借鉴欧洲合同

---

① 参见［日］宇田川幸则：《东亚共通法的可能性》，载《第一届比较法与世界共同法国际研讨会"当代法律交往与法律融合"论文集》，2011 年 9 月 24～25 日，47 页。

② 参见中国社会科学院法学研究所私法研究中心网页：http：// www. iolaw. org. cn/web/organ/sifa. html，阅读时间：2015 年 7 月 26 日。

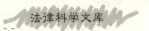

法委员会的工作经验，私法的协调化之路可以从学者开始、从民间开始、从模范法开始。亚洲的学者应该及早行动起来，成立东亚私法协调化委员会，收集东亚地区的合同法文本、判例、合同书资料，并展开比较法的研究工作，共同起草《东亚合同法原则》的示范法。①

（二）《亚洲合同法原则》的制定

近年来，东亚地区关于东亚共同法的法律交流活动主要有亚太法学家协会、亚洲法律学会以及东亚法哲学大会和东亚法治论坛等，这些学术研讨会为东亚共同体的发展以及东亚共同法的构想提供了智力支持和理论保障。

亚太法学家协会创始于20世纪70年代，参加者为亚洲地区司法实务人员和法律教育工作者等法律界各领域的相关人士。协会每两年召开一次大会，会议的价值在于"通过对亚太地区各国所共同关心的法律问题的研讨，对东亚共同法的形成和发展起着重要的推动作用"。亚洲法律学会创始于2003年春，由新加坡国立大学法学院院长陈清汉提出倡议，并得到中国的北京大学、华东政法大学、台湾大学、香港大学、日本的九州大学、韩国的首尔大学以及印度、泰国、菲律宾、马来西亚等东南亚诸高校法学院的积极参与，每年在其成员单位召开学术会议，对东亚国际法学和区际法学的发展做出了巨大贡献。东亚法哲学大会由中（含台港澳地区）、日、韩三国的法学家共同发起，是东亚地区定期举办的规模最大的法哲学与法理学研讨会。东亚法哲学大会从1996年在日本举办第一届开始，每两年举办一次，至今已先后在日本、韩国、中国大陆、中国香港和台湾地区举办了会议。东亚法哲学大会的召开进一步增强了东亚地区特别是中、日、韩等国的法理学、法哲学与法史学的交流合作，其中"东亚共同法"及其实现方式成为与会者的中心议题，十多年来贡献了不少真知灼见，推动了东亚学者对地区法治与法学理论的研究进程。

此外，2007年中国人民大学法学院、日本一桥大学法学院和韩国釜山大学校法科大学合作申请了日本政府的国家级课题，即从2007年开始

---

① 参见韩世远：《从PECL看东亚合同法协调之路》，载渠涛主编：《中日民商法研究》，第4卷，198～209页，北京，法律出版社，2006；陈霄：《专家就东亚私法统一达成共识中国法难独善其身》，见法制网：http://www.legaldaily.com.cn/zmbm/content/2009—10/22/content_1170016.htm，阅读时间：2014年6月6日。

为期 5 年的题为"东亚的法继受与创造——面向东亚共通法的基础形成"的亚洲研究教育基地项目（以下简称"东亚共通法合作项目"）。该项目具体的研究目标由以下三个方面构成：其一，中、日、韩三国对西欧法继受的历史研究；其二，中、日、韩三国法律制度的现状分析；其三，提出面向东亚共通法的基础形成的具体建议。2007 年 11 月，主题为"东亚法研究的现状与未来"的首届东亚法治论坛研讨会在日本一桥大学召开，会议的两个议题分别对"东亚法研究的现状与未来"与"关于法继受与创造的研究现状"进行交流与讨论。2008 年 11 月，第二届东亚法治论坛在中国人民大学举行，研讨会的主题是"西洋法在东亚的继受和创造"，来自中、日、韩及法国的学者在会议中聚焦东亚经济一体化和法制协调问题，并探讨了"法国宪法对东亚宪政的影响"、"西洋法与东亚宪政"、"经济全球化与东亚法制一体化"等议题，还建议筹备成立"亚太法学院"。2009 年 11 月，在日本东京的一桥大学召开了第三届东亚法治论坛，主题是"市民的刑事司法参与——面向东亚共通法的基础形成"。在此次国际研讨会上，中、日、韩学者再次对东亚地区的刑事司法制度进行广泛讨论并交流意见。2010 年 10 月，在韩国釜山大学召开了"第四届东亚法治论坛：东亚三国民法的现代化暨形成共同法的基础"国际研讨会。会议分为九大主题对"中日韩三国合同法的成立与展开"、"中日韩三国合同法的现代化动向与展望"等问题进行了深入交流。2011 年 12 月，第五届东亚法治论坛再次回到日本东京一桥大学，此次"东亚企业结合法制国际研讨会"有学者、专家、律师、企业家等近 150 人参与，会上还对"亚太法学研究院"成立之后的合作计划和构想进行了深入的交流。东亚法治论坛与东亚法哲学大会、亚太法学家协会和亚洲法律学会一起为东亚共同体的发展以及东亚法律的交流做出了卓越贡献。①

　　日本学者一直热衷于对法的继受和创造课题进行研究，他们积极鼓励中、韩等国家现在就推动这一课题，并提出要仿照欧洲法律协调的趋势制定东亚共同法。韩国民事法学会等对此怀有浓厚的兴趣并进行了基础研究，主要对韩、日、中三国的债权法进行制度比较。另外，对于《欧洲合同法原则》（Principles of European Contract Law）、CISG 等的相关研究

---

　　①　参见张小虎：《试论东亚共通法一种"超国家法"的过去、现在与未来》，载《外国法制史研究》，2013（16），150～152 页。

和欧洲买卖法统一化的研究也在积极地开展着。①

特别是在东亚合同法协调领域，作为东亚主要国家的中、日、韩三国在该领域进行了不同程度的探索和研究。② 中、日、韩学界从 21 世纪开始召开了系列国际会议，探讨亚洲私法协调的可能性和机制。2004 年 12 月 21 日至 22 日，清华大学法学院召开了"中日韩合同法国际研讨会"，三国的专家学者围绕着履行障碍与合同救济展开了深入的探讨。2009 年 10 月 10 日至 11 日，清华大学法学院召开了"欧洲私法的统一及其在东亚的启示"国际研讨会，中、日、韩学者就致力于东亚区域贸易一体化、早日形成东亚统一合同法规则文本达成了共识。倡导由中、日、韩学者共同组成《东亚合同法原则》起草委员会，起草东亚统一私法的示范法。本次研讨会的共识和东盟与对话国系列峰会领导人达成的会议精神可以说是遥相呼应。如日本金山直树提出了与《欧洲合同法原则》相对的《亚洲合同法原则》（Principles of Asian Contract Law，以下简称 PACL）概念与研究计划，倡导由中、日、韩学者共同组成 PACL 起草委员会，起草统一的示范法，为各国立法、法制改革提供范本，也可作为商人法选择适用，以减少东南亚地区的商事交易纠纷。③ 2009 年在清华大学举办的"欧洲私法的统一及其在东亚的影响"国际研讨会开启了 PACL 的合作研究，东亚地区的学者进行了长达 4 年的共同研究。此后，中、日、韩学者以《欧洲合同法原则》和《欧洲私法共同参考框架草案》为蓝本，进行了相关的研究工作，草拟出 PACL。这一开创性的工作无疑在东亚私法一体化进程中具有里程碑式的意义。④ 亚洲学者间的合作及努力已经引起了联合国国际贸易法委员会的高度关注。

特别值得一提的是，"《亚洲合同法原则》论坛（PACL Forum）"是

① 参见［韩］朱芝弘：《韩国民法的继承与创造》，载《甘肃社会科学》，2008（3），133 页。

② 参见［日］星野英一：《日中韩民法制度同一化的诸问题》，载渠涛主编：《中日民商法研究》，第 4 卷，3～17 页，北京，法律出版社，2006。

③ Naoki Kanayama, Challenge to PACL, Collection of Essays for the Forum "Harmonization of European Private Law and Its Impact in East Asia", Oct. 2009, pp. 1–3.

④ 参见张彤：《欧洲私法的统一化研究》，314 页，北京，中国政法大学出版社，2012。

2009 年 10 月在清华大学举办"欧洲私法的统一及其在东亚的影响"国际学术研讨会期间由中、日、韩学者提议举办的。此后，亚洲不同国家或地区分别轮流主办该论坛。该论坛的目的在于：通过学者的力量，初步整理出亚洲地区关于合同法乃至整个私法的共同适用原则，以促进亚洲地区的法律统一与学术共同体的成长。会议的工作语言为英文。

　　从 2009 年 10 月清华大学举办"欧洲私法的统一及其在东亚的影响"国际研讨会以来，PACL 项目已成功组织了如下"《亚洲合同法原则》论坛"：(1) 第一届：2010 年 3 月 7 日至 8 日，日本东京（庆应义塾大学），主题：一般原则，合同的解释（起草担当：日本）；(2) 第二届：2010 年 8 月 25 日至 26 日，越南胡志明市（胡志明大学），主题：合同的成立（起草担当：日本）；(3) 第三届：2010 年 12 月 14 日至 15 日，韩国首尔（首尔大学），主题：合同的不履行（起草担当：韩国）；(4) 第四届：2011 年 5 月 21 日至 22 日，日本大阪，主题：合同效力（起草担当：日本）；(5) 第五届：2011 年 9 月 17 日至 18 日，中国北京（清华大学），主题：合同的履行（起草担当：中国）；(6) 第六届：2011 年 12 月 17 日至 18 日，韩国首尔（首尔大学），主题：合同的不履行（起草担当：韩国）；(7) 第七届：2012 年 3 月 4 日至 6 日，日本东京（庆应义塾大学），主题：一般问题、合同的履行与不履行（起草担当：中国、韩国）；(8) 第八届：2012 年 12 月 14 日至 15 日，韩国首尔（首尔大学），主题：合同的履行与不履行（起草担当：中国、韩国）。到目前为止，参与 PACL 项目的成员除了来自中（包括台湾地区和香港地区）、日、韩三国以外，还包括来自新加坡、越南、柬埔寨、泰国、缅甸、尼泊尔及马来西亚的专家学者。PACL 是由东亚地区学者自发发起的合作研究项目，其目标是在比较法研究的基础上起草一套适合亚洲经济交往需要的规则和原则。PACL 作为东亚地区学者发出的合同法的"亚洲声音"，业已引起包括联合国国际贸易法委员会在内的国际关注。①

　　除以上几次论坛之外，较近的一次"《亚洲合同法原则》论坛"于 2014 年 5 月 21 日至 22 日在日本大阪举行，此次会议的主题是合同效力（Validity of Contract）。来自中国、中国台湾地区、日本、韩国、新加

---

　　① 参见韩世远：《亚洲合同法原则：合同法的"亚洲声音"》，载《清华法学》，2013 (3)，9 页。

坡、越南、柬埔寨、缅甸、法国等国家和地区的二十余名学者出席会议。与会人员在为期两天的会议中，按照前几届会议的基本工作流程与方法，对事先草拟的 19 个相关条文逐条进行了讨论、会议表决。从自始不能、意思能力、心里保留、虚伪意思表示、错误、欺诈、胁迫、重大利益失衡、第三人的行为，到可撤销的通知、撤销权的抛弃、可撤销的效力、无效、可撤销与无效的损害赔偿等，会议代表们对其中的大部分问题达成了一致认识，而对有争议的问题则采用多数决原则予以解决。此次会议的特点是，进一步扩大了亚洲国家的参与范围，其中缅甸第一次派代表参加。此外，会议还设置了观察员，来自法国的学者、日本政府的官员等人作为观察员列席了会议。2015 年 3 月，在日本东京再次举办了"《亚洲合同法原则》论坛"。

三、构建东亚共同法的理论价值与现实意义

从传统法律走向现代法律，从法律封闭走向与全球法律共存共荣，是法律文明史发展的必然趋势。对于日益在国际经济舞台上发挥关键性作用的东亚而言，推动区域性经济一体化以及相关法律制度的建设，已经不仅仅是官方的共识，也成为民间研究提供的路径之一。

当前，随着东亚地区经济一体化与政治合作的不断加深，建立东亚法学研究、法律教育和法制实践的互动机制并促进东亚共同法建构的呼声日益高涨，已成为近年来东亚各国法哲学和法社会学发展和探讨的热门话题。东亚法律区域主义的话语讨论对于推进东亚合作、构建东亚共同法的理论具有重要的意义。这种理论推进主要体现在四个方面：第一，对最具东亚区域特色和文化特质的思想及其传统进行了聚焦式、深度化的理论解读，并以此为理论参照系重新思考、阐释、解答了东亚的法制发展和法治模式、道路、制度等问题，显示出一种走出西方中心主义阴影的法哲学诉求。第二，在现代性和全球性双重理论的视野下重新思考和评价东亚法律传统，特别是儒学的意义，阐发出东亚法律传统所包含的现代性因素和普适性价值，为东亚法律传统的现代性传承和全球性影响的可能性、正当性做出富有理论力度的论证。第三，通过对东亚共同体宪章、东亚共同法等问题的研讨，为东亚各国和各地区的法律协调化、一体化、整合化探索可能的模式和进路，在新的理论向度上推进东亚法区域化的理论研究。第四，以法律发展理论和法律多元理论为分析框架和方法论，对东亚的民间

法、习惯法、非正式制度（如社区调解制度）等地方性、乡土性法律实践
做出了诸多实证性考察，力图梳理或描绘出东亚不同于西方法治文明的独
有模式、制度、经验。① 总之，可以说由中、日、韩三国法学家和法律教
育机构联合发起的上述论坛、研讨会和学术项目等，为东亚共同法的构建
储备了丰厚的知识，也为东亚各国在经济法、民商法等领域的协调铺设了
理论道路，使创建东亚共同法成为了中、日、韩三国法学界的基本共识。

第三节　《东亚合同法原则》的建构及其示范法效应

一、《东亚合同法原则》规则的建构

（一）《东亚合同法原则》的调整对象

CISG 主要调整销售合同的订立以及买卖双方因合同订立而产生的权
利义务关系（第 4 条正文）。同时，该公约明确表明不调整以下事项：合
同或其任何条款的效力，或任何惯例的效力；合同对所售货物所有权可能
产生的影响；卖方对于货物对任何人所造成的死亡或伤害的责任（第 5
条）。公约排除调整前述事项的原因在于各国国内法对上述问题的规定差
别较大，由各国国内法加以调整更为合理。② 国际统一私法协会
（UNIDROIT）制定《国际商事合同通则》（PICC）的主要目的是为国际
商事合同提供一般规则。该通则并未明确定义何种合同属于国际合同、商
事合同，但通则设想给予"国际"这一概念尽可能广义的解释，以便最终
排除不含国际因素的合同。对商事合同的含义同样尽可能予以宽泛的解
释，是否可以适用该通则仅依赖于当事人是否具有正式的商人身份或者交
易是否具有商业性质，而对合同当事人是属于民事主体还是商事主体不加
区分。通则将适用范围扩大至所有种类的民、商事合同，通则甚至可以适
用于被 CISG 排除在外的因法律体系的不同而产生严重问题的国际货物合
同。但通则意图将"消费者合同"排除在适用范围之外，因为各个国家为

---

① 参见黄文艺、王奇才：《全球化时代的东亚区域主义法律叙事——第七届东
亚法哲学大会综述》，载《法制与社会发展（双月刊）》，2008（6），146 页。

② 参见［韩］高翔龙：《韩、中、日统一买卖法草案》，载崔吉子主编：《韩国
法专题研究》，68 页，北京，法律出版社，2013。

保护消费者正日趋适用一些特别法（绝大部分为强制性规定）来规范消费者合同。[①]

在欧洲合同法协调和统一化过程中，除了对成员国国内法进行比较研究、寻找共同点之外，还大量借鉴了 CISG 和 PICC 的相关规定。根据《欧洲共同买卖法条例》第 3 条的规定，该法适用于跨境货物买卖合同、数字内容供应合同以及其引起的相关服务合同的合同法规范的可选择适用性。并且第 4 条确定本条例仅适用于跨境合同。目前欧洲学界对统一的欧洲合同法前景看淡，将统一的焦点集中在消费者合同法上。这是一部囊括高度协调化的合同法规范和消费者保护规范的独立的、统一的法律规范，并在各成员国作为第二套合同法规范被适用。这应当是欧洲合同法在经过数十年统一尝试之后的经验，这对东亚合同法的协调具有重要启示意义和参考价值。台湾地区学者陈自强认为，东亚合同法的协调并不在实现政治目的，而在形成商事交易共信共守之规则，减低商事交易因法律歧异产生的法律成本，进而成为国际纠纷纷争解决的规范，确保交易的安定性及预测可能性。目前东亚跨境交易主要是经营者之间的交易，因此，合同法的统一焦点应集中在 B2B 合同。[②] 以上观点有其合理之处，制定法律规范的首要目的是为应对当务之急。但是实践中，东亚跨境贸易中也有大量经营者与消费者之间的交易行为，也应将 B2C 合同纳入规制范围。因此，《东亚合同法原则》的调整对象主要为买卖合同，包括经营者之间的合同（B2B）和经营者和消费者之间的合同（B2C）。

（二）《东亚合同法原则》的构成

鉴于数字提供内容的合同目前在东亚还缺乏国内法的比较研究，缺乏协调的紧迫需要和理论支持，因而笔者认为，目前《东亚合同法原则》的规则建构应该主要集中于东亚合同法的总则和买卖合同的规则。需注意以下几点：

第一，《东亚合同法原则》应符合全球性合同法协调的趋势。在 CISG 的带领下，世界统一的一般合同法律规范已然逐渐成形。区域性合同法协调活动下的 DCFR、PECL 及 ESCL，也以 CISG 为榜样，顺应了时代潮

[①] 参见 [韩] 高翔龙：《韩、中、日统一买卖法草案》，载崔吉子主编：《韩国法专题研究》，65 页，北京，法律出版社，2013。

[②] 参见陈自强：《整合中之契约法》，190 页，北京，北京大学出版社，2012。

流的发展。在日本、韩国与中国当中，日本是最后签署通过 CISG 的国家。中国较早地通过了 CISG，并且相应地在 1999 年统一合同法规范，颁布了《合同法》。因此，中国成为了世界上最大的贸易国。①《东亚合同法原则》的构建，最重要的任务是确定未来在东亚共同体内进行跨境贸易活动的交易规则。东亚应当以 CISG、PICC 以及欧盟的 PECL、DCFR、ECSL 为参考范本，通过比较中、日、韩以及其他东亚国家合同领域中重要法律制度的异同，构建东亚的买卖法示范性规则。

第二，《东亚合同法原则》还应注重吸纳英美合同法的相关制度。美国的合同实务散播到全世界，更使英美合同法的观点潜入欧陆法系国家或区域的合同法之内。在此背景下，目前世界上最成功的合同法统一文件 CISG，其债务不履行体系并非我们所熟悉的三分体系（给付不能、给付迟延及不完全给付），债务不履行责任亦非以可归责为要件，也非原则上以债务人有故意或过失为可归责，而是采纳了英美合同法之统一的合同违反体系及担保责任。② 如 PACL 韩国工作组在 2010 年提出关于不履行的草案的基本架构，具有以下特征：（1）它建立在对于不履行的统一概念理解上，即在广义上违反合同义务。（2）在救济方面，它放弃了延迟履行、履行不能及不完全履行的分类，取而代之的是采取根本不履行与非根本不履行的分类。（3）保证责任在本质上是不履行责任。（4）即使是在自始履行不能的情况下合同依然有效。（5）债权人有义务协助债务人履行债务。（6）合同的不履行不需要以故意或疏忽大意为条件。（7）对情势变更做出相应规定。（8）规定了在特定阻碍情形，如不可抗力发生的情况下对不履行责任的免除。（9）对特殊履行作出了限制。（10）将损害赔偿视为最主要的不履行救济措施。（11）仅在合同根本不履行的情况下允许终止合同。（12）将同时履行作为一种救济措施。（13）允许在不完全履行的情况下削减价金。上述这些规定与英美法及国际示范法的规定相类似。③

第三，买卖合同是《东亚合同法原则》的重要组成部分。首先，买卖合同在各国合同法中居于重要地位，往往是合同法分则或有名合同中首要规制的对象，这主要是由买卖合同的特点所决定的。买卖合同是社会经济

① 参见李英俊亚洲合同法原则首尔论坛主旨演讲。

② 参见陈自强：《整合中之契约法》，190 页，北京，北京大学出版社，2012。

③ 参见李英俊亚洲合同法原则首尔论坛主旨演讲。

生活中最常见、最基本、最典型的商品交换形式和法律关系，合同法的许多原则从买卖合同的基本原则发展而来，合同法中的其他有名合同制度、甚至包括合同法总则的一些制度也都是以买卖合同为蓝本构建起来的。[①]其次，买卖合同在国际私法趋同中的地位也是极为重要的。全球化背景下，为确保市场要素自由流动，减少交易成本，各国买卖合同制度的相互借鉴、协调乃至统一自然成为一个极为迫切的问题。最后，从实际立法经验来看，除了国际层面的私法统一外，区域层面如欧盟的私法统一走的也是以合同法为起点、以买卖合同为重点，从而带动其他私法领域统一化的道路。

（三）《东亚合同法原则》的构想框架

1. 一般规则

（1）本法的约束力。亦即本法具有法律约束力，抑或仅作为一般准则。

（2）本法的适用地域和适用对象的范围。即明确本法适用于韩、中、日三国，须探讨适用对象的范围仅限于买卖合同还是包含一般合同。此时若设定例外，则需明确是何种合同（如不动产交易合同）。

（3）本法的解释。本法应当独立地并依其目的和基本原则加以解释。

2. 基本原则

（1）合同自由原则

（2）诚实信用原则

（3）公序良俗原则

（4）情势变更原则

3. 经营者的先合同信息告知义务

（1）告知的内容

（2）告知的方式

（3）举证责任

4. 合同的成立

（1）合同成立的要件

（2）要约

（3）要约的撤回和撤销

---

① 参见吴志忠：《买卖合同法研究》，1 页，武汉，武汉大学出版社，2007。

（4）承诺

（5）合同成立的时间和效力

（6）承诺的期限和变更

5. 消费者的撤回权

（1）撤回权的适用范围

（2）撤回权排除适用的情形

（3）撤回权的行使

（4）撤回期间

（5）撤回的效力

6. 合同内容的确定与效力

（1）合同解释的一般规则

（2）合同条款的确定

（3）可以推定的合同条款

7. 格式条款合同

（1）不公平条款的效力

（2）经营者与消费者订立的合同中"不公平"的界定

（3）经营者之间缔结的合同中"不公平"的界定

（4）始终被视为不公平的条款

（5）推定为不公平合同条款的情形

8. 合同的履行

（1）履行标的的确定

（2）履行期限的确定

（3）履行地点的确定

（4）履行方式的确定

（5）履行抗辩权

9. 合同不履行的救济

（1）合同不履行

（2）根本不履行

（3）免责的不履行

（4）合同解除

（5）损害赔偿

（6）恢复原状

10. 时效

11. 买卖合同义务与救济

（1）一般规定

（a）合同不履行和根本不履行（同前）

（b）免责的不履行（同前）

（c）情势变更（同前）

（2）出卖人的义务

（a）出卖人的主要义务

（b）所有权保留

（c）第三人履行

（d）交付地点

（e）交付方式

（f）交付时间

（3）买受人的救济

（a）出卖人的补救

（b）请求出卖人履行

（c）修理和替换

（4）合同解除

（a）因不履行而解除

（b）因迟延交付而解除

（c）因预期不履行而解除

（d）解除权的范围

（e）解除的通知

（f）解除权的丧失

（5）买受人的义务

（a）买受人的主要义务

（b）支付价款的方式

（c）付款地点

（d）付款时间

（e）第三人支付

（f）交付的受领

（6）出卖人的救济

（a）出卖人救济的要件

（b）请求买受人履行债务

（c）出卖人债务的拒绝履行

（7）买卖合同的风险负担

（a）风险负担的后果

（b）消费者买卖合同中的风险负担

（c）经营者之间缔结合同的风险负担

二、《东亚合同法原则》的示范法性质

（一）示范法的作用

晚近以来，对国际立法活动影响最重要的因素之一即为全球化。随着全球化进程的不断加速和深化，各国之间的联系和交往日益频繁，跨国民商事关系以前所未有的数量不断出现，而为了进一步推动国际经济贸易交往的扩张和深化，就需要制定更多的国际规则来规范国际经济贸易交往关系。全球化使国际社会发展成为一个日益紧密的统一整体，国家之间的相互依存、相互渗透和相互妥协日益明显和突出，更多的领域具有了统一化的认识和基础。这一切对国际法律统一化提出了更为迫切的要求，也使得作为传统国际立法方式的国际公约模式缓慢和低效的弊端更加突出，从而给以示范法为代表的更为灵活的新兴法律统一化方式的运用提供了日益广阔的空间。①

示范法（model law）也叫模范法，发源于美国，最初主要体现在美国国内法律实践中，是其国内法律统一化的方法，在解决州际法律冲突中发挥了重大作用。美国是联邦制国家，各州在大部分私法领域具有立法权，从而在相关领域形成了各州法律相互歧异的状况。为解决此问题，美国广泛采用了示范法的统一方法：即在一些半官方或民间组织提供的不具有法律效力的示范法基础上，各州立法机关采用相同或类似的法律，从而求得法律的统一。美国的法律统一是通过相关民间学术机构的活动而得以强有力推动的，在这一过程中，美国统一州法全国委员会、美国法学会、

---

① 参见曾涛：《示范法比较研究》，183～184 页，北京，人民法院出版社，2007。

美国律师协会等专业性组织发挥了重要作用，示范法方法也正是通过它们的工作而得以实现的。美国统一州法全国委员会的一个工作特点在于，其在立法法案的名称表述上明确区别了统一法（uniform law）与示范法（model law）。对两者进行区分是基于不同的考虑因素，通常在下列情况下该委员会所确定的议题将被制定为统一法法案：有实质性的理由认为大多数州将参加该法案并在各州之间就此事项达成统一已成为各州共同的目标。而能成为示范法法案的条件则是：在该事项上各州间的统一是一个迫切但非普遍性的目标；或者，即便大多数的州不会全部采纳该法案，但它有助于促进统一化，减少各州间的法律分歧；或者，即使没有被所有州完全采纳，该法案的目的仍能基本实现。从上述区分标准来看，统一法与示范法的区别在于，前者适用于统一性更为迫切的领域，所以我们今天看到的是《统一商法典》，而不是《示范商法典》。①

　　正是以美国为代表的普通法系国家在国际法律统一化运动中呼吁引入其国内的成功做法，使得示范法逐步走向国际化。20世纪中后期，示范法在私法统一化运动中得到了广泛运用并产生了深远影响。特别是海牙国际私法协会对示范法的此种统一立法模式给予了足够的重视，如1980年第十四届会议就决定：在保持会议的目标为制定国际公约的同时，会议在适当情况下，可以利用其他强制性较小的方式，例如制定示范法或提出建议等。这充分反映了海牙国际私法协会对示范法立法观念的接受，虽然海牙国际私法协会接受了示范法立法观念，但从其立法实践来看，海牙国际私法协会制定公约的做法并没有受到威胁和改变。自此以后，示范法立法方法逐渐引起了国际社会的关注，并被运用于国际法立法中。例如，在联合国国际法委员会主持进行的《国家及财产的管辖豁免公约草案》编纂过程中，对于该草案将来以何种形式出现，有两种针锋相对的意见：一种主张采用公约方式，一种采用示范法方式。这无疑表明，示范法立法方法与传统的公约立法方法一样，被视为国际法的立法方法而被运用。而以示范法方法完成的立法成果，也在国际社会产生了巨大影响，最具代表性的三个示范性法律，即联合国国际贸易法委员会《国际商事仲裁示范法》、国际统一私法协会《国际商事合同通则》、联合国国际贸易委员会《电子商

────────────

　　① 参见曾涛：《示范法比较研究》，14、27～28页，北京，人民法院出版社，2007。

务示范法》。

　　法国著名的比较法学家达维德通过其个人对法律统一的理解，提出了自己的统一化模式，即在比较的基础上所形成的模范法，以试图解决其法律理论与学术实践之间的矛盾。"模范性法律规则主要体现在世界上少数几个国家的法律之中，而各国的立法者也在不同的程度上刻意地模仿着这些范例，包括欧洲大陆的模范法典、苏联法典以及普通法系国家的范例。各个法系都是以这些模范法为中心的，而我们只需要对它们进行考察便可更加清楚地知晓当代法律秩序的实际情况。"① 达维德的这种做法实际上是为了防止在法律统一化的进程中出现一些激进和表面化的做法。他认为，"法律统一化是一项极其艰巨的任务，而激情并不能取代科学和脚踏实地的工作。我们应该清醒地辨认出那些表面的成功。考虑到法律统一化的自身利益……我们应当更加务实地去实现那些切实可行的计划。"② 因此，在进行大规模的统一化之时机尚未成熟之际，各法系之间的长期交流和借鉴就显得十分必要了。

　　尽管达维德认为法律协调是国际社会协调发展的关键，但他也清楚地意识到，只有各国法律的协调达到相当的程度才会促成实在法的统一。他也同样相信，某些领域里的法律更易于统一化的实施，比如商法。达维德坚信，商法的统一是大有可为的，而人们已经在这方面做了大量的跨法系的比较与交流。达维德在统一商法领域中的努力终于在其去世后的第4年得到回报：1994年5月，国际统一私法协会的《国际商事合同通则》问世。这不仅是国际统一私法协会长达几十年的工作结晶，也是达维德一生中最实质性的贡献。

　　上述国际性的示范性规则中，特别是由国际统一私法协会（UNIDROIT）起草的《国际商事合同通则》（Principles for International Commercial Contracts，PICC）影响尤甚。它旨在对合同法一般法律原则加以阐释，反映世界各大法系的主要特点，从而构建起一个能够在国际商事交易中获得广泛适用

---

① René David，Le Droit Comparé Droits D'Hier Droits de Demain，Economica 1982，p. 305.

② Jorge L. Esquirol，René David：At the head of the legal family，in Annelise Riles（ed.）：Rethinking the Masters of the Comparative Law，Northwestern University School of Law Hart Publishing，2001，p. 232.

的合同法体系的法律文件，其是国际统一私法协会试图在国际范围内解决合同法基本问题的一次雄心勃勃的努力。① 《国际商事合同通则》（以下简称《通则》）就其功能来讲，主要体现在以下几个方面：第一，作为国内和国际立法示范的功能。《通则》已成为大多数新近立法的一个重要法源，新《荷兰民法典》、新《魁北克民法典》、新《墨西哥商法典》以及德国《债法》修订的最终报告里，多次提到《通则》的相关条款以作为国内立法遵循的依据。《通则》对此作了如下表述：鉴于《通则》固有的优点，它还可以作为国内和国际立法者在一般合同法领域或是针对一些特殊类型的交易起草立法时的范本。就国内立法而言，《通则》对有些国家可能更为有用，这些国家缺乏完善的合同法规则体系，但又力图使其法律达到现代国际水准，至少有关对外经济关系方面的法律更符合国际趋势。有些国家虽已有完善的法律体系，但刚刚经历了剧烈的社会政治结构的变化，更新法律特别是有关经济和商业行为的法律迫在眉睫，在这种情况下，《通则》的作用也是明显的。就国际立法而言，《通则》会成为起草公约和示范法的重要参考资料。第二，对国际商事合同当事人的辅助功能。《通则》可以成为国际商事合同的当事人磋商、谈判和起草合同的重要参考。第三，作为合同准据法的功能。《通则》的各项规定源自国际商事实践，经各国学者运用比较法的方法予以体系化和成文化，实为国际商事合同领域的国际惯例之汇编。因此，《通则》可在国际商事仲裁中得到广泛适用。这种适用可以是合同当事人合意选择的结果，也可以是仲裁员自行选择的结果。这是符合晚近出现的一些重要的有关国际商事仲裁的公约和示范法以及有关国家组织的仲裁规则的规定的。第四，替代国内法适用的功能。《通则》的前言表明，在不可能确定所应适用的法律相关规则的情况下，《通则》可以得以适用。这是法官或仲裁员在适用法律时，面对"法律缺失"窘境的一种出路。第五，解释和补充现有国际法律文件的功能。根据传统的观点，即使是解释国际法律文件，仍须依照国内法规定的原则和标准，该国内法可以是法院地法，或者是根据国际私法的有关规则在缺乏统一法时予以适用的国内法。目前，法庭和仲裁庭都更多地倾向于摒弃这种国家主义的或冲突法式的解决方法，转而以意思自治的和以国际统一的原则来解释和补充国际法律文件。这种做法在最近的一些公约中的确已得到

----

① 参见曾涛：《示范法比较研究》，90 页，北京，人民法院出版社，2007。

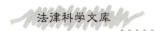

了明确的认可（如《联合国国际货物销售合同公约》第 7 条）。这主要是基于这样一个推论，即国际统一法即使被引入各个不同的国家法律体系，它也只是作为后者不可分割的一部分，从本质上讲，它并没有失去其作为一种特殊法律实体在国际领域自主发展、并在世界范围内以统一法方式适用的原有特性。这种用以解释和补充国际法律文件的意思自治的原则和标准，已经被法官和仲裁员在每个具体案件中、在比较不同国家法律体系所采纳的解决办法的基础上发现。在这方面，《通则》给他们提供了相当大的便利。①

示范法通常是由国际组织起草的、供各国立法机关采纳的行为规则。示范法不同于国际条约，它无须由若干国家共同签署，不需要履行特定的审批程序，不具有强制拘束力。国际组织草拟示范法的目的是为了协调和统一各国有关法律，减少各国间的法律冲突，但其实施须由各主权国家通过立法程序结合本国实际予以完全修订后采纳。由于示范法为国际组织主持制定，因而具有代表性。这些示范法虽然不像国际条约那样对缔约国有拘束力，但它可以协调和统一各国的有关立法和国际商事交易应当遵循的一般原则，在一定条件下，示范法既可以转化为国际条约或国际惯例，也可以转化为国内法。

示范法方法从一开始就照顾到了国际社会不同主体的差异性，它允许各个主体对示范法决定是否采用以及采用一部分还是全部，它并不强求法律整齐划一的普遍适用，而是讲求法律的一种逐步采纳、渐近接受。示范法方法体现了主权意志的分别接受，这一做法就国际社会的特点而言无疑是务实的，它较之于致力于主权意志协调统一的公约模式，有其优势所在。唯因于此，在国际立法活动的某些领域、某些场合，示范法方式会成为首选的立法方式。

示范法立法模式在国际立法中的运用，从理论基础上开辟了一条不同于国际公约立法的新路向，从而在立法价值的实现上，弥补了国际公约模式的价值缺失。

示范法并不以现实的效力为追求目的，不是立法者假定为符合社会需要并以强制力保证的规范，而是由于其对演进中的社会秩序恰当地把握和

① 参见曾涛：《示范法比较研究》，110～117 页，北京，人民法院出版社，2007。

体现而被认同和接受。它不受现实中繁复的生效程序制约，可以随时依据需要而修正，它的不确定性，正如弗兰克所说："法律的许多不确定性并不是一个什么不幸的偶然事件，它具有巨大的社会价值。"示范法立法的此种特性恰恰保证了法律的开放性和灵活性。示范法在追求灵活开放性的同时，亦体现出了法律的安全性价值。抛却法的现实效力而言，示范法与国际公约在逻辑性形式理性的追求上并无二致，同国际法典化的国际公约一样，它注重法律规范的表达方式、外在形式、内容组织。示范法的选择并不意味着对法律规范的客观性、明确性的放弃，这正是示范法立法模式在法律价值的实现上的意义。

　　需要强调的是，比较法对于示范法的形成起到了重要作用。示范法之所以会被内国采纳，主要在于它反映出了该领域的国际民商事实践，并尽可能在各国相互歧异的国内法之间探求具有包容性和一致性的规则，从而真实地反映出法律文化的协调和趋近。示范法此种"示范力"的根本来源，即在于比较法。示范法的制定大多由国际社会盛名卓著的国际组织进行，它们能够较好地保证比较法的基础性工作的开展。首先，这些机构的组织者大都是著名的法律、贸易及其他领域的专家，而且同时他们也吸引了来自各种不同法律体系和法律文化的法学家来从事示范法的制定工作。其次，这些国际组织超然于特定的国家之外，并与各国保持密切的联系，因而它们能及时获知各国在该领域的不同立法及实践状况，并将各国对统一立法的需要反映出来，为比较法的过程提供重要的比较资料。① 最后，长期致力于国际立法使得这些国际组织建立了示范法立法的体制性保障，通过确定选题、起草、开放讨论、修改、通过等一套示范立法的运作机制，充分发挥比较法在其间的良好作用。如《国际商事合同通则》的起草成员都是声名卓著的法学家，他们在制定该《通则》时能够而且也确实很好地运用了比较法的成果和方法，其立法过程可谓运用比较法制定国际法律示范规则的典型事例。② 比较法对于示范法的另一个基础作用则体现在

---

① 参见孙谦、徐鹤喃：《当代比较法学思想与实践——国际比较法学一百周年学术大会综述》，载江平主编：《比较法在中国》，第 1 卷，648～649 页，北京，法律出版社，2001。

② 参见曾涛：《示范法比较研究》，192～193 页，北京，人民法院出版社，2007。

示范法采纳的过程中。各国对示范法的渐进采纳过程，并不是一个简单的"移植"过程，实质也是一个基于比较法的考虑及选择采纳过程。只不过，由于已完成的示范法文本被视作国际范围内法律协调成果的反映及对该领域未来立法统一化的权威导向，因而在各内国所要进行的比较法的思考，是常常以该示范法为出发点或以其为中心的。正如有学者在研究法律趋同化时指出：法律的趋同化主要还是表现在各国国内法的创制过程中，通过理性的考量，有选择地、有时也是大量地吸收或移植外国的法律或把国际实践中那些已被公认的普遍法律实践吸收进自己的内国法。①

虽然欧洲议会和欧洲民法典研究小组的学者们都在致力于起草一部"统一的民法典"，但由于欧洲私法规则在现有欧盟各国的法律体系中尚未能取代内国私法规则的地位，因此，到目前为止，欧洲研究团体的学者们起草的各种规则注定只具有"补充法（示范法）"的性质，即其只在一定程度上发挥协调内国法规则冲突的作用。

从《欧洲合同法原则》开始，欧洲在私法方面的立法实际上已经迈出了示范法的第一步，使之可以被参与者使用。对国家而言，它作为一种立法建议；对于单个参与法律关系的个体而言，它可作为被选择适用的法律规范。这些示范法如果被各方采纳是因为这些原则为他们提供了一个清晰有效的法律问题的解决机制，而不是因为他们是由一些苦苦完成任务的学者或者高高在上的、超然于国家的立法者们强加的。② 这些示范法如果被证明是不切实际的，或者随着时间的推移需要进行调整，这些示范法会以最初产生的方式即以非官方的方式进行调整。这也是《欧洲合同法原则》最值得赞赏的一点。③ 我国著名国际私法学家黄进总结道，尽管专家学者在开展示范法草拟工作时，也希望其工作得到社会的认可，包括官方在一定程度上的接受，从而发挥其研究成果的应有作用，但由专家学者牵头开展的或者由学术团体推动的示范法草拟工作，首先还是一种学术表达，是

---

① 参见李双元：《再谈法律的趋同化问题》，载李双元主编：《国际法与比较法论丛》，第 4 辑，634 页，北京，中国方正出版社，2003。

② Herbert Kronke, Brauchen wir ein europäisches Zivilgesetzbuch? http://www.irp.uni-trier.de/11-kronke.pdf.

③ See Basil S. Markesinis, Why a code is not the best way to advance the cause of European legal unity, European Review of Private Law 5 (1997), pp. 33 - 35.

对应然法的追求，因而示范法就是其学术表达方式。示范法固然是学术表达，但它的使命在于推动法律的进步、趋同和统一。①

但是，如果采取示范法，有些欧盟成员国（例如英国）就很有可能把《欧洲民法典》拒之门外，而感兴趣的一些非欧盟成员国（例如挪威、匈牙利、塞浦路斯）则可以自由地采用《欧洲民法典》作为示范法。但是示范法的缺点是，如果成员国颁布的成文立法违反了《欧洲民法典》，欧盟委员会就不得根据《欧盟运行条约》第 258 条（原《欧共同条约》第 226 条）的规定，对成员国提起违反条约之诉。实际上，由欧盟委员会提起的违反条约的诉讼程序是保证各成员国遵守共同体法律规范的一个重要工具。当然，和欧盟指令相比，示范法更具有灵活性，它可以使起草者根据确定的日程去开展工作。②

虽然将来统一欧洲私法令人满意的形式还没有确定，但是，欧盟机构和学者总是提及"法典"不是传统的法典，而不管事实上更可能走向重述。这里的"重述"，更确切地说是原则。欧洲著名的 Ewoud Hondius 教授构思了《共同法律框架指引》作为类似于欧洲私法重述的法律文件，这可以为将来更为统一的单一欧洲民法典做准备。认为欧洲私法需要统一，但传统的统一形式是不可能的，可以提出重述或者示范法形式由欧盟成员国采纳。而且，这一例子证明普通法和民法法系的对话可能因此而寻求到两大法律文化都可能接受的普遍的解决方法。欧洲私法统一的努力证明法律是多样化的，而且深深植根于多数欧盟成员国的主权观念。因此，不可能（或者不能令人满意地）提出一套欧盟制定的超国家的有法律约束力的文件。在 21 世纪，似乎重述和示范法更能为有利害关系的国家自由接受。

（二）《东亚合同法原则》的示范法性质

示范法具有名为法、实非"法"的特质，它是由学者、专家或由他们组成的职业团体、学术团体或其他专门机构草拟的规范蓝本，仅具有参考、指引性质。确立示范法在一个国家法律渊源的非正式地位，有利于弥补法律漏洞，导引国家立法，有利于提高国家立法质量，节约立法资源。

---

① 参见黄进：《示范法的价值》，载《人民法院报（理论与实践版）》，2007‑09‑26。
② 参见徐海燕：《制定〈欧洲民法典〉的学术讨论述评》，载《当代法学》，1999（2），79 页。

关于示范法的性质及定义，目前主要存在以下几种看法：（1）从美国等国国内的做法来界定。如《布莱克法律词典》解释："示范法是指由美国统一州法全国委员会制定的法案，推荐给各州作为立法时的指南，由其借鉴或采纳。"① 这种定义方法显然是受到示范法起源的影响，没有真正体现出示范法在国际法领域中所发挥的作用，具有一定的片面性。（2）从"软法"的角度来界定。认为"软法"本身没有法律上的拘束力，但却可以通过一定的程序使之转化为具有法律拘束力的规范性文件。而示范法是"软法"最常见的名称，也是"软法"最一般的表现形式。② 法的约束力是法的生命，没有拘束力的"法"不是真正意义上的法。这种说法把示范法当作一种没有法律约束力的法，局限于示范法的名称，没有体现示范法的本质。（3）作为立法方法或法律统一化的方法。施米托夫认为，"国际立法通过两种方法实施：由几个国家通过一多边国际公约；或者制定可以由一国单方面采纳的统一示范法。"③ 该学说是借用示范法的工具性价值或其功能来代替示范法的定义和本质，也没有全面正确地反映其本质。（4）从该示范法是否有拘束力的角度来界定。认为示范法是一种非强制性的法律统一化方式。④ 这种定义方式仍然是用示范法在统一法域过程中的功能来代替示范法的本质。

综合以上分析，笔者认为，示范法名为法其实并不是法，只不过是一种法律的蓝本、规范蓝本供各法域借鉴、采纳、吸收或供民商事主体援引用来规范双方之间的民商事活动。其特征表现为：（1）制定主体的非法定性，示范法可以由学者、专家或由他们组成的职业团体、学术团体或其他

---

① 见该词典有关于"示范法"和"统一法"的词条，Bryan A. Garner（ed.），Black's Law Dictionary（Seventh Edition），ST. PAUL ，MINN，1999，p. 1019 ，p. 1531.

② 参见赵秀文：《论软法在调整国际商事交易中的作用——兼论国际组织和学术团体在国际商事立法中的作用》，载陈安主编：《国际经济法论丛》，第2卷，117～128页，北京，法律出版社，1999。

③ ［英］施米托夫：《国际贸易法文选》，赵秀文译，149～150页，北京，中国大百科全书出版社，1993。

④ Rosett，Unification，Harmonization，Restatement，Codification，and Reform in International Commercial Law，American Journal of Comparative Law，1992（40），p. 683 - 697.

专门机构草拟，并不是由国家或国家授权的机构制定的。（2）没有法律约束力，制定主体的非法定性决定了示范法的实施没有国家强制力的保证。（3）制定程序上没有十分严格的要求，可以随时依据需要而修正。（4）从效用上看，示范法主要是在民商事领域为行为主体处理民商事活动提供指引和依据。按照私法领域的民事自治原则，民商事主体间达成的合意即法律，合意双方需遵守双方约定。在缺乏相应法律制度来对特定民商事领域的行为进行规制的情况下，不排除行为主体双方选择该领域的示范法作为调控双方行为的依据。基于此，示范法在相应领域对于指引行为主体的行为具有一定规范作用。①

对于示范法性质的认识，基于建构理性主义支持下的法律实证主义对法律的性质有不同的认知，根植于普通法系的示范法则是一种对演进理性的反映，闪现着实用主义法哲学的色彩。在示范法发轫的美国，大法官霍姆斯将法理解为"法的生命是经验而不是逻辑"。任何法律规范都不过是立法者对法律的见解。因为法律规范是凝固的东西，随着实践的推移它们都有可能落后于时代，并与社会生活的实际不相符合。② 卢埃林与弗兰克的思想也继续体现出这一路向。在弗兰克眼中，法律是永远不确定的。当人类关系每天都在改变时，也就绝不可能有持久不变的法律关系。只有流动的、弹性的，或者有限程度确定性的法律制度，才能适应这种人类关系，否则社会就会受到束缚。

从对示范法的理论基础的分析可以看出，示范法在国际社会的适应性，从理论上来说是适用于国际社会所有法律领域的。示范法首先在国际民商事领域得到广泛运用，主要原因在于该领域的统一化要求较为迫切，法律文化的差异较小，统一化基础更为坚实。随着全球化程度的加深，国家间的交往和交流日益深化，不同法律文化的协调进一步加强，国际社会其他领域的统一和协调也会得到更多的关注，示范法也将在更广阔的领域发挥作用。③

---

① 刘焕省：《试析示范法在我国法律渊源体系中的地位》，载《湖南科技学院学报》，2009（6），142～143 页。

② 参见吕世伦：《现代西方法学流派》，414～415 页，北京，中国大百科全书出版社，2000。

③ 参见沈宗灵：《现代西方法理学》，330 页，北京，北京大学出版社，1992。

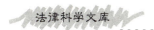

在上述哲学思想影响下，立法被认为是把支配人类关系的现行法律规则固定成一种容易接受的形式，或者说规则的"汇总"。立法模式不能阻塞法律与不断演进中的社会生活，因而采用示范法方法作为其推进法律统一的重要方法，也就成了受此种理论支配下的美国等普通法国家的当然选择。示范法并不以现实的效力为追求目的，不是立法者假定为符合社会需要并以强制力予以保证的规范，而是由于其对演进中的社会秩序恰当地把握和体现从而被认同和接受。它不受现实中繁复的生效程序制约，可以随时依据需要而修正。示范立法符合演进法律观，也为美国等国家的国内立法实践和国际社会的立法活动所运用。由于学者的智识和意志的独立，示范立法有益于真实探求、反映演进规则的"活法"，把它们上升为法律规范，从而促进法律的统一，这也正是示范法具有生命力的理论之源。①

三、《东亚合同法原则》的示范法效应

示范法是由学者、专家或由其组成的职业团体、学术团体草拟的法律文本，用以推荐给各法域在立法时予以借鉴或采纳，其主要作用体现于不同法域之间的法律统一化过程中。美国在国际社会立法运动中的呼吁和努力是示范法走向国际化的重要原因。全球化对国际社会的各个层面产生了重大影响，使更多的领域强化了统一化的认识，从而给示范法的运用提供了日益广阔的空间。②

在顺应全球化的趋势下，东亚国家之间跨国界的资本、货物流通变得越来越活跃，这就使得市场不再以国家而是以区域为单位。为保证区域内市场要素的无障碍流动，构建区域内的统一规范就成了当务之急。PACL正是为适应这一需要而产生。③ 正如日本庆应义塾大学法科大学院金山直树指出的那样，虽然东亚地区缺乏类似欧盟的各类条约、缺乏统一的政治体制等，但学者可以提出与《欧洲合同法原则》（PECL）相对的《亚洲合同法原则》（PACL）概念与研究计划，并尝试制定示范法，它自身虽

---

① 参见曾涛：《全球化视野中的示范法》，载《法制与社会发展》，2006（3），40～41页。

② 参见曾涛：《全球化视野中的示范法》，载《法制与社会发展》，2006（3），35页。

③ 参见［韩］李英俊：《PACL与韩国民法修改》，金路伦译，载《清华法学》，2013（3），33页。

没有约束力，但是这样的统一示范法可以为东亚各国立法、法制改革提供范本，同时也将减少东亚地区的商事交易纠纷。① 韩国李英俊表达了统一的观点，PACL 的最终目标是以制定条约的方式达到合同法的统一。但是在此之前，如果可以给亚洲各国制定或修改民法提供一个将来的发展方向，也是另一种层面上的"统一"。对于 PACL 的示范效应，日本的金山直树总结了以下几点：

第一，PACL 的内容如果能够被广泛地接受，那么其在今后亚洲各国的立法及修法当中作为一个参照应该会发挥一定的作用。关于这一点，也是有先例的。例如，联合国制定的《国际贸易法委员会仲裁规则》（UN-CITRAL）就曾在包括日本在内的东亚国家仲裁法的制定以及修改中被作为参考，发挥了重要的作用。鉴于此，PACL 特别是对于一些法制建设还不充分的国家来说可以提供如同 UNCITRAL 一样的"基准"。PACL 作为参照法应该受到足够的重视。自 2009 年起东亚地区就开始共同起草PACL，这一原则的建立为东亚地区的民商事交易提供了示范和指引。与PECL 对欧盟各成员国的影响相似，为了达到合同法领域的趋同，PACL建立的原则促使东亚三国在合同法领域原本不同的规则都根据 PACL 进行相应修改。例如，中国《合同法》及 PACL 都采取过激契约法的主流理论，规定了违约责任的"严格责任主义原则"，而日本和韩国在违约责任上都采取"过失责任主义"。在关于是否把债务人的故意、过失作为债务不履行的要件的问题上，PACL 抛弃了过失主义，而采取了严格主义。②

第二，采用 PACL 可以减少国际贸易中产生的纠纷。虽然同是亚洲国家，但是从现状来看，由于文化历史的原因，各国的法律制度不尽相同，司法机关的腐败仍然存在，而且判决在跨国界的执行方面也存在许多问题。现实中，解决纠纷往往是通过仲裁，目前《承认和执行外国仲裁裁决公约》（通称《纽约公约》，目前缔约国有 140 多个）被广泛使用。根据

---

① 参见陈霄：《专家就东亚私法统一达成共识中国法难独善其身》，见法制网：http：//www. legaldaily. com. cn/zmbm/content/2009—10/22/content _ 1170016. htm，阅读时间：2014 年 6 月 6 日。

② 参见［韩］李俊英：《PACL 与韩国民法修改》，金路伦译，载《清华法学》，2013（3），30 页。

这个公约，在公约的缔约国当中，外国仲裁裁决只要满足公约所规定的条件，强制执行就可以被支持。所以与外国判决相比，外国的仲裁裁决更容易被承认和执行。但是，即使存在"在东京进行仲裁"这样的条款，由于适用不同的实体法，当事人也有可能会遭到意外的损失。这是因为，该国的实体法有可能存在不合理或者不明确的地方，由此就会出现恣意的仲裁裁决的危险。这种情况下，国际贸易就很难获得一个安定的法环境。如果PACL作为示范法存在，那么合同当事人就可以将PACL纳入其合同，比如通过设定一个条款规定："如果发生纠纷，仲裁以PACL为准进行裁决"，以此将PACL的规定纳入合同的内容之中。这样，当事人就可以做到心中有数，在出现问题的时候也可以在有章可循的情况下解决纷争。总之，PACL在确保亚洲各国间贸易的法的安定性方面是存在巨大潜力的。

第三，PACL可以在国际法领域中成为我们摆脱西洋法支配的一个手段。当今具有全球性的法的制定主导权始终是在西方各国间争夺。不可否认，亚洲在这一点上处在劣势，是被边缘化的一部分，但是PACL可以帮助我们冲破这层阻碍。因为有了PACL，我们将它作为共同的示范法，或者将它写入合同条款（作为指定适用法），这样亚洲也可以团结起来步调一致，一同参加国际间的游戏。①

第四节　东亚合同法协调的困境

一、东亚合同法协调面临的问题

从以上对构建东亚共同法的理论基础的详细阐述，我们可以将东亚法律协调或者说趋同的现实性需要与客观性可能主要归结为以下几点：第一，东亚各国发展市场经济的共同需求；第二，东亚各国地缘相接因而经济、政治、文化交往更需避免或减少冲突的共同需求；第三，东亚各国划一地全属大陆法系国家，并都需要吸收其他法系的积极经验与法治成果；第四，东亚各国人民在习俗、心理、语言、文化方面历史上本就很接近，

---

① 参见［日］金山直树：《从日本民法典到PACL》，毛东恒译，载《清华法学》，2013（3），21～22页。

而今又更有加强交流、消除隔阂的共同需求等。总之，东亚各国法律的协调、趋同，既与历史发展的逻辑相符合，也有其经济、政治、文化、思想的历史与现实基础，但这不等于不存在趋同的障碍并必然走向统一。而且，即使趋同，还存在如何"趋"以及"同"什么的问题。①

从现今东亚法的实况考察，可谓异同并存。除中国香港地区外，东亚法都是法典化的成文法，这是东亚地区共同的法律现象。但东亚的每一国家和地区在法律体系、立法和司法体制上并不一致，这又是它们的很大不同。尽管在法的观念、法的结构、法的渊源、法的学说和法律职业等方面，东亚各国因先后共同受到欧陆法和日本法的影响而使现今东亚诸国法有许多相同的方面，但同时仍有很多的不同。此外，历史上东亚诸国都深受儒家文化影响，同属于中华法系，但如前所说，近代以来这些都已瓦解。虽然法律文化传统的影响还在，但是深浅不一，而且有差异。特别是从目前东亚诸国的根本法宪法来看，各国法律的价值和目标有很大差异，在实行社会主义体制的国家与实行资本主义体制的国家之间，这种差异甚至可以说是原则性的。在可以预见的将来，这种差异恐怕也不会消失。由此看来，现今东亚法中的"同"更多是形式上的、历史性的和表面化的，而"异"则是实体上的、现实性的。因此，我国法史学者张中秋教授认为，如以法系理论为视点，我们观察到东亚共同的法律传统在近代开始发生变革，中华法系在西法东进中趋于解体。如果以构成法系的要件为标准来衡量现今的东亚地区法，可以确认现在还没有法系意义上的东亚法，包括东亚普通法、东亚法系和新中华法系都是不存在的。但同时我们又必须看到，现今东亚地区法确实由于历史传统和近代继受的原因，加上地区共同体化的推动，形成了某些类同与趋同的现象，这也许预示着未来东亚法的某种可能走向。②

张中秋教授的上述判断主要是以法系理论为依据。一般认为，法系是指由拥有某些共同传统和重要特征的两国或两地区以上的法律所构成的法的体系，又称为法的家族。综合有关法系的理论，构成同一法系的要件约有以下数项：（1）法系一般由两国或两地区以上的法律所构成；（2）法系

---

① 参见倪正茂：《东亚法治趋同论》，载《社会科学》，2003（5），56～58页。

② 参见张中秋：《从中华法系到东亚法——东亚的法律传统与变革及其走向》，载《南京大学学报（社科版）》，2007（1），118页。

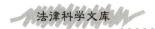
内各国或各地区的法律具有共同的历史来源，其中发源地法为母法，传播地法为子法；（3）法的基本观念相同或相近；（4）法源的种类及其解释方法相同或相近；（5）法的表现形式和法律结构相同或相近；（6）占统治地位的法学方法相同或相近；（7）根本性和具有特征性的法律制度相同或相近；（8）法律教育与法律职业相同或相近；（9）思想意识形态相同或相近。如果以构成法系的这九项要件为标准来衡量现今的东亚地区法，可以确认现在还没有法系意义上的东亚法，包括东亚普通法、东亚法系和新中华法系都是不存在的。但同时我们又必须看到，现今东亚地区法确实由于历史传统和近代继受的原因，加上地区共体化的推动，形成了某些类同与趋同的现象，这是否预示着未来东亚法的某种可能走向？张中秋教授认为，东亚法的这种前景至少需要满足以下条件：（1）朝鲜半岛统一，南北制度融合；（2）日本朝野认同并尊重自己的东亚身份；（3）越南进一步融入东亚；（4）美国军事势力退出东亚，东亚作为共同体真正能够做到自主、融合；（5）中国内地进一步发展，缩小以至消灭与港、台地区经济社会的差距，成功统一，和平崛起。这五项条件都是充分必要的，每一项都可以影响甚至决定东亚法的未来。但毫无疑问，对中国来说，最后一项更为关键。如果是这样的话，那么，因为东亚各国法共有中华法系的传统（要素），大中国法在空间和人口规模上又在未来的东亚法中占有最大的比例。因此，东亚普通法或东亚法系的出现，在部分中国人看来，也许可以说是中华法系的某种复兴。①

即便是在东亚地区形成了东亚共同法，那么东亚共同法将来通过什么方式使用？这是需要东亚人考虑的微妙的政治问题。崔钟库教授认为，学者的研究与政治无关，学者的任务只是发现历史事实。② 其实，提出东亚共同法的思想，实际上是存在着一定的敏感性的。因为这时人们脑海中往往会联想到是否要回复到往昔中华帝国的世界观或者要为日本大东亚共荣圈提供历史以及理论基础。

法律的协调并不等同于法律的统一。就现阶段东亚的政治氛围来看，在相当遥远的将来，号令东亚诸国或地区来制定一部取代其既有合同法的

① 参见张中秋：《从中华法到东亚法——东亚的法律传统与变革及其走向》，载《南京大学学报（社科版）》，2007（1），121～123 页。

② 参见［韩］崔钟库：《东亚普通法论》，载《法学研究》，2002（6），158 页。

统一合同法，有痴人说梦之嫌。在欧盟制定一部与成员国内国合同法并存的欧盟合同法，即一部选择性的法律文件，目前来看并非不可想象，《欧洲合同买卖法》的出台似乎预示着这一前进的方向。但由东亚各国或地区制定统一的合同法，绝对是困难重重。台湾学者陈自强教授认为，唯一出路，乃循 PECL 之成功模式，由参与国家或地区之学者自发性的组成也许可以被称为亚洲合同法委员会之团队，通过沟通对话逐渐形成共识，也许有朝一日可出版类似 PECL 之东亚（亚洲）契约法原则亦未可知。然成功的合同法统一文件，建立在崇高的学术说服力之基础上，故而，亚洲合同法委员会参与之学者人数或许不需太多，但应扩大学术对话之程度与范围，并通过与实务界及其他利害关系人之对话，形成务实的合同法原则，而非学术性格浓厚、充满学说理论与专门术语的合同法典。DCFR 整体评价之讨论上，倡议成立类似美国法律协会之"欧洲法律协会"（European Law Society）之组织之呼声不绝于耳，不仅来自于批判阵营，也有发自于 DCFR 阵营者。他山之石，可以攻玉，若亚洲规模太大，先组成"东亚（契约）法律协会"也许是不错的主意。此外，作为学术沟通对话之平台，筹办东亚契约法学杂志（评论）（Journal of East Asian Contract Law；East Asian Contract Law Review），或许亦有其必要。①

二、东亚合同法协调的展望

尽管东亚各国经济上相互依赖的加深给"东亚共同体"的构建提供了有利条件，但不可否认的是，东亚似乎正处于一个十字路口：一方面，是否要模仿欧洲一体化，超越民族国家的界限，通过社会化的国际治理形成一种联盟共同体？另一方面，能否避免重蹈欧洲国家旧日均势较量的覆辙，通过国家化的地缘政治经济合作融成另一种利益共同体？② 显而易见的是，东亚共同体的建立还要克服很多难以预料的困难。要想成功地实现东亚共同体的构建，文化认同是各国需要共同努力解决的一个重要问题。东亚世界虽不能脱离全球化潮流，但也不可能完全按照西方文化主导的

---

① 参见陈自强：《整合中之契约法》，190～191 页，北京，北京大学出版社，2012。

② 参见汪丽萍：《东亚区域合作与欧洲一体化的发展模式比较》，载《南京师大学报（社会科学版）》，2007（5），40 页。

"全球性"主流话语来塑造自己的未来。特别是东亚的历史进程有其自身的特殊性，在借鉴世界其他地方特别是西方历史文化经验的同时，也会吸取东亚本土历史的经验与教训，凸显其自身特性。只有融会东西文化、尊重内部差异，才能超越自己，对东亚问题进行不同于西方的东亚式求解，从而构建东亚共同文化，形成东亚共识。①

在谈到 PACL 是否应具有亚洲特色时，日本学者金山直树说道："问 PACL 中亚洲的要素是什么，实际上就同问《日本民法典》中日本的要素是什么一样。说起日本民法学的起源，日本明治时期的近代化问题交错其中"。他回顾了日本近代化的发展后，认为日本的法学可以说是从学习西洋法学中诞生的。任何国家的法本身都是具有"独特性"的，这种独特性可以被称为单独性或固有性。从这个角度来看，日本的独特性、德国的独特性及法国的独特性并没有什么本质的区别。就像由于历史和偶然，德国的法和法国的法不同一样，日本的法和德国以及法国的法也不同。由此并不能找出日本的独特性，中国的法也是一样。因此，去寻找与欧洲不同的日本的特殊独特性，寻找亚洲的独特性，这些都是思想上的误区。所以综上所述，在 PACL 中无法找到亚洲元素，这正是一个世界欧洲化的写照，因此，说 PACL 是 PECL 的拷贝也可以。他认为，PACL 的制定是一次"从本国法到亚洲法"的尝试，亚洲各国冲破国与国的界限，强化了各国间本已疏远的关系，实现了大家在国际法领域对抗西洋法的尝试；PACL 的制定是一次"从学问到实践"的尝试，汇集亚洲人的聪明才智，完成构筑亚洲共同法的挑战正是 PACL 的初衷；PACL 的制定是一次"从母语到英语"的尝试，在法学教育英语化的浪潮中，希望不远的将来能够看到 PACL 在亚洲各国的学校里成为一门课程。②

这里需要提及的是，不仅是在合同法领域，近几年东亚学者在侵权法领域也开始了共同法的研究和示范法的制定。中国人民大学民商事法律科学研究中心杨立新教授提出了成立"东亚侵权法学会"的建议，并且他提出了《东亚侵权法示范法》制定的三个步骤，即可行性研究、东亚侵权法

---

① 参见王作成：《试论东亚一体化进程中文化认同的建构》，载《沈阳大学学报》，2009（2），67～70 页。

② 参见［日］金山直树：《从日本民法典到 PACL》，毛东恒译，载《清华法学》，2013（3），24～26 页。

的框架和纲要以及完成东亚侵权法示范法。东亚统一侵权法国际研讨会暨东亚侵权法学会第一次年会于 2010 年 7 月 2 日和 3 日在黑龙江省伊春市召开，来自中国、日本、韩国的二十余位学者围绕东亚侵权法学会的成立以及《东亚侵权法示范法》的制定展开研讨。与会的二十余位侵权法学者经过讨论，一致同意成立"东亚侵权法学会"（Academy for East Asia Tort Law，AETL），杨立新教授被推选为东亚侵权法学会执行理事长。学会的宗旨是团结东亚各法域以及亚洲其他法域的侵权法学者和司法实务工作者，研究东亚各法域侵权法，制定《东亚侵权法示范法》，促进东亚各法域侵权法的统一。①

　　在东亚区域经济一体化的建设和发展中，东亚私法的协调已经是摆在东亚学者面前的一个不可回避的现实问题。我们只有勇敢地面对挑战，承担责任，抓住机遇，为东亚区域经济一体化中的法律建构和法律协调团结协作，建构属于东亚的共同私法。在完成这一历史的重大课题过程中，我们应当具有以下几个方面的理念和方法：

　　1. 立足于丰厚的东亚本土历史资源。

　　东亚地区文明久远，有着极为深厚的历史文化积淀。要构建新时期的东亚共同文化，历史性因素是必须考虑的因素之一。相对于亚洲，欧洲文化具有较为统一的历史、文化背景，而亚洲的情形极为复杂，各国各地区的历史进程、发展水平和文化风俗差别较大。但无论从历史、地缘还是人种来说，东亚都是一个相同的文化区域。从历史上看，大约公元 3 世纪起，以儒家学说为中心的华夏文明就开始陆续辐射到朝鲜半岛，而后又传到日本列岛和东南亚的越南等地，再加上从印度引进而后被东亚本土化了的佛教，东亚文化呈现出以儒学为核心的儒释道杂糅而成的混合文化现象。因此，东亚各国具有共同、共通的文化背景，是一个文化上的和合整体。但是，这一古老的以中国为中心的东亚国际体系在近代甲午中日战争之后瓦解，明治维新后发展迅速的日本取代了中国成为东亚的中心并逐步扩张，直至第二次世界大战中提出"大东亚共荣圈"的构想，达到了其军事侵略的巅峰。这一以日本为中心的东亚体系随着日本的战败

---

　　① 参见张铁薇、王竹：《制定〈东亚侵权法示范法〉的设想和展开——东亚统一侵权法国际研讨会暨东亚侵权法学会第一次年会综述》，载《北方法学》，2010（6），154 页。

而烟消云散，近代致力于"脱亚"的日本凭借武力与战争建立的东亚体系只是短时期的一个怪胎。可以说，历史上东亚体系的核心文化仍旧是以儒家文明为首的东亚本土文明。对于东亚文化价值观，新加坡曾经归纳为五大原则：社会、国家比个人重要；国之本在家；国家和社会要尊重个人；和谐比冲突更能维持社会秩序；宗教与宗教之间不仅应和平共处，而且应互补。总之，相对于西方，东亚更加强调个人服从社会，重视家庭观念和教育，尊重权力，勤劳节俭等。虽然东亚各国都走上了现代化的道路，饱经"欧风美雨"的洗礼，但是传统文化中仍然有丰富的宝藏值得挖掘。

另外，近代以来东亚各国之间的恩怨关系必然会对东亚共同文化的构建产生影响。历史上，日本为了打破旧的华夷秩序而成为东亚国际体系的核心，自近代起发动了多次针对周边国家的侵略战争。这些战争给东亚区域的人民带来了深重的灾难，而其至今仍未彻底认罪反省。并且，日本近代以来的大量关于亚洲主义的论述和实践也让东亚各国对其倡导的"东亚共同体"缺乏信任，中日、韩朝等国之间的历史遗留问题无不为构建东亚共同文化投射出一丝阴影。只有东亚各国之间的历史遗留问题得以妥善解决，才能为东亚共同文化的构建扫清障碍。

2. 具备时代性的全球视野。

构建新时期的东亚共同文化必须具有全球视野，要意识到构建东亚共同文化也是参与世界文化发展的一个重要组成部分。当今时代是全球化的时代，任何一种文化的发展都不可避免地受到全球化的影响，东亚发展和世界的发展密切相关。如以沃勒斯坦为首的世界体系论者认为，东亚的发展根本就不是一种独特的发展模式，而是资本主义世界体系发展的延续。美国著名学者阿里夫·德里克认为，现代人们所高谈的对东亚发展促进很大的儒学价值已经按照东亚市场经济发展的要求被重构。就儒学复兴而言，它与当代权力结构的关系既直接又明确，因为复兴的是一些社群的意识形态遗产，这些社群近来在全球资本主义的背景下获得优势地位，同时对全球资本主义的形成有所贡献。[1] 虽然他们的观点未免过激，但也说明了东亚已经是全球化链条中重要的一环，无视全球化、一味强调东方文化

---

① 参见［美］阿里夫·德里克：《后革命氛围》，王宁译，228 页，北京，中国社会科学出版社，1999。

本位的东亚文化构建只能是空中楼阁。未来的东亚文化应当是广泛吸收其他文化精华的一种革新了的东亚文化，因此，将东亚文化放在全球大背景中，与其他的多元文化进行相互参照，可以让我们在领会东西方文化差异的同时，加深对东亚文化的深层次思考，将区域性的文化赋予世界性意义。

构建东亚共同文化与全球化并不矛盾。在全球性问题面前，全球化趋势不仅不能取消各民族文化存在的根据，而且还恰恰凸显了文化多元主义的意义。丰富多彩的各种文化不仅提供了丰富的文化资源，而且还可以避免单一价值与单一发展模式造成的缺少参照而积重难返的弊病。目前对于某些东亚学者注重强调"异"的惰性态度是需要反省的，该现象的出现是各国民族主义（Nationalism）和爱国主义使然。东亚共同法的发展有赖于东亚的自觉意识和成熟态度，为此东亚学者应该肩负起责任来，学者之间应该加强共同研究，必要的话，通过与西方学者的交流加大研究的深度。

3. 充分尊重东亚文化的差异性。

在构建东亚共同文化的过程中，应当尊重东亚各国本土文化之间的差异，通过沟通与对话取得共识，克服差异性造成的负面作用。东亚文化虽然拥有大致相似的历史、地缘与文化背景，但是不可夸大这种相似性。实际上，每个国家和地区由于具体的发展历程和民族差异，其本土性文化之间的差别有时极大，这种相互之间的差异性有可能导致东亚各国各地区之间的文化冲突和相互指责、争吵。近年来，在中、日、韩以及东南亚各国之间，这种文化差异导致的指责时有发生。① 对于这种现象，解决之道就是以"和而不同"为指导，互相尊重和理解这种差异，而非以自己的标准试图去改变对方，否则只能导致文化专制主义和各国之间矛盾的激化。

4. 充分发挥比较法的作用。

当今世界，法律比较已经成为现代立法者们必然采用的一个手段，几乎所有的立法者都自然而然地采用法律比较的方法来提高其立法质量。比较法学作为一门独立的法律科学及其方法论，有机地、融于一体地作用于现代法律的形成和发展。它超越了本国国界去认识不同国家不同法律体系

---

① 参见王柯：《东亚共同体与共同文化认知：中日韩三国学者对话》，311 页，北京，人民出版社，2007。

中的法律、法律原则、法律规则、准则等，进而找出适合于自己国家的法律精神及其作为"解决办法的储备"。学术上的法律比较对全球或区域性的法律协调产生了重大影响。近年来，在欧洲私法统一运动中，在世界贸易组织的建立发展过程中，比较法学更是发挥着不可或缺的重要作用。没有法律比较，就不可能想象有支持欧盟和世界贸易组织等类似国际组织存在的法律秩序，从而也就不可能有欧盟和国际贸易组织等国际组织的真正存在。而且，以比较法学促进和实际承担的欧洲私法统一和国际贸易规则的统一工作势必将迅速发展，它已经构成当代法律发展的一个重要特征。

　　《亚洲合同法原则》是由东亚地区学者自发发起的合作研究项目，其目标是在比较法研究的基础上起草一套适合亚洲经济交往需要的规则和原则。虽然现今的《亚洲合同法原则》还在计划之中，但是一旦亚洲拥有了共通的合同法原则，那么对于各国合同法体系也将产生非常重要的影响。目前就东亚合同法的协调来说，主要在于分析东亚合同法统一的内容理性，即合同法在实体内容上的取向和具体规则的建构。重点需要研究中、日、韩合同法在理念、体系结构、方法以及具体法律制度等方面的异同，揭示东亚合同法的共识及差异，尽可能地识别出"最佳解决方案"。因此，比较法的研究方法对建立东亚合同法来说仍是非常必要的。

主要参考文献

一、中文参考文献

（一）著作类

1. ［德］卡尔·拉伦茨：《德国民法通论》下册，王晓晔、邵建东等译，法律出版社 2013 年版。

2. ［德］迪特尔·梅迪库斯：《德国民法总论》，邵建东译，法律出版社 2013 年版。

3. ［德］伯恩哈德·格罗斯菲尔德：《比较法的力量与弱点》，孙世彦等译，清华大学出版社 2002 年版。

4. ［德］K. 茨威格特、H. 克茨：《比较法总论》，潘汉典等译，法律出版社 2003 年版。

5. ［德］维尔纳·弗卢梅：《法律行为论》，迟颖译，法律出版社 2012 年版。

6. ［比］R·C·范·卡内冈：《欧洲法：过去与未来—两千年来的统一性与多样性》，史大晓译，清华大学出版社 2005 年版。

7. ［法］勒内·达维德：《当代主要法律体系》，漆竹生译，上海译文出版社 1984 年版。

8. ［美］艾伦·沃森：《民法法系的演变与形成》，李静冰、姚新华译，中国政法大学出版社 1997 年版。

9. ［美］肯尼思·沃尔：《国际政治理论》，上海世纪出版集团 2008 年版。

10. ［美］亚历山大·温特：《国际政治的社会理论》，秦亚青译，上海人民出版社 2000 年版。

11. ［美］阿里夫·德里克：《后革命氛围》，王宁译，中国社会科学出版社 1999 年版。

12. ［美］埃尔曼：《比较法律文化》，贺卫方译，三联书店 1990 年版。

13. ［美］斯卡拉皮诺：《亚洲及其前途》，辛耀文译，新华出版社 1983 年版。

14. ［英］施米托夫：《国际贸易法文选》，赵秀文译，中国大百科全书出版社 1993 年版。

15. ［英］汤因比：《历史研究》上册，曹未风译，上海人民出版社 1966 年版。

16. ［日］我妻荣：《债法各论》上卷，徐慧译，中国法制出版社 2008 年版。

17. ［日］我妻荣：《债权各论》中卷一，徐进、李又又译，中国法制出版社 2008 年版。

18. ［日］铃木深雪：《消费生活论——消费者政策（修订版）》，张倩、高重迎译，中国社会科学出版社 2004 年版。

19. ［日］小泽政许：《日本契约法原论》，有斐阁 1897 年版。

20. ［日］早川武夫等：《外国法》，张光博等译，吉林大学出版社 1984 年版。

21. ［日］穗积陈重：《法律进化论》，黄遵三、萨孟武、陶汇增、易家钺译，王健校，中国政法大学出版社 1997 年版。

22. ［日］山田三良：《国际私法》，李倬译，陈柳裕点校，中国政法大学出版社 2003 年版。

23. ［日］小泽政许：《日本契约法原论》，有斐阁 1897 年版。

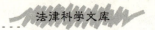

24. ［日］仁井田升：《唐令拾遗·序论》，长春出版社 1989 年版。

25. ［日］中西又三、华夏主编：《21 世纪日本法的展望》，江利红译，中国政法大学出版社 2012 年版。

26. ［日］西村幸次郎、周剑龙：《现代中国法讲义》，法律文化社 2001 年版，第 82 页。

27. ［匈］欧文·拉兹洛：《多种文化的星球——联合国教科文组织国际专家小组的报告》，社会科学文献出版社 2001 年。

28. ［葡］叶士朋：《欧洲法学史导论》，吕平义、苏健译，中国政法大学出版社 1998 年版。

29. ［台］史尚宽：《债法总论》，中国政法大学出版社 2000 年版。

30. ［台］梅仲协主编：《民法要义》，中国政法大学出版社 1998 年版。

31. ［台］王泽鉴：《民法概要》，中国政法大学出版社 2003 年版。

32. ［台］王泽鉴：《债法原理》，第一册，中国政法大学出版社 2001 年版。

33. ［台］陈自强：《整合中之契约法》，北京大学出版社 2012 年版。

34. ［台］陈自强：《侵权法之现代化》，北京大学出版社 2013 年版。

35. 杨鸿烈：《中国法律在东亚诸国之影响》，中国政法大学出版社 1999 年版。

36. 江平：《私权的呐喊》，首都师范大学出版社 2008 年版。

37. 江平：《我所能做的是呐喊》，法律出版社 2010 年版。

38. 陈顾远：《中国国际私法论》，上海法学编译社 1931 年版。

39. 沈宗灵：《法理学》，北京大学出版社 2014 年第 4 版。

40. 沈宗灵：《现代西方法理学》，北京大学出版社 1992 年版。

41. 沈宗灵：《比较法研究》，北京大学出版社 2006 年版。

42. 黄进：《国际私法》，法律出版社 2005 年版。

43. 张文显：《法理学》，法律出版社 2007 年版。

44. 张晋藩：《中国法制史》，高等教育出版社 2003 年版。

45. 李双元、欧福永等：《中国国际私法通论》，法律出版社 2007 年版。

46. 李双元：《国际私法学》，法律出版社 2000 年版。

47. 李双元、徐国建：《国际民商新秩序的理论建构——国际私法的

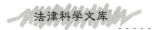

重新定位与功能转换》，武汉大学出版社 1998 年版。

48. 梁慧星主编：《民商法论丛》，第 18 卷，金桥文化出版（香港）有限公司 2001 年版。

49. 梁慧星主编：《民商法论丛》，第 58 卷，法律出版社 2015 年版。

50. 王利明：《违约责任论》，中国政法大学出版社 2003 年修订版。

51. 周林彬主编：《比较合同法》，兰州大学出版社 1989 年版。

52. 崔建远主编：《合同法》，法律出版社 2007 年版。

53. 李永军、易军：《合同法》，中国法制出版社 2009 年版。

54. 王利明：《合同法研究》，第 2 卷，中国人民大学出版社 2004 年版。

55. 施天涛主编：《合同法释论》，中国人民公安大学出版社 1999 年版。

56. 谢怀栻：《大陆法国家民法典研究》，中国法制出版社 2005 年版。

57. 梁慧星：《中国民事立法评说·民法典、物权法、侵权责任法》，法律出版社 2010 年版。

58. 张俊浩：《民法学原理》，中国政法大学出版社 2000 年版。

59. 渠涛主编：《中日民商法研究》，第 1 卷，北京大学出版社 2003 年版。

60. 渠涛编译：《最新日本民法》，法律出版社 2006 年版。

61. 邓曾甲：《日本民法概论》，法律出版社 1995 年版。

62. 《韩国最新民法典》，崔吉子译，北京大学出版社 2010 年版。

63. 崔吉子：《韩国法专题研究民法·经济法》，法律出版社 2013 年版。

64. 崔吉子：《东亚消费者合同比较法研究》，北京大学出版社 2013 年版。

65. 《韩国民法典朝鲜民法典》，金玉珍译，北京大学出版社 2009 年版。

66. 《日本民法典》，王书江译，中国法制出版社 2000 年版。

67. 孙森焱：《民法债编总论》，法律出版社 2006 年版。

68. 周玉华主编：《韩国民商事法律汇编》，人民法院出版社 2008 年版。

69. 王传丽、史晓丽：《国际贸易法》，中国人民大学出版社 2009

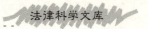

年版。

70. 欧洲民法典研究组、欧盟现行私法研究组编著：《欧洲示范民法典草案：欧洲私法的原则、定义和示范规则》，高圣平译，中国人民大学出版社 2012 年版。

71. 渠涛主编：《中日民商法研究》，第 4 卷，法律出版社 2006 年版。

72. 周玉华主编：《韩国民商事法律汇编》，人民法院出版社 2008 年版。

73. 张丽英主编：《国际贸易法律实务》，中国政法大学出版社 2002 年版。

74. 杨大明：《国际货物买卖》，法律出版社 2011 年版。

75. 何志：《合同法分则判解研究与适用》，人民法院出版社 2002 年版。

76. 吴思颖：《国际商事合同法统一化：原理、目标和路径》，法律出版社 2011 年版。

77. 陈静娴：《合同法比较研究》，中国人民公安大学出版社 2006 年版。

78. 吴志忠：《买卖合同法研究》，武汉大学出版社 2007 版。

79. 曾涛：《示范法比较研究》，人民法院出版社 2007 年版。

80. 吕世伦：《现代西方法学流派》，中国大百科全书出版社 2000 年版。

81. 黄文艺：《全球结构与法律发展》，法律出版社 2006 年版。

82. 李秀清：《20 世纪比较法学》，商务印书馆 2006 年版。

83. 张彤：《欧洲私法的统一化研究》，中国政法大学出版社 2012 年版。

84. 张彤主编：《欧盟法概论》，中国人民大学出版社 2011 年版。

85. 张彤：《欧盟经贸法》，中国政法大学出版社 2014 年版。

86. 范明志：《欧盟合同法一体化研究》，法律出版社 2008 年版。

87. 周建平：《欧洲一体化政治经济学》，复旦大学出版社 2002 年版。

88. 胡瑾、宋全成、李巍：《欧洲当代一体化思想与实践研究》，山东人民出版社 2002 年版。

89. 蔡建国：《东亚合作与交流》，同济大学出版社 2010 年版。

90. 罗荣渠：《现代化新论续篇——东亚与中国的现代化进程》，北京

大学出版社 1997 年版。

91．陈勇：《新区域主义与东亚经济一体化》，社会科学文献出版社 2006 年版。

92．戎素云：《消费者权益保护运动的制度分析》，中国社会科学出版社 2008 年版。

93．赵银亮：《聚焦东南亚：制度变迁与对外政策》，江西人民出版社 2008 年版。

94．黄大慧：《变化中的东亚与美国——东亚的崛起及其秩序构建》，社会科学文献出版社 2010 年版。

95．王柯：《东亚共同体与共同文化认知：中日韩三国学者对话》，人民出版社 2007 年版。

96．元坤：《中国别无选择》，中央编译出版社 2010 年版。

97．陆玉林、张立文：《东亚的转生》，华东师范大学出版社 2001 年版。

98．《欧盟债法条例与指令全集》，吴越等译，法律出版社 2004 年版。

99．耿协峰：《新地区主义与亚太地区结构变动》，北京大学出版社 2003 年版。

（二）论文类

1．〔韩〕崔钟库：《东亚法哲学之路——以与铃木教授的密切交往为中心》，邱昌茂译，载《法治湖南与区域治理研究》，第 2 卷，世界图书出版公司 2011 年版。

2．〔韩〕崔钟库：《东亚与历史法学》，崔米子译，载《历法学第 1 卷/东亚与历史法学》，法律出版社 2008 年版。

3．〔韩〕崔钟库：《东亚普通法论》，载《法学研究》2002 年第 6 期。

4．〔韩〕崔钟库：《东亚法理学的基础》，载刘翰、公丕祥主编：《21 世纪的亚洲与法律发展》，南京师范大学出版社 2001 年版。

5．〔韩〕李英俊：《亚洲契约法原则的基本方向》，赵晓舒，载《亚细亚民商法学》第 3 号，2009 年 12 月。

6．〔韩〕李俊英：《PACL 与韩国民法修改》，金路伦译，载《清华法学》2013 年第 3 期。

7．〔韩〕崔镇求：《日本消费者合同小考》，载《民事法学》第 32 号，2006 年 6 月。

8. ［韩］李圣焕：《消费者保护的改正方向》，载《公法学研究》第 6 卷第 1 号，2005 年 6 月。

9. ［韩］权五乘、洪明秀：《消费者保护的合同法构成及其局限——以德国〈民法〉的改正和日本〈消费者合同法〉的制定为中心》，载首尔大学《法学》第 43 卷第 3 号，2002 年。

10. ［韩］高翔龙：《韩、中、日统一买卖法草案》，载崔吉子主编：《韩国法专题研究》，法律出版社 2013 年版。

11. ［韩］韩雄吉：《韩国民法的挑战和展望》，许寿童译，载《太平洋学报》2009 年第 4 期。

12. ［韩］金相容：《韩国民法的历史与基本原则》，载《山东大学法律评论》2006 年 6 月。

13. ［韩］梁彰洙：《关于韩国民法典的最近修改》，载《韩国最新民法典》，崔吉子译，北京大学出版社 2010 年版。

14. ［韩］韩雄吉：《韩国民法的挑战和展望》，许寿童译，载《太平洋学报》2009 年第 4 期。

15. ［韩］尹喆洪：《韩国民法典的修改现状与今后的课题》，2009 年第四届"罗马法、中国法与民法法典化国际研讨会"论文集。

16. ［韩］高翔龙：《韩中日契约法比较》，载渠涛主编：《中日民商法研究》，第 4 卷，法律出版社 2006 年版。

17. ［日］星野英一：《日中韩民法制度同一化的诸问题》，载渠涛主编：《中日民商法研究》，第 4 卷，法律出版社 2006 年版。

18. ［日］铃木贤：《试论"东亚法系"成立的可能性》，载徐显明、刘翰主编：《法治社会之形成与发展》，山东人民出版社 2003 年版。

19. ［日］五十岚清：《为了建立东亚法系》，林青译，载《环球法律评论》2001 年秋季号。

20. ［日］中村民雄等：《东亚共同体宪章案》，邱昌茂译，载杜钢建主编：《法治湖南与区域治理研究》，第 2 卷，中国出版集团世界图书出版公司 2011 年版。

21. ［日］池田温：《隋唐律令与日本古代法律制度的关系》，载《武汉大学学报》1989 年第 3 期。

22. ［日］星野英一：《日本民法的 100 年》，渠涛译，载《环球法律评论》2001 年秋季号。

23. 〔日〕北川善太郎：《中国的合同法与模范合同法》，王晨译，载《国外法学》1987 年第 3 期。

24. 〔日〕道垣内弘人：《日本民法修改的现状（1）——以民法（债权法）修改研讨委员会草案为中心》，周江洪译，载《中日民商法研究》，第 9 卷，法律出版社 2010 年版。

25. 〔日〕大久保泰甫：《民法典编纂史研究范式的转换与今后的课题》，载《法律时报》70 卷第 9 号（1998 年）。

26. 〔日〕潮见佳男：《日本债权法的修改与合意原则》，徐慧译，载《交大法学》2014 年第 3 期。

27. 〔日〕大村敦志：《日本民法修改的现状（2）——以民法（债权法）修改研讨委员会草案为中心》，解亘译，载《中日民商法研究》，第 9 卷，法律出版社 2010 年版。

28. 〔日〕大村敦志：《近 30 年来日本的民法研究》，渠涛译，载《清华法学》2012 年第 3 期。

29. 〔日〕大村敦志：《日本民法修改的现状（2）——以民法（债权法）修改研讨委员会草案为中心》，解亘译，载《中日民商法研究》，第 9 卷，法律出版社 2010 年版。

30. 〔日〕山本敬三：《日本契约法学的展开》，李凌燕译，载《环球法律评论》2001 年秋季号。

31. 〔日〕渡边达德：《日本民法中的合同解除法理——以因债的不履行而产生的法定解除权为中心》，钱伟荣译，载《清华法学》2002 年第 4 辑。

32. 〔日〕宇田川幸则：《东亚共通法的可能性》，载《第一届比较法与世界共同法国际研讨会"当代法律交往与法律融合"论文集》，2011 年 9 月 24～25 日。

33. 〔日〕今井弘道："序言"，载《日韩比较法文化研究会"东亚文化和近代法—日本和韩国的比较研究（一）"》北大法学论集 44 卷 2 号。

34. 〔日〕金山直树：《从日本民法典到 PACL》，毛东恒译，载《清华法学》2013 年第 3 期。

35. 〔德〕康拉德·茨威格特、海因·克茨：《违背法律和善良风俗的法律行为后果比较》，孙宪忠译，载《环球法律评论》2003 年冬季号。

36. 〔德〕奥科·贝伦次：《市民社会和欧洲民法法典化》，田士永译，

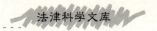

载张礼洪、高富平主编：《民法法典化、解法典化和反法典化》，中国政法大学出版社 2008 年版。

37. ［越］阮氏秋芳：《东亚价值与东亚共同体建立的构想》，载《东南亚纵横》2010 年第 2 期。

38. 陈自强：《欧洲契约法发展之最新动向》，载《月旦法学杂志》2010 年 7 月号。

39. 陈自强：《整合中之欧盟契约法》，载《月旦法学杂志》2010 年 6 月号。

40. 陈勇：《新区域主义评析》，载《财经论丛》2005 年第 6 期。

41. 袁政：《新区域主义及其对我国的启示》，载《政治学研究》2011 年第 2 期。

42. 郑先武：《新区域主义理论：渊源、发展与综合化趋势》，载《欧洲研究》2006 年第 1 期。

43. 罗小龙、沈建法、陈雯：《新区域主义视角下的管治尺度构建：以南京都市圈建设为例》，载《长江流域资源与环境》2009 年第 7 期。

44. 路宇立：《APEC 合作的理论基础：新区域主义视角的分析》，载《国际贸易问题》2011 年第 4 期。

45. 范洪颖：《全球化背景下东亚一体化理论适用问题探讨》，载《东南亚研究》2007 年第 3 期。

46. 谢立中：《走向东亚共同体：社会面临的困境与出路》，载《社会学评论》2013 年第 5 期。

47. 郭延军、王春梅：《新区域主义视角下的东亚安全共同体建设》，载《世界经济与政治论坛》2006 年第 6 期。

48. 来辉：《亚洲一体化的理想与现实》，载《商业文化》2010 年 1 月。

49. 孙育玮：《关于东亚法治文化的几点思考》，载《法治论丛》2007 年第 1 期。

50. 蒋恺：《东盟的历史与现实》，载《和平与发展》1995 年第 1 期。

51. 陆建人：《从东盟一体化进程看东亚一体化方向》，载《当代亚太》2008 年第 1 期。

52. 胡渊、杨勇：《多边化区域主义背景下中韩自贸区前景分析》，载《亚太经济》2014 年第 2 期。

53. 吕亚青：《我国"东亚共同体"研究的主要议题及其发展趋势》，载《西安社会科学》2010 年第 3 期。

54. 郑先武：《"东亚共同体"愿景的虚幻性析论》，载《现代国际关系》2007 年第 4 期。

55. 陆建人：《从东盟一体化进程看东亚一体化方向》，载《当代亚太》2008 年第 1 期。

56. 董洪梅：《中日韩自由贸易区建设的现状、问题与路径思考》，载《商业经济》2013 年第 11 期。

57. 冼国明：《中日韩自由贸易区与东北亚经贸合作前景》，载《延边大学学报（社会科学版）》2013 年第 5 期。

58. 江瑞平：《构建中的东亚共同体：经济基础与政治障碍》，载《世界经济与政治》2004 年第 9 期。

59. 王鹏：《中韩自贸协定：提升两国经贸法治化程度》，载《法制日报》2015 年 6 月 9 日第 10 版。

60. 汪丽萍：《东亚区域合作与欧洲一体化的发展模式比较》，载《南京师大学报（社会科学版）》2007 年第 5 期。

61. 吕萌：《亚元区，从梦想到现实还有多远？——东亚一体化中金融合作的思考》，载《东南亚纵横》2002 年第 11 期。

62. 宋均营：《鸠山"东亚共同体"构想评析》，载《理论月刊》2010 年第 6 期。

63. 魏玲：《东亚地区化：困惑与前程》，载《外交评论》2010 年第 6 期。

64. 张蕴岭：《对东亚合作发展的再认识》，载《当代亚太》2008 年第 1 期。

65. 王作成：《试论东亚一体化进程中文化认同的建构》，载《沈阳大学学报》2009 年第 2 期。

66. 和春红：《东亚区域一体化与欧洲一体化比较研究综述》，载《中共济南市委党校学报》2010 年第 4 期。

67. 王逸舟：《"东亚共同体"概念辨识》，载《现代国际关系》2010 年庆典特刊。

68. 宋均营、虞少华：《对"东亚共同体"建设的再思考》，载《国际问题研究》2014 年第 2 期。

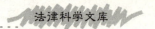

69. 郑先武：《东亚"大国协调"：构建基础与路径选择》，载《世界经济与政治》2013 年第 5 期。

70. 郑永流：《中国法圈：跨文化的当代中国法及未来走向》，载《中国法学》2012 年第 4 期。

71. 何勤华、孔晶：《新中华法系的诞生？——从三大法系到东亚共同体法》，载《法学论坛》2005 年第 4 期。

72. 张中秋：《从中华法系到东亚法——东亚的法律传统与变革及其走向》，载《法律文化研究》2007 年第 1 期。

73. 倪正茂：《东亚法治趋同论》，载《社会科学》2003 年第 5 期。

74. 谢碧霞、张祖兴：《从〈东盟宪章〉看"东盟方式"的变革与延续》，载《外交评论》2008 年 8 月。

75. 张锡镇：《〈东南亚国家联盟宪章〉解读》，载《亚非纵横》2008 年第 1 期。

76. 廖少廉：《〈东盟宪章〉评析》，载《中国与东盟》2009 年第 1 期。

77. 周玉渊：《区域集团的宪政之路——东盟宪章与欧盟宪法的比较研究》，载《太平洋学报》2008 年第 10 期。

78. 黄文艺、王奇才：《全球化时代的东亚区域主义法律叙事——第七届东亚法哲学大会综述》，载《法制与社会发展（双月刊）》2008 年第 6 期。

79. 刘高勇：《杨鸿烈：力树中华法系的世界地位——以〈中国法律在东亚诸国之影响〉为中心》，载《社会纵横》2006 年第 10 期。

80. 张铁薇、王竹：《制定〈东亚侵权法示范法〉的设想和展开——东亚统一侵权法国际研讨会暨东亚侵权法学会第一次年会综述》，载《北方法学》2010 年第 6 期。

81. 张中秋：《回顾与思考：中华法系研究散论》，载《南京大学法律评论》1999 年春季号。

82. 张中秋：《从中华法系到东亚法——东亚的法律传统与变革及其走向》，载《南京大学学报（社科版）》2007 年第 1 期。

83. 杨振洪：《论中华法系的形成和发展条件》，载《法学研究》1997 年第 4 期。

84. 武树臣：《论中华法系的社会成因和发展轨迹》，载《华东政法大学学报》2012 年第 1 期。

85. 公丕祥：《全球化与中国法制现代化》，载《法学研究》2000 年第 6 期。

86. 李力：《从另一角度审视中华法系：法家法律文化的传承及其评判》，载《法学杂志》2012 年第 6 期。

87. 俞荣根：《正本清源折中融西——重建新的中华法系》，载《中国政法大学学报》2010 年第 2 期。

88. 张晋藩：《中华法系研究新论》，载《南京大学学报》2007 年第 1 期。

89. 刘广安：《中华法系生命力的重新认识》，载《政法论坛》2011 年第 2 期。

90. 方旭：《东亚法律文化的历史发展及特性》，载《湘潭师范学院学报（社会科学版)》2009 年第 6 期。

91. 季涛：《文明共融的理想——论重建东亚法哲学的文化前提》，载《浙江社会科学》2014 年第 9 期。

92. 李明明：《试析一体化进程中的欧洲认同》，载《现代国际关系》2003 第 7 期。

93. 胡亚丽：《试析东亚一体化进程中的东亚认同》，载《贵州师范大学学报（社会科学版)》2004 年第 3 期。

94. 崔月琴、李文焕：《儒家文化对东亚经济发展的双重影响》，载《东北亚论坛》2000 年第 4 期。

95. 李永军：《合同法发展趋势的前瞻性探索》，载《人民司法·应用》2010 年第 17 期。

96. 李鑫淇、张树：《欧盟合同法一体化障碍分析及展望》，载《湖北广播电视大学学报》2013 年第 4 期。

97. 刘益灯：《欧盟消费者保护法的最新发展及其启示》，载《政治与法律》2009 年第 5 期。

98. 张斐：《〈欧洲民法典〉讼案》，载何勤华主编：《法律文化史研究》，第 1 卷，商务印书馆 2004 年版。

99. 江平：《日本民法典 100 年的启示》，载《环球法律评论》2001 年秋季号。

100. 蔡玉辉、杨豫：《欧洲精神与欧盟制度析论》，载《欧洲研究》2006 年第 1 期。

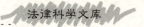

101. 冯玉军：《全球化背景下东亚共通法治的建构》，载《研究生法学》2010 年第 4 期。

102. 冯玉军：《东亚共通法治的理论愿景》，载《哈尔滨工业大学学报（社会科学版）》2015 年第 1 期。

103. 孙育玮：《关于东亚法治文化的几点思考》，载《法治论丛》2007 年第 1 期。

104. 谢怀栻：《关于日本民法的思考》，载《环球法律评论》2001 年秋季号。

105. 江平：《制订一部开放型的民法典》，载《政法论坛》2003 年第 1 期，第 3 页。

106. 王利明：《中国民法典制定的回顾与展望》，载《法学论坛》2008 年第 5 期。

107. 杨立新：《百年中的中国民法华丽转身与曲折发展——中国民法一百年历史的回顾与展望》，载《河南省政法管理干部学院学报》2011 年第 3 期。

108. 柳经纬：《渐行渐远的民法典》，载《比较法研究》2012 年第 1 期。

109. 王利明：《法律体系形成后的民法典制定》，载《广东社会科学》2012 年第 1 期。

110. 孙宪忠：《我国民法立法的体系化与科学化问题》，载《清华法学》2012 年第 6 期。

111. 孙宪忠：《防止立法碎片化、尽快出台民法典》，载《中国政法大学学报》2013 年第 1 期。

112. 郭明瑞：《关于编纂民法典须处理的几种关系的思考》，载《清华法学》2014 年第 6 期。

113. 王利明：《民法典的时代特征和编纂步骤》，载《清华法学》2014 年第 6 期。

114. 王家福：《21 世纪与中国民法的发展》，载《法学家》2003 年第 4 期。

115. 龙卫球：《中国民法"典"的制定基础——以现代化转型为视角》，载《中国政法大学学报》2013 年第 1 期。

116. 杨立新：《实践呼唤制定完善的中国民法典》，载《中国社会科

学报》2013 年 7 月第 A07 版。

117. 苏亦工：《无奈的法典：中日韩三国民法现代化道路之比较》，载《当代韩国》2002 年冬季号。

118. 苏亦工：《韩国民法的现代化道路》，载《中国社会科学院院报》2003 年 4 月 9 日第 3 版。

119. 马作武、何邦武：《传统与变革——从日本民法典的修订看日本近代法文化的冲突》，载《比较法研究》1999 年第 2 期。

120. 苏亦工：《韩国民法典的修正及其背景》，载《私法》第 3 辑第 2 卷，北京大学出版社 2004 年版。

121. 焦富民：《论日本民法典的基本特点——兼及对中国民法典制定的启示》，载《扬州大学学报（人文社会科学版）》2007 年第 4 期。

122. 段匡：《日本民法百年中的债法总论和契约法》，载《环球法律评论》2001 年秋季号。

123. 崔吉子：《韩国民法典的发展历程简介》，载《韩国最新民法典》，崔吉子译，北京大学出版社 2010 年版。

124. 朱芝弘：《韩国民法的继承与创造》，载《甘肃社会科学》2008 年第 3 期。

125. 邓建中：《法律全球化与共同法发现——中德日法学研讨会会议综述》，载《比较法学研究》2004 年第 6 期。

126. 王晨：《日本契约法的现状与课题》，载《外国法评议》1995 年第 2 期。

127. 渠涛：《日本民法编纂及学说继受的历史回顾》，载《环球法律评论》2001 年秋季号。

128. 陈南松、陈洁：《上海石化金佳机电设备安装工程有限公司诉朱佳斌、陆丹丹损害公司权益纠纷案》，载《判例与研究》2004 年第 5 期。

129. 赵万一、吴晓峰：《契约自由与公序良俗》，载《现代法学》2003 年 6 月。

130. 张明楷：《论诈骗罪中的财产损失》，载《中国法学》2005 年第 5 期。

131. 渠涛：《公序良俗在日本的最新研究动向》，载《中日民商法研究》，第 1 卷，北京大学出版社 2003 年版。

132. 吴一平：《情势变更原则法律适用比较分析》，载《法学研究》，

2013 年第 3 期。

133. 王洪、张伟：《论比较法研究领域下的情势变更规则及其适用》，载《东南学术》2013 年第 3 期。

134. 楼建波、刘燕：《情势变更原则对金融衍生品交易法律基础的冲击——以韩国法院对 KIKO 合约纠纷案的裁决为例》，载《法商研究》2009 年第 5 期。

135. 尹茂国、庾成日：《中韩民事行为能力之法律比较》，载《延边党校学报》2004 年 9 月第 19 卷。

136. 郝磊：《我国合同无效制度的经济分析》，载《人民法院报》2003 年 10 月 29 日。

137. 韩世远：《从 PECL 看东亚合同法协调化之路》，载渠涛主编：《中日民商法研究》，第 4 卷，法律出版社 2006 年版。

138. 韩世远：《中国合同法与〈联合国国际货物销售合同公约〉》，载《暨南学报》2011 年第 2 期。

139. 韩世远：《亚洲合同法原则：合同法的"亚洲声音"》，载《清华法学》2013 年第 3 期。

140. 吴志忠：《试论国际货物买卖中的风险转移》，载《中南财经政法大学学报》2002 年第 6 期。

141. 王轶：《论买卖合同标的物毁损、灭失的风险负担》，载《北京科技大学学报（社科版）》，1999 年第 4 期。

142. 朱晓喆：《我国买卖合同风险负担规则的比较法困境——以〈买卖合同司法解释〉第 11 条、14 条为例》，载《苏州大学学报》2013 年 4 月。

143. 赵冬、徐瑜：《韩国〈消费者保护法〉的标本意义》，载《消费导刊》2007 年 8 月。

144. 秦瑞亭：《中日韩合同冲突法的趋同：欧洲经验的借鉴》，2014 年 5 月 17～18 日"民法典编纂的域外经验——欧洲私法趋同的现状与前景"学术研讨会会议论文。

145. 单文华：《国际贸易惯例基本理论问题研究》，载梁慧星主编：《民商法论丛》，第 7 卷，法律出版社 1997 年版。

146. 翁国民：《国际标准合同与国际贸易法的国际统一》，载《杭州大学学报》1996 年第 2 期。

147. 吴兴光：《国际贸易统一法的又一新成果》，载《暨南学报（哲学社会科学版）》2005 年第 6 期。

148. 李双元：《再谈法律的趋同化问题》，载《国际法与比较法论丛》，第 4 辑，中国方正出版社 2004 年版。

149. 郑远民、李俊平：《国际商事法律统一化的新发展——〈国际商事合同通则〉2004 修订版述评》，载《时代法学》2005 年第 6 期。

150. 肖永平等：《国际商事合同立法的新发展》，载《法学论坛》2000 年第 4 期。

151. 龙卫球：《当代债法改革：观察与解读》，载《南昌大学学报（人文社会科学版）》2012 年第 3 期。

152. 张小虎：《试论东亚共通法——一种"超国家法"的过去、现在与未来》，载《外国法制史研究》2013 年第 16 卷。

153. 孙谦、徐鹤喃：《当代比较法学思想与实践——国际比较法学一百周年学术大会综述》，载江平主编：《比较法在中国》，第 1 卷，法律出版社 2001 年版。

154. 李双元：《再谈法律的趋同化问题》，载李双元主编：《国际法与比较法论丛》，第 4 辑，中国方正出版社 2003 年版。

155. 黄进：《示范法的价值》，载《人民法院报（理论与实践版）》2007 年 9 月 26 日。

156. 徐海燕：《制定〈欧洲民法典〉的学术讨论述评》，载《当代法学》1999 年第 2 期。

157. 赵秀文：《论软法在调整国际商事交易中的作用——兼论国际组织和学术团体在国际商事立法中的作用》，载陈安主编：《国际经济法论丛》，第 2 卷，法律出版社 1999 年版。

158. 刘焕省：《试析示范法在我国法律渊源体系中的地位》，载《湖南科技学院学报》2009 年第 6 期。

159. 曾涛：《全球化视野中的示范法》，载《法制与社会发展》2006 年第 3 期。

160. 夏新华：《混合法系发展的前沿——兼论中国法学家的理论贡献》，载《湘潭大学学报》2008 年第 3 期。

161. 张彤：《欧洲一体化进程中的欧洲民法趋同和法典化研究》，载《比较法研究》2008 年第 1 期。

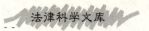

162. 张彤、戎璐译：《欧洲共同买卖》，载梁慧星主编：《民商法论丛》，第 58 卷，法律出版社 2015 年版。

163. 陈霄：《专家就东亚私法统一达成共识 中国法难独善其身》，见法制网：http：//www. legaldaily. com. cn/zmbm/content/2009-10/22/content 1170016. htm，浏览时间：2014 年 6 月 6 日。

164. 渠涛：《日本民法修改的价值取向、方法和进程》，见中国私法网：http：//private11. bjsx23. host. 35. com/Web_P/N_Show/? PID=8843，浏览时间：2013 年 1 月 12 日。

二、外文参考资料

1. Bela Balassa, The Theory of Economic Integration, Allen & Unwin, 1961.

2. Peter Robson, The Economics of International Integration, Allen& Unwin, 1987.

3. Norman D. Palmer, The New Regionalism in Asia and the Pacific, Lexington Books, 1991.

4. René David, Le Droit Comparé Droits D'Hier Droits de Demain, Econamica, 1982.

5. Bryan A. Garner (ed.), Black's Law Dictionary (Seventh Edition), ST . PAUL , MINN, 1999.

6. Michael J. Bonell, An International Restatement of Contract Law：The UNIDROIT Principles of International Commercial Contracts, 2nd ed. 1997.

7. Michael J. Bonell, UNIDROIT Principles 2004-The New Edition of the Principles of International Commercial Contracts, Uniform Law Review, 2004.

8. Hans Jürgen Sonnenberger, Münchener Kommentar zum BGB, Band 7, 2. Auflage, Vor Art. 27, Rn. 1, München：C. H. Beck, 1990.

9. Thomas Grödler, Der Kommuissionsentwurf eines Gemeinsamen Europä ishen Kaufrechts, Fokus, 2012.

10. Reinhard Zimmermann, Roman Law and Harmonisation of Private Law in Europa, Authur Hartkamp/Martijn Hesselink/EwoudHondi-

us（Edited），Towards a European Civil Code，Third Fully Revised and Expanded Edition，Ars Acqui Libri，Nijmegen，Kluwer Law International-al 2004.

11. Jorge L. Esquirol，René David：At the head of the legal family，in Annelise Riles（ed.）：Rethinking the Masters of the Comparative Law，Northwestern University School of Law Hart Publishing，2001.

12. Lain Ramsay，Consumer Law and Policy，Hart Publishing，2012.

13. Mirja Sauerland，Die Harmonisierung des kollektiven Ver-braucherrechtsschutzes in der EU，Peter Lang，Band 10，Internationaler Verlag der Wissenschafte.

14. Lain Ramsay，Consumer Law and Policy，Hart Publishing，2012.

15. Franz C. M ayer，J. Palmowski. European Identities and the EU，Journal of Common Market Studies，Vol. 42，No. 3，2004.

16. K. Alter. The European Unions Legal System and Domestic Poli-cy：Spillover or Backlash，International Organization，Vol. 54，No. 3，2000.

17. Katzenstein，Peter J. Regionalism in Comparative Perspective，Cooperation and Conflict，1996，No. 2，Vo l. 31. 18. Murray，Philome-na（ed.）. Europe and Asia：Regions in Flux，Palgrave Macmillan，London，2008.

18. Shaun Breslin and Richard Higgott，Studying Regions：learning from the Old，Constructing the New，New Political Economy，Vol. 5，No. 3，2000.

19. Helge Hveem，Explaining the Regional Phenomenon in an Era of Glo-balization，in：Richard Stubbs，Geoffrey 21. R. D. Underhill，Political Econo-my and the Changing Global Order，Oxford University Press，2000.

20. Andrew Hurrell1Regionalism in Theoretical Perspective//Louise Fawcett，Andrew Hurrell，eds. Regionalism in World Politics，Oxford University Press，1995.

21. Jorge L. Esquirol，René David：At the head of the legal family，in Annelise Riles（ed.）：Rethinking the Masters of the Comparative Law，Northwestern University School of Law Hart Publishing，2001.

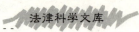

22. Basil S. Markesinis, Why a code is not the best way to advance the cause of European legal unity, European Review of Private Law 5, 1997.

23. Rosett, Unification, Harmonization, Restatement, Codification, and Reform in International Commercial Law, American Journal of Comparative Law 40, 1992.

24. Lee Young June, Basic Guideline for Principle of East Asia Contract Law, Asia Private Law Review, No. 3, Dec. 2009.

25. Kim Sang Yong, The Possibility of Restoration and Creation of ius commune in the North East Asian Region, Collection of Essays for the Forum "Harmonization of European Private Law and Its Impact in East Asia", Oct. 2009.

26. Naoki Kanayama, Challenge to PACL, Collection of Essays for the Forum "Harmonization of European Private Law and Its Impact in East Asia", Oct. 2009.

27. Pak Pyong-ho, Characteristics of Traditional Korean Law, in Chun Shin-yong, ed. , Legal System of Korea, Korean Culture Series 5, Seoul, International Cultural Foundation, 1999.

28. Pyong-Choon Hahm, The Korean Political Tradition and Law: Essays in Korean Law and Legal History, Seoul: Hollym Corp. , 1967.

29. Davis Hitchock, The United States and East Asia: New Commonalities and then, all those Differences.

30. Tommy Koh, The 10 Values Which Under gird East Asian Strength and Success: The International Herald Tribune.

31. Andreas Schwab, Amelie Giesemann, Die Verbraucherrechte-Richtlinie: Ein wichtiger Schrittzur Vollharmonisierung im Binnenmarkt, Europäische Zeitschrift für Wirtschaftsrecht, 2012, Heft 7.

32. Reinhard Zimmermann, The Present state of European Private Law, The American Journal of Comparative Law, Vol. 57, 2009.

33. Oliver Unger, Die Richtlinie über die Rechte der Verbraucher-Eine systematische Einführung, ZEuP2012.

34. Walter Doralt, Rote Karte oder grünes Licht für den Blue But-

ton? Zur Frage eines optionalen europäischen Vertragsrechts，Archiv für die civilistische Praxis，Bd. 211，2011.

35. Horst Eidenmüller，Nils Jansen，Eva-Maria Kieninger，Gerhard Wagner，Reinhard Zimmermann，Der Vorschlag für eine Verordnung über ein Gemeinsames Europäisches Kaufrecht，Juristen Zeitung 6/2012.

36. Thomas Rüfner，Sieben Fragen zum EU-Kaufrecht. Oder：Was man heute schon über den Verordnungsvorschlag für ein Gemeinsames Kaufrecht wissen sollte，Zeitschrift für das Juristische Studium (ZJS) 04/ 2012.

37. Marina Tamm，Das Gemeinsame Europäische Kaufrecht als optionales Instrument-eine kritische Analyse，Verbraucher und Recht (VuR) 2012 (1)．

38. K. D. Kerameus，Problems of Drafting a European Civil Code，European Review of Private Law 5 (1997)．

39. Brigitta Zächling-Jud，Acquis-Revision，Common European Sales Law und Verbraucherrechterichtlinie，AcP，Bd. 212，Verlag Mohr Siebeck Tübingen，2012.

40. Bastian Zahn，Die Anwendbarkeit des Gemeinsamen Europäischen Kaufrechts auf Verträge über digitale Inhalte，ZeuP，Heft 1. 2014.

41. Reiner Schulze，European Private Law and Existing EC Law，European Review of Private Law 2005/ 1.

42. Lee Young June，Basic Guideline for Principle of East Asia Contract Law，Asia Private Law Review，No. 3，Dec. 2009.

43. Kim Sang Yong，The Possibility of Restoration and Creation of ius commune in the North East Asian Region，Collection of Essays for the Forum "Harmonization of European Private Law and Its Impact in East Asia"，Oct. 2009.

44. Herbert Kronke，Brauchen wir ein europäisches Zivilgesetzbuch? http：//www. irp. uni-trier. de/11-kronke. pdf.

45. The Single Market Act，COM (2011) 206 final，13. 4. 2011，p. 19，and the Annual Growth Survey，Annex 1，progress report on Europe 2020，COM (2011) 11-A1/2，12. 1. 2010，p. 5.

46. The Digital Agenda for Europe, COM (2010) 245 final, 26.8.2010, p. 13.

47. Europäische Kommission, Vorschlag für eine Verordnung des europäischen Parlaments und des Rates über ein Gemeisames Europäisches Kaufrecht, 2011. 10. 11.

48. Proposal for a Regulation of the European Parliament andof the Council on a Common European Sales Law, COM/2011/0635 final - 2011/0284.

49. Europäische Kommission, Vorschlag für eine Verordnung des europäischen Parlaments und des Rates über ein Gemeisames Europäisches Kaufrecht, 2011. 10. 11.

50. Arbeitsprogramm der Kommission für 2015, Ein neuer Start, Straäburg, den 16. 12. 2014, COM (2014) 910 final.

51. European Contract Law and the revision of the acquis: the way forword, COM (2004) 651 final.

52. Directives85/577, 90/314, 93/13, 94/47, 97/7, 98/6, 98/27, 99/44.

53. Green Paperon the Review of the Consumer Acquis, COM (2006) 744 final.

54. Proposal for a Directive of the European Parliament and of the Council on Consumer Right, COM (2008) 614 .

55. Directive 2011/83/EU of the European Parliament and of the Council of 25 October 2011 on consumer rights, amending Council Directive 93/13/EEC and Directive 1999/44/EC of the European Parliament and of the Council and repealing Council Directive 85/577/EEC and Directive 97/7/EC of the European Parliament and of the Council Text with EEA relevance, OJ L 304, 22. 11. 2011.

56. Green Paper from the Commission on policy options for progress towards a European Contract Law for consumers and businesses, COM (2010) 348 final.

图书在版编目（CIP）数据

东亚合同法的协调研究：以欧盟为比较对象/张彤著.—北京：中国人民大学出版社，2015.10
　（法律科学文库）
　ISBN 978-7-300-22025-3

Ⅰ.①东… Ⅱ.①张… Ⅲ.①合同法-对比研究-东亚、欧洲 Ⅳ.①D931.03
②D950.3

中国版本图书馆 CIP 数据核字（2015）第 244675 号

"十二五"国家重点图书出版规划
法律科学文库
总主编　曾宪义

东亚合同法的协调研究
——以欧盟为比较对象

张　彤　著

Dongya Hetongfa de Xietiao Yanjiu

出版发行	中国人民大学出版社				
社　　址	北京中关村大街 31 号		**邮政编码**	100080	
电　　话	010 - 62511242（总编室）		010 - 62511770（质管部）		
	010 - 82501766（邮购部）		010 - 62514148（门市部）		
	010 - 62515195（发行公司）		010 - 62515275（盗版举报）		
网　　址	http://www.crup.com.cn				
	http://www.ttrnet.com（人大教研网）				
经　　销	新华书店				
印　　刷	北京易丰印捷科技股份有限公司				
规　　格	170 mm×228 mm　16 开本		**版　　次**	2015 年 10 月第 1 版	
印　　张	20.25 插页 2		**印　　次**	2015 年 10 月第 1 次印刷	
字　　数	307 000		**定　　价**	58.00 元